SUSANNE DYRCHS

WirZeit

SUSANNE DYRCHS

WirZeit

Eine Familie auf der Reise zu sich selbst

LUDWiG

Penguin Random House Verlagsgruppe FSC® N001967

2. Auflage
Originalausgabe 2021

Copyright © 2021 by Ludwig Verlag, München,
in der Penguin Random House Verlagsgruppe GmbH,
Neumarkter Straße 28, 81673 München
Redaktion: Angelika Winnen
Umschlaggestaltung: Eisele Grafik-Design
unter Verwendung der Fotos von © Cristina Gareau (Vorderseite)
und © Michael Kröll (Rückseite)
Fotos im Innenteil: Seite 32/33, 36, 37 oben,
38/39: © Cristina Gareau; alle anderen: © privat
Satz: Leingärtner, Nabburg
Druck und Bindung: CPI books GmbH, Leck
Printed in Germany
ISBN: 978-3-453-28131-8

www.Ludwig-Verlag.de

A whale ship was my Yale College and my Harvard.

Hermann Melville

Inhalt

Prolog

»Mama! Schau, ich bin ein Seeadler! Ich bin der König der Lüfte!«

Ich kann Joe nur schlecht hören, denn der Sturm trägt sein Jauchzen davon. Aber sehen kann ich ihn: Wie sich sein mittlerweile sechs Jahre alter drahtiger Körper mit ausgebreiteten Armen gegen den Wind lehnt, um im nächsten Augenblick auf dem schier unendlich langen Strand loszusprinten – jederzeit bereit, abzuheben und sich aufzuschwingen in die salzige Meeresluft. Durch die täglichen Wanderungen und Outdoor-Aktivitäten in den letzten Monaten ist sein Babyspeck auf ein Minimum geschmolzen und hat Platz gemacht für eine muskulöse Statur, die perfekt zu seinem temperamentvollen, energiegeladenen Wesen passt. Körper und Geist stehen im konstanten Dialog miteinander. Seine dunkelblaue Windjacke bläht sich auf, von Weitem könnten es tatsächlich Flügel sein, die seinen wuscheligen Lockenkopf einrahmen. Seine Füße hinterlassen tiefe Spuren im Sand. Das Wasser spritzt ihm bis zur Hüfte, wenn er durch die Gischt sprintet. Nichts kann ihn aufhalten, nichts kann dieses Kind stoppen. Die ankommenden Wellen sind mindestens drei Meter hoch, bauen sich auf, fallen in sich zusammen und prallen mit Getöse auf den Strand der australischen Ostküste. Chris und ich schauen uns dieses Naturspektakel an. Lassen uns Zeit. Uns allen. Minuten, Stunden, Tage rasen nicht mehr. Die Zeit steht beinahe still. Frieder, genannt Raupe, saust seinem großen Bruder hinterher, geschmeidig schneiden seine zusammengelegten Handflächen an den ausgestreckten Ärmchen die Luft in Stücke, grazil wedelt sein kleiner Körper über den nassen Sand.

»Hier kommt der Weiße Hai, der Herrscher der Meere! Ich bin so wild, raaaaah!«

Ja, das stimmt, wild sind sie, unsere Kinder. Und frei. Jetzt, nach mittlerweile sechs Monaten unterwegs – *on the road* sozusagen. Ein Landstreicherleben. Einssein mit der Natur. Es gibt kaum etwas, das sie in ihrer

Freiheit einschränkt, sie geben sich ihre Taktung weitestgehend selbst vor. Ein Luxus, den wir uns und ihnen aus vollem Herzen gönnen. Diese Freiheit macht ihnen keine Angst, im Gegenteil: Die letzten Monate haben sie gestärkt. Und auch uns, ihren Eltern, hat die daran geknüpfte Lebendigkeit und Leidenschaft der Kinder jedwede Angst genommen. Sie hat uns beflügelt und uns näher zu uns selbst gebracht. Uns als Eltern, uns als Paar, als Familie.

Aber auch jeden Einzelnen von uns ganz allein und im Stillen zu sich selbst. Die Sorgen, wir könnten einen Fehler gemacht haben, womöglich etwas bereuen, sind mit dem um uns herum brausenden Wind davongeflogen.

Es dauert, alte Muster abzuschütteln. Ein Urlaub mag kurzfristig ablenken, entspannen, anregen, aufregen – und doch bleibt man stehen. Erst eine lang andauernde Auszeit gibt die Kraft, den Raum und den Abstand, den es braucht, um sich seines Alltags zu entwöhnen, sich aus seiner Komfortzone hinauszubewegen, Steine aus Ansprüchen und Traditionen beiseite zu rollen und anderen Seiten in sich selbst Platz zu machen. Ich bin keine andere geworden in den letzten Monaten. Vielmehr habe ich mich wiedergefunden, tief vergraben unter einem Berg von Anforderungen, Stress, schlechtem Gewissen, Erwartungen und Ambitionen.

Aber nicht nur ich habe mich wieder freigeschaufelt – auch als Familie haben wir uns auf Reisen ganz neu kennenlernen und finden müssen. Wir haben allen überflüssigen Ballast über Bord geworfen. Wir sind ständig in Bewegung, aber nicht mehr getrieben. Wir sind weit weg, aber ganz nah bei uns. Wir sind rund um die Uhr zusammen, und doch bieten sich selbst auf engstem Raum genügend individuelle Rückzugsmöglichkeiten. Und all das nur, weil wir primär an einer Stellschraube gedreht haben: Zeit. Wir haben für uns Zeit. Wir-Zeit.

Ich liebe es, den Kindern zuzuschauen, ohne sie in ihrem konzentrierten Tun zu unterbrechen. Sie zu studieren. Von ihnen zu lernen. Stundenlang. Wie sie rennen und toben. Wie sie ihre selbst gebauten Angeln ins tosende Meer werfen. Wie aufrichtig sie sich über gefundene Krebspanzer, Muscheln und Steine freuen. Spielen ist die Arbeit der Kinder.

Es steht mir nicht zu, sie dabei zu stören. Das musste ich lernen. Mittlerweile finde ich es respektlos, ein Kind ohne einen guten Grund in seinem ernsthaften Spiel zu unterbrechen. Denn es lehrt das Kind: Dein Spiel ist nicht wichtig, es ist nichts wert, ergo: Du bist nichts wert. Den daraus resultierenden Vorsatz, unnötige Unterbrechungen zu vermeiden, nehme ich mir (täglich aufs Neue!) zu Herzen, um Stress für Joe und die kleine Raupe zu vermeiden. Es ist erstaunlich, wie oft ich mich dennoch dabei erwische, dass ich unnötig dazwischenquake, Gespräche meiner Kinder untereinander störe, ihre Sätze unaufgefordert zu Ende führe. Aber immer öfter beiße ich mir auf die Zunge und merke: Es tut ihnen gut und uns ebenfalls – sie sind viel länger vertieft, selbstständig und ausgeglichen, was uns Erwachsenen mitunter natürliche Freiräume verschafft.

Könnten wir jemals wieder einen Schritt zurückgehen, zurück in unser altes Leben, in dem wir ständig auf dem Sprung waren und uns vor lauter Park- und Halteverboten, Stopp- und Einbahnstraßenschildern nicht mehr frei bewegen konnten? Allein der Gedanke erscheint mir absurd. Schnell verwerfe ich ihn. Bis wir diese Entscheidung treffen müssen, dürfen wir noch über ein halbes Jahr gemeinsam reisen. Zu viert. Oder … halt. Ich lege die Handflächen auf meinen Bauch. Er hat schon begonnen sich zu wölben. Zu fünft trifft es mittlerweile vielleicht besser. Ganz nebenbei schwanger zwischen vier Kontinenten. Möglich ist alles.

Frieder hebt einen gelbgoldenen Stein auf, den die Wellen an Land gespült haben.

»Echtes Gold!«, ruft er und läuft auf mich zu. »Mama, das ist unser Not-Gold. Wenn unsere Reisekasse leer ist, können wir davon für immer weiterziehen!«

Ich öffne meine Arme, er springt hinein und ich halte unseren Dreieinhalbjährigen so fest ich kann. Wir sind uns nah. Ich bin glücklich. Habe ich mich je freier gefühlt? Als Frieder die Umarmung löst, schaue ich ihm in die Augen. Und bin bestürzt.

»Raupe, du weinst ja! Um Gottes willen, was ist denn los? Hab' ich dir wehgetan? Hast du dich verletzt?«

Zu meiner Überraschung lächelt er mich verwundert an.

»Nein, Mama, das sind nur Freudentränen. Wenn mein Bauch vor Freude gurgelt, dann kullern die raus.«

Er wirft den Kopf in den Nacken, lacht und wischt sich die Tränen aus den Augen, um sich nur Sekunden später loszureißen und sich wieder mit voller Wucht in das Abenteuer zu stürzen, das Leben heißt. Er rennt zu seinem Bruder, greift seine Hand. Der Große lässt ihn friedfertig gewähren.

Ich schmecke Salz auf meinen Lippen. Die Seeluft? Aufspritzendes Meerwasser? Tränen? Nein, denke ich, so schmeckt Glück. Und kein bisschen anders.

Zwölf Monate vorher – Aufbruch

Es gibt kein richtiges Leben im falschen.

Irgendwo habe ich einmal gelesen, dass eine Arbeit, die man einem siebenjährigen Kind nicht innerhalb von einer Minute erklären kann, kein wirklicher Beruf sei. Von dieser Sorte haben wir zu Hause gleich zwei zu bieten. Beide sind wir mehr per Zufall als gewollt beruflich in typischen Bürojobs gelandet: zum einen in einer »Irgendwas mit Medien«-Agentur, zum anderen in der Strategieberatung. Warum? »Reingerutscht, wa?«, wie man so schön sagt, auch wenn man nicht aus Berlin kommt, aber zeigen will, dass man genauso lässig ist wie die Kollegen mit Berliner Schnauze. Weder bei Chris noch bei mir war der Beruf je Berufung. Vielmehr habe ich für meinen Teil schon früher heimlich diejenigen aus meinem Jahrgang beneidet, die bei der Abitur-Abschlussfeier nicht verlegen nuschelten, wenn es um das Thema Zukunft ging, sondern mit einem strahlenden Lächeln im Gesicht verkündeten, dass sie nun aus tiefster Überzeugung auf die Schauspielschule gingen oder aus einem inneren Antrieb heraus Tiermedizin studierten. Nun sind Chris und ich Ende dreißig. Und beide stehen wir mit unseren Berufen in wiederkehrenden Wellen auf Kriegsfuß. Obgleich ich seit der Geburt von Joe in Teilzeit arbeite, sind wir beide mittlerweile in Positionen angekommen, in denen wir Verantwortung tragen, Entscheidungen treffen, mitunter spannende Aufgaben mit interessanten Kolleginnen und Kollegen gemeinsam meistern. Wir sind finanziell unabhängig, haben uns über die Jahre hochgearbeitet – mancher Außenstehende würde vielleicht sagen: *They made it.* Also ist im Grunde beruflich alles ganz in Ordnung – aber irgendwie auch verkopft, immer öfter passionslos und mit zu wenig Bezug zu den Menschen, die wir sind, sobald wir die Bürotür hinter uns zuziehen.

Zudem sind wir Eltern zweier Kinder im Vorschulalter, Joe und Frieder, die wir sehr lieben, aber aufgrund unserer beruflichen und sozialen Verpflichtungen viel zu selten sehen. Leider. Wir finden unser Leben großartig, klar, sonst würden wir es so nicht leben – oder? Aber warum fühlen wir uns dann oftmals zerrissen, gestresst, müde, ausgelaugt, genervt, überfordert? Ergibt das Sinn? Nicht wirklich. Und nicht nur uns geht es so; viele Gleichaltrige aus unserem Freundes- und Bekanntenkreis kämpfen mit ihrer (Neu-)Positionierung, jetzt, wo das halbe Leben fast rum ist. Dieses Spannungsfeld zwischen Arbeits- und Familienleben kennen die meisten – ebenso wie die Kritik, die damit nicht selten einhergeht: Keiner zwingt euch, solche zeit- und arbeitsintensiven Pseudo-Selbstverwirklichungs-Ego-Jobs zu haben. Oder: Es könnte doch gut und gerne einer von euch zu Hause bleiben. Und ich weiß ja: Wer A sagt, muss auch B sagen – und trotzdem wäre mir C lieber. Geändert haben wir jedenfalls seit einem Jahrzehnt … nichts. Sind wir zu bequem? Stecken wir zu tief drin? Sind wir zu »okay« bezahlt, um neue Wege zu gehen? Sind wir zu ängstlich? Et voilà – willkommen in der Mühle!

Abgehetzt komme ich um kurz vor halb fünf in die Kita, um Joe einzusammeln, den ich heute Morgen um kurz vor halb acht als erstes Kind, noch etwas schlaftrunken und mürrisch, in den Gruppenraum geschoben habe. Marco, dem Erzieher, konnte ich heute früh an der Nasenspitze ansehen, dass er sich um diese Zeit lieber seinem ersten Kaffee als dem ersten Kind gewidmet hätte. Ein bisschen verstand ich ihn sogar. Dann huschte ein Lächeln über Marcos Gesicht.

»Schön, dass du da bist, Joe.«

Keine Antwort.

»Yay, du bist der Erste!«, sagte ich aufmunternd. »Schau, heute kannst du wieder alle Langschläfer-Schnarchnasen begrüßen!«

Einen Moment sah mein Großer mich gequält an, dann schaute er regungslos durch mich hindurch. Kurz darauf machte er auf dem Absatz kehrt und verschwand im Gruppenraum, und ich blieb mit einem Kloß im Hals zurück.

»Mach's gut«, rief ich matt hinterher, hängte seinen Fahrradhelm an den Haken und schlüpfte durch die Tür.

Zum Glück habe ich es nun pünktlich zur Abholung geschafft. Im Büro war die Hölle los. Es zeichnet sich bereits ab, dass ich in dieser Woche um einige Nachtschichten wohl nicht herumkommen werde. Und wofür? Meine Kollegin Karen ist erst halb so lang dabei wie ich, dafür aber doppelt so schnell die Karriereleiter hinaufgeklettert. In Teilzeit gewinnt man oft eben immer noch keinen Blumentopf. Gerade wurde sie befördert. Schon wieder. Da machst du einmal die Augen zu und schwupps, ist der Abstand zwischen ihr und mir wieder ein Stückchen größer geworden. Karrieretechnisch hat sie mich längst überholt. Das wurmt mich insgeheim sehr, selbst wenn ich ihr mit eingemeißeltem Lächeln zugeprostet habe, als wir heute mit einigen Kollegen im Büro auf ihren rasanten Aufstieg anstießen. Karen macht nie einen Fehler, ist zu 100 Prozent konzentriert, klar, analytisch und das in Vollzeit. Während ich auch mal mit zerknittertem Rock, lieblos zusammengebundenen Haaren oder Marmeladentapsern auf der Bluse und nicht aufgeladenem Laptop-Akku in Meetings hineinstolpere, ist sie immer top vorbereitet, sieht immer akkurat aus. Tja, und wer jetzt denkt, kein Wunder, Karen hat sicher keine Kinder – weit gefehlt: Sie ist Mutter einer zweijährigen Tochter. Allerdings hat sich Karen für einen anderen Weg entschieden als ich. Während sie arbeitet, sich inhaltlich vorbereitet, ins Kostüm schmeißt oder in einer Besprechung mit Überlänge sitzt, können sie und ihr Mann sich auf ein feinmaschiges Netzwerk verlassen, das die Betreuung ihrer Tochter sicherstellt. Au-pair, Babysitter, Nanny, Großeltern, Kita mit verlängerten Öffnungszeiten oder gar Übernachtungsoption – all das braucht es heute oftmals, um als Frau und Mutter wirklich ganz oben mitzuspielen. Du brauchst immer eine Back-up-Lösung, einen Plan B. Karen beeindruckt mich mit ihrer Konsequenz, ihrem *Drive*, ihrem Mut. Sie hadert nicht mit sich oder ihrem Leben, zieht es nicht in Zweifel – wie ich es so oft tue.

»Qualität geht vor Quantität«, sagt sie. Das gelte auch für die Zeit, die sie mit ihrem Kind verbringe. Ihr Mann ist beruflich ebenfalls sehr umtriebig. Überstunden, Übernachtungen auswärts, Tagungen übers Wochenende sind für sie beide nie ein Thema.

»Die Kinder werden später stolz sein, eine Mutter zu haben, die ihre Karriere so durchgezogen hat«, sagt Karen.

Ich schlucke. Da ist was dran. Und ich? Beruflich gesehen stecke ich zwischen Baum und Borke. Oder anders gesagt: Obwohl nie böser Wille bei den beteiligten Parteien im Spiel war, sind bei mir irgendwo auf dem Weg nach ganz oben ein paar Sprossen auf der Karriereleiter eingebrochen – ich sitze fest. Fairerweise muss ich einräumen, dass Karen gut ist in unserem Job. Sehr gut sogar. Aber das bin ich auch. Nur ist sehr gut in Teilzeit eben oft nicht dasselbe wie sehr gut in Vollzeit. Dabei reibe ich mich schon in Teilzeit auf wie ein Streichholz. Der Funke scheint in der Chefetage jedoch nicht vollends überzuspringen. Aus einer beruflichen Laufbahn im Laufschritt wurde eine im Schneckentempo. Gefühlter Stillstand trotz unaufhörlicher Strampelei.

Ich schlüpfe also kurz vor knapp zur Abholung durch die Eingangstür der Kindertagesstätte. Mein Erstgeborener kommt mit hochrotem Kopf und breitem Lachen auf mich zugerannt. Die trübe Wurstwasserstimmung von heute Morgen hat sich verzogen. Ich freue mich, drücke ihn an mich. Obwohl die meisten Kinder längst abgeholt wurden, ist der Lärmpegel enorm. Auch verdammt anstrengend, so ein Erzieherjob, denke ich erschöpft. Da höre ich inmitten des Hintergrundrauschens Marie, die Mutter des fünfjährigen Mats, zu mir sagen:

»Du, so langsam seid ihr mal dran, oder?«

Bitte nicht, denke ich. Nimm deinen in Öko-Baumwolle gewickelten Mini-Me und deine Rohkost-Paleo-Lunch-Box und dampf ab, ohne mich tagtäglich daran zu erinnern, dass wir in dieser Elterninitiative endlich ein Vorstandsamt übernehmen müssten, statt uns wegzuducken. Ich überhöre Maries Frage also gekonnt, ärgere mich, dass sie unser Begrüßungszeremoniell gestört hat, und konzentriere mich darauf, Joe warm einzupacken – Jacke, Schal, Matschhose, Mütze. Es ist kalt geworden. Wenn ich Joe morgens wegbringe, ist es noch dunkel. Und wenn ich ihn abhole, geht fast schon die Sonne unter. Glücklicherweise plappert er während des Ankleidens unentwegt auf mich ein und berichtet entrüstet, wie unfassbar widerlich das Essen heute geschmeckt habe: Kürbissuppe. Aha, ich verstehe: Gemüse pur und das noch ohne Wursteinlage, was für eine Frechheit.

»Ich hab' nur das Toastbrot, das es zu der Pampe gab, ohne was drauf gegessen.« Wunderbar, denke ich, Toastbrot mit was drauf hat es heute schon zum Frühstück in der morgendlichen Hektik gegeben, und viel mehr habe ich für das Abendessen ehrlich gesagt auch nicht eingeplant. Das heißt also: morgens Brot, mittags Brot und abends Brot. Hm. Gesunde Ernährung für Kinder sieht irgendwie anders aus. Chris und ich schaffen es einfach nicht mehr, alle Bälle gleichzeitig in der Luft zu halten. Zwischen Kundengespräch und Elternabend: »Bitte was zu knabbern mitbringen. Es könnte lang werden. Gerne selbst gemacht!«, Powerpoint und Kopfentlausung mit anschließenden Tobsuchtsanfällen (wieder einmal), Videokonferenz und Fimo-Gedöns basteln (falls irgendwer dachte, Fimo wäre in den 90ern ausgestorben – dem ist nicht so!), jobbedingter Pendelei und Gassigehen mit unserem Hund Wolfgang kommt vieles zu kurz, für das es der Muße, Zeit und Zuwendung bedarf. Und darunter fällt nicht nur die Zubereitung eines ausgewogenen Abendessens. Es ist mir ein Rätsel, wie andere Familien all das und noch mehr unter diesen berühmten Hut bekommen, unter dem sich schon so vieles tummelt. Chris war gerade für zwei Nächte beruflich in Bratislava und hat sich für heute erst nach dem Abendessen angekündigt.

Mist, denke ich, während ich auf dem Kita-Boden Joes Schuhe suche, heute bleibt mal wieder alles an mir hängen, dabei muss ich nach dem Zu-Bett-bring-Wahnsinn noch mal an den Schreibtisch.

Endlich ist Joe fertig angezogen. Die kleinen Füße sind in den dicken Stiefeln verschwunden. Klettverschluss bei Kita-Kindern ist Gold wert. Zu dumm nur, dass ich das im Schuhgeschäft vergessen hatte und nun täglich mit so unpraktischen Schnürstiefeln wie diesen hier zu kämpfen habe.

»Hast du was zu essen dabei, Mama? Ich hab' einen Bärenhunger«, fragt er und unterbricht meine Grummel-Gedanken. Ich krame in meiner Tasche in der Hoffnung, etwas Essbares zu finden – vergeblich. Ich schüttele den Kopf.

»Na, toll«, murrt er und läuft zurück in den Gruppenraum – mit den matschdurchtränkten Stiefeln. Ich richte mich aus der Hocke auf. Aua, mein Rücken! Von morgens bis zum späten Nachmittag ununterbrochen in Meetings oder am Rechner zu sitzen, kann langfristig nicht gesund sein. Weder für den Körper noch für den Geist oder das Herz. Das soll nicht heißen, dass ich nie auf dem Spielplatz oder im Sandkasten mit meinen Kindern sitze (auch wenn ich häufiger durch Abwesenheit glänze, als mir – oder meinen Kindern – lieb wäre, und ich, wenn ich anwesend bin, häufiger beruflich telefoniere, als mir recht ist). Ich versuche eben, alles irgendwie zu kombinieren, und das geht oft nur gestaffelt oder überlappend.

Mein Blick fällt auf Joes Fach, in dem eine handgeschriebene Nachricht liegt. Beschämt lasse ich den Zettel nach kurzer Durchsicht unauffällig in meiner Manteltasche verschwinden. »2. Erinnerung: Bitte an den Laternenstab für den Martinszug denken!«, steht darauf. Schiet, denke ich. Wieder was verbummelt. Das muss ich unbedingt erledigen. Heute noch!

Ich drehe mich um, um Joe abermals aus dem Gruppenraum zu fischen, und stolpere fast in Marie hinein. Was macht sie überhaupt noch hier, warum sitzt sie nicht schon längst mit ihrem Sohnemann zu Hause am Basteltisch? Ohne den Blick von mir abzuwenden, schiebt Marie zielsicher ihrem Sohn einen Hirsekringel in den Mund. Ha, ich wette, der ist sogar selbst gemacht und nicht vom Bioladen.

In der Tasche vibriert mein Telefon. Au Backe – die Telefonkonferenz, die sich nicht auf einen kinderfreundlichen Termin verschieben ließ, beginnt. Verdammt. Die groß gewachsene Marie baut sich vor mir auf – Frontalangriff. Ignorieren nützt da jetzt nichts. Abgesehen davon ist es um mich herum gerade so laut, dass ich mein eigenes Wort kaum verstehe. Professionell klänge dieses Hintergrundrauschen in dem Telefonat mit meinem erweiterten Team sicher sowieso nicht. Was hatte mich nur geritten zu glauben, ich könnte das Telefonat zwischen die Abholung der Kinder und das Fußballtraining quetschen? Es nützt nichts. Die Telefonkonferenz muss ohne mich stattfinden. Ich fühle mich gestresst. Tief im Inneren meines Ohres höre ich ein Piepsen, leise, aber stetig, das sich nicht abstellen lassen will. Und dann noch Marie.

»Meinst du nicht, ihr könntet euch ein kleines bisschen mehr in die Organisation der Elterninitiative einbringen – oder seid ihr wieder einmal zu *busy*?«, fragt sie in einem Ton, in dem für meinen Geschmack ein Hauch zu viel Schärfe mitschwingt. »Du arbeitest doch eh nur Teilzeit. Wie lange soll der Kelch denn noch an euch vorübergehen? Ihr seid schon seit fast drei Jahren in der Kita und im nächsten Sommer kommt

Frieder dazu, sobald er die Tagesmutter verlässt. Chris könnte wirklich mal den Vorsitz übernehmen oder du das Finanzamt. Als Beraterin sind doch die paar Zahlen ein Klacks für dich.«

Wie ich dieses Vorurteil liebe! Warum denkt eigentlich jeder Mensch in meinem Umfeld, ich würde etwas von Zahlen verstehen? Bis heute fühle ich mich in Excel nicht wirklich sicher, geschweige denn in Access, Alteryx oder all den anderen Programmen – da raucht mir schnell der Kopf, Beratung hin oder her.

»Hast ja recht, Marie, wir nehmen den Faden noch einmal auf«, sage ich bemüht beiläufig, um mich hinter diesen nichtssagenden Worten zu verstecken wie ein kleines Kind hinter den vor das Gesicht gehaltenen Händen. Vergeblich.

»Ich weiß, dass ich recht habe. Die Frage ist eher, wann Worten Taten folgen?«, hakt Marie nach, keinen Zentimeter zurückweichend. Mir reicht's.

»Du, das ist echt 'ne gute Idee mit dem Vorsitz. Ich werde mit Chris darüber sprechen, sobald Zeit ist«, schiebe ich schnell hinterher, spiele damit den Ball ins Aus und nehme Joes Fahrradhelm vom Haken.

Das Schlimmste ist: Es stimmt ja, was Marie sagt. Wie soll eine Elterninitiative funktionieren, in der sich die Eltern nicht engagieren? Marie ist engagiert. In der Kita, im Sportverein, im Ausschuss der Stadt für Kinder und Familie. Vollzeit-Mama mit Leidenschaft und sozialem Engagement. Andere kriegen soziales Engagement und Job vereint; warum bin ich dazu nicht in der Lage? Ich fühle mich ertappt und schäme mich ein bisschen. Ich komme mir vor wie der Hase zwischen vielen Igeln – überall zu spät. Insgeheim bewundere ich Frauen wie Marie oder Karen. Sie haben sich entschieden, wissen, was sie wollen, und sitzen nicht zwischen den Stühlen wie ich. Auf der anderen Seite denke ich: Warum muss die (Frauen-)Welt so bipolar sein, warum bin ich überhaupt zu einer solchen Entscheidung gezwungen? Um mir und der Welt zu beweisen, dass dem nicht so ist, reibe ich mich seit Jahren auf.

Mats drückt seiner Mama einen dicken Knutscher auf die Wange. Marie genießt diesen Moment der Nähe sichtlich. Und ich – bin ich etwa ein bisschen neidisch? Haben wir uns nicht ganz bewusst gegen diesen Lebensentwurf mit tradierten Rollen entschieden? Das Telefon summt erneut in meiner Tasche. Und das Piepsen in meinem Ohr ist ebenfalls wieder da.

»Komm, Joe«, rufe ich etwas zu laut und schrill in den Gruppenraum, »schwing dich auf dein Fahrrad, bevor wir zu spät zum Training kommen, schließlich müssen wir deinen Bruder noch einsammeln.«

Oh, dieses Hamsterrad. Dieses ständige Nichtgenügen, dieses immerwährende Zuspätkommen in der Endlosschleife. Als Mama. Als Ehefrau. Als Projektleiterin. Als Tochter, Schwester, Freundin. Als Frau. Als Mensch. Wie oft habe ich den Kindern in den letzten Tagen wirklich mit ungeteilter Aufmerksamkeit zugehört? Wie viele Male habe ich sie in den Arm genommen und erst dann losgelassen, als sich *ihre* Umarmung löste? Wie lange ist es her, dass ich mich ernsthaft auf ihr Spiel eingelassen und erst damit aufgehört habe, als *sie* es beenden wollten (statt zu sagen: »Okay, ich spiele mit euch Mau Mau, aber nur EINE Runde!«)? Wann bin ich das letzte Mal einer ehrenamtlichen Tätigkeit nachgegangen? Wann habe ich aus reinem Vergnügen (ohne Geltungssucht und Mitredefaktor) einen Roman verschlungen oder das Feuilleton einer Tageszeitung in den Händen gehalten? Wann hat mich *nicht* mal das Gefühl geplagt, mit einer To-do-Liste durch mein Leben zu rasen?

Jede Minute kann effizient genutzt werden – für Kinder, Job, Mann, Eltern, Neffen und Nichten, Haushalt, Hund, Freunde, Schwiegereltern, Nachbarn. Funktionieren. Sachen durchziehen. Uneingeschränkt belastbar sein. Das ist nicht nur ein Alleinstellungsmerkmal in meinem Beruf, sondern auch in meiner Familie. *Laboro ergo sum*, ich arbeite, also bin ich, lautet das Credo der Babyboomer-Generation. Einer der Nachteile, mit dieser leistungs- und erfolgsorientierten Lebenseinstellung aufzuwachsen, ist: Wir entwickeln kein Gespür für uns; zu oft werden die eigenen Bedürfnisse unterdrückt, um allen Anforderungen gerecht zu werden, um vielleicht noch einen Schritt weiter gehen zu können als die anderen. Ein systemisches Problem? Den Druck habe ich als Kind kaum bewusst wahrgenommen. Meine Eltern haben mich und meine zwei Jahre ältere Schwester geliebt. Aber haben sie uns vielleicht ein klitzekleines bisschen mehr geliebt, wenn die Leistung stimmte, ob auf dem Sportplatz, in der Schule oder am Klavier? Jetzt, wo ich selbst Mutter bin, frage ich mich manchmal: Ist Elternliebe häufiger, als uns lieb ist, bedingte Liebe im Fromm'schen Sinne, also eine an Konditionen geknüpfte Liebe, die Kinder sich ein Stück weit verdienen müssen? Bei all der Carpe-diem-höher-schneller-weiter-Attitüde bleibt dann kaum Zeit dafür, in sich hineinzuhören, oder für sonstigen emotionalen Schnickschnack. Und so machte ich immer weiter, volle Fahrt voraus.

Vielleicht empfand ich die Geburt meines ersten Sohnes auch deshalb rückblickend in Teilen als traumatisch, weil ich gezwungen war, mich in meiner Bedürftigkeit zum ersten Mal richtig zu spüren. Bis zu Joes Geburt brauste ich wie ein ICE durchs Leben. Nach der Geburt fühlte ich mich psychisch und physisch wie ein angeschossenes Reh und kam nur schwer wieder auf die Beine.

Sobald sich Körper und Seele notgedrungen berappelt hatten, stürzte ich mich während des Elternjahres mit aller Wucht in die unbekannte Mutterrolle. *Bonden* auf Teufel komm raus, denn die Elternzeituhr tickte. Und so glichen die Monate nach der Geburt eher einer Achterbahnfahrt als einer entspannten Erholung. Vielleicht waren die damals aufflackernden Verstimmungen und psychischen postnatalen Nachwehen bereits die ersten leisen und vehement ignorierten Anzeichen einer Überforderung an allen Fronten, die, im Nachhinein betrachtet, zusehends größer wurde.

Für diese Ignoranz zahlte ich nur eineinhalb Jahre später und längst wieder mit vollem Elan zurück im Job in Form eines Burn-outs einen sehr hohen Preis. Ich war fertig. Konstanter Schlafmangel, Karrieredruck, ein unruhiges Kind, das zu allem Übel an Asthma und Neurodermitis litt, ein chronisch schlechtes Gewissen meinem Baby und meinem Mann gegenüber, bei Verabredungen mit Freunden und Familie immer die Letzte, die kam, und die Erste, die ging. Der Tag hat 24 Stunden und dennoch: Keine Zeit für nichts.

Kind und Karriere – warum nicht? Weil man sich ohne einen zwischen Ruhe und Anspannung navigierenden inneren Kompass kaputtmacht. (Wo genau gibt's den eigentlich zu erwerben?) Und weil gerade für Frauen die multiple Belastung aus meist geringer bezahlter Berufs- und immer unterbezahlter Hausarbeit eben doch mehr ist als ein vernachlässigungswürdiger Nebenwiderspruch im gesellschaftlichen Getriebe. Darum nicht. (Stichwort: Wer kümmert sich denn auch heute noch mehrheitlich um das Babyschwimmen, die Spielverabredungen, den Kitaplatz, die Geburtstagsgeschenke oder das Aussortieren der Winterkleidung? Na? Hand aufs Herz!) Denn das Leben läuft nicht einfach weiter wie vorher, weder beruflich noch privat, nachdem *frau* mal eben ein Kind bekommen hat. Dieser Zerreißprobe war ich nicht gewachsen. Irgendwann kommt alles raus.

Obwohl es mir so schlecht ging, war ich schon bald einen Schritt weiter. Denn wenn etwas kaputtgeht, dann muss man es eben reparieren. Ob Mensch oder Maschine. Also begab ich mich in professionelle Hände und arbeitete (!) vorbildlich an mir. Alles heimlich natürlich. Bloß nicht krankmelden. Das fehlte noch, Gerüchte um die psychisch labile junge Mutter. Lieber unbezahlten Urlaub nehmen. Und der ganzen Welt und mir selbst Stärke vorgaukeln, während ich wie ein Häufchen Elend winselnd und von Selbstzweifeln zerfressen mit einem glucksenden Kleinkind auf der Krabbeldecke beim Therapeuten saß. Worte wie Achtsamkeit hörte ich nun zum ersten Mal. Aus heutiger Sicht kann ich nur den Kopf schütteln. Am liebsten würde ich mein jüngeres Ich fest in den Arm nehmen und sagen: Mach dir nicht so einen Stress!

Konsequent und vermeintlich aus meinen Fehlern lernend, nahm ich mir die Ratschläge aus Therapiesitzungen, Selbsthilfebüchern und Umfeld zu Herzen, reduzierte mein Arbeitspensum und schaltete einen Gang zurück. Die Maschine brummte wieder, auch wenn es im Getriebe ab und an noch ordentlich ruckelte. Und ich wurde endlich wieder schwanger.

Später, also nach dem Burn-out und der wesentlich weniger turbulenten Schwangerschaft und Geburt des zweiten Wunschkindes, Frieder, wollten wir gemeinsam als Eltern vieles anders und vor allem besser machen als zuvor. Dazu zählte, weniger nebeneinanderher zu leben als Familie und als Paar. Denn wenn Kinder ins Spiel kommen, droht einer scheinbar intakten Liebesbeziehung die schleichende Mutation von gefühlter Einheit zu gelebter Zweiheit: gemeinsam allein.

Früher hatten wir irgendwo so eine Schmuddelecke oder eine Schublade, die von unsinnigen Habseligkeiten, abstrusen Ideen und Einfällen überquoll, ein Kessel Buntes, aus dem man manches Mal einen gemeinsamen Schatz heben konnte. Bei uns war mittlerweile alles aufgeräumt, es gab keinen Platz mehr für Eventualitäten. Wo war das Quäntchen Abenteuer und Unorganisiertheit, das wir uns insgeheim wünschten? Die Prise Verrücktheit und Spontanität, nach der sich jedes Paar sehnt, um sich lebendig zu fühlen? Diesen Bonnie-und-Clyde-Faktor im Leben wollten wir gerne zurückgewinnen.

Was bot sich da mehr an als zwei, drei Monate »auszubrechen«, also eine gemeinsame Elternzeit im Ausland? Und schließlich sollten sich die obligatorischen zwei bezahlten Vater-Monate in Elternzeit lohnen. (Die Elternzeit so zu nutzen, dass auch der Vater die elterlichen Pflichten im Alltag erfahren und damit die berufstätige Frau unterstützen kann, darüber dachten wir damals gar nicht nach.) So packten wir also im Jahr 2013 zum ersten Mal unsere Rucksäcke und brachen mit den beiden Kindern nach Südostasien auf. Joe war drei Jahre alt, Frieder, genannt Raupe, gerade acht Monate. Wenn ich die Augen schließe, kann ich noch spüren, wie mir der Wind auf abgelegenen thailändischen Inseln um die Nase wehte, wie wir das Leben genossen, wie leicht sich alles anfühlte. Morgens tranken wir frische Kokosnüsse, die mit der Machete vom Baum geholt und vor unseren Augen aufgeschlagen wurden, und Raupe konnten wir täglich aus einer Schicht von abgelutschten Mangokernen und -fruchtfleisch pellen. Wir lebten für 10 Wochen wie in einer Blase aus Thai-Massagen, Eltern-Kind-Strandpartys, Schnorcheltrips und Stadterkundungen in der strandnahen Hotel- und Resort-Landschaft. Klar gingen wir uns bisweilen ganz schön auf die Nerven, aber wir packten diese Wochen so voll mit Happenings, Erkundungstouren und Urlaubsevents, gönnten uns gutes Essen und berauschten uns am süßen Müßiggang, ohne viele Kompromisse einzugehen, dass die Zeit wie im Rausch an uns vorbeizog. Ein verlängerter Sommerurlaub, um dem deutschen Winter zu entfliehen – wie schön! Tatsächlich gelang es mir fernab von Sozial- und Berufsstress einen Hauch gelassener und weniger verkrampft im Umgang mit den Kindern zu werden. Ich konnte mich selbst besser leiden in dieser lässigeren Rolle. Verletzbar und unperfekt zu sein – was war daran verkehrt?

Der Trip ähnelte einem Durchatmen. Doch der Alltag holte uns schneller ein, als wir gucken konnten, und gerade ich wurde viel zu rasch zurückkatapultiert in mein altes Leben, mein Rollenmuster der vermeintlichen »Supermom«. Nach unserer Rückkehr kam Frieder mit knapp einem Jahr zur Tagesmutter, Chris ging zurück in die Agentur, Joe in die Kita – und ich zurück in meinen Job. Schnell war ich – selbst in Teilzeit – stark eingespannt und saß nach kurzer Zeit wieder zu viele Stunden die Woche am Schreibtisch, am Bildschirm oder in Meetings, immer auf dem Sprung. Wieder wurde in unserem Privatleben alles mit der heißen Nadel gestrickt. Wir versuchten, den Laden im Staffellauf-Prinzip gemeinsam zusammenzuhalten. An viel zu vielen Tagen gab es wenig bis keine Kommunikation zwischen uns, die über logistische Fragen hinausging (wer holt wen ab, wann wird was wo gegessen, war der Hund heute schon weiter draußen als einen Steinwurf entfernt, wann können die Großeltern übernehmen? Und, wenn wir gerade dabei sind: Warum liegen deine Socken überall herum?!) Wir hatten an der großen Freiheit geschnuppert, nur um mit noch größerer Wucht wieder in die Realität zurückgeworfen zu werden. Es ist wie mit Silvester: Man nimmt sich eine Menge vor, die Vorsätze halten ein paar Tage – und wenige Wochen später erinnert man sich nicht einmal mehr daran, dass man sich überhaupt etwas vorgenommen hatte. Und so blieb es beim Drücken des Pausenknopfs auf Zeit; die Playlist blieb die gleiche.

Nach einem kurzen Intermezzo in internen Projekten ohne Reisetätigkeit stand ich bald wieder mit beiden Beinen im Kundengeschäft und es gab kaum eine Woche, in der nicht wechselseitig Chris oder ich einige Tage berufsbedingt über Nacht außer Haus waren. Und obwohl mir die Arbeit an neuen Themen Spaß machte – warum fühlte sich mein Zustand nicht nach einer Balance an, sondern immer nach ein bisschen mehr Arbeits- als Privatleben? Auf meiner rechten Schulter saß mit stolzgeschwellter Brust das Karriereteufelchen: Komm schon! Jetzt hast du es so weit geschafft – und das als Frau! Mit zwei Kindern! Da kannst du jetzt nicht einknicken. Lange wird es nicht mehr dauern bis zur nächsten Beförderung. Du kannst allen beweisen, wie sehr es sich lohnt dranzubleiben, die Zähne zusammenzubeißen, sich durchzuboxen. Also lernte ich wieder nicht aus meinen Erfahrungen. Ich blieb am Ball.

Heute kommt es mir vor, als wäre ich seit Frieders Geburt einen Schritt vor- und zwei zurückgegangen. Mit unweigerlichen Konsequenzen. Das letzte Mal, dass ich sechs oder sieben Stunden am Stück geschlafen habe, muss fast ein halbes Jahrzehnt her sein. Meine Kinder betreue ich nicht aktiv, sondern organisiere weitestgehend ihre Betreuung durch Dritte. Klar sehe ich sie morgens und abends und an den Wochenenden, aber es ist kaum Raum für die erfüllte Eltern-Kind-Beziehung, die mir einmal in grauer Vorzeit vorschwebte. Wenn ich ehrlich bin, habe ich mehr die Rolle der operativen, gehetzten, bestimmenden als die der liebevollen, aufmerksamen und verlässlichen Mutter inne.

Beruflich ertrinke ich in einem Meer von fragmentierten Arbeitssträngen. Mit steigender Verantwortung und einer höheren Schlagzahl von Konferenzen und Projekten finde ich kaum mehr die Zeit, in die Tiefe und Komplexität der Themen einzutauchen, sie zu durchdenken – verändere ich damit überhaupt etwas oder verwalte ich nur noch? Interessiert mich diese Arbeit noch so stark, dass ich bereit bin, ihr weiterhin so viel Lebenszeit zu widmen?

Und wie fühle ich mich mit all dem, wenn ich in mich hineinhöre? Da höre ich überraschend wenig. Ein Taubheitsgefühl stellt sich ein. Für die Erwägung etwaiger Veränderungen und Alternativen bin ich viel zu abgestumpft und fantasielos. Meine Batterien sind nicht leer. Schlimmer. Sie sind defekt. Ein Wochenende reicht mir bei Weitem nicht mehr, um zu regenerieren. Ich fühle mich immer schneller immer länger ausgelaugt, visionslos, schwammig. Leer.

Also: Alles aussichtslos? Nicht ganz. Denn da ist noch die Erinnerung an einen Schwur vor zwei Jahren. Nach unserer gemeinsamen Elternzeit in Südostasien hatten wir uns versprochen: Egal, wie es beruflich mit uns weitergeht – bevor Joe eingeschult wird, steigen wir für mindestens ein Jahr aus und reisen um die Welt. Koste es, was es wolle. Und damit ist nicht primär das Geld gemeint, sondern vielmehr die Karriere, das Prestige, die Zeit. Und der Mut, einfach mal »auszusteigen« als Familie mit zwei Kindern. Aus unserem Südostasien-Experiment hatte ich immerhin eines gelernt: Mit ein paar Wochen Ferien hier oder einer kleinen Therapie dort verändert man nicht seine Lebenseinstellung. Die klebt an einem wie Pech, ob man will oder nicht, und es sind deutlich mehr Zeit, Konsequenz und Schneid notwendig, um sich von alten Mustern zu trennen. Es bedarf einer nachhaltigen Veränderung des Kontextes, um alte Verhaltensmuster und Denkwelten zu hinterfragen. Einmal das eigene Leben auf den Kopf stellen – na, wenn's weiter nichts ist. Alles sowieso vollkommen unrealistisch – oder? Vermutlich.

Spät am Abend grübele ich vor mich hin. Ich kann mich kaum auf den flirrenden Laptop konzentrieren, der sich fordernd vor mir aufbaut wie ein schreiendes Kind: Füttere mich! Kümmere dich um mich! Und was ist mit *meinen* Kindern? Die schlafen bereits.

Nach dem Abholen von Joe aus der Kita fuhren wir schnurstracks zur Tagesmutter. Dort wurde Raupe kurzerhand in den Kindersitz auf meinem Gepäckträger verfrachtet, dann ging's weiter zum Fußballtraining unseres Fünfjährigen – man kann ja nie früh genug anfangen! In unserem Bekannten- und Freundeskreis wächst der Anteil der jeweiligen Kinder zwischen drei und sechs Jahren, die zum Eishockey, Englischkurs, Ballett, Yoga oder Schauspielunterricht chauffiert werden. Nach einem langen Kindergartentag, versteht sich. Denn »die wollen das unbedingt, die Kleinen!« Wir selbst sind keinen Deut besser. Unser Großer geht zweimal die Woche nach sieben oder acht Stunden Kita zu Oma und Opa, an den anderen Wochentagen zum Fußball und zum Reiten. Alles normal?

Während des Trainings hielt ich in einer Hand die Leine, an der unser Hund Wolfgang wie verrückt zog, an der anderen zerrte Frieder, der auf den Spielplatz wollte, während ich versuchte, mich mit Stöpseln in den Ohren halbwegs auf das Telefonat mit einem Kollegen zu konzentrieren, um mich für meine Abwesenheit in der vorhergegangenen Telefonkonferenz zu entschuldigen, mich upzudaten, Arbeitsaufträge zu verteilen und Feedback einzuholen. Nächster Call um 21.00 Uhr? Gern! Bis dahin. Tschüss.

Auf dem Nachhauseweg kam uns meine langjährige Freundin Anna auf dem Fahrrad entgegen und ging ein paar Schritte mit, während Wolfgang vorlief und die Kids hinter uns herschlurften. Anna ist aktuell Single und liebt Kinder, auch wenn sie keine eigenen haben möchte. Wir redeten flüchtig über ein befreundetes Paar, in dessen Beziehung es gerade kriselte. Anna erzählte mir von einer ein paar Jahre zurückliegenden Sitzung mit ihrem (Ex-)Mann beim Paar-Therapeuten, der behauptete: »Als Paar scheitert man meist gemeinsam.«

»Hm«, sagte ich. »Gilt das auch für Familien?«

Anna zuckte mit den Schultern. Der Gedanke beschäftigte mich. Spätestens in den Dreißigern sehnen sich viele nach dem sicheren familiären Hafen. Aber wenn wir diesen endlich gefunden haben, merken wir, dass wir ohne Segelschein auf einem Boot sitzen. Welcher Kurs? Woher weht der Wind? Wer ist der Skipper? Kentern ist da eine reale Option. Es hat sicher nicht nur einer Schuld, wenn das Projekt Familie vor die Wand gefahren wird. Der, der sich nicht genug kümmert und sich selbst ein Stückchen wichtiger nimmt als die anderen. Der nicht verzichten kann und sein Leben weiterlebt, als hätte es dieses einschneidende Erlebnis nie gegeben, das man Familiengründung nennt. Der nicht an sich oder an der Beziehung »arbeiten« will. Da ist sie wieder, die Arbeit, um die sich alles dreht. Leisten. Abhandeln. Ob im Job oder zu Hause.

»Wolltet ihr nicht mal was verändern?«, fragte mich Anna, während sie sich wieder aufs Fahrrad schwang.

In der letzten Viertelstunde hatte ich ihr mal wieder mein Leid geklagt. Über meine Kollegin Karen, die alles irgendwie besser hinkriegt als ich, über Marie, mein personalisiertes schlechtes Gewissen, das mich packt, wann immer ich sie im Kita-Hof oder auf dem Spielplatz erspähe – ausgestattet mit einem immerwährenden Lächeln und vor allem mit viel Zeit für die Kleinen. Über mich selbst, die ich immer weiter in der effizienzgetriebenen Realität versumpfe, über meine Eltern, deren Ansprüchen ich gefühlt selten gerecht werde. Und überhaupt: Meine beiden Jungs, mein Chef – sogar unser Hund Wolfgang bekam sein Fett weg, denn: Kann der nicht endlich aufhören mit diesem nervtötenden Gebell?! Nervös blickte ich auf die Uhr. Noch ein Haufen Arbeit wartete heute auf mich, und die Kinder musste ich auch versorgen und bettfertig machen. Chris freute sich wahrscheinlich, auf seiner Dienstreise diesem Rattenschwanz von Nutellaverschmierten Einkaufszetteln, überfüllten Terminplanern, Kita-Elterndiensten, Panini-Sammelbildern, Drogerie-Kassenbons und anderweitigen Spaßbremsen, die mit Familie und Job einhergehen, kurzzeitig zu entfliehen. Verübeln konnte ich es ihm nicht. Obwohl – ich runzelte die Stirn. Eine Nacht hätte bestimmt auch gereicht. Im Geiste bekam jetzt also Chris ebenfalls eins auf die Mütze. Ich wusste ja, dass ich eben in meinen Tiraden jemanden vergessen hatte.

»Doch, ja«, sagte ich schnell zu Anna, »irgendwann wollten wir mal rauskommen, etwas verändern. Aber was eigentlich? Und wann überhaupt? Wir sind vollkommen festgefahren.«

Ich schaute wieder auf die Uhr. Mist. Ich musste los. Keine Zeit. Weder für dieses Gespräch noch für psychedelische Lebensveränderungshirngespinste.

Raupe wurde langsam knötterig. Kein Wunder, von acht Uhr morgens bis halb sieben am Abend außer Haus zu sein, ist ein langer Tag für einen Zweieinhalbjährigen. Auch die Kinder sind im Funktionsmodus. Autsch.

Statt in die Augen meiner Kinder sah ich an diesem Abend viele Male auf mein Handy: 31 ungelesene E-Mails. Immerhin, beim Abendessen legte ich das Telefon weg und jeder erzählte von seinem Tag. Wir lachten ein paarmal gemeinsam, das tat gut. Und es gab sogar ein gekochtes Ei und ein paar Schnitze Äpfel und klein geschnittene Paprika. Von wegen ungesund. Ach, den Laternenstab hatte ich vergessen. Egal. Ich schrieb mir eine Erinnerung ins Smartphone, um später online einen zu bestellen. Um 20 Uhr waren die Kinder endlich bettfertig.

»Jetzt zügig ein paar Seiten vorlesen und dann schlaft ihr aber schnell ein, bitte, ja? Gute Nacht. Ja, die Mama bleibt noch kurz hier sitzen.« Und Licht aus.

Eine Stunde später schreckte ich aus Joes Kinderbett hoch. Schon wieder war ich mit den Jungs weggeschlummert, wie ärgerlich! Das Nickerchen hatte mich eine ganze Stunde gekostet, die ich nun hinten dranhängen musste. Ich schlich auf Zehenspitzen aus dem Kinderzimmer und erlag nicht dem Drang, mich einfach auf mein eigenes Bett zu werfen und weiterzuschlafen, sondern fand mich im Wohnzimmer auf unserem quietschorangen Sofa am Rechner ein. Den Team-Call verpasste ich nicht. Die Kollegen waren noch im Büro.

»Wie geht's euch?«, fragte ich – leise, um die Kinder nicht zu wecken.

»Alles gut, grad Mittagspause«, feixten sie am anderen Ende.

Klang nach Nachtschicht. Wieder einmal. Das galt für mich genauso, auch wenn ich mich im Homeoffice befand. Virtuelle Arbeitswelt – eine Hassliebe. Abermals war ich stinksauer auf mich selbst. Und auf den Job. Und auf meinen Mann, der sich ja genauso gut um den Laternenstab oder irgendwas kümmern könnte. Und überhaupt. Unzufriedenheit in Dauerschleife. Wann bin ich eigentlich das letzte Mal zufrieden gewesen?

Über der Arbeit vergeht die Zeit wie im Flug. Es ist schon 1 Uhr. Raupe musste in der Zwischenzeit einmal aufs Klo und brauchte zweimal die Hand zum Wiedereinschlafen. Joe benötigte ein Glas Wasser. Danach wollte und konnte er zunächst nicht einschlafen. Der tägliche Stress, die trockene Heizungsluft im Winter, die in den Straßenfluchten stehende Hitze im Sommer, die Wasserhärte und die zunehmende Luftverschmutzung setzen ihm zu und begünstigen sein Asthma und seine chronische Neurodermitis. Joe leidet unter der eingerissenen Haut und den wunden Ekzemen. Täglich muss er gecremt und gesalbt werden. Gegen seinen Willen. Eine Tortur, die zusätzlich seit Jahren an all unseren Nerven zerrt, insbesondere an seinen. Letztens las ich, dass die chronische Neurodermitis auch mit Stress im Mutterleib während der Schwangerschaft zu tun haben könne. Stinksauer und wütend über diesen gedruckten Unsinn schlug ich die Zeitschrift zu und schwor, sie nie wieder zu kaufen. Und dennoch saß der Stachel im Fleisch – denn wenn ich eins hatte während der Schwangerschaft, dann war es ein enormes Arbeitspensum. Immer wieder kratzte er heute Abend an seinen rot gefleckten Beinchen und Armbeugen, wälzte sich hin und her, griff nach meiner Hand, stieß sie wieder weg, bis er nach einer gefühlten Ewigkeit endlich einschlummerte. Die Kollegen sind nun offline, offiziell zumindest, bis im Morgengrauen wieder der Wecker schellt.

Nun liege ich in meinem Bett und es herrscht endlich Ruhe.

Wirklich? Da ist er wieder. Dieser summende Ton in meinem Ohr. Statt den Rechner zuzuklappen oder mich den letzten fett gedruckten E-Mails im Posteingang zu widmen, öffne ich meinen digitalen Kalender. Ich scrolle vorwärts. Weiter. Immer weiter. 1. September 2018. Das ist der Stichtag. Nur noch anderthalb Jahre, dann steht Joes Einschulung ins Haus. Dann ist er sechseinhalb Jahre alt, ein Schulkind.

»Sobald die Kinder in der Schule sind, ist es vorbei mit dem Familien-Lotterleben«, höre ich immer wieder. »Dann ist man nicht mehr so flexibel.«

Stimmt das? Und wenn ja, nutzen wir diese Freiheit vorher denn überhaupt?

Ich höre, wie sich der Schlüssel im Schloss dreimal rumdreht. Chris ist wieder da, sein Flieger hatte ordentlich Verspätung. Knapp 72 Stunden war er unterwegs, musste mehrfach umsteigen, Kunden treffen, eine Veranstaltung leiten, einen auf »Ich habe Spaß und bin gut drauf« in Dauerschleife machen. Sein Kopf wird sich so matschig anfühlen wie eine Banane, die ein Kind im Schulranzen vergessen hat. Schweigend nehmen wir uns eine Weile in den Arm – die Tür zum Kinderzimmer steht offen, bloß nicht die schlafende Meute wecken.

»Na, wie war's?«, flüstere ich.

»Gut«, sagt er kurz. »Du, ich bin hundemüde, lass uns morgen sprechen.« Weg ist er. Vor Jahren bin ich einmal kopfschüttelnd über eine Studie zur Kommunikation von Paaren gestolpert: 10 bis 60 Minuten reden Eheleute pro Tag miteinander. Erschreckenderweise halten wir uns seit geraumer Zeit sogar am unteren Rand der Skala auf, wenn man alle operativen Themen (wer holt wen wann ab usw.) sowie moderne Medien wie E-Mail, Text- und Sprachnachrichten ausklammert. Da wir beide unseren Freiraum brauchen, ich regelmäßig abends arbeite und wir zudem unterschiedliche Schlafgewohnheiten haben, besitzen wir seit jeher getrennte Schlafzimmer. Modern? Extravagant? Nein, pragmatisch. So, wie vieles in unserem Leben dem Pragmatismus und der Rationalität untergeordnet ist. Schlagartig wird mir bewusst, dass das mittlerweile auch für unsere Partnerschaft gilt. Habe ich mir vor zwanzig Jahren mein Leben mit Ende dreißig so vorgestellt? Damals interessierte ich mich für postmodernen Feminismus und die kritische Theorie, hörte verschrammelten Krautrock und besuchte Konzerte und Demos gegen so ziemlich alles und jeden. Ich wollte mich auflehnen, am Puls der Zeit sein, die Welt verändern. Jetzt lese ich das *Handelsblatt*, wandere im Kostüm durch Vorstandsetagen und versuche nebenbei eine hippe Mutti zu sein, die sich vorgaukelt, ganz nah an ihren Kindern zu sein.

So kann es nicht weitergehen. Ich schlage die Bettdecke zur Seite und stürme Chris hinterher. Er liegt in seinem dunklen Zimmer auf dem Bett – nicht einmal die Klamotten hat er ausgezogen, so fertig ist er.

»Chris, weißt du noch, was wir uns vor eineinhalb Jahren fest vorgenommen haben?«, frage ich.

»Ja«, klingt es überraschend klar mit vertrauter und fester Stimme aus dem dunklen Zimmer zu mir herüber.

»Ich glaube, wir sollten loslegen«, sage ich nach kurzer Pause.

»Auf jeden Fall. Bevor wir zu stumpf werden und uns nicht mehr erinnern.«

»Auszeit? Was ist das? Und wir?«, fragt Joe überrascht mit Blick auf seinen kleinen Bruder, als Chris das Thema am nächsten Morgen am Küchentisch kurz aufgreift.

Seit wann kann Joe unseren Gesprächen folgen? Wie konnten die letzten fünf Jahre derart schnell an uns vorbeirauschen?

»Na, ihr bleibt natürlich hier, alleine, ihr seid doch alt genug, oder?«, antwortet Chris wie selbstverständlich.

»Was?!?«, ruft Joe entrüstet.

Chris schmunzelt. Das mit der Ironie funktioniert bei Fünfjährigen noch nicht reibungslos. Raupe lässt sich hingegen von der Situation überhaupt nicht aus der Ruhe bringen und verspachtelt genüsslich sein zweites Marmeladenbrot, während die rote Konfitüre triefend von Gesicht und Tischkante kleckert.

»Nein, so'n Quatsch. Wenn, dann reist ihr logischerweise mit«, entgegne ich gedankenverloren, während ich diese Traumwelten geistig bereits wieder zu den Akten lege. Eh alles vollkommen unrealistisch.

Das sieht Joe erstaunlicherweise anders. Er springt auf und schreit zu seinem kleinen Bruder hinüber, der ihn ungläubig anstarrt:

»Eine Reise einmal um die Welt? Das ist doch keine Auszeit – Frieder, das wird 'ne Wir-Zeit! Wir plus Zeit. Alle zusammen? Saucool! Wann geht's los?«

Die Entdeckung der Einfachheit

»Hallo? Jemand zu Hause?«, frage ich schüchtern durch den schmalen Türspalt.

Nach zaghaftem Klopfen und Rufen öffne ich die ohnehin nur angelehnte Eingangstür des in die Jahre gekommenen Farmhauses im Südosten Ontarios, einer der zehn Provinzen Kanadas, stecke meinen Kopf durch den Spalt – und schnelle zurück. War das gerade wirklich ein Grizzlybär, der mich nur einen Meter entfernt mit aufgerissenem Maul und hochaggressivem Blick anvisiert hat?!

»Nur Mut – der beißt nicht mehr. Ich habe ihn letzten Winter erledigt; ungefähr dort, wo ihr jetzt steht wie die Ölgötzen!«, poltert eine weibliche Stimme von drinnen. »Kommt nur hereinspaziert – *Welcome*!«

Na dann, auf ins Abenteuer! Hier am Rande der kleinen Gemeinde Gravenhurst, inmitten der lieblichen Muskoka-Region mit ihren unzähligen, von hohen Tannen und dichten Laubwäldern eingerahmten, dunkelblauen Seen, etwa 150 Kilometer entfernt von Toronto, werden wir also die nächsten Wochen verbringen. Der bärtige wortkarge Biobauer Carl und die hemdsärmelige rundliche Sandy mit ihren liebevollen Knopfaugen haben uns aufgenommen, damit wir sie bei ihrer händischen Bohnen- und Kartoffelernte unterstützen. Schon bald stellen wir fest, dass dieses Farmer-Ehepaar in seinen 70ern aus einem so widerstandsfähigen, knarzenden und harten Holz geschnitzt ist, wie es sich wahrscheinlich nur in Kanadas Wäldern finden lässt.

Projekt Wir-Zeit. Im Sommer 2017, gut ein Jahr vor Joes Einschulung, haben wir es tatsächlich geschafft, uns loszureißen. Als wir zum ersten Mal Familienmitgliedern und Freunden von unserer anfangs noch naiven Spinnerei erzählten, sahen wir in viele enthusiastische, aber auch in einige ziemlich kritisch dreinblickende Gesichter, die uns nicht sagen wollten: »Wahnsinn, macht das!«, sondern eher signalisierten: »Warum tut ihr euch das an?!« Viele der Bedenken teilten wir, in anderen Fällen war die Skepsis für uns nicht ganz nachzuvollziehen.

»Die Betreuung der Kinder ist doch so toll geregelt bei euch, die Großeltern wohnen in der Nähe, die Kita ist sensationell – wisst ihr überhaupt, wie viel Arbeit da auf euch zukommt, die Kids über Monate von morgens bis abends selber zu betreuen?«

Ehrlich gesagt, lautet die Antwort: Nein, das wissen wir nicht. Wir haben keine Ahnung, wie es eigentlich ist, sich dauerhaft ohne jede Unterstützung 24/7 um die eigenen Kinder zu kümmern. Bislang war uns das noch nicht einmal positiv oder negativ aufgefallen, schließlich macht es fast jeder so, und man will ja nur das Beste für die Kinder: Alle Chancen sollen sie haben, Freunde finden, alles lernen, machen, tun, immerzu beschäftigt und angeregt sein. Und erfolgreich im Beruf will man selbst schließlich auch sein. Einmal die eierlegende Wollmilchsau als Familien- und Karrierevereinbarkeitsmodell, bitte. Während wir uns also einbildeten, wir würden unsere Kinder gut kennen und fördern, wissen, was ihre tiefsten Ängste und Sorgen, ihre liebsten Beschäftigungen, ihre Sehnsüchte und Leidenschaften sind, gaben wir sie vertrauensvoll seit ihrem ersten Geburtstag an den meisten Tagen von morgens bis abends in fremde Hände. Nicht um sie abzuschieben, sondern mit den besten Absichten! Nur – wer sind diese kleinen Menschen überhaupt, mit denen wir da seit Jahren zusammenleben? Frieder und Joe – die unbekannten Wesen? Selbst am Wochenende verabredeten wir uns häufig mit anderen zu Familien-Dates – bloß keine Langeweile aufkommen lassen, bloß nie allein zu viert! Und jetzt von null auf hundert: 14 Monate, 420 Tage nur wir vier, ganz allein in der Fremde, der Wildnis, im Outback – *the Big Wide Open*?! Nein, wir hatten keinen blassen Schimmer, was auf uns zukommen würde. Und natürlich hatten wir Angst. Was ist mit all den Unwägbarkeiten während so einer Reise, Heimweh und Strukturverlust, verunsichert das die Kinder nicht? Wollen sie irgendwann nicht einfach nach Hause? Oder wir Erwachsenen? Und dann? Der Verlauf von Beziehungsdynamiken und das Verhältnis zu unseren Mitmenschen sind zu einem gewissen Grad vorhersehbar, solange es nicht zu ungeahnten Belastungsproben kommt. Erst in Extremsituationen, in denen sich der Kontext radikal ändert, lernen wir einen Menschen in all seiner Fehlbarkeit und Bedürftigkeit kennen. Zu diesen Ausnahmezuständen fernab des Normalen, Gelernten, Erfahrenen zählen Armut, Jobverlust, schwere Krankheit, Lebensgefahr, Geburt, Tod. Eine weitere Extremsituation ist das Sichbewegen weit außerhalb der Komfortzone. Räumlich. Körperlich. Kulturell. Emotional. Also Reisen.

Trauen wir uns das zu? Was, wenn wir unterwegs zweifeln: Vielleicht ist einer von uns dafür nicht gemacht? Sind unsere Energielevel und Belastbarkeitsgrenzen dafür kompatibel genug? Ist ein Scheitern als Risikofaktor mit einkalkuliert und wenn ja – wäre das ein zu hoher Preis?

»Wisst ihr eigentlich, was so etwas kostet?! Dann könnt ihr das mit dem Eigenheim wirklich vergessen.«

Yep, auch das stimmt, die eigenen vier Wände können wir uns jetzt erst einmal abschminken. Die entscheidende Frage ist allerdings: Wollen wir so etwas überhaupt besitzen? Das mit dem Reihenhaus im Speckgürtel oder mit der Eigentumswohnung im Szeneviertel wird auf absehbare Zeit definitiv nichts werden, das wurde uns mit nur einem Blick auf unsere Konten klar. Selbst wenn man sich wie wir für eine Auszeit im kostengünstigen und alternativen Format mit Rucksack und Zelt entscheidet, fehlt einfach über eine lange Zeit das Einkommen und das Ersparte wird angezapft. Aber wer hat die Deutungshoheit über eine gute oder schlechte Investition, über ein gutes oder ein schlechtes Leben?

»Wie könnt ihr die Kinder einfach so aus ihrem Leben rausreißen?«

Auch diesen Einwand hörten wir nicht selten. Und er war nicht unberechtigt. Denn ein Kind braucht Wurzeln. Beständigkeit. Verlässlichkeit. Eine vertraute Umgebung. Feste Bindungen. Aber wer sagt, dass man all das unterwegs nicht bieten kann? Und was ist mit den Flügeln, die ein Kind zum Gedeihen braucht – werden diese in unserer Gesellschaft nicht häufiger als uns lieb sein sollte von den Rotorblättern der Helikopter gestutzt? Wir wollen die Kinder nicht rausreißen, entwurzeln, entfremden. Im Gegenteil, wir nehmen sie doch mit, rücken näher an sie heran. Wer oder was, wenn nicht die Kernfamilie, ist denn ihr Zuhause, ihr Ruhepol, ihr Rückzugsort? Zudem erhoffen wir uns von fremden Menschen und Kulturen neue Denkanstöße, wie man »Familie« auch leben kann. Wir wollten es auf einen Versuch ankommen lassen, ihnen Wurzeln und Flügel zu geben, während sie wild und frei sein dürfen. Aber: Ob das funktionieren wird?

»Was macht ihr mit der Wohnung, mit den Jobs, den Versicherungen, der Steuer und Sparverträgen – lohnt sich der Aufwand überhaupt?«, »Die Kids erinnern sich doch eh an nichts, wofür der Aufwand?«, »Was, wenn ihr krank werdet?«, und überhaupt: »Ist so ein Unterfangen nicht viel zu gefährlich für Kinder?«

Einwände wie diese prasselten auf uns ein und bereiteten uns schlaflose Nächte und Kopfschmerzen. Auf viele Fragen hatten wir keine Antworten parat. Wir mussten sie erst finden; aber nicht in der Theorie, sondern in der Praxis. Uns wurde durch die vielen Einwände klar: Auch eine Wir-Zeit kann scheitern. Vielleicht stellen wir unterwegs fest, dass dieses Experiment vollkommen missglückt ist; dass das Heimweh zu stark, eine etwaige Erkrankung zu schwer, die Lernkurve zu flach, die Gefahr zu groß oder die Abenteuerlust zu schnell gestillt ist. Oder dass wir uns schlicht und ergreifend nichts mehr zu sagen haben. Diese Risiken waren uns bewusst, als wir die Entscheidung für die Wir-Zeit trafen. Doch wir waren uns einig. Das ist ein entscheidender Punkt. Essenziell bei gravierenden Lebensentscheidungen ist sicher, als Eltern gleichermaßen hinter Veränderungen zu stehen; nur dann strahlen wir die Sicherheit, Zuversicht und Ruhe aus, die unseren Kindern den Weg ebnen, sich ganz auf ein Abenteuer wie dieses einzulassen.

Im Sommer 2017 sind wir also in die Wir-Zeit gestartet. Noch fühlt es sich surreal an. Unsere Kölner Wohnung ist an Herrn und Frau Ahmadi mitsamt ihren Kindern Suleiman, Ahmad, Jamal und Nuria, eine aus Afghanistan geflüchtete Familie, untervermietet, unsere Jobs sind vorübergehend auf Eis gelegt.

Weder mein Chef noch Chris' Companion und Mitgründer seiner Agentur zeigten sich zunächst begeistert von der Idee eines einjährigen Sabbaticals, selbst wenn die Auszeit unbezahlt ist. Und uns war vollkommen bewusst, dass diese Entscheidung sicherlich kein Katalysator für unseren weiteren beruflichen Werdegang sein würde. Auch die Tatsache, dass unser Erspartes von nun an auf dem besten Wege war, sich in Luft aufzulösen, fühlte sich, gelinde gesagt, zweischneidig an. Von »Wir sind vollkommen naiv und verantwortungslos« bis zu: »Im Nachhinein betrachtet wird das bestimmt die beste Entscheidung unseres Lebens sein« reichte die Spannweite unserer Zweifel und Hoffnungen, als wir uns endlich dazu entschlossen, auf einer der vielen Travel-Sites online den »Jetzt Buchen«-Button zu drücken und uns damit die ersten Flüge von Frankfurt nach Toronto zu sichern. Großartig! – Hoffentlich.

Zu viert samt Schnuller, Buggy und zwei Rucksäcken werden wir nun für ein gutes Jahr auf Reisen sein. Wir, die gemeinsam bislang mit Campen und Outdoor-Abenteuer so viel zu tun hatten wie Fast Food mit gesunder Ernährung. Weder Chris' noch meine Familie verbrachte die Ferien in unserer Kindheit auf dem Campingplatz. Klar, ich war durchaus als Teenager einmal in den Sommerferien per Interrail durch Europa mit der Bahn unterwegs oder später als Backpackerin in Asien, aber da musste ich lediglich auf mich selbst aufpassen und zog auf einer abgesteckten Route für einen begrenzten Zeitraum von Hostel zu Hostel. Mit Campen in der Wildnis, mobiler Kinderbetreuung im Regenwald oder Outdoor-Adventure im Hochgebirge hatte das nichts zu tun. Was nimmt man überhaupt mit auf eine Reise durch drei Klimazonen und fünf Kontinente? Die Trial-und-Error-Pack-Sessions in unserem Wohnzimmer Wochen vor Reiseantritt und die Diskussionen darüber, was mitdarf und was zu Hause bleiben muss, waren langwierig. Wie sollte dieser Riesenberg an Sachen jemals in diese zwei kleinen Rucksäcke passen?! Es galt rigoros auszusortieren. Zelt: ja oder nein? Ja? Aber dann dürfen der Campingkocher, das Besteck, vier aufblasbare Matratzen und Schlafsäcke genauso wenig fehlen. Ganz abgesehen von Erste-Hilfe-Kasten, Klamotten für jedes Wetter, Flipflops, Turn- und Wanderschuhen und Regenausrüstung! Ach, und Kuscheltiere, Ersatzfläschchen, Playmobil-Figuren und Rucksack-Safe, Gürteltaschen und Stirnlampen, Reiseliteratur, Windeln und Gute-Nacht-Lieblingsgeschichten, Gitarre und Spieluhr zum Einschlafen müssen auch in den zwei Rucksäcken verstaut werden, die für jeweils maximal 20 Kilogramm ausgelegt sind … Nun denn, irgendwie wird's schon passen – oder? Ähm, nein. Zwei Tage vor Abflug saßen

Chris und ich am Abend auf zwei aus den Nähten platzenden Backpacks mit jeweils etwa acht Kilogramm Übergewicht, umringt von mindestens drei Viertel der Utensilien, die ebenfalls »unbedingt« mitmussten. Wieder wurde alles ausgepackt, neu ausgewählt, getestet. Um vier Uhr morgens hatten wir es geschafft. Ich erwischte mich jedoch dabei, dass ich bis zum Morgen des Abreisetages gefühlte 4000-mal heimlich versuchte, noch dieses oder jenes Utensil hinter einem der zahlreichen Reißverschlüsse verschwinden zu lassen, bis wirklich kein Gramm mehr in die bis zum Äußersten ausgereizten Rucksäcke passte.

»Komisch, gestern war das Gepäck noch leichter, meine ich«, hörte ich Chris am Tag vor der Abreise murmeln, als er sich noch mal den auseinanderberstenden Gepäckstücken widmete.

»Ach, echt?«, antwortete ich, Ahnungslosigkeit vorgaukelnd.

»Tatsächlich, wieder zwei Kilogramm mehr in einem der beiden Rucksäcke«, sagte Chris und warf mir einen skeptischen Blick zu.

Mist, die Reisewaage hatte ich ganz vergessen, die konnte ich natürlich nicht anflunkern (das kannte ich leider schon von der Personenwaage). Also wieder raus mit dem zusammengeknüllten Extra-T-Shirt, der Lieblingsjeans oder den zusätzlichen Sneakers. Hmpf. Am Ende fuhren wir mit »nur« noch sechs Kilogramm Übergewicht zum Flughafen – eine Tatsache, die wir auf Reisen schnell bereuen sollten. Kleinvieh macht auch Mist – oder Rückenschmerzen.

Endlich sollte es losgehen! Und da scheiterte die Wir-Zeit dann fast schon exakt an Tag eins, vor Abflug in Frankfurt am Flughafen. Gut gelaunt, betont lässig und einheitlich gekleidet in unseren nagelneuen olivgrünen Trecking-Outdoor-Outfits (die sich übrigens später als vollkommen unbrauchbar herausstellten – hätte ich doch besser die Lieblingsjeans mitgenommen!) waren wir zum Check-in geschlendert. Zu unserem Entsetzen wurde uns allerdings nach kurzem Blick in unseren Pass und in das Computerprogramm nüchtern mitgeteilt, dass man ohne gültiges Visum nicht nach Kanada einreisen dürfe.

»Aber … ich verstehe das nicht. Wir haben doch bereits vor Monaten ein Visum bewilligt bekommen«, erwiderte Chris verdattert. Dann kramte er alle möglichen Dokumente und Kopien aus unserem Handrucksack hervor, die die zuständige Servicekraft jedoch nicht überzeugten.

Verzweifelt wanderten Chris' Augen auf einmal auf die jungfräulich glänzenden, nagelneuen Reisepässe in den Händen des Flugbegleiters. Alle Pässe hatten wir erst vor einigen Wochen erneuern lassen, da ihre Ablauffrist bedrohlich näher kam.

»Oh nein, sagen Sie mir bitte nicht, dass mit einem neuen Reisepass auch ein bereits ausgestelltes Visum erneut beantragt werden muss.«

»Das klingt plausibel«, entgegnete der zuständige Flugbegleiter am Schalter nüchtern. Es folgte betretenes Schweigen oder eher eine Art Schockstarre. Nach kurzer Orientierungslosigkeit und Angstattacke schoben Chris und ich uns erst einmal lautstark und zur Belustigung anderer Reisender die Schuld zu.

»Chris, die Visa waren deine Angelegenheit«, hörte ich mich schrill und wenig konstruktiv daherreden.

»Wer kann denn bitte ahnen, dass ein neuer Reisepass nicht die gleiche Nummer hat wie der vorherige! Du hättest dich ja auch mal einlesen können!« Auch Chris erhob nun die Stimme, seine Nasenflügel bebten.

»Streitereien helfen Ihnen jetzt auch nicht weiter, sparen Sie lieber die Energie«, sagte der Flugbegleiter bemüht.

Peinlich berührt hielten wir inne. Er blickte auf seine polierte goldene Armbanduhr, dann auf Chris' offenen Handrucksack, in dem nicht nur unsere Papiere, sondern auch unser Computer verstaut war.

»Klappen Sie lieber den Laptop auf und legen Sie los. Sie haben 43 Minuten Zeit. Danach ist der Flug weg.«

Wir schwitzten Blut und Wasser, schrieben und wählten uns panisch die Finger wund, um irgendwie noch online oder telefonisch registriert zu werden, während die Kinder seelenruhig auf dem frisch gewienerten Flughafenboden ihre Matchbox-Autos und Stofftiere verstreuten. Ich konnte und wollte nicht darüber nachdenken, was es bedeuten würde, die ohnehin hochpreisigen und seit Monaten ausverkauften Flüge wider Erwarten nicht antreten zu können – wo sollten wir hin? Die Wohnung war weg, das Auto verkauft, der Hund bei Freunden untergebracht; unser Leben in der Heimat war wie ausradiert.

Endlich winkte uns der Stewart heran. Auf die letzte Sekunde blinkte die Bewilligung im E-Mail-Postfach des Bodenpersonals am Schalter.

»Go!«, rief er uns nach, als wir im Sprint Richtung Passkontrolle in den gläsernen Gängen verschwanden. Nassgeschwitzt kamen wir kurz vor Schließung am Gate an, wir waren die Letzten im Flieger. Vollkommen erschöpft ließen wir uns in die Sitze fallen. Entschleunigung? Achtsamkeit? Den Start in eine neue Lebensphase hatten wir uns deutlich entspannter vorgestellt.

Nun also Kanada, das zweitgrößte Land der Erde hinter Russland, dreißigmal so groß wie Deutschland, dafür aber lediglich die Hälfte der Einwohner. Es wäre gelogen, zu behaupten, wir hätten nicht ganz schön Muffensausen gehabt, als wir als frischgebackene Weltreise-Greenhorns in Toronto ankamen, unser aus Deutschland vorab gebuchtes Quartier im portugiesischen Viertel bezogen, um am nächsten Morgen irgendwo im Nirgendwo zur Landarbeit in die Tiefen Ontarios einzutauchen.

Die Busfahrt mit den öffentlichen Verkehrsmitteln von Toronto in die nördlich gelegene Muskoka-Region verlief erstaunlich wohltuend. Die Kinder hörten Hörspiele. Es gab nichts zu tun, kein Internetempfang, kein Telefon. Trotz des laut brummenden Motors herrschte Ruhe. Das Schuckeln und Rumpeln des alten Reisebusses, der uns gemächlich gen Gravenhurst kutschierte, waren so angenehm, dass ich schon am Stadtrand in einen Dämmerzustand fiel.

»Mama«, hörte ich es irgendwann weit entfernt. Ich zuckte. Erst jetzt spürte ich den Hauch des warmen schnellen Atems, der zunächst auf meiner Nase, dann in meinem rechten Ohr kitzelte. Mühsam blinzelte ich. Es war zu behaglich in dem weichen Sitz, sodass ich nicht die Augen aufmachen wollte und wieder abtauchte in eine Zwischenwelt aus losem Schlaf, Tagträumen und Gedanken.

Das letzte Mal in einem Bus eingeschlafen war ich zu Beginn meines Studiums, am frühen Morgen im ersten auf dem Fahrplan angezeigten Bus nach einer nicht enden wollenden Party am Rheinufer … Chris und ich lernten uns während meines Studiums in Köln kennen und wir vertrieben uns die freie Zeit mit Konzerten, Platten, Nebenjobs und Partys, wir machten Musik zusammen, gingen zu subkulturellen Events in Hinterhöfen und Kellerkneipen, verbrachten Tage lesend und Serien schauend im Bett, hockten in Cafés und Bars oder schlenderten über

Flohmärkte und Plattenbörsen. Ein Lotterleben in all seiner kraftvollen Großartigkeit. Chris baute, eher als Nebenprodukt zu dieser Umtriebigkeit in der Musik- und Kulturszene, peu à peu sein Unternehmen auf, während ich relativ unaufgeregt durch die Studienwelt navigierte. Ich liebte die Unabhängigkeit und Freiheit der Studierenden in dieser Zeit, in der von Studiengebühren, Master- und Bachelor-Abschlüssen noch keine Rede war und Kommilitonen im 23. Semester keinen Seltenheitswert hatten. Ich probierte mich aus, studierte Rechtswissenschaften, Philosophie, mal ein Semester Geschichte und internationale Beziehungen. Und obwohl ich von Beginn an zahlreiche Nebenjobs machte, wollte ich eine Berufswahl, ein seriöses Leben mit einem geregelten Job, so weit wie möglich hinauszögern. Erst als ich dieses Stadium nach mehreren Universitätswechseln und Studienabschlüssen wirklich bis zur Neige ausgekostet hatte, schlitterte ich mit Ende zwanzig ins Berufsleben und der Spieß drehte sich um: Dem Entwurf »Arbeiten um zu leben« folgte die Einstellung »Leben um zu arbeiten«. Durchzechte Nächte, Konzerte, politische Veranstaltungen, spontane Happenings und Kneipenbesuche standen zwar noch ab und an auf der Tages- bzw. Nachtordnung, wurden aber sukzessive abgelöst von langen Tagen im Büro und geplanten Freizeitaktivitäten wie After-Work-Partys, Dinners und Vernissagen mit Einladung. Immer häufiger hörte ich mich schrill und künstlich statt offen und aus vollem Herzen lachen. Und im gleichen Maß, in dem die Authentizität abnahm, schlich sich die »Jetzt sind wir ja wer«-Attitüde ein. Die Lebenszeit wurde anders vergeben, umgewichtet.

Mit dem Eintritt in das Berufsleben ebbten mein politisches Interesse sowie Chris' musikalische Kreativität zusehends ab. Stattdessen machten sich gerade bei mir Pragmatismus und Zynismus, Karrierehunger, Deadlines und Zeitknappheit breit. Während der Kontostand mit den Jahren nach langer Durststrecke endlich aus den roten Zahlen herauskletterte, verbuchte die gesellschaftliche Teilhabe und das soziale oder politische Engagement ein immer größeres Minus. Von nun an rauschte uns die Zeit davon, immer schneller schienen die Körner durch die imaginäre Sanduhr zu rasen. Irgendwann kamen die Kinder dazu. Und so fanden sich kaum noch Inseln auf unserem Ozean beruflicher, ökonomischer wie privater Verpflichtungen. Es war ein Anpassungsprozess, auch

Erwachsenwerden genannt, in dem wir uns ein Stück weit aufgaben. Wir klagten nicht, denn wir hatten ja alles, was wir immer wollten. Nur waren wir dabei jemand geworden, den wir nicht mehr so gerne mochten. Mit den Jahren hatten wir den Kontakt zu uns selbst und unsere Verbindung zu einem größeren Ganzen, sei es die Gesellschaft, die Natur, die Kunst, die Spiritualität, weitgehend verloren. Funkstille. Was blieb: Rationalität, Individualismus der Leere und Spaßkultur – eine ziemlich dünne Ausbeute.

Barg diese Reise möglicherweise eine Gelegenheit, an unser verschüttetes »altes Ich« anzuknüpfen? Und selbst wenn nicht: Den Kindern ein Vorbild sein, so gut es eben geht – sollte das nicht genug Ansporn sein, die Fühler noch einmal auszustrecken und sich selbst zu fragen: Wofür stehen wir, was wollen wir vom Leben und wer möchten wir sein?

»Mama, jetzt musst du aber ganz langsam aufwachen. Wir sind da«, flüsterte ein zartes Stimmchen neben mir abermals.

Ein Lächeln kann man nicht nur sehen, sondern auch hören. So wie jetzt. Dann fühlte ich eine weiche, kleine Hand über meine Augenlider streicheln, ganz sanft.

»Simsalabim, Augen öffnet euch.«

Gehorsam öffnete ich die Augen. Zwei Zentimeter von meiner Nasenspitze entfernt schaute ich in zwei blaue Kulleraugen, eingerahmt von überdimensional großen, weißen Kopfhörern, die auf den kleinen Ohren lagen wie eine dicke Schicht pappigen Schnees. Raupe lachte mich stumm an. Ich konnte die Aufregung und Vorfreude in seinen Augen sehen, obgleich weder er noch ich einen blassen Schimmer davon hatten, was auf uns zukam. Da war keinerlei Angst in seinem Blick, kein Wankelmut, nur Neugier und Zuversicht. Wie beruhigend, fast therapeutisch Kinderaugen sein können! Während ich mich in seinem engelsgleichen Gesicht verlor, knarzte eine rauchige Stimme in ein altes Mikrofon:

»This is Gravenhurst, Ontario. Thank you for riding with us today, have a wonderful day and: good luck.«

Ja, das Glück können wir gebrauchen, dachte ich, als ich hinausschaute. Eine Bushaltestelle im Nirgendwo. Vor unserem Fenster standen bereits Joe und Chris und fuchtelten mit den Armen.

»Kommt raus, Mensch, sonst fährt der Bus noch mit euch weiter!«, riefen sie uns zu.

Schnell schnappte ich mir Raupe, leerte das Gepäckfach über unseren Köpfen und balancierte mit Kind, zwei Handrucksäcken, einer offenen, allerdings vollends geleerten Butterbrotdose, zwei angetrunkenen Kakaopäckchen und zwei Playmobil-Männchen zwischen den Fingern aus dem Reisebus heraus. Der große Kopfhörer war von Raupes Kopf gepurzelt und schleifte am Kabel wie an einem Lasso hinter uns auf dem Boden entlang.

»Raupe, der Kopf …!« Platsch, da lag der Hörer schon in der Pfütze. Ich setzte Raupe ab und bückte mich samt Gepäck, um den Hörer aus dem kühlen Nass zu ziehen – rumms, da schnellte das iPhone, das am anderen Ende des Kabels hing, aus der Jackentasche hervor und gesellte sich zu dem Kopfhörer in die Wasserlache.

Raupe lachte.

»Guck mal, das Telefon will auch baden!«

Na super. Reisen mit Kindern. Den Humor verliert man dabei nicht. Eher die Nerven. Bald darauf spuckten die riesigen Kofferräume des Busses unsere Rucksäcke aus.

»*Take care, Germans!*«, rief uns der Busfahrer zu, schloss die Tür und fuhr winkend weiter. Es nieselte.

Ein Blick die Straße rauf, ein Blick die Straße runter – alles leer.

»Papa, ich werde ganz nass!«, rief Joe.

»Mama, ich bin müde«, knötterte Raupe, taumelte und fiel in die Pfütze, in der eben noch mein Telefon lag, das ich nun provisorisch eingepackt in Taschentücher in meiner Brusttasche verstaut hatte. Er brauchte drei Sekunden, um sich zu entscheiden, wie er mit der neuen Situation des kalten, nassen Hinterns umgehen sollte: Drei, zwei, eins – er entschied sich für Geschrei. Wo waren denn jetzt in diesem Wust an Sachen, die wir akribisch klein gefaltet und gerollt in die Rucksäcke gequetscht hatten, frische Klamotten oder gar eine Regenhose zu finden?! Organisiert waren wir für ein professionelles *on the road*-Leben definitiv noch nicht!

Nach einer halben Stunde am Straßenrand im Nieselregen, ein Kind hungrig, eins heulend, der Ehemann zweifelnd (»Was in Gottes Namen machen wir hier eigentlich?!«) wurde ich hibbelig. Wo blieb denn nur Mr. Baker?! Telefonempfang? Internet? Fehlanzeige. Nervös scrollte ich durch die ausgetauschten Mails. Irgendwo war doch eine Telefonnummer dieses Kerls ... oder etwa nicht? Klar, in dem virtuellen Öko-Netzwerk musste sich Mr. Baker, Carl, ja sicher ordnungsgemäß registriert und ausgewiesen haben, aber im Grunde wussten wir von ihm ... fast gar nichts!

»Bist du tatsächlich so naiv, uns und die Kinder hier ins Nirgendwo zu lotsen, ohne auch nur eine Nummer von dem Typen zu haben?«, schnauzte mich Chris an.

»Was heißt hier ›Du‹? Ich dachte, wir wollten das beide?! Immerhin habe ich mich um irgendetwas gekümmert! Wenn's nach dir ginge, hätten wir wahrscheinlich eine Weltreise durch 5-Sterne-Resorts gemacht.«

»So einen Schwachsinn muss ich mir nicht anhören«, schnaubte Chris wütend.

In Extremsituationen wird der Ton rauer. Und Rucksackreisen zu viert ohne Plan, Netz und doppelten Boden *ist* eine Extremsituation am laufenden Band – die ganze Bandbreite des Lebens mit allen Höhen (und Tiefen!) zusammengeschnurrt auf wenige Monate.

»Jetzt lasst uns mal alle cool bleiben, bitte, immerhin habe ich ja Mr. Bakers Adresse und der Bus war etwas früher dran als erwartet. In schlimmsten Fall rufen wir uns ein Taxi«, rief ich betont lässig, wohl wissend, dass mein Handy null Balken Ausschlag anzeigte und seit fast vierzig Minuten kein Auto vorbeigekommen war.

Wie war das eigentlich mit wilden Tieren, so mitten in Kanada?! Es vergingen weitere zwanzig Minuten. Mittlerweile waren wir komplett durchnässt, unsere Rucksäcke trieften. Und warum hatten wir kein Messer oder zumindest ein Bärenspray dabei, um uns im Notfall verteidigen zu können? Was für Greenhorns!

Weitere zehn Minuten im rauschenden Niederschlag und nichts passierte. Langsam wurde es dunkel. Und dann plötzlich blitzte es endlich am Horizont und wie in einem Film noir zerschnitten zwei Scheinwerfer den Regenschleier. Ein verbeulter silberner Chevrolet-Pick-up, der die besten Zeiten eindeutig hinter sich gelassen hatte, rauschte auf uns zu.

»Das muss Carl sein!«, schrie Joe, sprang auf, schnappte sich seinen kleinen, regendurchtränkten Rucksack und warf ihn sich gekonnt über die Schulter. Immerhin das klappte schon mal. Endlich kam der Oldtimer neben uns zum Stillstand. Durch die Scheiben, von innen total vernebelt, von außen mit Regentropfen gesprenkelt, ließ sich nichts erkennen. Gespannt und unsicher standen wir vor der Fahrertür wie begossene Pudel. Langsam kurbelte der Fahrer das Fenster herunter.

»Die Deutschen sind immer pünktlich, hey? Selbst hier in Kanada. Na ja, sorry, kann ja kein Mensch ahnen, dass der Bus hier mal rechtzeitig kommt. Ich bin Carl. *Welcome, guys!*«, rief uns der weißbärtige hagere Mann am Steuer entgegen.

Erleichtert atmeten wir auf.

»Vielen Dank, Sir, dass Sie es einrichten konnten uns abzuholen«, antwortete Chris förmlich, »wir freuen uns sehr darauf, dass …«

»Los, los, keine Zeit für lange Reden«, unterbrach ihn Carl, »haut die Sachen hinten auf die Ladefläche und macht die Regenplane darüber, bevor euer Gepäck vollends durchweicht. Sonst habt ihr morgen nichts Trockenes anzuziehen.« Er lachte. Ein sympathisches Lachen, immerhin. Schnell schmissen wir unsere Rucksäcke in den offenen Kofferraum des Pick-ups. Carl warf eine dicke, gummierte Plane darüber, die sicher bestens als Wasserschutz funktioniert hätte, wäre sie nicht durchlöchert gewesen wie ein Schweizer Käse. Der Biobauer trug abgewetzte Jeans, Gummistiefel, ein dickes lehmfarbenes Baumwollhemd und eine vergilbte Baseballkappe; wir dagegen unsere immer noch jungfräulich glänzende Möchtegern-Trecking-Outdoor-Montur.

Wir stiegen ein. 5-Punkt-Kindersitze? Fehlanzeige. Gurte? Einer von fünfen funktionierte. Argh. Immer schön lächeln.

»Unterm Sitz hinten liegt eine Kiste mit Fingerfood, falls ihr Hunger habt, Jungs«, rief Carl den Kindern zu. Sie hatten keinen blassen Schimmer, was der lustige Mann zu ihnen sagte, schließlich sprachen sie kein Wort Englisch und Carl kein Wort Deutsch. »Ah, ihr versteht nichts, wie?« Carls folgender Fingerzeig war eindeutig und so entdeckten sie schnell die kleine Kiste. Hmm. Köstliche Möhren und Zuckerschoten, frisch vom Feld. Da langte auch ich zu. Und los ging's. Chris, auf dem Beifahrersitz platziert, bemühte sich leicht verkrampft, ein Gespräch mit dem Alten anzufangen, was zunächst mäßig bis schleppend funktionierte. Dennoch vertrauten wir dem heiteren Kauz, der das Radio aufdrehte, keine Fragen stellte, dafür aber leise mitsang und fröhlich mit dem Fuß wippte. Joe summte mit.

Wann hatten wir unser Schicksal das letzte Mal so auf uns zukommen lassen oder es in die Hände eines im Grunde Fremden gelegt? Ein Abenteuerkitzel zuckte durch mein Gehirn. Ihn zu spüren, fühlte sich verdammt lebendig an. Langsam trockneten die Regentropfen auf meinem Gesicht. Die Heizung bollerte und die Jungs schauten kauend aus dem Fenster. Rechts und links flogen Weiden, Wälder und Seen an uns vorbei. Es verging eine weitere knappe Stunde. Irgendwann bog Carl zweimal links ab. Aus der asphaltierten Straße wurde eine Schotterpiste, aus der Schotterpiste ein Schlammweg. Im Pick-up wurden wir hin und her geschüttelt wie in einer alten Waschmaschine. Endlich stoppte der Wagen. Der Regen hatte die letzten Meter für Carls Pick-up unmöglich gemacht. Nach mehrfachem Aufheulen des Motors und Durchdrehen der Räder sagte Carl:

»Das bringt nichts, wir parken hier. Die Rucksäcke holen wir später. Steigt schon mal aus und rennt rüber ins Haus, den Weg entlang noch 300 Meter etwa. Aber lasst euch nicht vom Bären auffressen! Ich muss noch die Rinder von der Weide holen, ich komm' später nach!«

»Äh, ja klar, machen wir«, antwortete Chris.

Zehn Minuten später standen wir vier etwas verloren auf der Bauernhausschwelle – und dann vor dem besagten Bären.

Gleich nach dem ersten Hallo reicht uns die rundliche Sandy, Carls Frau, Handtücher, ein paar alte, aber trockene Klamotten – und Chris und mir eine große Tasse Tee. Er ist heiß, schwarz wie die Nacht und stark. Gut.

»Komm, Frieder, wir sind eh schon klitschnass, lass uns mit vollem Karacho durch die Pfützen springen. Dürfen wir, Mama?«

Und ob sie dürfen! Während wir unseren dampfenden Tee unter dem Vordach genießen, tollen die Jungs im strömenden Regen durch die tiefen Pfützen auf dem lehmigen Hof der Bauersleute. Erste Etappe: geschafft!

Eins wird uns relativ schnell klar: In Kanada gibt's Platz! Hier hat kaum jemand einen Gartenzaun um sein Grundstück gezogen, es sei denn, es müssen Tiere eingezäunt werden. Der Blick wird selten gebrochen und für uns schier unüberwindbare Distanzen scheinen für die vielen Kanadier, denen wir von nun an begegnen, ein Klacks.

»Was? Paris ist nur vier Stunden von eurer Heimatstadt entfernt und ihr seid erst einmal dorthin gefahren?! Ihr seid bekloppt, das reißt man doch auf einer Arschbacke ab; da hätte ich Sandy jedes zweite Wochenende zum Frühstück am Eiffelturm ausgeführt. Tsss, Europäer«, sagt Carl, der Farmer, nach getanem Tagewerk an unserem ersten Abend am Kaminfeuer zu mir, während er seinen Kopf müde in die Kissen seines Ohrensessels fallen lässt und wir uns unterdessen zu viert auf dem Sofa gegenüber einmummeln. Um eine europäische Identität zu entwickeln, muss man als Europäer erst ins Ausland fliegen, denke ich. Im Geiste bin ich Carl dankbar für diesen Denkanstoß – es wird nur einer von vielen sein, die er mir während unseres Aufenthalts gibt.

An den meisten Tagen geht es von nun an bei Sonnenaufgang zur Kartoffelernte oder zum Bohnenpflücken aufs Feld. Der Lauf der Sonne bestimmt das Leben hier auf dem Lande. Zweimal die Woche fahren wir sogar vor Sonnenaufgang zum Verkauf auf die im Umland verstreuten Organic Markets. Mit den Kindern versteht sich, so wie viele andere Bauersleute auch in diesem Sommer. Denn wir wollen auf dieser Reise Neues gemeinsam – als Familie – entdecken, uns inspirieren lassen und möglichst viele Menschen kennenlernen, um für uns Stück für Stück Antworten zu suchen auf unsere Fragen: Wer sind wir? Wie wollen wir leben? Was heißt es für uns überhaupt, eine Familie zu sein?

Wir wollen in diesem vor uns liegenden Jahr neue Wege gehen, ohne Brücken einzureißen. Alte Pfade wiederentdecken und doch offen bleiben für Veränderung. Uns sozial und ökologisch engagieren. Den Konsum auf ein Minimum reduzieren. Uns weitestgehend mit öffentlichen Verkehrsmitteln fortbewegen. Aber geht das alles überhaupt mit Kindern? Wir werden es herausfinden, gemeinsam *on the road*.

Die erste Etappe entpuppt sich schon einmal als Volltreffer: Das Hilfegesuch der kleinen Biofarm von Carl, Sandy und ihrer erwachsenen Tochter June hatten wir über die nationale Zweigstelle des weltweiten Dachverbands von Biobauernhöfen erst wenige Tage vor unserem Abflug online entdeckt. Hilfe auf dem Hof gegen Kost und Logis. Kinder willkommen! Aber wie viel können wir schaffen mit den Kindern im Schlepptau? Wie sich herausstellt, eine ganze Menge. Druck und falsche Erwartungen werden wir weder hier noch anderswo auf Reisen bei den Kleinbauern je zu spüren bekommen. Nie werden Fragen gestellt oder die Augenbrauen hochgezogen, wenn einer von uns eine Pause braucht oder wir uns den Kindern widmen. Die Anforderungen an uns sind nicht unverhältnismäßig, sondern realistisch und vertrauensbasiert. Jeder schafft eben das, was er kann. Mir drängt sich der Gedanke auf: Sind Effizienz und Rationalisierung hauptsächlich ein Problem der westlichen Industrienationen im hoch technisierten, digitalisierten und industrialisierten Umfeld? Das wäre sicherlich viel zu einfach, denn auch Carl und Sandy sind ökonomischen Sachzwängen unterworfen und müssen sehen, dass sie über die Runden kommen. Die Farm ist in keinem guten Zustand, die beiden sind zu alt, um sich der harten Feldarbeit zu widmen, und ihre Tochter June muss in der nächsten Stadt einen besser bezahlten Job annehmen, um den Eltern unter die Arme zu greifen. Zum Glück unterstützt zudem der aus Montreal stammende frankofone Vagabund und Tagelöhner François über den Sommer den kleinen Hof mit seiner Arbeitskraft. Er wohnt in seinem jüngst erworbenen Van, einem zum Schlafmobil umgebauten Kastenwagen, und spart für einen Trip bis zur Westküste. Man kommt sich in so einem engen Umfeld nah, man arbeitet zusammen, alle Mahlzeiten werden gemeinsam eingenommen und selbst die Freizeit verbringt man aufgrund der Distanz zwischen einzelnen Gehöften in großen Teilen gemeinsam. Die Zusammenarbeit hat auf dieser Farm damit noch ein zutiefst menschliches, traditionelles Gesicht.

Wir ernten Bohnen und Kartoffeln, Zwiebeln und Knoblauch. Carl zeigt mir, wie man dekorative Knoblauchzöpfe bindet, die an den Wänden der Käufer ihren Platz finden werden. So sehr ich versuche, das Knoblauchgrün zu biegen und zu flechten, es will mir nicht gelingen – alle Resultate sehen grauenhaft aus.

»Macht nichts«, sagt Carl. »Komm, ich zeig's dir noch mal. Morgen versuchst du es wieder und dann wirst du Fortschritte erkennen.«

Und tatsächlich: Stolz halte ich zwei Tage später meinen ersten, zugegebenermaßen etwas asymmetrisch geflochtenen Knoblauchzopf in den Händen.

»Schau, Chris, ist der nicht schön!«, rufe ich verzückt.

Kinder können sich ständig begeistern und damit antreiben, immer wieder Neues zu lernen. Bestenfalls ist Kindheit ein ekstatischer, schwärmerischer Begeisterungszustand in Dauerschleife. Aber Erwachsene? Wann war ich das letzte Mal so richtig aus dem Häuschen? Diese Handarbeit macht mir tatsächlich Freude! Sandy bringt mir das Stricken bei. In den langen Wintern strickt sie Mützen und Socken, die sie übers Jahr auf den Märkten verkauft. Erstmalig denke ich darüber nach – mit fast 40! –, warum ich eigentlich sofort nach dem Abitur ins Studium gestolpert bin, anstatt vorab eine Lehre zu machen. Nein, nicht eine kaufmännische Ausbildung, sondern eine Lehre in einer Schreinerei zum Beispiel, eine Ausbildung zur Goldschmiedin oder zur Steinmetzin! Warum habe ich darüber standesgemäß heimlich die Nase gerümpft, über Jahrzehnte hinweg von meinem Schreibtisch aus auf das Handwerk hinabgeschaut? Auf einmal empfinde ich Ehrfurcht und Hochachtung vor diesen Gewerken. Die Grenze zwischen Kunst und Handwerk ist doch tatsächlich fließend, sicherlich oft fließender als die zwischen Kunst und Schreibtisch. Mit den Händen werken, etwas erschaffen – weder Chris noch ich sind da bislang sehr bewandert, stellen wir kleinmütig fest, als ich ihm abends auf dem Matratzenlager von meinen Gedanken erzähle, während Joe und Frieder bereits friedlich vor sich hin schnorcheln.

»Mir geht es ähnlich. Hast du gesehen, wie François heute an seinem Van herumgeschraubt hat? Beeindruckend. Sowohl der Van als auch das Geschick. Wir gehen wegen jedem Fliegenschiss in die Werkstatt und holen einen Handwerker ins Haus, wenn nur ein Nagel in die Wand geschlagen werden muss.«

Uns eint die Sehnsucht danach, eine Tätigkeit zu beherrschen, die sich deutlich von den mir aus jetziger Perspektive geradezu trivial anmutenden Verrichtungen und »Skill-Sets« unserer Berufe abhebt. Chris und ich flüstern noch länger über Berufe und Fertigkeiten, die uns gleichermaßen sinnvoll und sinngebend erscheinen. Irgendwann schlafen wir erschöpft ein.

An den späten Nachmittagen liegen wir im Gras, gehen im hofeigenen See schwimmen, machen Spaziergänge über die Felder oder helfen June, den Pferdestall auszumisten oder Baxter, ihren Rappen, zu striegeln. Ein anderes Mal weist uns Carl in die Kunst des Fliegenfischens ein. Hierfür benutzt er die selbst gebastelten Köder, die er mit eigens eingefärbten und in den schillerndsten Farben leuchtenden Gänse- und Hühnerfedern bestückt hat. An manchen Abenden spielen Chris und François gemeinsam auf der kleinen Holzbank vor dem Haus Gitarre. Sobald es dunkel wird, verlagert sich das Treiben ins Haus. Es wird gestrickt, gelesen, Schach gespielt oder es werden die Fliegenköder aus Federn, Garn und Ösen für die Fischerei gebastelt – eine faszinierende und aufwendige Tätigkeit, die viel Konzentration, Geschick und Kreativität erfordert. Gegessen wird weitestgehend das, was der eigene Grund und Boden hergeben. Sandy kocht sehr puristisch, es werden kaum Saucen aufgetischt, wenig Schnickschnack, dafür Selbstgemachtes, frisch und ökologisch wertvoll. Als ich zum ersten Mal Carls und Sandys Kühlschrank öffne, fällt mir auf, wie unfassbar wenig industriell vorgefertigte und in Plastik verpackte Produkte in allen Farben und Formen er enthält – ganz anders als bei uns zu Hause. Selbst das Fleisch kommt aus eigener Schlachtung. Mal eine Gänsekeule, mal ein Stück Reh.

An den ersten Abenden auf der Farm höre ich oft noch ein leises Stimmchen links oder rechts neben mir, das mir ins Ohr flüstert:

»Ich mag das da so gar nicht auf meinem Teller.«

Natürlich. Das ist Joe, der generell beim Essen, nun, sagen wir, etwas wählerisch ist. Doch vor Sandy, Carl und François hat er Respekt, da geht ihm ein etwaiges Suppenkasper-Genöle nicht so einfach von den Lippen.

»Erst einmal probieren, bitte, irgendetwas wird schon dabei sein, etwas anderes haben wir nicht, Hase«, sage ich.

»Wir können doch noch mal zum Supermarkt oder zum Büdchen«, antwortet er hoffnungsvoll.

Supermarkt? Büdchen? Thai-Imbiss? Dönerbude? Fehlanzeige. Ich schüttele den Kopf. Weder besitze ich selbst ein Auto, noch wäre hier im Umkreis von 100 Kilometern nach 18 Uhr ein offenes Geschäft zu finden. Also wird hier im wahrsten Sinne gegessen, was auf den Tisch kommt. Joe wird sich dieser Lage schlagartig bewusst. Er überwindet sich und greift zu. Zu Hause hätte ich ihm sicher beim ersten Murren alternativ gleich ein paar Cornflakes hingestellt oder eine andere Lösung gesucht. Hier muss er lernen, dass Menschen sich in eine Gemeinschaft einfügen müssen und weder Zeit noch Geld da ist für jede gewünschte Extrawurst. Ich bin ziemlich baff, wie gut er das begreift und wie schnell er sich um- orientiert. Der Hunger treibt's rein. Und solange man ihn nicht wissen lässt, dass er gerade ein Karnickel verspeist, mit dem er gestern im Stall geschmust hat, findet er das Gekochte meist ziemlich lecker.

Es ist auffällig ruhig auf der kleinen Farm. Ich höre den Specht hacken, die Hühner gackern und die Rinder blöken – viel mehr hört man nicht. Oder doch! In den Wiesen surrt und summt es. In den Lunch-Pausen sit- zen wir im Gras, lauschen dem bunten Treiben und schauen den großen Monarch-Schmetterlingen bei ihrem Tanz zu. Wir wohnen gemeinsam mit der Bauernfamilie unter einem Dach, teilen uns zu viert ein Matrat- zenlager in einem kleinen Zimmer und zu acht ein Bad, einschließlich dem Van-Vagabunden. Von einer knapp 130 Quadratmeter großen Wohnung in ein acht Quadratmeter großes Zimmer zu viert zu wechseln, ist auf jeden Fall eine ganz schöne Spannweite. Aber abgesehen von erwartbaren kurzfristigen Lagerkollerattacken von Chris oder mir sind wir insgesamt überrascht, wie gut uns das gemeinsam gelingt. Pure Anfangseuphorie? Landlust-Romantik? Im Bad riecht es unerträglich nach Kuhmist, das offene Fenster schließt gleich an den Rinderstall an. Und die Wohnräume, obgleich behaglich und wohnlich, sind nicht beson- ders sauber. Staubschichten liegen auf Regalen, Zeitschriften und Bücher stapeln sich wie Legotürme zwischen Wollknäulen, alten Kleintierkä- figen, Geschirr und vielerlei Nippes. Als ich Sandy anbiete, einen Reine- machtag einzulegen, lacht sie schallend und sagt:

»Dafür habe ich doch im Winter genug Zeit, wenn wir eingeschneit sind und nichts anderes zu tun haben, als Holz nachzulegen und Socken zu stricken. Alles zu seiner Zeit.«

Recht hat sie. Und so bleibt der Staub eben liegen. Man kann durchaus mal fünf gerade sein lassen und muss nicht immer mit Perfektionismus an die Sachen herangehen. Gelassenheit kann man sich von dieser Frau trotz all ihrer harten Arbeit wirklich abschauen.

Eine weitere Veränderung in unserem sonstigen Lebensrhythmus tritt ein: Unser Medienkonsum ist beinahe auf null heruntergefahren, alle Termine sind aus unseren Kalendern radiert, das Handy ist nicht einmal zum Telefonieren zu gebrauchen, geschweige denn zum Surfen im Netz. Zu Beginn ist das seltsam.

»Kann doch nicht sein, dass ich hier nicht ins Internet komme«, schimpfte Chris noch am ersten Abend und tippte wie wild auf seiner Funke herum.

Fehlanzeige. Empfang für das Handy gibt es bei Carl und Sandy keinen und nach WLAN lohnt es sich kaum zu fragen, ständig bricht es zusammen und ist überlastet. Zeit gäbe es dafür eh kaum – auf einer kleinen Farm ist immer etwas zu tun. Die Hühner müssen gefüttert, der Zaun repariert, der kleine Kartoffelacker händisch (!) durchpflügt, ungebetene Gäste, wie die Nattern rund um den Hühnerstall und den Farmteich, vertrieben werden. Die ersten Wochen unserer Reise starre ich sinnentleert und aus purer Gewohnheit dennoch immer wieder auf das Handy. Abends komme ich nicht zur Ruhe, mehrfach saust die Screen-Time nach oben, ob on- oder offline – irgendetwas muss es doch in diesem flimmernden Ding zu tun geben?! Die Entwöhnung erinnert mich an die Zeit, als ich aufhörte zu rauchen. Ich wäre für eine Zigarette manchmal gut und gerne zehn Kilometer weit gerannt – wenn meine Lunge das damals überhaupt mitgemacht hätte. Ähnlich geht es mir nun mit der Sehnsucht nach Wifi. Weiterhin parke ich das Handy beim Zubettgehen griffbereit neben der Matratze, natürlich nicht im Flugmodus, denn man weiß ja nie! Vielleicht geht der Empfang ja doch einmal und es flattern ein paar Nachrichten herein über die diversen Social Media Profile und Messenger-Dienste? Bis ich aufhöre, ständig daran zu denken, dass ich noch vor kurzer Zeit *always on* war, dass ich ein Foto bearbeiten könnte, eine E-Mail tippen, eine Textnachricht verschicken, einen neuen Song anhören, eine neue App ausprobieren könnte, wird es, wie ich später lerne, an die zwei Monate brauchen. Zumal man auf Reisen – sollte man nicht gerade auf einer Farm im Südosten Kanadas festsitzen – in gewisser Weise auf das Handy angewiesen ist. Regelmäßig muss der nächste Schritt vorausgeplant, ein Zug gebucht, ein Zimmer bestellt, ein Hörspiel heruntergeladen werden – alles online. Aber anders. Das digitale Konsumverhalten ändert sich. Die Bildschirmzeit, die Berieselung und der mit dem Handy verbundene Sozial- und Arbeitsstress hören auf. Das Smartphone kehrt zu seiner ursprünglichen Bestimmung zurück:

Es wird ein Nutzgegenstand, der, wenn man ihn smart einsetzt, durchaus nützlich ist.

An manchem Abend schlafen wir kurz nach Sonnenuntergang schon auf dem Sofa am Kaminfeuer ein – es ist eine ganz andere Art von Erschöpfung als die, die wir nach einem Bürotag verspüren. In unseren Bürojobs verlieren wir oft den Überblick über Anfang und Ende einer Tätigkeit. Mehrere Projekte verlaufen parallel, wahlweise auch im Sande, und wir sind uns nicht ganz im Klaren, ob das sogenannte Homeoffice eher Fluch oder Segen für die arbeitende Bevölkerung ist – denn: Wann ist die Arbeit dann wirklich getan? Wann darf man ohne schlechtes Gewissen Handy oder Laptop weglegen? Wann versiegt die Flut von E-Mails, Slack-Nachrichten oder Trello-Tasks?

Hier auf dem Land ist die Arbeit hart, aber es gibt keine Definitionsspielräume, wann ein Job erledigt ist. Chris' und mein leicht verspeckter Büro-Astral-Körper danken es uns mit Stressabbau, Dopamin-, Serotonin- und Endorphin-Ausschüttungen sowie dem befriedigenden Gefühl der physischen Erschöpfung. Eine Muckibude braucht hier niemand.

Nach wenigen Wochen fühlt sich Deutschland schon ziemlich weit weg an. Die Arbeit an der frischen Luft, die Kinder toben den ganzen Tag um uns herum oder wollen helfen, das alles ist für uns purer Luxus – für die beileibe wenig vermögenden Bakers ist das nicht nachvollziehbar. Und doch wollen sie kein anderes Leben. Anfangs fremdeln wir im Stillen noch mit den unbekannten, deutlich anders tickenden Menschen, mit denen wir von heut auf morgen das Dach über dem Kopf teilen oder deren Wäsche wir wie selbstverständlich neben unsere an die lange Wäscheleine im Garten hängen.

Gerade Chris ist ein Individualist, dem sich bei Angepasstheit, zu stark ausgeprägtem Gemeinschaftssinn, Gruppenkuscheln und Konformismus die Nackenhaare aufstellen. Dann poltert er nicht los, sondern zieht sich zurück. Obgleich er in einer fünfköpfigen Familie aufwuchs, brauchte er immer viel Zeit für sich, Ich-Zeit. Selbst eine Familie zu gründen, war zwar sein Wunsch, stellte aber gleichzeitig eine Herausforderung für seine Freiheitsliebe und Selbstbestimmtheit dar. Fehlende

Rückzugsmöglichkeiten und Ich-Zeit waren für ihn sicher die stärksten Argumente auf der Contraseite vor der Entscheidung für die Reise.

In den ersten Wochen frage ich mich jeden Tag: Wann knallt er durch? Wann winkt er ab und sagt: »Dankeschön, das war's. Bis hierhin und keinen Schritt weiter. Ich hab' keinen Bock mehr.« Aber ich höre nichts dergleichen. Chris kommt mit dem Tapetenwechsel gut zurecht. Auf dem Felde verteilen sich die Arbeitenden gut, in Rufdistanz bleibt man stundenlang für sich und kann so eine Auszeit im Geiste nehmen.

Wir alle blühen auf, sind weniger fahrig, entkrampfen. Es gibt insgesamt weniger Streitereien, die zu Hause oft wegen Nichtigkeiten vom Zaun gebrochen wurden. Auch das Gequengel beim Zubettgehen der Kinder ebbt deutlich ab.

»Ich will ins Bett«, hören wir nun regelmäßig in den Abendstunden.

»Sind das unsere Kinder?«, frage ich Chris, während ich Joe an der Hand die Treppe hinaufführe.

»Die sind fix und foxi. Und ich erst. Ich will auch ins Bett«, sagt Chris, während er den kichernden Raupe auf dem Rücken nach oben hievt.

Und so liegen wir alle vier meist um acht Uhr abends wie die Ölsardinen auf unserem Matratzenlager. Joe und Frieder genießen diese unstrukturierte, freie »Frei-Zeit« sichtlich. Wir versuchen, gewisse liebgewonnene Routinen und Rituale aus der Heimat so gut wie möglich beizubehalten, so lesen wir beispielsweise weiterhin abends vor, ich singe und wir kuscheln mit den Kindern. Allerdings können wir es uns jetzt »leisten«, bei ihnen zu bleiben, bis ihnen – und uns – die Augen zufallen; früher bin ich nervös aus dem Kinderzimmer getippelt in der Hoffnung, es bekäme niemand mit, nur um schneller wieder vorm Rechner sitzen zu können. Oder aber ich schlief ein und schreckte mit schlechtem Gewissen mitten in der Nacht auf. Es fühlt sich nun wahnsinnig beglückend an, einfach liegen bleiben zu können bis zum Morgengrauen.

Und obwohl uns die Bücherauswahl zu Hause gut gefällt – mit einer Handvoll Pixi-Heftchen und zwei Lieblingsbüchern in leichtem Taschenbuchformat kommt man erstaunlich lange zurecht. Kinder lieben Wiederholungen, sie geben Sicherheit und Routine. Zu Hause hatten wir eine ganze Bibliothek an Kinderliteratur im Kinderzimmer; abgesehen von den Lieblingsschmökern fristeten die meisten Bücher jedoch ein Leben als Staubfänger. Wie die Erwachsenen, so die Kinder?

Unterwegs stöbern wir gelegentlich in Secondhand-Geschäften herum und erwerben bei Bedarf ein Kinderbuch auf Englisch, das wir simultan während des Vorlesens übersetzen und nach dem Durchlesen verschenken. Später tauschen wir einige Bücher mit zufälligen Reisebekanntschaften aus Deutschland aus. So geht uns der Lesestoff nie aus.

»Haben wir das echt durchgezogen?«, frage ich Chris so gut wie jeden Abend und drücke seine Hand. So richtig glauben kann ich es immer noch nicht.

»Und ob«, antwortet er, »und ganz ehrlich: Ich war selten so tiefenentspannt und zufrieden wie gerade, obwohl ich auf einer durchgelegenen, ollen Matratze auf dem Fußboden liege, um fünf Uhr aufstehen muss und keinen Plan habe, wo wir übernächste Woche sein werden.« Wie gut ich ihn verstehen kann!

Unser letzter Abend naht heran. Ich bin stolz, als ich Carl dabei beobachte, wie er – nach vielen verkorksten Versuchen meinerseits – zum ersten Mal einen meiner geflochtenen Knoblauchzöpfe auswählt und in die Kiste legt, die er morgen früh mit zum Markt nehmen wird, nachdem er uns am Bahnhof abgesetzt hat. Für unsere Hilfe bekommen wir zum Abschied kein Geld. Dafür empfangen wir ehrliche, tiefe Dankbarkeit. Auch wir sind dankbar für die Zeit auf der kleinen Farm, die uns von hundert auf null entschleunigt hat.

Bei Sonnenaufgang des Abreisetags in Gravenhurst wache ich von selbst auf – kein Wecker ist mehr notwendig, die innere Uhr hat sich vollends auf den neuen Rhythmus eingestellt. Der Mensch, das Gewohnheitstier. Als ich die knarzende Treppe mit gebücktem Rücken hintersteige, um nicht mit dem Kopf an der Decke anzustoßen, sehe ich auf dem Küchentresen ein geschnürtes Bündel.

»Das ist Proviant für euch und ein kleines Starterpaket, wohin auch immer es euch verschlägt«, sagt Sandy etwas wehmütig, während sie ihren Pott mit dampfendem Kaffee in beiden Händen hält. Durchs Küchenfenster sehe ich auf dem Feld schon die Rinder grasen. Dieser Blick wird mir fehlen. Ich spinkse in das Bündel hinein und finde Zwiebeln, Gurken, Kartoffeln, ein Pfund Butter, einen halben Laib Brot, ein Stück Käse. Ich stürme zu der gutmütigen Sandy herüber und drücke ihr einen Kuss auf die Wange.

»Das ist doch nicht nötig«, sage ich. Sie lächelt.

»Und ob. Nehmt uns ein Stück mit auf eure Reise und haltet uns auf dem Laufenden.«

Wir sind zutiefst gerührt von so viel Gastfreundschaft und Nächstenliebe. Diese Menschen besitzen sehr wenig, abgesehen von ihrem Grund und Boden, und doch sind sie bereit, ohne Zögern zu teilen. Fast schäme ich mich insgeheim für die Zweifel, die wir in den ersten Momenten unseres Zusammentreffens im Regen an der Stratham Road hatten. Diese Reise lehrt uns schon jetzt, mehr zu vertrauen, offener zu werden, uns in Zuversicht zu üben. Weder eine Reise noch das Leben sollten vollends verplant werden, sonst fehlt der notwendige Spielraum für die Magie und den Klang der leisen Töne. Zudem nehme ich mir vor, von Sandy zu lernen und in Zukunft mehr zu spenden, mehr abzugeben, mehr zu teilen. Den Kindern sagen wir immer: »schön teilen«, aber wie viel sind wir Erwachsenen eigentlich bereit abzugeben, Gutes zu tun? Zum Abschied nehme ich Sandy fest in den Arm. Eine starke Frau, ein *Rolemodel* ganz anderer Art als die, die ich bisher als solche angesehen habe.

»Danke für alles«, wispere ich ihr ins Ohr.

»Nein, wir haben zu danken für die Fröhlichkeit, die ihr in unser Haus gebracht habt. Und wenn ihr verloren geht in Kanada, ruft uns an – hier habt ihr Freunde, die auf euren Anruf warten.«

Der Prophet

Wir finden Gefallen an Kanada und wollen es noch tiefer erkunden. Da wir keinerlei Flüge oder Fahrten im Voraus gebucht haben für das kommende Jahr, sind wir flexibel und wollen uns bewusst von unserem Bauchgefühl treiben lassen, auch wenn uns das noch nicht leichtfällt. Wir entscheiden uns, Richtung Alberta weiterzuziehen. Zuvor wollen wir noch die Niagarafälle besuchen, deren Kraft, Schönheit und Größe uns tief beeindrucken, obwohl uns der touristische Kirmescharakter der Stadt drum herum unangenehm aufstößt nach der Ruhe in Gravenhurst. In Niagara haben wir uns für ein Wochenende mit Chris' altem Freund Sepp und dessen amerikanischer Frau Jenny verabredet. Sepp und Chris sind in demselben nordhessischen Dorf in der Berglandschaft der Ostwaldecker Randsenken aufgewachsen. Sepps Lebensweg hat ihn nach dem Abitur und beruflichen Stationen in Frankfurt und New York nach Chicago geführt, wo er sich mit seiner langjährigen Lebensgefährtin Jenny niederließ. Es tut uns gut, uns im vertrauten Kreis auszutauschen und zusammen die Naturschauspiele vor Ort zu erleben.

Doch am zweiten Tag in Niagara wird unsere Reiseeuphorie jäh gestoppt: Nach einem aufregenden Tag an den Wasserfällen stößt sich Raupe in unserem spartanischen Quartier am Abend beim Toben mit Joe den Kopf derart unglücklich an einem massiven Heizkörper, dass sofort die Kopfhaut aufplatzt. Er blutet am Hinterkopf. Ob es sich um ein Loch oder einen Riss handelt, können wir nicht erkennen, während das Blut nicht aufhört, seinen wilden blonden Haarschopf dunkel zu färben. Oh Gott, wo ist in diesem ganzen Wust von Gepäck unser Erste-Hilfe-Set zu finden?! Wild schmeißen wir Klamotten, Schuhe, Sandys Kartoffeln und Wasserfall-Postkarten durch die Gegend, ich verheddere mich in dem vollkommen überflüssigen Moskitonetz, Raupe wimmert, Joe schreit vor Angst um seinen kleinen Bruder. Nichts zu finden. Das darf doch nicht wahr sein! Kurzerhand wickelt Chris Raupe ein T-Shirt fest um den Kopf und spannt eine Mütze darüber. Das hält. Jetzt wird Raupe ganz still. Tränen kullern seine Wangen hinab, dabei gibt er keinen Laut von sich. Stumme Tränen sind die herzzerreißendsten. Sie flößen Eltern die größte Angst ein.

»Was wählt man denn hier überhaupt, verdammt?!«, rufe ich Chris zu, während ich wie versteinert auf mein Handy starre.

Wie verpeilt bin ich eigentlich, fahre in ein wildfremdes Land und weiß nicht einmal die Notrufnummer!?

»911 natürlich!«, gibt Chris zurück.

Natürlich! Was ist in mich gefahren? Immerhin funktioniert mein deutsches Telefon einwandfrei. Die Adresse unserer Pension entnehme ich der Buchungsbestätigung. Panisch rufe ich den Notarzt, dessen Wagen mit aufheulender Sirene zum Glück nur vier Minuten später in der Einfahrt unserer Unterkunft steht. Ich habe Angst um meine kleine Raupe und Angst vor der Situation: Was erwartet uns jetzt? Wie schlimm steht es um Raupe? Wie funktioniert das hier alles fern der Heimat? Und ist die Reise damit beendet, bevor sie überhaupt richtig angefangen hat?

»Wow, du bist ja ein richtiger Wrestler!«, sagt einer der beiden Sanitäter, als er Frieder mit seinem Turbanverband sieht.

Dabei macht er ulkige Kampfbewegungen und verzogene Grimassen, während der andere in aller Ruhe Thermometer, Pulsmessgeräte und andere Utensilien zurechtlegt. Ein eingespieltes Team. Raupe ist irritiert, überlegt, vergisst den Schmerz. Und dann schmunzelt er tatsächlich, ganz sachte. In der folgenden halben Stunde lässt er alle Untersuchungen kooperativ über sich ergehen. Glücklicherweise stellt sich heraus: eine üble Platzwunde, eine leichte Gehirnerschütterung – »mehr« nicht.

»Sollten wir denn nicht besser ins Krankenhaus?«, frage ich den Kung-Fu-Sanitäter mit dem dunklen Lockenkopf, der Raupe gerade einen professionellen Verband anlegt.

»Ich kann Ihnen das nicht empfehlen, M'am. Bis hierhin kostet Sie unser Einsatz keinen Cent. Aber der Transport zum Krankenhaus samt Stationierung zur Beobachtung kostet Sie eine Menge Geld und mehr als wir hier werden die dort auch nicht machen. Lassen Sie es die nächsten Tage einfach ruhig angehen. Wenn's schlimmer wird, kommen Sie vorbei. Und du gönnst deinem kleinen Bruder mal 'ne Pause, Großer, okay?«, ruft der Sanitäter Joe zu und hält ihm eine Faust hin.

Joe versteht ohne Worte und erwidert den Faustgruß, sichtlich erleichtert, dass es Frieder den Umständen entsprechend gut geht. Chris und ich schauen uns an wie zwei verängstigte Rehe, der Schock sitzt tief. Das hätte richtig ins Auge gehen können. Aber so vertrauen wir der Einschätzung des Sanitäter-Teams, bedanken uns herzlich und winken zum Abschied aus dem Fenster. Glück gehabt.

»Starker Helm«, sagt Joe zu Frieder mit Blick auf seinen Kopfverband.

»Bist ja bloß neidisch«, gibt Raupe zurück.

»Stimmt«, antwortet Joe verschmitzt.

Eins steht fest: Von jetzt an liegt der Verbandskasten immer oben in dem großen schwarzen Rucksack. Hoffentlich werden wir ihn so schnell nicht mehr brauchen.

In den nächsten Wochen bewegen wir uns einmal quer von Osten nach Westen durch die ungezähmten, wilden, unfassbar verschiedenartigen Landschaften Kanadas, die uns tagtäglich beeindrucken und in die wir uns längst verliebt haben. Viel sind wir in Zügen und Bussen unterwegs, nur einmal entscheiden wir uns für einen Inlandsflug, die Distanzen in einem Land, das fast so groß ist wie ganz Europa, sind für uns als Familie einfach zu gewaltig.

Mittlerweile haben wir ein bisschen dazugelernt, wenn es darum geht, mit Kindern längere Strecken mit den öffentlichen Verkehrsmitteln zu überbrücken. Obwohl wir über ein Jahr konstant unterwegs sein werden, nennen wir nur die Tage, an denen wir längere Strecken überwinden, »Reisetage«, da sie sich aufgrund ihrer notwendigen Planungen und mit ihren Unwägbarkeiten deutlich von den eher planlosen »Verweiltagen« unterscheiden und damit deutlich anstrengender sind für die ganze Familie. Sie verlangen zudem viel Vorbereitung: Rucksäcke müssen strategisch sinnvoll gepackt, Butterbrote für die Fahrt geschmiert, Wasserflaschen gefüllt, Wohnungen oder Schlafplätze ordentlich zurückgelassen und Eventualitäten durchgespielt werden. (Was, wenn es Frieder auf der Fähre schlecht wird? Aha, Spucktüte einpacken. Was, wenn wir die Fähre verpassen? Aha, zur Sicherheit Fähre danach reservieren. Was, wenn es an dem Tag keine Fähre mehr geben wird? Aha, Couchsurfing-Website scannen und schauen, ob sich Optionen auftun.) In den allermeisten Fällen folgen auf einen Reisetag mindestens zwei bis drei Verweiltage, selbst wenn wir auf der »Durchreise« zu einem anderen Ziel sind, wo wir uns dann länger aufhalten wollen.

Spätestens nach Frieders Unfall wird uns klar, dass man nicht auf alle Eventualitäten vorbereitet sein kann, sobald man sich aus seiner Komfortzone herauskatapultiert. Dass in dieser Erkenntnis und Lebensart viel Schönes und Gutes steckt, zeigen uns Joe und Frieder. Jeden Tag lernen wir sie und ihre Bedürfnisse ein Stückchen mehr kennen und wahrnehmen. Und jetzt, wo meine inneren Uhren langsamer zu ticken beginnen, tauche ich tiefer in ihre Welt ab. Sie lehren mich, nicht alles zu planen, zu organisieren, zu reflektieren, anzuzweifeln, abzuwägen und zu (zer-) denken, sondern mich auf das Hier und das Jetzt und das Wir einzulassen. Langsam frage ich mich, wer hier eigentlich mehr von wem lernt, sie von uns oder wir von ihnen? Chris und ich lernen, uns auf ihr Tempo einzulassen, wir sind erstaunt, wie richtig die Kinder damit oft instinktiv liegen und wie sie durch die Verlangsamung unserer Prozesse zum allgemeinen Wohlgefühl beitragen. Wir merken, dass gerade dadurch unsere Reisetage kräfteschonender und angenehmer verlaufen. Auch für uns Erwachsene. Wir sind erleichtert, dass wir – entgegen zahlreicher gut gemeinter Ratschläge – auf unserer Reise dem Zufall viel Raum gewähren. Wo und wann wir uns an einen neuen Ort begeben, wird meist spontan entschieden, eine *Bucket-* oder *Must-see*-Liste gibt es nicht. Damit fahren wir gut. Der Mangel an Planung wird uns immer wieder zu Begegnungen und Erlebnissen führen, die sich später als Glücksgriffe herauskristallisieren, die uns in einem engmaschig getakteten, optimierten, möglichst effizienten und zielgerichteten Reisemodus nicht über den Weg gelaufen wären. Ich muss an New York City denken, wo ich in Studienzeiten und meiner beruflichen Anfangsphase fast vier Jahre meines Lebens verbrachte. Die meisten Touristen besuchen New York für weniger als eine Woche und pressen alles Menschenmögliche in diese wenigen Tage, als ob die quantitative Aneinanderreihung von Erlebnissen zu einer qualitativen Intensivierung des Erlebten führen könnte. Man kann sich diese Stadt erschließen, indem man im Vorfeld Dutzende Reiseführer liest und dann versucht, jede Sehenswürdigkeit auf einer Checkliste abzuhaken. Man kann aber auch einen anderen Weg einschlagen und sich beispielsweise jeden Tag von morgens bis abends in ein Café, einen Park oder eine Galerie setzen, Menschen beobachten, mit ihnen ins Gespräch kommen, Momente entstehen lassen, statt sie zu kaufen. Das Risiko, dass man dabei das Empire State Building oder die Freiheitsstatue verpasst, ist bei diesem Vorgehen relativ hoch. Die Chance, einen unvergesslichen, ganz individuellen Moment zu erleben, allerdings ebenso. Es bietet sich ein weites Spektrum an Herangehensweisen und Strategien. Welche passt zu einem selbst?

Ähnlich ist es mit der Kindererziehung. Auch hier bieten sich Müttern und Vätern Dutzende Ratgeber an – wie finden Eltern hier ihren eigenen Weg? Was uns alle verbindet, ist, dass wir sicher nur das Beste für unsere Kinder wollen. Nur, ob das vermeintlich Beste aus unserer Sicht oder der der Experten, Lehrkräfte, Großeltern, Trainer, die wir regelmäßig zu Rate ziehen, das Richtige für dieses ganz individuelle Kind ist, diese Frage stellen wir uns vielleicht zu selten.

Zurück zu unseren Reisetagen. Seit der Pick-up-Tour mit Carl haben wir dazugelernt und uns aufpumpbare Kindersitze gekauft, die sich gut im Rucksack verstauen lassen und in Taxen oder Bussen eine pragmatische Lösung darstellen, die zwar nicht den Sicherheitsstandards eines deutschen 5-Punkt-Gurt-Kindersitzes entsprechen, aber in vielen Ländern der Welt vollkommen legal sind.

Wir haben einen für uns passenden Modus für die Reisetage entwickelt, der uns Streitereien und Tränen (sowohl bei den Kindern als auch bei uns) erspart. Einer von uns ist an diesen Tagen für die Logistik, Pässe, Computer (wir haben nur einen dabei), E-Reader und Aufladegerät verantwortlich, der andere für die Versorgung. Die Rollen tauschen wir regelmäßig, so ist keiner auf eine Rolle festgelegt. Auch unsere Ausrüstung und Packgewohnheiten haben wir nach den ersten Erfahrungen des ständigen Suchens umgestellt: In dem Versorgungsrucksack sind Verpflegung, Wasser, Pflaster, Sonnencreme, Feuchttücher, Stifte und Zettel, Kartenspiel und Mülltüte sowie meist »etwas Süßes für die Stimmung«.

Die Kinder sind jeweils für ihren kleinen Wanderrucksack »zuständig«. Darin bzw. daran befinden sich: Kuscheltier, Kompass, Trillerpfeife, Stirnlampe, Karabinerhaken, ein Mäppchen mit Stiften, Kleber, Klebeband und Schere, vier Matchbox-Autos, Bindfaden (Oma sagt, man müsse immer eine Schnur dabeihaben, was sich bewahrheitet, schließlich gibt es für Joe und Frieder überall Gelegenheit, irgendetwas anzubinden und festzuzurren), Schnitzmesser und Schutzhandschuh, Buff (bzw. Halstuch), Kopfhörer, MP3-Player (unsere Kinder lieben Hörspiele und Hörbücher, von denen wir vor Abreise eine ganze Audiobibliothek zusammengestellt haben – sehr empfehlenswert auf Reisen!), Uno-Karten, Kniffel-Würfel, Skatspiel, Reiseschach, eine kleine Schaufel, Quartett, Mini-Puzzles, ein Säckchen mit einem halben Dutzend Playmobil-Pferde und -Figuren, drei Schleich-Tiere, Ausmalheft, Blätter, Pixi-Hefte, Lieblingsbuch (*Die Kinder aus der Krachmacherstraße*), ein langärmeliges T-Shirt (ein Muss in vielen frostig klimatisierten Transportmitteln) und eine Wasserflasche – das war's.

Auf einer unserer ersten Langstreckenbusfahrten dachten wir noch, ganz hinten gleich neben dem stillen Örtchen zu sitzen, wäre sicher praktisch mit Kindern – hatten aber nicht daran gedacht, dass die anderen 50 Gäste des Busses diese Toilette ebenfalls benutzen würden. Das Gewusel (und der Geruch!) rund um unseren Platz führten nicht dazu, dass wir diese Sitzplätze guten Gewissens weiterempfehlen würden. Nach mittlerweile etwa sechs Wochen auf Reisen scannen wir bei Betreten des Busses sofort etwaige Vor- und Nachteile oder fragen den Busfahrer, von welcher Seite auf der Strecke die Sonne hineinscheinen wird, damit die Kinder ruhig schlafen können. Eine schmerzliche Erkenntnis: Der MP3-Player nützt nur etwas, wenn er aufgeladen ist; gleiches gilt fürs Handy. Ein Kurbel-Ladegerät oder zumindest eine Powerbank ist also ein Must-have. Je nach Reiseland muss man sich unmittelbar vor Abreise am Busbahnhof aufteilen: Einer ist für Kinder und Anstehen, der andere für das Verstauen (manchmal auch Bewachen) des Gepäcks verantwortlich. Je mehr Aufgaben vorab verteilt werden, desto weniger setzt man sich der Gefahr aus, in unnötige, stressbedingte Streitereien zu verfallen. Ticketreservierungen sind sinnvoll, genauso sollte man vorab überprüfen, wie es die Busgesellschaft mit Babys und Kindern hält. In manchen Ländern ist der Transport der Kinder kostenlos, nicht aber die Platzreservierung. Aufgrund eines derartigen Missverständnisses hatte ich einmal über sechs Stunden meinen ältesten Sohn auf dem Schoß. Nicht schlimm, aber vermeidbar. Letztlich sollte man sich insbesondere bei Busreisen über den Verkehr vor Ort informieren und eine Zeit buchen, die weniger verkehrsintensiv ist, um lange Stauzeiten zu umgehen.

Ein paar Tage nach Raupes Unfall machen wir uns über kleinere Stationen hinweg auf in Richtung Westen, nach Alberta. Die von der Prärie geprägte Provinz ist nicht zuletzt aufgrund ihrer Erdölvorkommen eine der wirtschaftlich stärksten in Kanada. Ihre Hauptstadt ist Edmonton. Etwa 200 Kilometer außerhalb der Hauptstadt hat die Familie Leyen positiv auf ein Arbeitsgesuch unsererseits reagiert und uns Unterkunft und Verpflegung als Gegenleistung für unsere unentgeltliche Mithilfe auf ihrer »Falken-Farm«, einem auf Tee- und Kräuteranbau spezialisierten Hof, angeboten. Unsere bisherige Lebenserfahrung lässt uns wieder zweifeln: Wieso erwägen Bauern wie die Leyens, ein Ehepaar mit zwei kleinen Kindern aufzunehmen? Da bleibt doch kaum Zeit fürs Arbeiten! Chris und ich können den Bauersleuten jeweils maximal vier Stunden auf dem Feld oder in der Scheune zur Hand gehen, meist nicht parallel, sondern hintereinander. Aber die vermeintlich geringfügige Arbeitsleistung ist nur die halbe Wahrheit, wie wir bereits von Carl und Sandy erfahren haben. Man lebt ja nicht nur bei, sondern mit der Gastfamilie auf ihrem Hof zusammen. Viele kleine Hilfstätigkeiten und Gefälligkeiten entstehen aus diesem gemeinsamen Leben heraus, ob es das gemeinsame Brotbacken am Morgen, der Abwasch nach dem Abendessen oder die Ernte der Äpfel oder Hagebutten ist, an der sich schon die Kleinsten spielerisch beteiligen können. Zudem geht es vielen Bio-Farmer-Familien nicht schlichtweg um eine Arbeitsleistung, sondern gerade auch um den kulturellen Austausch, um spannende, neue Geschichten beim Abendbrot, um Gesellschaft, um das Lernen von- und miteinander. Carl sagte uns einmal: »Sobald man einen Hof hat, kommt man selten zum Reisen. Also holt man sich Reisende ins Haus und partizipiert an ihren Erlebnissen, ihren Erfahrungen, ihren Gedanken.« Erst wenn man selbst erlebt hat, wie isoliert Farmen in den Weiten der Prärien Kanadas, der USA oder Australiens oftmals sind, versteht man, warum die Landwirte gerne Familien mit Kindern aufnehmen, die gleichzeitig Spielgenossen für den eigenen Nachwuchs darstellen.

Wieder stehen wir zu viert am Straßenrand – diesmal vor dem Flughafen von Edmonton – und warten auf eine uns wildfremde Person. Lampenfieber oder Vorfreude? Ein bisschen von beidem. Aber wir sind bereits deutlich entspannter als damals in Gravenhurst, als wir im Regen auf Carl warteten. Ich muss schmunzeln, wenn ich daran zurückdenke, dass uns noch vor wenigen Wochen eine halbe Stunde Verspätung in den Panikmodus versetzt hatte. Dieses Mal knallt die Sonne mit über 30 Grad vom Himmel. Die Kinder bohren mit den Fingern Löcher in die Wiese am Straßenrand und spielen Maulwurf.

»Ich bin schon gespannt!«, ruft Chris.

Erfahrungen führen zu Perspektivwechseln. Und schon kommt Theo Leyen, der Junior-Landwirt auf der Falken-Farm, mit einem großen, staubigen Truck auf die Minute genau angesaust.

Theo, Sohn des deutschen Nachkriegsauswanderers und Hofbegründers Theodor senior, ist ein sympathischer hagerer Kerl, der in unserem Alter sein mag. Nach kurzer Begrüßung klettern wir alle in den großen Truck. Einmal in der Stadt, gibt es für Theo weit mehr zu tun als lediglich die Erntehelfer-Familie abzuholen. Zunächst geht es weiter zum Großmarkt.

»Schmeißt in den Wagen, was ihr mögt!«, ruft uns Theo großzügig zu. Unsicher halten wir uns zurück, helfen aber gleichzeitig, die Einkaufsliste seiner Großfamilie abzuarbeiten, während Raupe sich im Einkaufswagen chauffieren lässt und Joe dankbar Besorgungsaufträge annimmt und ausführt. Kisten und Kartons türmen sich wie Bauklötze auf mehreren Wagen. Was uns auffällt: Es handelt sich weitestgehend um Putz- und Hygieneartikel sowie Grundsubstanzen wie Salz, Zucker, Butter, ein wenig Milch. Fertigprodukte? Tiefkühlkost? Exotische Früchte? Fehlanzeige.

»Für meine Eltern ist das vielleicht der letzte große Hamsterkauf vor dem Winter«, sagt Theo. Wir sind überrascht. Was genau soll denn dann bitte gegessen werden?! Eine dicke Packung schokoüberzogener Nüsse entdecke ich im Gewühl. Theo sieht meinen fragenden Blick.

»Für Sally und die Jungs nach getanem Tagewerk. Die sollen ja auch nicht leben wie ein Hund«, sagt er lächelnd.

Nachdem alles in dem monströsen Pick-up verstaut ist, fahren wir los, nur um kurz darauf abermals anzuhalten, dieses Mal in einem Großhandel für Jagd- und Fischereizubehör. Das Geschäft ist so groß wie ein Möbelhaus. Gruselige Waffen, von Pistolen und Flinten über Harpunen, Äxte, Armbrüste bis hin zu noch weitaus archaischer aussehenden Werkzeugen, werden hier beinahe so selbstverständlich verkauft wie in Deutschland ein Stück Gouda an der Käsetheke im Supermarkt. Zudem gibt es Angeln, Zelte, Boote, Tarnanzüge, Quads und so ziemlich alles, was sich ein leidenschaftlicher Prepper, der sich auf die nächste Katastrophe vorbereitet, wünschen würde. Ausgestopfte Bisons, Bären, Luchse, Steinböcke, mit Geweihen und Schaufeln bewaffnete Rehe, Elche und zähnefletschende Pumas sowie alle Arten von Greifvögeln und Kleingetier stehen ausgestopft zwischen den Verkaufsreihen oder thronen auf Podesten über den Einkaufenden. Raupe zögert beim Eintritt in diesen Tempel für Jäger, Fischer, Camper und Wilderer. Ihm ist mulmig zumute. Mir auch.

»Die sehen irgendwie ganz schön echt aus«, ruft er.

»Das könnte daran liegen, dass sie möglicherweise echt sind«, sage ich und knuffe ihn in die Seite.

In Deutschland würde ein derartiges Geschäft befremdlich anmuten. Aber das Jagen und Fischen, die Möglichkeit einer autarken Verpflegungsbeschaffung fern der Ballungszentren, ist in der Kultur der kanadischen Bevölkerung tief verankert und gerade in den von Wäldern, Prärien und Bergen geprägten Landstrichen auch heute nicht wegzudenken. Kulturell und ökonomisch hat die Jagd und die damit einhergehende autarke Lebensweise, insbesondere im Hinblick auf die indigenen Völker Kanadas, noch immer einen hohen Stellenwert.

Selbst mir als langjährige Vegetarierin fällt es auffällig leicht, es zu akzeptieren, dass sich die Menschen hier für die Jagd als Mittel der Nahrungsbeschaffung entscheiden. Dennoch besteht Joe darauf nachzuhaken, was es mit den vielen ausgestopften Tieren auf sich hat, und so fragen wir sicherheitshalber beim Store-Manager nach, wo die »Ausstellungsstücke« herkommen. Es stellt sich heraus, dass die ausgestellten Tiere sehr wohl echt sind, jedoch keines von ihnen aus purer Freude am Töten gestorben ist, sondern an Altersschwäche oder anderen natürlichen Ursachen. Puh. Das glauben wir gern. Während Theo neue Pfeile für seinen Bogen und Angelköder aussucht, schauen Chris und ich uns interessiert um und begutachten (noch) laienhaft Angel- und Zeltausrüstungen (haben wir ernsthaft unser Zelt zu überhöhten Preisen hier rüber nach Kanada geschleppt, wo, wie sich jetzt herausstellt, ein doppelt so gutes Zelt nur halb so viel kostet?!); während sich Frieder und Joe frei im Geschäft bewegen und sich in ausgestellte Quads und Motorboote setzen. Ich pfeife sie nicht zurück oder norde sie ein. Denn ich habe im letzten Monat festgestellt: Im Hinblick auf Kinder ist die Mehrheit der Menschen in Kanada erstaunlich relax. Auch hier in einem vermeintlichen Redneck-Lieblingsladen scheucht keiner die beiden von ihrem selbstgewählten Platz am Steuer eines der ausgestellten Fahrzeuge. Außerdem bekommen sie vom Personal Malstifte und ein Rätselblatt in die Hand gedrückt, das sie auffordert, alle im Geschäft ausgestellten Tiere aufzuspüren und abzuhaken. Schnell rasen die Kinder quer durch den Laden.

Theo sucht derweil Tigerbalm, ein aus Asien stammendes, natürliches und beliebtes Produkt zur Linderung von Reizhusten, Kopfschmerz und Insektenstichen.

»Gibt es zurzeit viele Mücken bei euch?«, fragt Chris beiläufig.

»Vielleicht ein paar, nichts Wildes«, antwortet Theo und greift nach der gesuchten Dose im Regal.

Auf geht es zur Kasse, wo die Kinder nach Einreichen ihrer Rätsellösung ein paar Tieraufkleber geschenkt bekommen. Man kann es nüchtern als frühe Kundenbindungsmaßnahme bezeichnen oder als Ausdruck von Kinderfreundlichkeit – so oder so, sie freuen sich sehr darüber und packen die Sticker stolz in ihre Rucksäcke.

Und schon geht es weiter in unser neues Heim auf Zeit Richtung Norden. Mit Theo kommen wir jetzt langsam ins Plaudern. Nach anfänglicher Schüchternheit wird er mit jeder gemeinsamen Stunde im Auto gesprächiger und erzählt uns viel über seine Familie. Offensichtlich ist er froh, mit uns in seiner von seinem Vater erlernten Muttersprache zu sprechen, die weder seine kanadische Frau Betty noch seine Tochter Sally versteht. Er spricht ein sehr gutes Deutsch, wenngleich mit einem starken kanadischen Akzent. Er erzählt, er sei erst dieses Jahr nach Jahren in der Ferne zu dem Hofe seiner Eltern mit seiner eigenen kleinen Familie zurückgekehrt. Sie seien alt geworden, die Eltern, meint er. Man müsse das Alter und das Lebenswerk der Älteren würdigen. Die Altersweisheit seiner Mutter und die seines Vaters seien für ihn sehr wichtig – und doch gebe es einige Ideen für den Hof, die er gern verwirklichen würde, wenn er freie Hand hätte. Er erzählt uns, dass sein aus Sachsen stammender Vater und seine kanadische Mutter ihn und seine drei Geschwister zu Hause unterrichtet hätten. Homeschooling aus Überzeugung und Notwendigkeit – die nächstgelegene Schule sei schlichtweg zu weit entfernt gewesen. Seit er zur Uni gegangen sei, spreche er immer schlechteres Deutsch, meint er. Wir können ihm da nicht beipflichten und verstehen ihn blendend, auch wenn sein blumiger Redestil zum Teil mit fast ausgestorbenen Redewendungen, Begriffen und Formulierungen gespickt ist. Joe und Frieder lauschen gespannt Theos Erzählungen und gewinnen schnell Vertrauen. Sprache verbindet.

»Wieso spricht der so altmodisch, Mama? Theo ist doch ungefähr so alt wie du, spricht aber so, als wäre er noch älter als Uropa Theo, und der ist schon neunzig!«, fragt Joe und stellt flüsternd fest: »Der Theo klingt irgendwie, als kommt der aus einem Märchen.«

Interessante Interpretation, denke ich. In der Tat sind Theos Worte nicht nur tradiert, sondern auch sorgsam gewählt, er wirkt sehr gebildet. Die Sprache, die er spricht, ist die unsere und doch klingt sie altmodisch und wirkt aus der Zeit gefallen. Schon bald werden wir feststellen, dass dies nicht das Einzige auf seinem Hof ist, das für uns nicht in die heutige Zeit passen will.

Irgendwann sind wir da. Knapp 200 Kilometer außerhalb jeder Zivilisation biegt Theo von einer holprigen Steinpiste auf einen buckeligen Lehmpfad ab. Wir sind fertig. Taxi, Busfahrt, Flug, Einkaufstour und Pick-up-Trip – alles in den letzten dreizehn Stunden. Es muss mittlerweile etwa sieben Uhr abends sein, aber gefühlt ist es weit nach Mitternacht. Als ich aus dem Auto steige, ist es so unfassbar dunkel, dass ich meine Hand vor Augen nicht erkenne. Dafür aber höre ich um mich herum ein intensives Surren, das mich schwerlich erahnen lässt, ob es sich lediglich um Millionen oder eher um Milliarden stechender Biester handelt. Vermutlich irgendwas dazwischen. Noch nie in meinem Leben habe ich derartige Mückenschwärme erlebt wie hier, mitten in der Wildnis Albertas, zum Ende dieses schwülen Sommers. Wer dachte, der Bär oder Puma sei des kanadischen Wanderers größter Feind, der hat es noch nicht mit einem Schwarm Präriemücken zu tun gehabt.

Während Raupe nur Sekunden nach dem Öffnen der Tür zerstochen in Tränen ausbricht und sein Gesicht so fest an meine Beine presst, dass ich keinen Meter vorwärtskomme, Joe panisch schreit und Chris ungezügelt um sich schlägt, geht Theo seelenruhig wie ein Superheld im Actionfilm durch die Schwärme des Grauens. Er scheint gegen die Viecher immun zu sein oder sie jucken ihn einfach nicht, wortwörtlich. Ich hingegen könnte mich wund und blutig kratzen vor lauter Juckreiz vom Scheitel bis zur Fußsohle. Dass wir Klamotten anhaben, ist *diesen* Mücken hier vollkommen egal. Unsere ach so funktionale High-Tech-Outdoor-Funktionskleidung funktioniert leider so gar nicht, wie sie sollte; jede Mücke geht da durch, als wären die Stofflagen ihr vollkommen schnuppe!

»Hier entlang, bitte«, ruft Theo höflich aus dem Dunkel der Nacht, während er unsere beiden großen Rucksäcke mit einer Leichtigkeit schultert, als wären sie Turnbeutel.

Einmal blitzt seine Taschenlampe noch auf, dann hat ihn die Dunkelheit verschluckt. Na, der hat die Ruhe weg! Chris schnappt sich Joe, ich nehme Frieders Hand. Sie ist so schön warm. Es tut gut, sie zu halten. Fragt sich nur, wer sich hier an wem festhält. Gemeinsam stolpern wir vorwärts. Langsam gewöhne ich mich an die Dunkelheit und versuche, mich zu orientieren. Immer tiefer laufen wir in einen dichten Wald. Mit jedem Meter, den wir weiter in das Gehölz vordringen, steigt die Spannung. In einiger Entfernung erahne ich Zuflucht, eine Lichtquelle leuchtet auf. Je näher wir dieser kommen, desto klarer fügt sich das Bild zusammen: Genau so, und nicht anders, muss das Hexenhaus aus *Hänsel und Gretel* ausgeschaut haben; tief im Wald verborgen mit Riemchenfenstern und einem rauchenden Schornstein. Wieder summt es um meine Ohren herum. In diesem Moment wünsche ich mir nichts sehnlicher als das Betreten dieses Hauses, egal welche Hexe dort lauern mag. Wir stapfen weiter. Doch kurz bevor wir das Häuschen erreichen, blitzt Theos Taschenlampe wieder auf, er wartet auf uns an einer Weggabelung und zu meiner Enttäuschung biegen wir kurz vor der Zielgeraden ab. Nach einigen Metern bleiben wir vor einem rudimentär gezimmerten Schuppen ohne Fenster stehen. Er ist übersät mit wattedichten Spinnweben, die im Schein von Theos Taschenlampe aufleuchten. Abermals summt es ohrenbetäubend um uns herum – dieser Verschlag scheint die Mückenhochburg zu sein. Bitte nicht, schreit es in mir auf: Hier sollen wir doch nicht etwa wohnen?!

»Muss jemand seine Notdurft verrichten? So möge er hier Erleichterung finden«, sagt Theo sichtlich amüsiert. Raupe schaut mich irritiert an.

»Auf was müssen wir hier verzichten?«, flüstert er mir leise ins Ohr.

Ich lege den Finger auf die Lippen, denn Theo ist noch nicht fertig. Raupe schweigt – welch ein artiges Kind.

»Aber fallt mir nicht in den nahe gelegenen Tümpel – hei, das könnte eine stinkende Angelegenheit werden«, ergänzt er.

Erst jetzt erkenne ich das kleine Herz in der Tür und zähle zwei und zwei zusammen.

»Ach, das ist das Klo, Mama! Boah, mieft das, da geh ich nicht drauf, niemals!«, ruft Raupe angewidert.

Na ja, artig ist ein dehnbarer Begriff. Theo juckt Raupes Reaktion wenig.

»Bitte seid so gut, schüttet immer eine Schaufel Asche auf eure Entleerungen und schließt im Anschluss immer dieses Schloss. Der Geruch zieht die Bären an und ich bin in diesem Sommer morgens schon zwei Male bei meinem Geschäft unangenehm überrascht worden von einem weiteren Besucher, wenn ihr versteht, was ich meine.«

Ach du dickes Ei! Momentchen mal. Hier, inmitten eines Grizzly- und Kojotengebiets erster Güte gehe ich mitten in der Nacht mit zwei kleinen Kindern in völliger Dunkelheit und Einsamkeit auf ein von Spinnen und Mücken verseuchtes Plumpsklo, das gerne vom Bären persönlich aufgesucht wird? Das kann ich doch nicht richtig verstanden haben! Aber eins nach dem anderen. Im Moment sind weder die Bären noch die Kojoten unser größtes Problem, denn sollten diese Mücken mich weiter malträtieren, werden meine ausgesaugten Überreste denen höchstens noch zum Fraß vorgeworfen, statt dass ich ihnen lebendig beim Toilettengang begegne!

»Alles klar, das ist gut zu wissen, danke dir«, sage ich schnell. »Sollen wir uns dann einmal das Haus anschauen … vielleicht?« Verkrampft lächele ich Theo an.

»Natürlich. Das heißt, falls keiner die Gelegenheit ergreifen möchte, jetzt, wo wir schon einmal da sind?«

Den Umständen entsprechend möchte sich gerade keiner vor Publikum erleichtern. Hauptsache, ab ins Haus!

Endlich erreichen wir den ersehnten Märchenort, also das Hexenhäuschen, und schlagen die Tür hinter uns zu. Geschafft!

Im Inneren ist es schummrig. Wir befinden uns in einem kleinen Vorraum, in dem Schuhe und Stiefel stehen sowie Jacken und Hundeleinen hängen. Der dicke, weinrote samtige Vorhang, der den Eingangsbereich von den Wohnräumen trennt, ist zur Seite gezogen. Nach einer abwärts führenden Stufe schließt sich geradeaus die Küche an. Alle Gegenstände, die wir auf den ersten Blick erfassen, wirken auf uns geradezu mittelalterlich, von den gusseisernen Töpfen, den Kerzenhaltern, über die offene Feuerstelle bis hin zu den selbst geschnitzten und selbst getöpferten Tellern und Krügen. Wie Miniaturausgaben aus *Schneewittchen* wirken die Schemelchen, das antiquierte Sofa rechts neben dem Esstisch und die kleine Kochzeile. Außer Kerzenschein gibt es lediglich eine Lichtquelle an der Decke über dem Esstisch. Links von der Küche geht ein kleiner Nebenraum ab: Mein Blick fällt auf viele Werkzeuge, eine gut ausgestattete Werkbank und ein im Bau befindliches Produkt – eine Harfe. Höchst überrascht bleibt mein Blick an ihr hängen. Ich habe mich noch nie gefragt, wo Harfen und andere ähnlich exquisite Instrumente herkommen – offensichtlich ist es kein klassisches Industrieprodukt. Aber kann man so etwas mit den eigenen Händen selbst bauen, mitten in der kanadischen Wildnis? Wie kommt man dazu?

Eine höchst akkurat gekleidete ältere Dame mit wachen, klugen Augen und zu einem Knoten streng zusammengebundenen Haaren tritt uns entgegen. Es ist Violet, Theos Mutter. Auch sie begrüßt uns in fließendem Deutsch, obwohl sie selbst, wie sie später erzählt, Deutsch erst durch ihren Mann mit Mitte zwanzig erlernte. Kurz danach erscheinen Sally, das Küken der Familie, und ihre Mutter, Theos Frau Betty. Agatha, Theos jüngere und deutlich stillere Schwester, die sich einer Gemeinschaft strenggläubiger Mormonen angeschlossen hat und dementsprechend mit Haube, Rock und Schürze gekleidet ist, tritt ebenfalls in den Wohnraum und wir begrüßen uns freundlich. Sally, Theos und Bettys sechsjährige Tochter, ist sehr aufgeregt, Frieder und Joe kennenzulernen – Besuch von Kindern gibt es hier selten. Sie quatscht sofort auf die Jungs ohne Unterlass ein. Frieder und Joe verstehen nicht ein Wort, denn Sally und Betty sind waschechte Kanadierinnen und sprechen kein Wort Deutsch, aber das scheint Sally, eine Mischung aus Ronja Räubertochter, Madita und Pippi Langstrumpf, überhaupt nicht zu stören.

Das Haus ist gänzlich aus Holz gefertigt, Stühle und Tische sind, wie Violet nicht ohne Stolz erzählt, von ihrem Mann selbst gedrechselt, die Betten selbst geschreinert, das Haus selbst gezimmert.

»Hier war vor 35 Jahren noch absolute Wildnis«, sagt Violet lächelnd.

»Wenn Sie mich fragen, ist das immer noch Wildnis pur hier«, will ich erwidern, beiße mir jedoch auf die Lippen.

»Die ersten zwei Jahre habe ich mit Theodor und Theo junior in einer kleinen, selbst gezimmerten, fensterlosen Blockhütte auf dem rohen Lehmboden gelebt, bis das Haus fertig gebaut war; gekocht haben wir draußen über dem offenen Feuer und nachts pfiff der Wind durch die Ritzen zwischen den aufeinandergenagelten Baumstämmen.«

Der Eintopf mit Fleischeinlage, ein Stew, brodelt auf dem Kohleofen. Am gedeckten Tisch stehen für jeden einfache Schüsseln und Löffel – nur die Schüssel am Kopfende ziert ein geschwungener edler Silberlöffel. Für wen mag dieser Platz reserviert sein? Als wir zu Tisch gehen, lüftet sich das Geheimnis. Mit weißer Mähne, silbernem Bart und gegerbtem Gesicht tritt Theodor senior, 79 Jahre alt, ganz und gar in helles Leinen gekleidet an den Tisch heran und nickt uns zu.

»Seid gegrüßt«, sagt der drahtige, ernst und vornehm wirkende Mann knapp.

»Sind wir wieder in Deutschland? Hier sprechen ja alle Deutsch!«, wundert sich Frieder offen und lautstark, als er dem groß gewachsenen Herrn höflich die Hand hinstreckt.

Theodor lächelt und drückt die kleine Hand zur Begrüßung.

»Nein, Junge, du bist in Kanada. Deutschland ist sehr, sehr weit weg von hier.«

Er reicht auch uns die Hand, erfragt unsere Namen und setzt sich an den Kopf der Tafel.

»Ich glaub, wir sind wirklich im Märchen gelandet, ohne Quatsch jetzt, das ist der Zauberer, Mama«, sagt Joe leise hinter vorgehaltener Hand.

Schnell setzt er sich eng neben mich auf die Eckbank, sicher ist sicher.

Raupe presst sich auf die andere Seite, denn noch ist nicht so richtig klar, ob das ein guter oder böser Zauberer ist. Aber Magie liegt definitiv in der Luft. Theodors Rauschebart und das volle Haupthaar umschließen seine Augen fast wie ein Heiligenschein. Alle schweigen ehrfurchtsvoll. Ohne ein Wort zu sagen, strahlt der knapp Achtzigjährige gleichermaßen Faszination und uneingeschränkte Autorität aus. Seine Hände gleichen Pranken und sind doch gepflegt. Es folgt ein Tischgebet auf Deutsch, daraufhin wird weitestgehend schweigend gegessen. Der Geruch von frisch gehäckseltem Basilikum steigt mir in die Nase. Der zum Stew gereichte Salat mit Kräutern schmeckt selbst ohne Dressing so intensiv, dass all meine Erinnerungen an eingeschweißte Eisbergsalate mit Dosenmais für immer in meinem Kopf gelöscht werden. Auch der Eintopf aus Kartoffeln, Möhren und Lammfleisch schmeckt köstlich, lediglich um meine Fleischeinlage wurschtele ich mit meinem Löffel herum und lasse die Stücke in unbeobachteten Momenten in Chris' Schüssel verschwinden. Bloß nicht auffallen, das könnte dem Alten übel aufstoßen, denke ich. Und dann: Wie lächerlich, ich fühle mich fast wieder wie ein Kind statt wie eine vierzigjährige Frau! Erstaunlich, über welch eine Autorität manche Menschen verfügen. Später führt uns Theodor in sein Arbeitszimmer, das einer kleinen Bibliothek ähnelt und zahlreiche Klassiker der Literatur, Philosophie und Architektur in Originalausgaben beheimatet. Viele deutsche bebilderte Kinderbücher entdeckt Joe und zieht vorsichtig eine Ausgabe von *Grimms Märchen* aus einem der Regale. Theodor lässt ihn gewähren, ermahnt ihn aber:

»Gehe behutsam mit dem Buche um, kleiner Freund. Bücher sind kostbarer als alles Gold und Silber der Erde. Denn sie öffnen deinen Geist, offenbaren dir immer wieder neue Einblicke in eine unbekannte Welt, die du dir für kein Geld der Erde erkaufen kannst.«

Joe schaut dem alten Mann tief in die Augen. Dann nickt er langsam. Eine beeindruckende Lektion. Mir wird klar: Mit schwarzer Magie hat dieser Zauberer wohl nichts zu tun.

Langsam fallen mir die Augen zu. Chris und den Kindern geht es nicht anders. Mit Stirnlampe und schlotternden Knien geht es durch die schwarze Nacht noch einmal für alle Mann im Gänsemarsch zum stillen Örtchen. Müde fallen wir endlich in unsere Betten. Ein Nachttopf steht gleich darunter – zum Glück, denn des Nachts kriegen uns hier keine zehn Pferde raus.

Am nächsten Morgen schrecke ich auf. Wo in aller Welt bin ich?! Um mich herum ist es stockduster. Es muss noch vor Sonnenaufgang sein, denn ich höre in der Ferne die Kojoten heulen, so wie es Theo angekündigt hatte. Moment – in der Ferne? Hoffentlich! Jetzt aber schnell raus aus den Federn, die Feldarbeit wartet!

Wir leben gleich neben dem Bauernhaus in einem geräumigen Wohnwagen, den Theo vor ein paar Jahren für Gäste und Saisonarbeiter angeschafft hat. Die Kinder schlafen in eingebauten Stockbetten, für uns gibt es sogar ein großzügiges Doppelbett. Mit der Enge kommen wir weiterhin erstaunlich gut zurecht. Zum einen gibt uns die Nähe gerade in der Fremde auch ein Stück Sicherheit. Es tut gut, die Kinder im Schlaf atmen zu hören. Zum anderen verbringt man auf dem Lande, wie wir mehr und mehr begreifen, sowieso den Großteil des Tages an der frischen Luft. Nur zum Schlafen oder auf der Flucht vor den Mücken zu deren Stoßzeiten halten wir uns im Wohnwagen auf. Theo, Betty und Sally wohnen in einem selbst erbauten Tiny House, einem transportablen Haus auf Rädern mit Türen und Fenstern, Wohnzimmer, einem Schlafzimmer, kleinem Bad und einer Küchenzeile, das den Standort wechseln kann. Betty und ihre Kleinfamilie könnten jederzeit, wenn sie wollten, die Zelte abbrechen und ihr Tiny House mitnehmen. Ob dieser Gedanke wohl eine Rolle gespielt hat, als sich das Ehepaar bei seinem Umzug auf das Land dafür entschied und nicht, wie von Theodor vorgeschlagen, für einen festen Anbau an das Bauernhaus? Es braucht nicht viel, um zu begreifen: Die angeheiratete quirlige Städterin Betty benötigt definitiv ihren Freiraum und etwas Distanz zum Bauernhaus, denn der Einfluss des charismatischen, professoralen Theodor auf jeden, der sich in seinem Dunstkreis bewegt, ist spürbar.

Das Land der Familie Leyen ist so fruchtbar, die Wiesen sind so lebendig, überall kreucht und fleucht es. Ich bin dankbar, dass wir uns diese fremde Welt gemeinsam mit den Kindern erschließen können, zusammen neue Erfahrungen machen und Unbekanntes generationsübergreifend erlernen können. Hier bei der Landarbeit stehen wir alle wie der

Ochs vorm Berg. Alle vier sind wir gleichermaßen unwissende aber wissbegierige Gleichgesinnte, egal ob drei oder vierzig Jahre alt. Für die Kinder muss es erfrischend sein, dass ihre Eltern nicht meinen, auch hier alles besser zu wissen.

Erschöpft komme ich am Mittag von der gemeinsamen Feldarbeit aus dem Tal zurück auf die Farm. Noch vor sieben Uhr saßen wir heute bereits auf dem ruckelnden Anhänger des Traktors, der uns schlaftrunken durch den hofeigenen Wald ins knapp einen Kilometer entfernt gelegene Tal in der Nähe des Flusses fuhr. Dort liegen die Felder, Wiesen und Gärten der Familie. Mit den Händen haben wir die Felder von Unkraut befreit, Basilikum, Calendula und Zitronenmelisse geerntet, diese aufwendig in vier Wasserbädern in Handarbeit gewaschen und zum Trocknen ausgelegt. Körperliche Arbeit ist unfassbar anstrengend. Wir Stadt- und Büromenschen haben ja keine Ahnung!

Erst jetzt, in der prallen Mittagssonne auf dem Weg zurück ins Haus zum Lunch, kann ich die Farm in voller Gänze bewundern. Sie liegt, geschützt von Engelmannsfichten, Espen und Drehkiefern und umringt von wilden Apfelbäumen und Hagebuttensträuchern, etwas erhöht am Ufer des Pembina River. Nichts als Wald und Wildnis säumen den Horizont. Die Farm ist nicht einfach zu finden, so als ob sie sich vor der Zivilisation verstecken wollte – und ein bisschen so ist es vermutlich auch gewesen, wenn man den Geschichten lauscht, die Theodor und Violet abends am Feuer erzählen. Vor fast fünfzig Jahren kamen die beiden als Pioniere hierher, rodeten mit den eigenen Händen die Bäume, erbauten das Farmhaus und die Stallungen und machten das Land fruchtbar. Theodors landwirtschaftliche Leidenschaft galt von jeher den Kräutern. Auf Tee sind Theodor und Violet seit Jahrzehnten spezialisiert, viele Kräuter haben sie in den Anfangsjahren wild in den umliegenden Wäldern gesammelt, später dann begonnen, die Pflanzen zu kultivieren. Mit Erfolg. Ökologische Landwirtschaft wollten sie betreiben, autark, zurückgezogen, um autonom leben zu können mit ihren erwachsenen Kindern. Wenn ich die beiden beobachte, Theodor, der mit dem Bau der Harfe beschäftigt ist, oder Violet, die gerade die in rauen Mengen frisch geernteten Erdbeeren für den Winter einkocht, spüre ich, dass sich die beiden treu geblieben sind, bis heute.

Nach dem Lunch und einer kleinen Verschnaufpause machen wir uns wieder auf in die Felder, um Mais, Gurken und Bohnen zu ernten. Zur Abkühlung springen Chris und ich im Anschluss an die getane Arbeit kurz in den herrlich kühlen Fluss, der sich am Rande des Grundstücks entlangschlängelt. Raupe begleitet uns glucksend.

Am späten Nachmittag sind die Mücken im Anmarsch. Unsere Kleidung haben wir gegen alte Hemden von Theo und Betty ausgetauscht – sie war vollkommen ungeeignet für die Feldarbeit.

»Achtung, der Fuchs ist auf dem Hof, er hat ein Huhn gerissen!«, ruft mir Joe aufgeregt entgegen, als ich das Hofgelände durch das Gatter gleich neben der Schafwiese betrete.

Joe hat die letzten Stunden mit Violet, Betty und Sally verbracht. Helle Aufregung herrscht auf dem Gehöft. Gemeinsam mit der erstaunlich rüstigen Mittsiebzigerin flitzt Joe an uns vorbei, um die restlichen Hühner einzufangen. Fehlt nur noch, dass der Schwarzbär wieder aufkreuzt, der sich letzte Woche in den Gemüsegarten verlaufen hatte, in dem ich eben noch Mais geerntet habe! Auch ein Puma ist dieses Jahr in den angrenzenden Wäldern gesichtet worden. Von Wölfen und Elchen mal ganz abgesehen. Hier ist der Bär los, denke ich.

Früher hätte ich es nicht für möglich gehalten, dass dieses entschleunigte, mitunter harte Dasein sinnstiftend ist. Keine Sekunde ist uns langweilig oder gibt uns den Anschein verschwendeter Zeit, jeder Handgriff fühlt sich sinnvoll, notwendig an. Natur und Mensch sind sich hier viel näher als in den Städten. »Einfach« und »Gut« sind kein Gegensatz. Denn das Leben hier ist einfach und doch ist es gut. Und gar nicht öde und monoton, sondern wahrlich wertschöpfend, mitunter kreativ und inspirierend. Lösungen müssen gefunden werden, wenn, wie so oft, das Wetter einen im Stich lässt, die Maschinen ins Stocken geraten oder eine neue Vermarktungsidee für den Tee gefunden werden muss. Es geht nur alles etwas langsamer zu als in unserer Großstadtwelt.

Von Sonnenaufgang bis Sonnenuntergang sind Joe und Frieder auf den Beinen, tollen und streunen herum. Dieses Leben schweißt sie zusammen – wann haben die Geschwister im Alltag zu Hause eigentlich Zeit, miteinander zu spielen, sich aufeinander einzulassen und gegen-

seitig zu entdecken? Sie sind in unterschiedlichen Betreuungseinrichtun-
gen und selbst nachmittags oder am Wochenende versucht man doch
häufig den Fokus auf individuelle Freundschaften mit Gleichaltrigen zu
legen statt auf die Freundschaft zwischen diesen beiden ungleichen Brüdern. Hier finden sie zueinander, ergänzen sich, lernen sich wertschätzen.

Zudem sind sie den ganzen Tag beschäftigt, suchen sich ihre Aufgaben, Spielideen und Aktivitäten weitestgehend frei aus – es bedarf keiner
expliziten Betreuung, keines Bespaßungsprogramms. Der Alltag der
Menschen auf dem Land ist auf- und anregend genug: Es werden Hühner und Pferde gefüttert, Brote im Holzofen gebacken, Gurken eingelegt, Schafe zur Weide gebracht, Pferde gefüttert, Kräuter gewaschen und
Staudämme gebaut, Grashüpfer gefangen (und wieder in die Freiheit ent-
lassen!); es wird Marmelade gekocht, zwischen Tal und Hof hin- und her-
gependelt, Holz gehackt, geschmirgelt und geschnitzt.

Wenn Joe und Frieder sich nach uns sehnen, docken sie einfach an,
setzen sich dazu, wenn ich Unkraut jäte oder Kräuter siebe, und »arbeiten« mit; um nach einer Weile wieder fort zu driften, auszuschwärmen
und in ihre Kinderwelt abzutauchen. Auch Sally bringt den Kindern spielerisch vieles bei. Sie hat noch nie eine Schule besucht und wirkt unseren
Jungs, unabhängig vom Alter, doch weit überlegen. Sie ist selbstbewusst
wie eine Löwin, klettert auf Bäume wie ein Äffchen, bastelt Körbe aus
Stroh, fährt Trecker, springt sattellos auf die Ponys und unterrichtet Joe,
wann welche Tiere zu füttern oder wie die Gurken zu ernten sind. Sie
läuft lediglich mit Unterhose und Hemdchen bekleidet barfuß herum, ist
immer in Bewegung. Ich sehe Joe an, wie beeindruckt er von dem etwa
gleichaltrigen Mädchen ist.

Bei allen Mitgliedern des Leyen-Clans sind die Kinder willkommen,
uberall dürfen sie ihre Nase hineinstecken, zuschauen, mithelfen. Joe und
Raupe wussten nicht, wie der Tee in die Tasse kommt, wie eine Kartoffel-
pflanze aussieht, dass Gurken kleine Dornen haben, die entfernt werden
müssen, bevor sie in den Supermarktregalen landen; sie ahnten nicht, was
ein Kürbis braucht, um zu gedeihen, oder wie man sich zu verhalten hat,
wenn man unverhofft einem Bären im Wald begegnet. Sie hatten keine
Ahnung, worin sich der Flug des Adlers von dem des Falken unterschei-
det, wie man einen Fisch fängt oder wie der Gesang der Meise und der

Ruf des Zaunkönigs klingt. Diese Welt öffnet sich gerade vor unseren Augen und übt eine immense Faszination aus, nicht nur auf die Kinder.

Bei der Arbeit oder beim gemeinsamen Mittag- und Abendessen kommen wir oft und gern miteinander ins Gespräch. Gerade Chris und Theo verstehen sich sehr gut und tauschen sich intensiv aus. Chris erzählt Theo viel über das Leben in Deutschland und seine berufliche Vergangenheit; Theo dagegen unterrichtet Chris in der Pflanzenzucht und im Umgang mit den Landmaschinen. Er ist dankbar, dass Chris ihn bei den körperlich schweren Arbeiten, zum Beispiel beim Pflügen und beim Waschen der Kräuter, tatkräftig unterstützt. Außerdem produzieren sie nebenbei gemeinsam einen kleinen Film über die Farm für potenzielle Teehändler und -abnehmer.

Theodor Leyen senior sieht man tagsüber nur selten, die körperliche Arbeit musste er mit der Zeit aufgeben. Lediglich am frühen Morgen sieht man ihn außer Haus. Noch bevor die Feldarbeit beginnt, geleitet er die knapp fünfzig Schafe des Hofs gemeinsam mit seinem Border Collie Ingo hinunter ins Tal auf eine Weide gleich am Flussufer. Manchmal begleitet Joe ihn. Theodor hat zum Treiben der Tiere, aber auch zur Verteidigung, immer einen langen Gehstock dabei, man weiß ja nie. Am Tage zieht er sich dann meist zurück, widmet sich seinen Studien (auf Latein und Altgriechisch!) oder bastelt an seiner Harfe. Abends nach dem Essen ist er aber regelmäßig zu einem kleinen Plausch aufgelegt. Aus Theodors und Violets Erzählungen und den vertrauten Gesprächen mit Theo während der Feldarbeit fügt sich langsam ein Bild von dieser faszinierenden Familiengeschichte mit all ihren Höhen und Tiefen zusammen.

In einer Kleinstadt im Erzgebirge Ende der 1930er-Jahre geboren, hatte Theodor sich von früher Kindheit an beim ortsansässigen Baumeister Fertigkeiten in der Holzarbeit abgeschaut, die er bis heute verinnerlicht hat. Bis zum Abitur verdiente er sich ein Zubrot beim Bau von Kirchen und Kapellen. So prägend diese Zeit für ihn war, folgte er im Anschluss doch zunächst seiner Berufung, evangelische Religion zu studieren, und ging zum Studium nach Leipzig. Das Stadtleben aber war nichts für ihn und so entschied er sich nach dem ersten Studienjahr kurzerhand dazu, die Zelte ab- und über Umwegen gen Kanada aufzubrechen. Er wollte in ein Land, in dem er sich ganz und gar auf die Natur einlassen konnte, wo es noch harte Winter und heiße Sommer geben sollte. In Alberta wusste er um eine deutsche Auswanderergemeinde, von der er sich abschauen wollte, wie man ein neues Leben in der Ferne beginnt. Von den meist ungebildeten Auswanderern aus der Heimat war Theodor aber bald bitter enttäuscht. Mehr als »den Rücken krumm machen, Weihnachten feiern und fressen« hatten sie nichts im Sinn, so Theodor. Also widmete er sich zunächst wieder seinen Studien. An der Universität lernte er die disziplinierte, strebsame Violet kennen, deren Vater ein angesehener kanadischer Politiker war. Violet erinnert sich, dass Theodor sie als junge Studentin vom ersten Augenblick an in seinen Bann zog. Zu ihrer ersten Verabredung überreichte er ihr das Buch *Der Prophet* von Khalil Gibran – sie verschlang es noch in derselben Nacht; mit jeder Seite verliebte sie sich mehr in den deutschen Auswanderer, den es trotz – oder gerade wegen – seiner Intellektualität in die Abgeschiedenheit drängte. Den betuchten und besorgten Eltern der aufstrebenden jungen Kanadierin war der Deutsche ein Dorn im Auge. Doch das störte Violet nicht. Schon bald folgten der Bruch mit den Eltern, die Hochzeit und die Abkehr vom bürgerlichen Leben. Es trieb das junge Paar aufs Land, in entlegene Kommunen, zu Jägern, Fallenstellern und *First-Nations*-Gemeinschaften. »Dies waren die dunklen Jahre für mich, ganz ohne meine Eltern«, erinnert sich Violet. Gelitten habe sie unter der radikalen Trennung von Eltern und Freunden. Bereut habe sie sie nie. Derweil zog Theodor einen unorthodoxen Auftrag der Landesverwaltung an Land: Er sollte für mehrere Jahre quer durch Kanada fahren und eine Forschungsarbeit über die Lebenswelt von europäischen Einwanderern schreiben. Ein Glücksgriff für den Mann mit so viel Forschergeist und Tatendrang. So stürzten sich Violet und Theodor in den 1960er Jahren gemeinsam ins Abenteuer, tourten über zwei Jahre in einem Pick-up durch die kanadischen Prärien und Wälder, spürten Auswanderer, entlegene Kommunen, Eremiten und Hippies auf und interviewten sie. Dabei reifte in ihnen die Entscheidung, ein vollkommen autonomes Leben in der Wildnis führen zu wollen.

Das erste Blockhaus, das sie Mitte der 1960er-Jahre mit ihrer eigenen Hände Arbeit auf einem selbst gerodeten Stück Wald wortwörtlich aus dem Boden stampften, war im Winter so ausgekühlt und undicht, dass das Wasser auf dem Fußboden gefror, erinnert sich Violet. Der bestellte

Grund und Boden erwies sich zunächst als unfruchtbar. Theodor ergriff aus ökonomischer Notwendigkeit abermals eine sich auftuende Gelegenheit – er sprang in der weit entfernten Gemeinde immer wieder als Lehrer ein und musste dafür lange Fahrten und seine Abwesenheit von der jungen Farm in Kauf nehmen. Oft blieb Violet tagelang allein in der Wildnis und war vollends auf sich gestellt. Sie hackte Feuerholz, fütterte das wenige Vieh, das sie hatten, kochte auf dem offenen Feuer vor dem Haus wilde Heidelbeeren ein oder die Rinde der Zedern mit Wasser auf, um aus diesem Trunk Vitamin C zu gewinnen. Aus der Not machte sie in jener Zeit eine Tugend – sie lernte immer mehr über die Früchte des Waldes, gewann tiefe Kenntnisse über Flora und Fauna. Auch als sie kurze Zeit später schwanger wurde, verbrachte sie die meiste Zeit allein in den Wäldern und auf der kleinen, entlegenen Farm. In Alberta vergeht der Herbst in einem Wimpernschlag, auf den späten Sommer folgt fast nahtlos der bitterlich kalte Winter. Zu Beginn des zweiten Trimester ihrer Schwangerschaft in einem dieser harten Winter gingen Violet die Vorräte zur Neige und so entschloss sie sich in Theodors Abwesenheit schweren Herzens dazu, erstmalig eines der zwei Schafe zu töten. Der Geruch des frisch geschlachteten Schafs lockte jedoch einen ausgemergelten Grizzly an. Violet beobachtete durch die Ritzen ihrer fensterlosen Blockhütte, wie er geradewegs auf das geschlachtete Tier, das im Hof lag, zusteuerte. Kurzerhand entschloss sie sich dazu, die Hofhunde aus dem Haus zu scheuchen in der Hoffnung, sie könnten es mit dem Grizzly aufnehmen. Tatsächlich schafften es die beiden Hunde, den Bären auf die hohe Fichte neben dem Blockhaus zu treiben, während Violet das tote Schaf ins Haus schleifte. Sie saß fest. Theodor würde erst in drei, vier Tagen wieder zu Hause sein und im Umgang mit Waffen hatte sie keinerlei Erfahrung. Ihr blieb keine Wahl. In einem aus ihrer Sicht günstigen Moment raste sie aus dem Haus, setzte sich in den verbeulten Truck und fuhr ins nächste Dorf, um den Jäger zu Hilfe zu holen. Der kam und erschoss den Grizzly. Zum Dank dafür schenkte sie ihm das Schaf. Den toten Bären jedoch hing sie gemeinsam mit dem Förster und mit Hilfe einer Seilwinde an einem starken Ast auf, häutete ihn, nahm ihn aus und filetierte und pökelte das frische Fleisch. Fortan ernährte sich Violet bis zur Geburt ihres Sohnes weitgehend von getrockneten Beeren, Nüssen und Bärenfleisch.

»Theo ist unser Bärenkind, er ist stark, es fließt Bärenblut durch seine Adern«, erzählte sie mir einmal mit einem Lächeln im Gesicht, als wir gemeinsam den Hühnerstall ausmisteten.

Irgendwann gab Theodor den Lehrerberuf auf und widmete sich mit Hilfe seiner patenten Frau mehr und mehr der Landwirtschaft. Das Königreich begann im Zuge der harten Arbeit zu gedeihen. Nach den Geburten von Theo und seinen in kurzen Abständen folgenden drei Geschwistern sollte die Farm mehr denn je abgeschottet werden von der »verwerflichen, unmoralischen« Welt. Zunächst brachten die Eltern die älteren Kinder Theo und Heide täglich in die weit entfernte Schule im nächstgelegenen Weiler. Aber dort fielen die zweisprachig erzogenen, klugen und doch wenig integrierten Kinder auf. Sie wurden gehänselt. Theo konnte bereits mit vier Jahren fließend lesen und schreiben, kannte keinen Fernseher, kein Kaugummi, er war den anderen Kindern suspekt. »Ich war das Kind aus dem Wald«, sagte er einmal zu Chris. Theodor und Violet entschieden, die Kinder ganz aus der Schule zu nehmen und sie stattdessen zu Hause zu unterrichten. Auf dem Hof lernten sie sticken, spinnen, nähen, aber auch schreinern, schnitzen, zeichnen, melken, scheren, häuten. Der Vater unterrichtete die vier Kinder auf Deutsch in 45-minütigen Unterrichtseinheiten. Es herrschte ein strenges Regiment. Die Kinder hatten zumindest Respekt, vielleicht auch Angst vor ihrem Vater, sie lernten und gehorchten gut. Von Geografie und Geometrie über Latein, Literatur und Musik bis zum Ackerbau – eine Universalbildung. Nachmittags hatte jedes Kind seine individuellen Aufgaben auf dem Hof zu erledigen. Zum Spielen blieb keine Zeit. Andere Kinder kannten sie nicht. Zwar hatten die drei Töchter und der Sohn Pferde auf dem Hof, doch der Weg in die nächstgelegenste Ortschaft war weit und die Distanz auf dem Pferd kaum in einem Tagesritt bezwingbar. Mit vierzehn Jahren bekam Theo sein erstes Fahrrad, mit dem er sich die Hänge im Wald hinabstürzte, »um sich zu spüren«, wie er heute sagt.

Das Leben auf dem Hof war hart. Es gab kleinere Erfolge und unerwartete Rückschläge durch Schädlinge, Frost, Regen oder Krankheiten. Weder Theodor noch Violet verfügten über nennenswerte Erfahrung in der Viehzucht oder Landwirtschaft, viele Pläne scheiterten an der Realität. Irgendwann erinnerte sich Theodor an die Kräuter, die er mit seinem

Vater im Erzgebirge gepflanzt hatte. Sein Vater schickte ihm aus der damaligen DDR Bücher über die Kräuterkunde und notwendige Utensilien. Sie begannen die im Wald gefundenen Kräuter zu kultivieren. Und so fanden Theodor und Violet Ende der 1980er-Jahre eine Nische, die von nun an die ökonomische Grundlage ihres Hofes sicherte. Endlich stand der Hof auf stabilen Beinen, auch wenn sie sich bis heute gegen Innovation, wissenschaftlichen Fortschritt und Errungenschaften der modernen Landwirtschaft wehren. Bis 2017 lehnten Theodor und Violet beispielsweise Elektrizität rigoros ab. »Keine Abhängigkeiten«, hieß es.

Die Kinder litten insgeheim ihr Leben lang unter der Abgeschiedenheit und der Strenge des Vaters. Einmal zeigte mir Violet Kindheitsfotos ihrer vier Kinder. Trotz der Blumen im Haar und der wehenden Röcke und Kleider sehen sie traurig aus. Sie lächeln nicht. Natürlich ist ein Foto lediglich eine Momentaufnahme. Und doch: Agatha, die jüngste der vier Geschwister, war, wie wir von Betty erfahren, jahrelang von Schwermut und Depression geplagt. Vielleicht zerbrach sie ein Stück weit an dem militärischen Drill und der eigenwilligen Liebe des Vaters.

Theo, der Erstgeborene, hat, so ist unser Eindruck, eine janusköpfige Beziehung zu seinen Eltern und seiner Vergangenheit. Auch wenn er während seines Maschinenbaustudiums im nächstgelegenen College weniger Zeit für den Hof hatte, so studierte er doch gerade dieses Fach, um mit seinen neuen Erkenntnissen dem elterlichen Hof unter die Arme zu greifen, die von den Eltern ungeliebten Innovationen hineinzutragen, nützliche Maschinen für den Familienbetrieb selbst bauen zu können. Sich reiben an den Eltern, ihnen die Stirn bieten und doch dem Familienoberhaupt gefallen und dienen wollen – eine Gratwanderung.

Lediglich Heide, Theos älteste Schwester, ist ihren ganz eigenen Weg gegangen, sie brach mit den Eltern und mied das Elternhaus über Jahre. Erst als sie sich als Biologin etabliert hatte, kam es wieder zu einer sukzessiven Annäherung. Sie ist verheiratet, lebt ihr eigenes Leben in Calgary. Für das Königreich ist sie verloren.

Ich bin sicher, der alte Theodor hat immer aus Liebe gehandelt. Dennoch wird mir hier bei den Leyens klar wie nie: Nie will ich meine Kinder so an mich binden, dass sie sich nicht mehr aus eigener Kraft losreißen können. Wie war das noch mal? Jedes Kind braucht Wurzeln und Flügel? Wenn ich Theo und seine Geschwister vor meinem geistigen Auge sehe, muss ich ein bisschen an Wellensittiche im Käfig denken, die mit gestutzten Flügeln auf ihrer Stange sitzen.

»Sally soll eine andere Kindheit haben, als Theo sie hatte«, sagt Betty, die sich all dieser psychologischen Abgründe und Herausforderungen bewusst ist. »Aber Theo ist Sally zum Glück ein ganz anderer Vater als der, den er selber hat; das erleichtert mich«, ergänzt sie.

Und es stimmt: Theo ist im Umgang mit seiner Tochter sehr liebevoll, geduldig und verständnisvoll. Wenn er mit ihr zusammen ist, lacht er ohne Unterlass und lässt von seiner pedantischen, eingetrichterten Arbeitsmoral ab. Vielleicht hat er die Kraft, sich zu emanzipieren, dank Sally und Betty. Das Verhältnis zu den eigenen Eltern ist so unfassbar komplex, erstickend und nährend zugleich. Vielleicht wird uns Theos Lebensgeschichte immer daran erinnern, dass Flügel und Wurzeln gleichermaßen wichtig sind?

Ob Theo den Hof tatsächlich irgendwann aus freien Stücken einmal gänzlich übernehmen wird oder er diese Arbeit nur ausführt, um sich dem Willen des Vaters nicht zu widersetzen, bleibt für uns offen. Dabei funktioniert bereits jetzt nichts mehr ohne ihn und seine Frau. Theodor und Violet verharren in einer Welt, die es schon lange nicht mehr gibt. Heutzutage gehört viel mehr dazu, einen Hof so zu betreiben, dass er eine Familie ernähren kann. Die Produktion und Verarbeitung der Kräuter haben sich weiterentwickelt. Zudem müssen Bestellungen angenommen, Händler kontaktiert, Kräuter verpackt, Teeboxen designed und die Produkte online beworben und vermarktet werden. Bei allem Respekt für das Lebenswerk der Eltern und gegenüber dem Geschaffenen und Tradierten setzt die neue Generation hier eigene Akzente. Gerade Theo hat sehr innovative Ideen, was die Teeproduktion und -vermarktung anbelangt. Doch genau damit hadern die Alten. Noch.

»Loslassen und vertrauen, das muss man erst lernen«, sagt Violet. Recht hat sie. Ob ihr Mann das genauso sieht? Ohne ihren Sohn und ihre Schwiegertochter wären die Älteren hilflos.

Seit letztem Jahr gibt es also in Violets Küche einen Kühlschrank, selbst wenn dieser noch weitgehend ignoriert wird. Den Holzofen will das Seniorenpaar behalten – die nächste Generation der Familie Leyen nennt dagegen seit geraumer Zeit einen modernen Gasherd ihr Eigen. Feine Unterschiede. Jede Revolution fängt im Kleinen an.

Ich lerne, Menschen und Situationen nicht unentwegt zu bewerten, sondern erst einmal zu beobachten, zu verstehen und zuzuhören. Im täglichen Leben zu Hause fehlt mir dafür oft die Zeit. Das Einlassen auf unbekannte Lebensentwürfe und -konzepte lehrt mich zudem vieles, über das ich mir in meinem Alltag bislang wenig Gedanken gemacht habe. Was tut mir gut? Was tut *uns* gut? Das gilt auch für Themen wie Nachhaltigkeit oder Ernährung. Der Respekt vor der Nahrung, die wir täglich zu uns nehmen, ist in unserer Familie nicht besonders stark ausgeprägt. Ich habe mich bislang nie großartig bemüht, den Kindern die Bedeutung von Nahrungsketten, ökologischer Landwirtschaft und die Zusammenhänge von Ökosystemen zu vermitteln. Klar versuchen wir, unsere Kinder halbwegs gesund zu ernähren. Aber die Hühnerbruststreifen kamen oft aus dem Kühlregal, das Obst püriert aus einem Quetschiebeutel, die Wurst aus der eingeschweißten Pelle und die Milch aus dem Tetrapack. Für abstrakte Argumentationsketten von Amazonaswäldern, Klimakrise und Massentierhaltung sind unsere Kinder fast noch zu klein – und wenn man beide Augen zumacht, kann man sich als Erwachsener in der Großstadt gut um diese Themen herummogeln. Denn Beschaffungsketten und Produktionsverhältnisse sind selbst für den kritischen Konsumenten meist derart verschleiert, dass in der Stadt wohl die wenigsten beim Schnitzelverzehr an das getötete Kalb denken, Biosiegel hin oder her. Erst als ich mit Violet im Stall stehe und wir gemeinsam ausmisten und die Schafe und Lämmer füttern, kommen mir diese Gedanken. Auf dem Land sind die Produktionsverhältnisse und -schritte transparent – aus dem Stall auf den Tisch. Ziemlich archaisch, aber auch ziemlich authentisch. Geht damit vielleicht mehr Respekt für die Tiere einher?

Auch das Thema Müll hat uns trotz des westlichen Verpackungswahns vor unserer Abreise, um ehrlich zu sein, nicht sehr beschäftigt. Alles Plastik kam in zugewiesene Tonnen und damit war »unser« Müllproblem erledigt. Aus dem Auge, aus dem Sinn. Dass es nicht darum geht, Müll zu trennen, sondern weniger Müll zu produzieren, daran hatten wir in unserem

Alltagsstress kaum einen Gedanken verschwendet. Und den Kindern keine bewusste Ernährung oder Müllvermeidung vorgelebt.

Auf der Falken-Farm von Theodor und Violet ist Joe schockiert, als ein Huhn vor seinen Augen geschlachtet, gerupft und ausgenommen wird. Er kann die Augen nicht abwenden, als das Huhn sich windet, ausbüxt, sich mit aller Kraft gegen den nahenden Tod aufbäumt. Irgendwann bekommt Violet es zu fassen. Gekonnt klemmt sie das Tier zwischen den linken Arm und Körper. Ein Hieb mit dem Beil. Das Huhn liegt reglos neben Joe. Er schluckt und starrt den erschlafften Körper an. Und ihm steigen die Tränen in die Augen. Bisher hat er meinen Vegetarismus nie hinterfragt, immer nur gesagt: »Wie kann man kein Fleisch essen, Mama! Spinnst du?«, und hat sich haufenweise Frikadellen oder Fischstäbchen reingeschaufelt. Der Tod des Huhns vor seinen Augen hat ihn nachhaltig beeindruckt. Wenige Stunden später sitzt er mit Sally und Frieder vor dem kleinen Stall für die frisch geschlüpften Küken. Violet nimmt drei Küken aus dem Käfig und setzt sie den Kindern auf die Hände. Jetzt lächeln die Kinder.

»Mama, schau, das dauert aber noch lange, bis das kleine Küken hier sterben muss!«, ruft Joe und streichelt dem Küken sanft über den federweichen Rücken.

Der Kreislauf des Lebens ist ihm jetzt erst bewusst geworden. Der Tod gehört genauso zu diesem Kreislauf wie das Leben, das man vielleicht nur aufgrund dieser Gegensätzlichkeit zu schätzen lernt. Auch als Kind.

Das Leben ist ein Kreislauf und doch ist das Symbol des Lebens für mich bislang die Welle – vielleicht liebe ich deshalb so das Meer? Ob gesellschaftlich, in meiner Beziehung zu meinen Kindern, in meiner Partnerschaft oder in meinem Verhältnis zu mir selbst: Ich glaube nicht an einen linearen Verlauf. Kreislauf und Wellen zugleich.

Sobald es dunkel wird, ruft uns Violet zu Tisch. Joe schluckt. Es gibt Huhn mit Kartoffeln, Bohnen und Gurken, alles aus eigenem Anbau bzw. aus eigener Zucht, aus selbst geschnitzten Schüsseln bei Kerzenschein. Die gereichten Gurken sind selbst eingelegt, das Brot selbst gebacken.

»Eine Bäckerei habe ich seit dreißig Jahren nicht besucht«, lächelt Violet. Nach dem Tischgebet folgt ein Dankeslied. Immer an religiösen Feiertagen und den Tagen der Schlachtung wird vor der Mahlzeit gemeinsam gesungen, aus Achtung vor dem Tier.

»Darf ich dir auftun, Joseph?«, fragt Violet, wohl wissend um die Erfahrungen des Tages.

Sie ist eine der ganz wenigen Personen auf diesem Planeten, die Joe bei seinem vollen Namen nennen dürfen, ohne dass er an die Decke geht. Er zögert und knetet seine Unterlippe. Dann nickt er. In diesem Moment wird mir klar: Von nun an wird er sich bewusster ernähren. Learning by doing. Nicht jeder muss vegetarisch oder vegan leben, aber zu begreifen, was der ungezügelte Konsum von tierischen Produkten für Konsequenzen hat für diese Welt, das darf man auch von Karnivoren erwarten. Wir alle, Erwachsene oder Kinder, bekommen hier in der Peripherie ein globales, zusammenhängendes Bild unseres Planeten und ein Verständnis davon, was unsere individuelle Rolle und Verantwortung ist, ihn zu bewahren.

Vieles lerne ich bei den Leyens auch über den Anwendungsbereich von Kräutern. Ich spitze die Ohren, als Theo mir bei der gemeinsamen Ernte über die heilende Wirkung der wilden Hagebutten berichtet, deren Früchte nicht nur eine der größten Quellen von Vitamin C sind, sondern auch die Haut bei Irritationen besänftigen, sei es in Form von Hagebuttentee, sei es durch das gewonnene Öl der Früchte. Inspiriert lausche ich Bettys Worten, wenn sie mir über die Eigenschaften von Johanniskraut, Kamille oder Calendula berichtet. Johanniskraut unterstütze die Wundheilung der Haut und habe eine antibakterielle Wirkung. Kamille wirke antiseptisch und antimykotisch. Und Calendula unterstütze gleichermaßen die Behandlung von Ekzemen und bakteriellen Hautinfekten. Gebannt schaue ich ihr zu, wie sie Tinkturen aus Wasser und klein gehackten Stücken der Marshmallow-Root (Eibisch) anmischt und kalt stellt, als spontane Rötungen auf Joes Haut zunehmen. Als Neurodermitiker und Allergiker hat er immer wieder mit derartigen Herausforderungen zu kämpfen. Am folgenden Tag reibe ich seine geröteten Stellen an Hals und Armen mit der über Nacht angedickten Flüssigkeit ein – tatsächlich gehen die Irritationen zurück. Placeboeffekt, Zufall, Wirkung der Kräuter?

Kurz vor unserer Abreise klage ich über eine offene Wunde am Handgelenk. Betty holt frisch pulverisierte Beinwellwurzeln (Comfrey) aus dem

Schrank und vermischt ein wenig davon mit warmem Wasser, bis eine zähe Paste entsteht. Diese streiche ich sachte über das betroffene Gelenk. Auch hier tritt nach kurzer Anwendung Linderung ein. Ich bin zugegebenermaßen beeindruckt. Bislang habe ich Naturheilkunde insgeheim oft als Quacksalberei abgetan, mich nervten in der Heimat all die Heilpraktiker-Praxen, die Joes Hautprobleme mit Kügelchen in den Griff kriegen wollten. Das war hoffnungslos. Aber nun begreife ich, dass es in der Natur mehr zu entdecken gibt als die Globuli-Batterie eines städtischen Homöopathen. Ich nehme mir vor, mich der Kräuterkunde auch zukünftig zu widmen.

An unserem letzten Abend nehme ich von Betty dankbar ein Beutelchen Marshmallow- und Comfrey-Wurzeln entgegen sowie zwei Pakete des gemeinsam geernteten und gemischten Kräutertees.

»Für zukünftige Fälle«, sagt Betty lächelnd.

»Danke«, erwidere ich. »Für alles«, füge ich hinzu.

Dann drücke ich sie fest. Sie ist mir ans Herz gewachsen. So wie alle Mitglieder des Leyen-Clans, jeder auf seine Weise. Nach knapp zwei Wochen brechen wir nun auf. Der Abschied ist schmerzhaft. So viel haben wir von den Leyens gelernt. Über die harte, aber erfüllende Landarbeit. Über das Leben. Über uns selbst. Es fällt uns schwer, die Farm mit diesen Menschen, die wir trotz – oder gerade wegen – ihrer gebrochenen Biografien so lieb gewonnen haben, und mit ihrem Hauch einer Erinnerung an eine längst untergegangene Zeit hinter uns zu lassen. Doch es ist Zeit weiterzuziehen.

»Und wenn du größer bist, dann kommst du einen Sommer zu uns und hilfst uns auf der Farm«, sagt Violet zum Abschied zu Joe und drückt ihn fest an sich.

Ich sehe, wie seine kleinen Hände ihren drahtigen Körper umklammern. Sie haben sich gegenseitig und generationsübergreifend ins Herz geschlossen, die beiden, und sehen für einen Moment aus wie Enkel und Großmutter. Dann müssen wir los.

»Hmmm. *So good!*«, flüstert Joe, als er an dem frischen Laib Brot riecht, den ihm Violet als Proviant für uns zusteckt. Er duftet nach ihrem Holzofen und einer Spur Kümmel.

We shall be released

»Oh Mama, jetzt blubbert es gleich wieder so in meinem Bauch«, sagt Raupe und grinst mich verschmitzt an.

»Der Countdown läuft: fünf, vier, drei, sieben, acht, null!«, ruft er und drückt meine Hand, während seine Nase am Fenster klebt. »Jetzt geht's los!«

Als die Maschine abhebt, erhasche ich trotz meines Gangplatzes über Raupes Kopf hinweg einen Blick auf die unter uns liegende, immer kleiner werdende Westküste des nordamerikanischen Kontinents. Ich bin zutiefst dankbar für die Zeit, die hinter uns liegt. Wann habe ich das letzte Mal in so kurzer Zeit so vieles erfahren und gelernt – über mich, über Chris, über meine Kinder, über fremde Kulturen, über das Leben? Während der *Onboarding*-Phase in meinem Job vor zehn Jahren vielleicht? Während des Studiums? In meiner Kindheit?! So oder so, es muss lange her sein. Und wir fangen gerade erst an! Erst jetzt fällt langsam der Ballast von mir ab, der mich in den letzten Jahren, mal bewusst, mal unbewusst, wie ein Klotz am Bein lähmte. Im Kopf lasse ich die letzten Wochen Revue passieren. Gerade die Falken-Farm kommt mir über den Wolken immer unwirklicher vor, wie der Stoff aus einem Isabell-Allende-Roman statt aus meinem eigenen Leben.

Nachdem wir Theo und seiner Familie Lebwohl gesagt hatten, schulterten wir unsere Rucksäcke und durchkreuzten per Zug, Bus, Jeep und Mitfahrgelegenheit einen Teil der schier unendlichen Prärien Albertas, verschnauften in Calgary, bereisten die sagenumwobenen Rocky Mountains und schnupperten am Inselleben auf Vancouver Island. Im kanadischen Outback bestaunten wir zum ersten Mal in unserem Leben Polarlichter am sonst schwarzen Nachthimmel. Welch ein bewegendes Naturschauspiel, das ich mit meiner Familie teilen konnte! So winzig sind wir und doch sind wir ganz da, im Leben! Diese Erinnerungen werden in uns weiterleben und in unserem kollektiven Familiengedächtnis ihren

Platz einnehmen. Auch wenn gerade Raupes Erinnerungen verblassen mögen mit der Zeit – ich glaube fest daran, dass die Emotionen und Eindrücke selbst bei ihm dauerhaft ihre Spuren hinterlassen. Und vielleicht wird es den Kindern später einmal etwas bedeuten, dass ihre Eltern ein Jahr lang den Pausenknopf drückten, um sich der Familie einmal im Leben besonders intensiv zu widmen? Was ist schon ein Jahr eines Lebens, das sonst in so geregelten Bahnen verläuft? Ob ich nun bis zur Rente insgesamt 35 oder 34 Jahre lang arbeite, macht den Kohl auch nicht besonders fetter oder magerer. Wenn uns dieses Unterfangen im Gegenzug aber die Chance gibt, als Familie zusammenzuwachsen, uns gegenseitig besser zu verstehen, uns wertschätzen zu lernen, dann haben wir mehr gewonnen, als wir je verlieren könnten.

In den letzten Wochen haben wir unseren Weg ein wenig dem Zufall überlassen. Wir haben uns bei einer internationalen Haus- und Tiersitter-Vermittlung im Netz angemeldet – und erhielten erst keine, nachdem wir aber unseren geografischen wie fachlichen Radius (wer sagt denn, dass man nur Hunde hüten kann?) erweitert hatten, erstaunlich viele Angebote. »Wer ist denn so wahnsinnig und lässt seine geliebten Vierbeiner von zwei wildfremden Menschen inklusive zweier Satansbraten betreuen, die eigenen vier Wände von ihnen bewohnen, ohne dafür im Gegenzug auch nur einen Cent oder zumindest eine Sicherheit zu erhalten?!«, zweifelten wir zwischenzeitlich. Aber wie sich herausstellte: viele! Denn andersherum gefragt: Wer ist derart flexibel und kostengünstig einsetzbar wie Langzeitreisende, die nicht zu einem bestimmten Zeitpunkt hier oder dort sein müssen?

Wir bemühten uns sehr um die Tiere und hinterließen die Wohnungen und Häuser immer lupenrein. Nun ja, fast immer. Einmal kokelten wir aus Versehen beim Grillen eine hölzerne Hauswand an, aber ansonsten blieben Malheurs wie bekritzelte Tapeten, zerfledderte Bücher oder entlaufene Tiere aus. Wir genossen es, fremde Wohnungen, Häuser, Villen zu beziehen und neue, unbekannte Gegenden Kanadas zu erkunden. Zudem vermissten wir unseren Hund Wolfgang mittlerweile arg, den wir in Deutschland zurückgelassen hatten. Ihn auf die Reise mitzunehmen, wäre für das Tier eine Zumutung gewesen, und so hatten wir uns entschieden, ihn über das Jahr von Oma, Opa und Freunden verwöhnen zu lassen. Die *Housesits* ermöglichten es uns nun, mit Katzen zu spielen, mit Hunden Gassi zu gehen, Pferde zu reiten, Wellensittiche, Hühner und Fische zu pflegen und zu füttern. Meist überschnitten wir uns noch ein oder zwei Nächte mit den Haus- oder Hofeigentümern, bis die Gastgeber einem das Haus vollends überließen. Die Haus- und Tierbetreuungen entpuppten sich als eine weitere Möglichkeit, Menschen kennenzulernen, denen wir sonst vermutlich nie begegnet wären.

In Calgary hüteten wir das Haus von Kim, einer IT-Ingenieurin. Sie selbst flog für eine Woche in den Urlaub nach Maui, Hawaii, in der Hoffnung, nach der schmerzlichen Trennung von ihrer Lebensgefährtin etwas Abstand zu gewinnen, wollte aber ihre beiden Kater und die Fische im Aquarium gut versorgt wissen. Während ihrer Abwesenheit erkundeten wir die Stadt, ruhten uns aber oft auch einfach nur aus, denn Reisen ist nicht nur aufregend, sondern mitunter ziemlich anstrengend. Anders als oft im Urlaub ist die Reise keine exponentiell ansteigende Kurve von sich aneinanderreihenden Highlights, exklusiven Events und Animationsprogrammen. Es gibt Rückschläge, Dinge laufen nicht immer rund. Genau wie im echten Leben. Einmal wurde uns der Rucksack aufgeschlitzt und die teure Spiegelreflexkamera entwendet, ein anderes Mal hüteten wir ein Haus, in dem es vor Kakerlaken nur so wimmelte. Und im Gegensatz zum Urlaub gibt es hier wiederkehrende Aufgaben und Tätigkeiten: auspacken, einpacken, die nächsten Schritte angehen, auf Haustierbetreuungen bewerben, canceln, reservieren, sich kümmern, organisieren für Tage, Wochen, Monate, die da noch kommen. Zudem kochen, Kinder betreuen, Wäsche waschen (oft erst einmal einen Waschsalon ausfindig machen!), einkaufen (wie viel Proviant kann man für vier Personen auf dem Rücken tragen nebst Gepäck?). An jeder Station müssen wir uns außerdem neu orientieren, räumlich, logistisch, psychisch: Wo schlafen wir heute, morgen, übermorgen, wie kommen wir von A nach B (und wieder weg!), brauchen wir Visa für das nächste Reiseland, welche Jahreszeit herrscht dort, brauchen wir neues Equipment oder Proviant? All das erfordert Zeit. Ganz zu schweigen von der unentwegten Beantwortung von Fragen und Annahme von »Befehlen«, die sich manchmal auf Reisen schwieriger gestalten als in vertrauten Gefilden:

»Hunger!« – »Wo ist hier eine Toilette?« – »Ich möchte gerne eine Rakete bauen. Jetzt!« – »Wo ist der nächste Spielplatz?« – »Kommt der Nikolaus auch zu uns, wenn wir in Japan sind?« – »Wieso kann man auf Hawaii Kokosnüsse von Palmen ernten und in San Diego nicht?« – »Warum fahren hier alle Pick-ups?« – »Wieso müssen wir hier gerade 45 Minuten lang in der Sonne diese Straße entlanglaufen, um einen Supermarkt zu finden?« – »Warum haben wir keine tragbare Waschmaschine?«

Und so weiter. Ein niemals versiegender Fluss von Fragen, Staunen, Wundern, angeregt von Frieders und Joes aktuellem Umfeld. All das ist tatsächlich ein Fulltimejob! Nicht weniger zeitintensiv als unsere Jobs zu Hause, aber dafür mit dem höchsten Maß an Flexibilität, Gestaltungsfreiheit und den besten »Kollegen« rund um die Uhr um einen herum: der Familienbande. Und gerade das ist sensationell!

Manchmal langweilten wir uns in Calgary also ganz genüsslich und fantastisch, aalten uns auf der ledernden Couch im Wohnzimmer, lungerten auf der vierstufigen Holztreppe vor dem Haus herum oder streiften stundenlang durch die Nachbarschaft. Wie mal dösende, mal streunende Katzen. Laut Nietzsche ist Langeweile die Windstille der Seele. Warum haben die Fadheit und Reizlosigkeit eigentlich so einen schlechten Ruf? In einem dieser Momente, in denen Chris die Zeit lang wurde, stieß er auf der Suche nach einem fehlenden Kniffel-Würfel in der hintersten Ecke von Kims Krimskrams-Kammer auf einen verstaubten alten Gitarrenkoffer. Als Gitarrenliebhaber konnte er nicht widerstehen und wagte einen Blick hinein.

»Das kann doch nicht wahr sein!«, stieß er aus, als er die beiden Verschlussklappen aufschnippte.

»Was denn?«, riefen Frieder, Joe und ich im Chor aus dem Wohnzimmer.

»Ich glaub' ich spinne – eine Original Telecaster Baujahr 1972!«

»Und was ist mit dem Kniffel-Würfel?«

Frieder konnte Chris' Begeisterung absolut nicht teilen. Der wiederum verliebte sich augenblicklich in diese Gitarre und ließ sie nicht mehr los. An Kniffel war für ihn nicht mehr zu denken. Frieder zuckte mit den Schultern.

»Komm, dann knöseln wir eben mit vier Würfeln«, sagte er zu mir.

Ganz schön lässig für seine drei Jahre. Auf Reisen lernt man eben flexibel zu werden.

Am Abend hielt Chris noch immer die Gitarre in den Händen.

»Jetzt erst fällt mir auf, wie sehr ich meine Klampfe vermisse«, nuschelte er gedankenverloren mit einem Plektrum zwischen den Zähnen, während er immer wieder ehrfurchtsvoll die Saiten anschlug.

»Ich glaub', ich weiß jetzt, wie ich Kim eine Freude machen kann«, sagte er noch, während mir die Augen zufielen.

Am nächsten Tag fuhr Chris gemeinsam mit den Jungs in einen Musikladen und besorgten neue Saiten und Reinigungsöl. Raupe war mehr an dem im Laden ausgestellten Cello interessiert, Joe am aufgebauten Schlagzeug. Geschmäcker sind verschieden. Von nun an kümmerte sich Chris also nicht nur um die Katzen Zion und Trolley und uns, sondern ebenso liebevoll um das Liebhaberstück, befreite die Gitarre von Rost und Dreck, stimmte sie, zog neue Saiten auf. Jeden Abend spielte er darauf und wir lauschten seinem Gitarrenspiel. Auch ich hatte es vermisst. Livemusik ist so lebendig, beruhigend und berauschend zugleich. Manchmal sangen wir nun auch wieder zusammen – es mussten Jahre vergangen sein, seit wir das letzte Mal gemeinsam »Wonderwall« oder »I shall be released« geträllert hatten.

»Was heißt *Wonderwall* eigentlich, Mama?«, fragte Joe.

»*You're my wonderwall* heißt ›Du bist mein Zauberwesen‹«, antwortete ich.

»Die Mama ist mein Zauberwesen«, sagte Chris und lächelte mich an.

Ey, Papa, jetzt machst du aber stark auf Verliebter«, rief Joe, schüttelte sich und zog die Nase kraus.

Es waren schöne Abende.

Eine Woche später standen wir abermals am Flughafen.

»Was, du hast jemanden Neues kennengelernt!?«, rief ich, als Kim zurückkehrte und uns die Neuigkeiten kundtat. Verlegen und doch platzend vor Mitteilungsdrang erzählte sie aufgeregt:

»Sie heißt Mila, wohnt in Texas und sie ist einfach nur großartig! Sie kommt mich über Thanksgiving besuchen!«

Ihre Augen, die vor einer Woche so trübe und traurig schauten, strahlten jetzt, übersprudelnd voller Lebensmut, Freude, Zärtlichkeit. Spontan kam Kim ein Gedanke:

»Wollt ihr nicht auch Thanksgiving mit uns feiern?«

Dankend lehnten wir lachend ab.

»Vielen Dank, Kim. Aber Thanksgiving ist Mitte Oktober«, sagte ich, »da sind wir längst woanders.«

Aber wo?

»Dann müsst ihr aber unbedingt nach Hawaii, das ist ein magischer Ort! Versprochen?«, rief Kim.

»Versprochen«, erwiderte ich scherzhaft und lachte.

Später am Abend zeigte Chris Kim stolz seine Arbeit an ihrer Gitarre, spielte auf ihr für uns alle. Sie sah aus wie neu. Kim war sichtlich beeindruckt. Als die Nacht hereinbrach und Chris die Gitarre zur Seite legte, sagte sie:

»Chris, weißt du was? Man muss auch loslassen. Ballast abwerfen. Ich möchte dir die Gitarre schenken. Als Dankeschön für eure Hilfe. Und Freundschaft.«

Chris protestierte, aber Kim fuhr fort:

»Ehrlich gesagt kann ich, bis auf ein bisschen Geschrammel, sowieso nicht wirklich Gitarre spielen. Ich habe dieses Modell von meinem Onkel Bill vor vielen Jahren geschenkt bekommen. Der wiederum hatte sie vor Jahrzehnten in Deutschland erworben. Er war als Soldat in Deutschland stationiert. Ist das nicht schräg? Vielleicht will sie zurück in ihre alte Heimat? Du hast so einen Spaß daran. Nimm sie mit!«

»Ernsthaft?!« Chris war total baff.

»Mein voller Ernst. Das schwere, olle Ding eignet sich sicher nicht als Reisegitarre, aber ich gebe sie die Tage gern für dich bei der Post auf und schicke sie dir mit dem Frachter, dann wartet sie zu Hause auf dich, wenn ihr wieder zurückkehrt«, sagte Kim strahlend.

»Danke, Kim. Vielen Dank. Das bedeutet mir sehr viel«, antwortete Chris sichtlich gerührt.

Seine grün-grauen Augen glänzten glasig. Er ist kein Mann, der leicht Gefühle zeigt, aber jetzt bahnten sich die Emotionen ihren Weg an die Oberfläche. Ich lächelte. Loslassen hat viele Nuancen.

Von Kim aus ging es für uns mit einem gemieteten Jeep erst weiter in den Banff-Nationalpark in die Rocky Mountains. Endlich zelten! Nicht umsonst schleppten wir seit Monaten ein Zelt auf dem Rücken mit uns herum, das bislang lediglich sporadisch genutzt wurde. Die Kulisse war malerisch, dieses Ambiente musste ausgekostet werden, keine Weltreise ohne Camping! Wir passierten kristallblaue Bergseen, hielten unsere Füße in den smaragdgrünen Lake Louise, wanderten durch atemberaubende Landschaften, bestaunten in sicherem Abstand Schwarzbären und Elche, badeten in heißen Quellen und bewunderten die blau schimmernden Gletscher. Als wir erstmalig auf dem gleich an einem Bergsee gelegenen Zeltplatz zwischen Kiefern und Fichten in der Nähe des Örtchens Banff unser Zelt aufschlugen, konnten wir einfach nicht glauben, wie unfassbar schön es um uns herum war. Aber auch kalt! Chris schlotterten schon in der ersten Nacht in seinem Sommerschlafsack die Knie und Zähne, während Frieder, Joe und ich dick eingemummelt in unseren Winterschlafsäcken schliefen. Warum hatte sich Chris auch damals beim Einkauf in Kölns feinstem Outdoor-Laden für dieses zarte Stöffchen entschieden?! Vor meinem inneren Auge sehe ich uns beide noch in dem Geschäft stehen vor drei, vier Monaten. Wir hatten uns in der Mittagspause dort verabredet und kamen beide abgehetzt aus den Büros zum vereinbarten Treffpunkt. Ich stand im Kostüm auf hochhackigen Schuhen mit Laptoptasche über der Schulter und Knopf im Ohr in der Campingabteilung, neben mir ein total gestresster und völlig verschwitzter Chris, der keinen Parkplatz gefunden und deshalb den halben Weg vom Büro hierhin im Dauerlauf statt mit dem Auto zurückgelegt hatte. In dem Moment kam ein tiefenentspannter Reinhold-Messner-Verschnitt auf uns zu. Nachdem Chris ihn kurz und knapp über unsere Situation aufklärte, fasste der Kraxl Maxl zusammen:

»Nur noch einmal zur Sicherheit: Ihr zwei wollt also eine Weltreise machen. In zwei Wochen. In die kanadische Wildnis. Ein Jahr lang. Und noch zwei Kinder dazu. Habe ich das richtig verstanden?«

»Absolut richtig«, bestätigte Chris.

»Na dann mal los«, entgegnete der Verkäufer ungläubig und führte uns herum.

Es fehlte uns, wie sich herausstellte, doch noch so einiges, darunter Schlafsäcke. Nachdem uns der Messner junior lang und breit diverse Modelle vorgeführt und die Preisspanne präsentiert hatte, entschied sich

Chris kurzerhand für eine der wenigen Varianten, die außerhalb des vorgestellten Repertoires lag: einen dünnen Sommerschlafsack, der sich komplett öffnen und somit bei Bedarf als Bettdecke überwerfen ließ.

»Ich fühle mich unter dicken Decken oder in so mumienartigen Schlafsäcken immer so schnell unwohl und überhitzt«, sagte Chris, »da kriege ich jetzt schon die Krise. Und wir wollen ja nicht bis zum Nordpol, sondern nur bis British Columbia.«

»Also mit *dem* Modell würde ich mich persönlich noch nicht mal am Ballermann auf die Strandliege legen«, sagte der Verkäufer irritiert und schaute fast angewidert auf Chris' erste Wahl.

»Egal, den nehme ich«, beharrte Chris, fast so, als wollte er dem City-Alm-Öhi zeigen, wer am längeren Hebel sitzt. Kopfschüttelnd machte sich der Verkäufer vom Acker. »Beratungsresistente, arrogante, hoffnungslose Fälle«, dachte er sicher. Stimmt!

In den ersten Nächten im Banff-Nationalpark nahm Chris zähneknirschend sein Schicksal an und mummelte sich mitsamt seiner Jacke unter seine Schlafdecke. Stolz lehnte er es zunächst ab, sich mit in meinen Schlafsack zu kuscheln, der zugegebenermaßen für zwei ganz schön knapp gewesen wäre.

»Soooo kalt ist es nun auch wieder nicht«, murmelte er.

Doch als wir ein paar Tage später in noch höher gelegene Gefilde des Parks vorstießen und unser Zelt zwischen Elchkühen und Fichten aufschlugen, deren Spitzen schon vom ersten Schnee gezuckert waren, kam Chris langsam an seine physischen Grenzen.

Nachts um vier schrak ich, von grellem Scheinwerferlicht geweckt, aus dem Tiefschlaf auf. Dann auf einmal heulte ein Motor auf, so laut wie ein Sägewerk, und beendete die friedliche Stille – und sicherlich auch den seligen Schlaf aller anderen Camper um uns herum!

»Was ist da los?«, dachte ich nur.

Blitzschnell waren auch die Kinder wach. Der Platz neben mir war frei.

»Wo ist Papa?«, rief Frieder.

»Ich befürchte, er hat sich aus unerfindlichen Gründen vorgenommen, den gesamten Campingplatz mitten in der Nacht gegen sich aufzubringen«, flüsterte ich, während ich versuchte, mich in dem Scheinwerferlicht im Zelt zu orientieren und meine Hose anzuziehen.

Taschenlampe, unauffindbar. Ganz klar, Campingprofis! Immerhin war Joe gut organisiert und fand mit sicherem Griff seine Stirnlampe dort, wo er sie am Abend bewusst platziert hatte: in seinem Stiefel. Ganz schön organisiert, der Kleine.

»Zieht euch an, wir hauen ab«, sagte ich.

»Was? Wohin denn?«, rief Raupe verwirrt.

»Keine Ahnung«, antwortete ich wahrheitsgemäß.

Ein Schritt nach dem anderen. Jetzt hieß es erst einmal sicher vom Zelt zum Jeep zu kommen ohne unliebsame Zwischenfälle mit den Elchen und Bären, die sich durchaus ab und an auf die nicht eingezäunten Zeltplätze verlaufen. Sekunden später huschten die Kinder und ich wie die Lemminge über den gefrorenen Boden, während in den anderen Zelten schon die ersten Taschenlampen aufleuchteten. Als ich die Autotür aufmachte und Joe und Frieder auf ihren aufgeblasenen Kindersitzen platzierte, hockte Chris vor dem Gebläse wie ein Kind vor dem Weihnachtsbaum. Er war total durchgefroren.

»Oh je, deine Lippen sind ja schon ein bisschen blau!«, stieß ich bestürzt aus. »War es so schlimm?«

»Schlimmer«, bibberte er mit Blick auf das Thermometer, das -2 Grad anzeigte.

»Eine verdammte Plastiktüte ist dieser Schlafsack, mehr nicht. Nie wieder wuchte ich da meinen Körper drunter, den schmeiße ich sofort in den Müll. Weltreise ja, aber campen? Ohne mich! Hier bleibe ich keinen Tag länger. Gestern reißen die Elchkühe aus Versehen fast unser Zelt ab, heute stehe ich kurz vor Erfrierungen zweiten Grades. Mir reicht's!«

Ich kicherte, biss mir aber auf die Zunge. Sein Mundwerk war offensichtlich nicht eingefroren. Nur Sekunden später sah ich von Weitem kleine Lichtkegel auf uns zukommen.

»Oh, oh … Mist, wir müssen abhauen, die knallen aus gutem Grund gleich alle durch bei dem Krach hier. Es ist mitten in der Nacht! Weißt du eigentlich, wie laut diese Karre ist?!«, rief ich.

»Alle festhalten, es geht los!«

Noch einmal heulte der Motor auf. Dann waren wir weg. Vollkommen ohne Plan – und ohne Zelt oder Gepäck – fuhren wir los. Eine Stunde später saßen wir in einer der Berg-Ortschaften in einer Tankstelle, tranken Kaffee und heiße Schokolade. Der Tankwart hatte Mitleid mit uns vieren, als er uns um halb sechs morgens vor seiner verschlossenen Tür fand.

»Ganz schön aufregend, so eine Reise!«, rief Raupe. »Aber lecker!«, ergänzte er Kakao schlürfend.

Und jetzt? Hier hatten wir nichts mehr verloren. Zeit für wärmere Gefilde! Nachdem wir uns an der bollernden Heizung des Bistros aufgewärmt hatten, fuhren wir zurück zum Zeltplatz, packten in Windeseile unsere Siebensachen zusammen und waren sehr erleichtert, dass die benachbarten Camper schon zu ihren Tagesausflügen aufgebrochen waren. Die »Plastiktüte« wanderte noch auf dem Campingplatz in die Mülltonne. Zelten kam von nun an erst einmal nicht mehr infrage für unsere Familie.

In Vancouver tauschten wir den Leihwagen gegen ein Fährticket nach Vancouver Island ein, die größte Pazifikinsel Nordamerikas. Von dieser Insel hatten wir bis dato noch nie etwas gehört – auch hier hatte der »Zufall« unsere Reiseplanung bestimmt, denn in einem Küstenstädtchen namens Campbell River warteten die beiden Goldendoodle-Geschwister Barley und Banjo, Mischungen aus Golden Retriever und Pudel, auf uns, deren Frauchen und Herrchen, die pensionierte Grundschullehrerin Rosemary und der Schreiner Burton, für drei Wochen nach Europa fuhren. Majestätisch lag die bergige Insel vor uns, volle Fahrt voraus. Dahinter kam lange nichts. Wenn man losschwimmen würde, so müsste man irgendwann nach circa 16 000 Kilometer auf Japan stoßen, am anderen Ende des Pazifiks. Die Kinder hielten nach Delfinen und Killerwalen Ausschau, während Chris und ich die Sonnenstrahlen und den Wind auf dem behäbigen Schiff genossen. Burton holte uns an der Fähranlegestelle ab.

In Campbell River angekommen, erwarteten uns die strahlende und attraktive Rosemary, eine resolute, sportliche Frau Anfang sechzig, ihr Sohn Tim und zwei tapsige, ausgeglichene große Knuddelhunde. Auf dem Küchentisch dampfte eine große Schüssel überbackener Nudeln, genannt »Mac'n'Cheese«. Begeistert griffen wir zu.

»Das ist ab jetzt mein Lieblingsessen, Mama!«, ließ mich Frieder mit vollen Backen wissen. Na, das ging doch gut los! Zum Nachtisch gab es

Peanutbutter-Icecream-Cake, selbst gemacht, versteht sich. Köstlich! Danach konnten wir uns allerdings allesamt nicht mehr bewegen.

»Ich habe noch zwei weitere große Portionen von den Nudeln und dem Kuchen im Gefrierschrank für euch für die nächste Woche. Einfach auftauen, wann immer ihr Lust darauf habt«, sagte Rosemary, während sie uns belustigt zuschaute.

Wir fühlten uns gleich wie zu Hause. Zwei Tage später machten sich Rosemary, Tim und Burton gen Europa auf.

»Macht euch eine schöne Zeit«, rief Rosemary uns zum Abschied zu. »Die Insel hat viel für euch zu bieten.«

»Das werden wir!«, riefen wir zurück.

Und ob. Denn diese Insel kam einer Offenbarung gleich: So kann man leben? Mitten im Regenwald? Umgeben von Küste, mystischen Nebelschwaden im Morgengrauen, sternklarem Himmel am Abend, frischer Luft, Zederngeruch und dem Zauber präsenter indigener Kultur? Obwohl schon der Herbst in den Startlöchern stand, liefen die Kinder täglich splitterfasernackt am Strand herum, planschten, fingen Lachse in den sich füllenden Flüssen und genossen es sichtlich, nach der reiseintensiven Zeit von der Ost- zur Westküste Kanadas länger an einem Ort verweilen zu dürfen. Unser Stadtleben rückte in immer weitere Ferne. Vancouver Island zog uns vollends in seinen Bann. Rosemary hatte uns vor ihrer Abreise einen Wochenendtrip in das am westlichsten Zipfel der Insel gelegene ehemalige Fischerdorf Tofino ans Herz gelegt.

»Tofino wird euch bestimmt gefallen. Das habe ich im Gefühl, der Ort passt zu euch. Schaut's euch an. Nehmt Banjo und Barley einfach mit, die mögen das raue West-Coast-Klima«, hatte sie gesagt.

Wie recht sie hatte! Je mehr wir uns nach vierstündiger Autofahrt dem Küstendorf Tofino an der Westküste Vancouver Islands näherten, desto unruhiger wurden die Hunde. Banjo jaulte immer wieder auf. Auch er konnte es kaum erwarten. Wie ein zerklüftetes Auenland mitten im Meer, umringt von Dutzenden kleinen Inseln und tiefem, jahrhundertealten Regenwald, offenbarte sich die Umgebung Tofinos vor uns, als wir den schmalen Bergpass, der Ost- und Westküste miteinander verbindet, hinter uns gelassen hatten. Endlose Strände, tiefgrüne Wälder, glitzernde Surfbretter auf dem welligen Wasser. Ein wildes Märchenland. Für

Erwachsene und Kinder. Tofino fühlte sich nach Freiheit an. Nach Durchatmen. Selbst der kurzzeitig einsetzende Regen machte uns nichts aus. Wir verbrachten ein Traumwochenende inmitten dieser einmaligen Natur, durchstreiften Regenwälder, planschten in den Prielen,wanderten bei Ebbe über freigelegte Meeresböden zu abgelegenen Inseln, beobachteten Seelöwen, Fischotter, Seeadler und springende Lachse. Für mehr reichte es nicht, unsere Zeit sowohl in Tofino als auch generell auf der Insel neigte sich dem Ende entgegen, schließlich würden Rosemary und Burton schon bald heimkehren, das Haus musste auf Vordermann gebracht, unsere Sachen gepackt, die Weiterreise geplant werden. Diese drei Wochen waren in der salzigen Brise wirklich im Nu verflogen.

»Das war zu kurz. Wir werden mit diesem Kurztrip der Schönheit und Vielseitigkeit der Westküste gar nicht gerecht. Hierhin müssen wir unbedingt noch einmal zurückkehren. Irgendwann«, sagte ich zu Chris an unserem letzten Abend in Tofino, den wir am McKenzie Beach rund ums Lagerfeuer sitzend verbrachten, während die Kinder mit den Hunden im Abendrot durch das seichte Wasser liefen.

Es ist schön, still zu beobachten, wie sich die beiden ungleichen Brüder in der Ferne immer mehr aufeinander einlassen und in aller Ruhe ein dichter werdendes Band der Verbundenheit knüpfen. Fürs ganze Leben? Vielleicht. So intensiv werden sie vermutlich nie wieder Zeit im Leben miteinander verbringen. Und wir mit ihnen auch nicht. Große Dankbarkeit machte sich breit in meinem Herzen. Ein gutes Vierteljahr lag hinter uns. Ein Dreivierteljahr Wir-Zeit noch vor uns. Zum Glück.

»Klar kommen wir irgendwann zurück nach Tofino«, sagte Chris wie selbstverständlich in die Stille hinein, lächelte und strich mir über die Wange. »Das wäre schön.«

Wenige Tage später sehe ich schweren Herzens, aber voller Dankbarkeit für die vergangenen Wochen, wie Vancouver Island unter uns kleiner wird, während unser Flugzeug Kurs in Richtung Süden nimmt, nach Los Angeles, Kalifornien.

Wir tauchen ein in das sagenumwobene Leben Hollywoods, indem wir den alten, zahnlosen Mops Buster und das architektonisch preisgekrönte Haus von Drehbuchautor Zack, der TV-Producerin Sally und ihrem

Sohn Eton gleich ums Eck des Sunset Boulevards für einige Tage hüten. Buster ist bei den heißen Temperaturen so gassi-faul, dass wir den Großteil des Tages gemeinsam mit ihm rund um den hauseigenen Pool in der Sonne dösen oder planschen.

Es brauchte ein Vierteljahr, bis ich langsam spürte, wie die Kreativität, frische Gedanken, Ideen in mein Gehirn gespült wurden. Bis ich von alten Gewohnheiten Abstand nahm. Bis ich durchschlief und es vor allem schaffte, zu angemessener Zeit ins Bett zu gehen statt mich, wie zu Hause oft, bis tief in die Nacht zu beschäftigen, sei es mit der Arbeit, mit dem Haushalt, mit den sozialen Netzwerken, mit irgendeiner Kinderaktivität, die Vorbereitung benötigt. *Let's call it a day* – dieser englische Slogan für einen Zustand à la »lasst uns Schluss machen für heute« hatte sich damals bei mir einfach nie einstellen wollen. Wäsche falten, E-Mails tippen, Fläschchen auswaschen, Instagram checken, Frühstückstisch schon einmal vorab nachts um eins decken, irgendetwas war immer. Erstmals nach Jahren hatte ich abends nun nicht mehr das Gefühl, diese lange Liste in meinem Kopf abarbeiten zu müssen. Ich dachte mir Bastelideen für die Kinder aus, die die Materialien der jeweiligen Örtlichkeit miteinschlossen. Ich fing an Melodien zu summen, die ich mir vor Jahren in meiner Studentenzeit einmal ausgedacht hatte, ich begann sogar wieder zu schreiben – ohne Sinn und Zweck, einfach aus Freude. Ich las wieder ohne Zeitnot oder Überfliegen von Seiten, »damit das verdammte Buch endlich einmal durchgelesen ist«. Wäre die Reise nach nur drei Monaten – einer klassischen Zeitspanne für eine gemeinsame Elternzeit – bereits zu Ende gewesen, ich wäre gar nicht in dieses Stadium der absoluten Entspannung gekommen, spätestens hier in Kalifornien wären meine Gedanken schon wieder durchsetzt gewesen von imaginären Post-its in den schimmerndsten Farben.

Nach der Station in Hollywood fahren wir mit dem öffentlichen Greyhound-Bus nach San Diego, wo wir unsere Freunde, die deutschen Auswanderer Konstanze und Micha mit ihren beiden Söhnen, dem vierjährigen Kyle und dem einjährigen Asher, besuchen wollen, die unter Palmen nur wenige Meilen vom Meer entfernt in einem luftigen, geräumigen Bungalow wohnen. Micha und Chris kennen sich seit ihrer frühen Kindheit und sind gemeinsam zur Schule gegangen. Nach dem Abitur trennten sich ihre Wege und sie verloren sich mehr und mehr aus den Augen. Zeit, dass sich das ändert.

»Damals habe ich immer die Hausaufgaben bei dir abgeschrieben. Warst schon immer ein schlauer Fuchs. Und jetzt sitzt du hier in San Diego, hast einen tollen Job, eine kluge Frau, süße Kids. Freut mich für dich«, sagt Chris und nimmt Micha nach der imposanten Hausführung spontan in die Arme, klopft ihm anerkennend auf die Schulter.

Der freut sich über die neidlose Anerkennung. Denn Micha kommt nicht aus einem Elternhaus, in dem Kindern ein solcher Weg in die Wiege gelegt wird.

Michas und Konstanzes Leben ist sicherlich in vielerlei Hinsicht beneidenswert. Beide haben Biochemie an deutschen Hochschulen studiert, haben promoviert und im Anschluss den begehrten Sprung über den großen Teich Richtung Silicon Valley geschafft. Sie haben beruflich in der Bio-Tech-Szene San Diegos Fuß gefasst. Sind erfolgreich. Und zufrieden. Allerdings muss auch hier der Kredit für ein großes Haus bedient, müssen zwei Autos refinanziert, Kita, Schule und Aktivitäten teuer bezahlt werden. Ohne zwei volle Gehälter ist das nicht möglich. Ein durchstrukturiertes und recht effizient geplantes Leben eben, ähnlich wie unseres daheim – dafür aber mit Sonne, Surfboard und Flipflops rund ums Jahr. Ist es das, was wir insgeheim suchen? Wäre das ein Lebensmodell für uns? Oder fällt Michas und Konstanzes Lebensstil in die Kategorie *same same but different?*

Während unseres Aufenthalts in San Diego sieht unser unausgesprochener Deal wie folgt aus: Chris und ich kümmern uns um den Einkauf, räumen auf, stellen jeden Abend ein selbst gekochtes Dinner auf den Tisch, wenn unsere Gastgeber nach einem langen Tag auf der Arbeit und im Kindergarten und weiten Autofahrten nach Hause kommen. Zudem spielen und basteln wir am Abend meist mit Kyle, Joe und Frieder, damit wahlweise Konstanze oder Micha Zeit mit Asher verbringen oder einfach mal in Ruhe duschen können. Sie sollen sich keinen Stress machen und uns als klassische Besucher wahrnehmen, denen man etwas bieten muss. Denn so können sich die beiden ungestört und ohne zusätzlichen Besuchsdruck auf ihre Arbeit oder auch mal auf sich konzentrieren, Kyle und Asher sind versorgt – und wir können fast zwei Wochen bei ihnen wohnen, ausruhen, lesen, ihre Zitronen und Orangen im Garten ernten und pressen, frische Limonade zubereiten, neue Rezepte ausprobieren, Kyles in Teilen unangetastetes Spielzeug »bespielen«, Wäsche falten, am Strand flanieren. Abends und an den Wochenenden verbringen wir gemeinsam herrliche Stunden rund um den gut gedeckten Tisch oder mit den Surfboards in dem sich am Strand entlangschlängelnden Stadtteil Pacific Ocean.

Das Modell funktioniert fantastisch – trotzdem zieht es uns weiter. Wir haben Hunger auf mehr, wollten ganz andere Lebenswelten und -entwürfe kennenlernen, statt uns hier den Spiegel vorzuhalten. Wir wollten Richtung Asien, später vielleicht übersetzen nach Ostafrika und von dort über Land bis nach Cape Town, Südafrika. Einen genauen Plan haben wir noch nicht. Aber der Flug von den USA bis Japan ist weit.

Moment. Da war doch was. Hat uns Kim nicht empfohlen, unbedingt Hawaii zu erkunden? Dann lass uns doch einen Monat auf Hawaii zwischenlanden – wieso eigentlich nicht?

Aloha Ãina

»Noch etwa dreieinhalb Stunden bis zur Landung in Kona International Airport«, ertönt es blechern durch die Kabinenlautsprecher. Puh, das ist noch lang. Auf dem Flug von San Diego nach Big Island, einer hawaiianischen Insel, von der ich vor wenigen Tagen noch kaum gehört hatte, klebt Raupe neben mir eifrig Sticker in ein Malbuch. Mit derartigen Tätigkeiten kann er sich stundenlang beschäftigen. Danach spielen wir eine Runde UNO. Dieses Kind gluckst und lacht, egal, ob es gewinnt oder verliert. Kinder sind so dankbar, wenn wir aktiv Zeit mit ihnen verbringen. Gewinnen oder verlieren sind da, zumindest bei unserem Dreijährigen, vollkommen untergeordnete Kategorien. Im Anschluss läuft auf dem kleinen installierten Fernsehschirm ein Kinder-Animationsfilm, bei dem ich mich frage, ob die Macher die Eltern oder tatsächlich die Kinder als Zielgruppe im Visier hatten. Viel zu schnell die Schnitte, die Musik bombastisch, die Gags für kleine Kinder unverständlich. Raupe juckt das nicht weiter. Gelegenheit fernzusehen gibt es bei uns nicht oft, da nimmt man, was man kriegen kann. Er lässt sich berieseln, futtert Nüsse und schlürft sich einmal quer durch das Saftsortiment der Stewardess.

Da Chris und ich sehr unterschiedliche, oder sagen wir, ergänzende Charaktere haben und außerdem sehr divers sozialisiert und erzogen wurden, geht mit der Familiengründung die Erkenntnis einher, dass man sich als Paar irgendwo in der Mitte treffen muss, um das gemeinsame Projekt nicht zum Scheitern zu bringen. Eine gemeinsame Linie zu finden, wie wir unsere Kinder erziehen, welche Werte wir ihnen vermitteln wollen, ist nicht immer einfach, mitunter konfliktreich, schmerzhaft und aufwühlend. Aber in Sachen Medienkonsum sind wir uns schon immer einig gewesen: restriktiver Umgang. Daher gibt es bei uns TV-Konsum normalerweise nur in überschaubaren – Sendung-mit-der-Maus-artig portionierten Rationen am Wochenende. Die einzige Ausnahme zu dieser von allen Beteiligten akzeptierten Regel ist eben das Flugzeug. Hier darf sogar ein ganzer Film geschaut werden – für die Kids ist also Fliegen so wie ins Kino gehen.

Irgendwann hat Raupe von selbst genug von dem Animationsfilm und drückt die Stopptaste. Nach ein paar weiteren Runden UNO und einem Hörspiel nickt er knapp zwei Stunden vor der Landung endlich ein. Schön, jetzt kann ich mich auch zurücklehnen und die Augen zumachen, denke ich. Kaum eingedöst, kommt Joe von seiner Sitzreihe hinübergetapst.

»Was machst du, Mama?«

»Jetzt jedenfalls nicht mehr schlafen«, antworte ich.

»Der Papa ist schon am Schnarchen und der Film ist mir zu spannend. Sollen wir eine Runde Schach spielen?«

»Jetzt? Auf meinem Schoß? Ach nee, ich weiß nicht, ob …«

»Sind doch Magnete dran, kann nichts passieren, komm schon«, entgegnet Joe.

Ehe ich mich versehe, ist das Tischchen vor mir heruntergeklappt, sein Hintern platziert sich auf Armlehne und Oberschenkel und seine Hände stellen geschwind Pferd, Turm, Läufer und Bauern auf die richtigen Felder.

»So, ich bin weiß. Geht los!«, ruft er und zieht den weißen Königsbauern nach vorn, während er es sich auf meinem Schoß gemütlich macht.

»Also gut. Mach dich auf deine Niederlage gefasst«, sage ich und ziehe meinen Königsbauern. Joe grinst kurz, dann ist sein Blick konzentriert. Seine Zunge berührt fast seine Nasenspitze. So schaut er immer drein, wenn er sich arg konzentriert. Man mag es kaum glauben, aber Schach hat es den Kindern angetan, sie haben in den letzten Monaten Feuer gefangen. Ich hätte es nicht für möglich gehalten, dass ein drei- und ein fünfjähriges Kind in der Lage sind, das Schachspiel zu erlernen – geschweige denn, daran Gefallen zu finden! Chris aber ist ein begeisterter Schachspieler, er verbringt auf der Reise gerne Zeit mit und vor dem Brett. Während er zu Hause keine Zeit dafür hatte, fragt er nun oft Nachbarn, Gastgeber oder Mitreisende, ob sie Lust haben, mit ihm zu spielen. Überall findet er Mitspieler, ob auf dem Campingplatz oder am Strand. Die Kinder schauten oft zu und irgendwann begann erst Joe und dann

Raupe sich dafür zu interessieren, warum das Pferd so seltsam um die Ecke springt und der Turm sich nur auf den geraden Linien bewegt.

»Mama, was machst du da?! Siehst du nicht, dass ich deinen Läufer gleich mit dem Pferd schlage?«, fragt Joe ungläubig.

Nein, ich sehe so etwas leider nicht! Ich bin überhaupt keine gute Schachspielerin, kann gerade einmal die Grundregeln. Gegen Joe habe ich schon jetzt kaum eine Chance mehr. Nun ja, nicht jedem ist das Schachspiel und -talent in die Wiege gelegt. Zwar hatte mir mein Vater das Spiel als Kind beigebracht, aber ich hatte bald das Interesse daran verloren, war so schnell abgelenkt von all den anderen Spiel- und Spaßoptionen, nicht zuletzt auch vom Fernseher, der in den 1980er- und 90er-Jahren selbst in meinem bürgerlichen Elternhaus häufiger lief als heute bei uns.

»Warum soll ich mich vor so ein olles Brett setzen, wenn es Bücher, Playmobil, Gameboy, Fernsehen und Tischtennis gibt?«, hatte ich mich damals gefragt.

Manche fangen eben Feuer, andere nicht. Nicht jede Muschel aus dem Pazifik wird an den gleichen Strand gespült, manche werden von Strömungen in die eine Richtung davongetragen, andere verschlägt es an eine andere Küste. Wir sollten den Kindern nicht unsere Interessen aufdrängen, sondern sie in dem fördern, was sie ganz individuell begeistert. Wahrnehmen und annehmen, was ist. Und wenn es eben kein Schach ist, um bei dem Beispiel zu bleiben, dann bringt es auch nichts, sie in Vereine zu zerren oder, wie mir ein Kollege einmal von seinem Sohn erzählte, sie mit vier Jahren online von einem Großmeister trainieren zu lassen. Mein Vater hätte sicher nichts dagegen gehabt, wenn ich die weibliche Reinkarnation von Bobby Fischer gewesen wäre. Aber am Ende hat er dann einfach mit mir Tetris gezockt, Tischtennis gespielt und mir einen Freifahrtschein für den lokalen Buchladen gegeben. Das fand ich gut von ihm.

Erwartungsgemäß verliere ich gegen Joe die Partie über den Wolken. Danach dösen wir beide auf dem Sitz gemeinsam ein. Ihn auf dem Schoß zu halten, den Großen, ist ein gutes Gefühl. Eine halbe Stunde später kündigt der Pilot den Sinkflug an, alle Neonröhren geben ihr Bestes, um auch den letzten Fluggast aus dem Schlaf zu reißen.

»Mist«, sage ich müde und zerknittert. Meine Stimmung hellt sich jedoch auf, als die warme, milde Brise meine Haut nach der Landung schon auf der Gangway streift. Ich lasse den Blick schweifen. Tatsächlich: Ich sehe in ein Meer von Palmen. Hawaii – *here we come!*

In meinen Kindheitsvorstellungen handelte es sich bei Hawaii um eine einzige Palmeninsel auf der von allen Seiten mehrstimmiger Gesang erklingt, untermalt durch den Klang einer Ukulele. Dass die Ukulele ihren Ursprung nicht in Hawaii, sondern in Portugal hat, und dass Hawaii ein amerikanischer Staat ist, der aus fast 140 Inseln besteht, habe ich erst in der letzten Woche gelernt. Überhaupt stolpern wir gerade ein wenig stümperhaft in unser Hawaii-Abenteuer. Der Flug nach Big Island war der günstigste, den wir von San Diego auf eine der hawaiianischen Inseln bekommen konnten. Wir besitzen weder Reiseführer noch Plan. Aber es tut mir gut, Risiken einzugehen, statt wie sonst in meinem Privat- und Berufsleben jede Entscheidung gegen alle Eventualitäten abzusichern und zu zerdenken. Außerdem sind wir im Netz mittlerweile echte Reiseprofis, haben diverse Apps, navigieren sicher durch den virtuellen Reisemarkt, chatten in Reiseforen, folgen ausgewählten Reisenomaden und durchstöbern alternative Travel-Blogs, über die wir Tipps, Hilfe und Anregungen erhalten. So haben wir auch die versteckte Empfehlung des Ortes Hawi im Norden Big Islands gefunden, der abseits der klassischen touristischen Pfade liegt.

Mehr und mehr entwickeln wir eine Vorliebe für solche abgelegenen Ortschaften. Hotelpools und »All you can eat«-Buffets waren noch nie unser Ding, kleine Fischerdörfer standen früher allerdings genausowenig auf unserer Urlaubsliste Nun fühlen wir uns von ihnen angezogen, je weiter weg von allem, besonders von Asphalt und Menschenansammlungen, desto besser. Gerade nach den letzten Wochen in den US-amerikanischen Großstädten sehnen wir uns mehr denn je nach einem *Hang-Loose*-Modus mit wenig Verkehr, Lärm, Menschen.

Auf Big Island, und später auf der Nachbarinsel Kauai, erleben wir einen Monat lang eine ganz andere Seite der Vereinigten Staaten. Fernab vom Rummel Kaliforniens bleibt hier auf Hawaii genug Raum für das Er- und Mitleben experimenteller, naturnaher Lebensentwürfe. In Hawi, in dessen Nachbarschaft der Kilauea-Vulkan unaufhörlich Lava spuckt und uns tagtäglich ermahnt, die Gewalt der Natur niemals zu unterschätzen, wohnen wir zwischen Bananenstauden und Macadamianuss-Bäumen in der Gartenlaube von Sam, Theresa und ihren vier Töchtern. Sam und Theresa betreiben einen kleinen veganen Foodtruck. Ihre Kinder gehen nicht zur Schule, sondern lernen in einem von Eltern gegründeten, an Montessori angelehnten Freilerner-Kollektiv, wo den Kindern schon früh die Natur und die Landwirtschaft im Selbstversorgerstil nahegebracht werden. In Sams und Theresas Wohnzimmer mit großen Fenstern und offenen Türen zur angrenzenden Terrasse hängt an langen Seilen eine Schaukel, die niemals stillsteht. Beinahe rund um die Uhr sieht man eine der Töchter darauf schaukeln, turnen, träumen. Unsere Dusche befindet sich unter offenem Himmel in einem Meer aus Blättern und Blüten! Das Wasser spritzt aus drei Duschköpfen gleichzeitig, und es ist uns vieren eine Freude, gemeinsam unter der Dusche zu stehen oder durch den Garten zu springen, Echsen zu beobachten und Macadamianüsse zu knacken. Von den Bananenstauden im Garten dürfen wir uns jeden Morgen so viele Früchte nehmen, wie wir möchten. Gleiches gilt für die Eier aus dem Hühnerstall. »All-you-can-eat« einmal anders. In unserer Hütte hängt eine Uhr. »Hawi-Time« steht auf dem Ziffernblatt geschrieben. Zeiger sucht man darauf vergeblich.

Sam und Theresa erzählen uns vom Āina Festival, einem großen Happening mit Musik und Tanz, das wenige Tage nach unserer Ankunft etwas außerhalb von Hawi auf einer über den Klippen gelegenen Aue stattfinden soll. Wir freuen uns über die Einladung und doch sind wir zunächst skeptisch.

»Festival klingt gut«, sagt Chris, »aber was machen wir mit den Kindern?«

Wir haben viel Festival-Erfahrung gesammelt in unserem Leben, aber allein der erhöhte Alkoholkonsum und Geräuschpegel schreckten uns in den letzten Jahren ab.

»Oh ja, natürlich kommen Joe und Frieder mit! Wir wollen die Erde gemeinsam feiern und was wäre die Erde ohne unsere Kinder? Das Festival beginnt schon morgens und geht bis zum späten Abend. Es ist ein familienfreundliches Fest mit Tanz, Diskussionen, Spiel und Musik, ein veganes, *Zero-waste*-Event ohne Drogen und Alkohol. Ihr bringt besser Teller und Tassen mit, Müll wird beim Āina-Festival vermieden.«

Wow!

»Klingt spannend. Wofür steht denn Āina?«, haken wir nach.

»Schwierig, das Wort aus dem Hawaiianischen zu übersetzen«, antwortet Theresa, die auf Big Island geboren und groß geworden ist, und in deren Adern das Blut der Urbevölkerung fließt. »Āina steht für ein Leben in Balance mit der Natur, für die Pflege der Beziehungen zwischen Menschen, Tieren und dem Land, für unsere Verwurzelung mit Mutter Erde. Wir wollen unsere Erde feiern, ihr für das danken, was sie mit uns Menschen teilt, statt sie auszubeuten. Es geht nicht nur um Konsum und Ernährung, sondern darum, unsere tiefe Verbindung mit der Erde, egal wie weit der technologische Fortschritt uns bereits gebracht hat, zu spüren. Wir wollen mit den Einnahmen nicht zuletzt lokale Farmer unterstützen, etwas zurückgeben, in Workshops vor Ort gemeinsam neue Fähigkeiten erlernen – und natürlich ganz viel Spaß haben! Wir feiern dieses Fest jedes Jahr zu Beginn der Makahiki-Saison, das ist das traditionelle hawaiianische Neujahr. Ihr solltet kommen, es ist ganz wunderbar!« Theresa klingt wirklich begeistert.

»Überredet, da sind wir dabei, oder?«, ruft Chris.

Ich nicke enthusiastisch. Und so fahren wir am nächsten Morgen mit einem klappernden Bus gemeinsam auf das entlegene Festgelände. Ein großes Tor aus Palmwedeln und Blumen erwartet uns. Wir sind total baff. Blütengeschmückte Bühnen, hohe Tipis aus Baumstämmen und bunten Stoffen, Feuerspucker und Akrobaten und vor allem viele Kinder, auf Hawaiianisch *Keiki* genannt, springen uns entgegen. Insgesamt tummeln sich weit über tausend Menschen auf dem grünen Festplatz, umringt von Küste und Wildnis. Männer und Frauen tragen Blüten im Haar, es gibt Stände mit veganem Essen, Yoga-Workshops und eine Holz- und Schnitz-Werkstatt. Daneben viele Informationsstände zum Thema Ernährung, Selbstversorgung und Landwirtschaft. Neben Reggae-, Dancehall- und Dub-Klängen werden insbesondere die hawaiianische Musik und Tanz-kultur gefeiert. Die hawaiianischen Ureinwohner polynesischer Her-kunft, die sich selbst *Kanaka Maoli* nennen, feiern gemeinsam mit ihren hawaiianischen Mitbürgern europäischer, afrikanischer und asiatischer

Herkunft. Fast jeder zweite Auftritt auf den beiden Bühnen zelebriert die hawaiianische Kultur mit traditionellen Tänzen, bunten Kleidern, aus Palmwedeln geflochtenem Haarschmuck, Reden und Liedern. Touristen können wir keine identifizieren, die meisten Besucher wirken sehr vertraut miteinander, die Stimmung ist außergewöhnlich friedlich und fröhlich. Jeder wippt und schwingt, sitzt auf Decken oder lässt sich in einem der kostenfreien Workshops inspirieren. Die Kinder lassen sich schminken, klettern im Anschluss als Leopard oder Wolf in den angrenzenden Bäumen, schnitzen, probieren Diabolo und lokale Musikinstrumente aus oder lauschen den Klängen der verschiedenen Bands auf den Bühnen. Wir vier fühlen uns wie im Rausch, tanzen zusammen und lassen uns treiben – ohne einen Tropfen Alkohol oder andere Rauschmittel. Haben wir jemals gemeinsam so ungezwungen gefeiert? Gegen Abend werden große Feuer angezündet, Lagerfeuerstimmung und -klänge lösen die Bühnenbeschallung ab. Unsere Augen werden schwerer. Was für ein aufregender Tag! Kein Reiseführer der Welt hätte uns dieses einmalige Fest vorschlagen können und doch hat es uns Hawaii nähergebracht als Dutzende Sehenswürdigkeiten es jemals hätten tun können. Wie stark sich die Menschen hier dem Land und der Natur verbunden fühlen! Und wie weit wir uns im Vergleich dazu davon entfernt haben! Unser Zuhause, überspitzt gesagt eine heimelige Festung aus Technik, Beton und Glas, hat uns von der Natur entfremdet. Aloha Āina. Die Liebe zur Natur, Nachhaltigkeit, ein ökologisches Verständnis, die Wertschätzung des Gegebenen. Was uns in Deutschland wie eine Modeerscheinung anmutete, ist für das hawaiianische Volk seit Jahrhunderten gelebte Realität. Wir mussten um die halbe Welt reisen, um zu begreifen, wie sehr uns das vermeintliche Bedürfnis nach Sicherheit und Wohlstand über Jahre hinweg abgelenkt und unsere Sinne betäubt hat. Aber wird diese Erkenntnis für uns einen nachhaltigen Effekt haben? Es wäre verfrüht, darüber ein Urteil zu fällen.

Ansonsten vertreiben wir uns auf Big Island die Zeit mit Schwimmen, Tauchen und Schnorcheln, Burgenbauen, Spielen, einer Wanderung um den Kilauea und gutem Essen.

Ein gutes Vierteljahr haben wir hinter uns. Jeden Tag gibt es einen Moment, in dem Chris und ich uns in die Augen schauen, den Kopf schütteln, lachen und uns gegenseitig danken, dass wir das zusammen durchgezogen haben. Wir haben am eigenen Leib gespürt, wie schwer es ist, aus dem lieb gewonnenen Leben auszusteigen.

Zu Beginn der Reise hatten Chris und ich, neben all den Annehmlichkeiten des Reisens, unsere Startschwierigkeiten und Verteilungskämpfe zu meistern. Die eigenen Grenzen und die des anderen zu achten und gleichzeitig gleichberechtigt alle höheren und niederen Aufgaben erledigen zu müssen, ist eine Lernreise ganz eigener Art. Wer macht die Wäsche? Wer kocht? Wer kümmert sich um die Kinder, während der andere gegebenenfalls einkauft, den Bus- oder Stadtplan studiert, die Rucksäcke packt, aufräumt, Frühstück macht? Wer beantwortet Fragen wie: Woher bekommen wir in Vancouver Bastelmaterialien für eine Sankt-Martins-Laterne und wo kriegt man einen Adventskalender her, der noch dazu in einen vollen Rucksack passt? Wann darf man sich im Rahmen der Wir-Zeit auch mal eine notwendige Ich-Zeit gönnen?! Miteinander sprechen hilft. Aber Themen mal nicht bis ins Detail ausdiskutieren und erst eine Nacht darüber schlafen ebenso. Die Einsicht, dass Gleichberechtigung nicht zwangsläufig heißt, dass jeder dasselbe macht, sondern dass jeder das macht, was er kann, kam uns unterwegs. Die Streitereien unter den Kindern (und den Erwachsenen!) lassen erstaunlicherweise mit der Zeit nach, es stellt sich mehr und mehr Harmonie ein. Bei vier Menschen ist die Auswahl an Spiel- und Gesprächspartnern gering. Solidarität und Toleranz sind also zwangsläufig vonnöten. Die Nähe ist immer da. Das verändert unseren Umgang miteinander. Wir lernen uns gegenseitig besser kennen, gehen uns gegenseitig unter die Haut. Natürlich mitunter auch auf die Nerven! Lagerkoller nennt man so etwas, das gibt's auch bei uns. Wenn es mir so geht, dann muss ich eine Stunde spazieren gehen, ganz allein, um den Kopf freizubekommen. Und diese Stunde kann ich mir dann auch nehmen, was in der Heimat meist schwer zu organisieren ist.

Obgleich wir regelmäßig mit den Lieben zu Hause in Deutschland telefonieren und skypen, hat bislang niemand von Heimweh gesprochen. Alle haben weiterhin Lust auf Neues. Jetzt erst realisieren wir den Unterschied von Urlaub zum Reisen: Wir haben Zeit innezuhalten. Zu verweilen. Strukturen aufzubrechen. Reisen bedeutet: den Moment auskosten.

Manchmal auch aushalten. Und zugleich nicht stehen bleiben, weitergehen, weiterdenken, weiterbewegen. Eine langsame Vorwärtsbewegung im Rudel. Unsere Reise ist nicht in Excel vorgeplant, wir entscheiden und buchen fast alles spontan. Das ist zum einen dem nicht vorhersagbaren Bedarf von Bauern und Haustierbesitzern geschuldet, die oft kurzfristig zusagen, zum anderen unserem wachsenden Drang, Freiheit zu spüren. Wir wollen uns bewusst nicht von einem Touristenmagneten zum nächsten durchtakten, sondern im Gegensatz zu unserem Leben daheim vieles dem Zufall und unserer Laune überlassen. Das klappt nicht immer und führt manches Mal zu Knatsch, aber meistens stellt sich die Spontaneität als Glücksbringer heraus. So wie mit Hawaii, das nie auf unserer imaginären Route stand.

Obwohl wir unseren Standort regelmäßig wechseln und die Kinder so viel erleben in diesem Jahr fernab heimatlicher Gefilde, gibt es doch gelebte Beständigkeit. Die entscheidende Gewissheit in der Kindheit, egal ob ortsgebunden oder unterwegs, ist gesetzt: Egal, wo wir hingehen, welche Pläne sich ändern, welche Flüge wir verpassen oder welcher Mantarochen überraschend in unsere Bucht schwimmt: Wir sind da. Bruder, Mama, Papa. Immer. Diese Tatsache allein bietet so viel Sicherheit und Kraft. In unserem normalen Leben kreieren wir künstlich Sicherheiten durch ein Netz aus Ritualisierungen, einstudierten Abläufen, sensiblen Eingewöhnungen unserer Kinder bei Tagesmutter und Kita, Einschlafstrategien, wiederkehrenden Mustern. Aber vertuschen wir dabei möglicherweise ein Stück weit unsere eigene Abwesenheit, unsere Angst und das eigene Fremdsein in der Rolle als Mutter und Vater? Haben Chris und ich uns jemals damit auseinandergesetzt, was es für uns heißt, eine Familie zu gründen, oder klammerten wir uns vielmehr an die gegebenen Konventionen, wann, wie und ob man überhaupt Familie leben muss? Ich bin bestürzt darüber, dass ich mir diese Frage nicht vorab gestellt habe, sondern erst jetzt, fünf Jahre *nachdem* wir eine Familie gründeten.

Vor der Reise hatte ich gedacht, es ginge dabei darum, gemeinsam außergewöhnliche Orte und Plätze in der Welt zu besuchen. Dabei geht es darum, bei uns selbst anzukommen. Uns nahezukommen. Hier kann ich richtig spüren, wie Chris und ich in einen fruchtbaren Dialog treten, der jahrelang vergraben schien, wie Frieder und Joe immer mehr aus sich herausgehen, sich mehr zutrauen. Ich bin live dabei, wie sie staunen, ausprobieren, entdecken, Bäume erklimmen, von Felsen ins Wasser springen, bis mittags und länger im Schlafanzug durch die Bude toben, einen Ameisenzirkus bauen, Pfeile schnitzen oder den Wellen lauschen. Ich schaue ihnen wortwörtlich beim Werden und Wachsen zu! Erst jetzt wird mir klar: Das ist das größte Geschenk, das wir uns selbst je machen konnten.

Wenn ich wieder arbeite, muss ich mich ganz schön entwöhnen von dieser Nähe zu der Familie, zur Natur, zu mir selbst, schießt es mir durch den Kopf. Der Stress steckt mir endlich nicht mehr in den Knochen, ich habe mich davon befreit – auf Zeit? Zumindest habe ich Zeit gewonnen. Zeit herauszufinden, was wir ändern wollen, um auch zu Hause glücklich zu sein statt gehetzt, was das Leben für uns lebenswerter macht, welche Einstellungen und Werte zu uns passen. Damit ich nicht wieder in diesen Tunnel gerate, ausbrenne. So wie damals, vor knapp vier Jahren. Bis heute habe ich diese Phase meines Lebens trotz Hilfe von außen noch nicht gänzlich aufgearbeitet. Sicherlich liegen die Ursachen, wie so oft, viel tiefer als zunächst vermutet. Überarbeitet sein, das ist die eine Seite. Aber die Frage, warum es bei manchen dazu kommt und bei vielen eben nicht, das ist die andere.

Aufgewachsen bin ich mit einer in Vollzeit arbeitenden Mutter, die ich mein Leben lang bewunderte für ihre Stärke, ihre Disziplin, ihre Ausdauer. Selbstredend war mein Vater ebenfalls voll beschäftigt, aber das war in den 70ern und 80ern (und bis heute!), im Gegensatz zu den Frauen, ja nichts Besonderes. Eine Akademikerin mit zwei Kindern in Vollzeit, die weder in einem pflegenden noch in einem erziehenden Beruf, also zum Beispiel als Altenpflegerin, Kindergärtnerin oder Lehrerin tätig ist, war dagegen in diesen Zeiten, zumindest im Westen Deutschlands, ungewöhnlich. Ich habe meine Mutter nie bewusst vermisst zu Hause, weil sie es aus unserer Sicht tatsächlich schaffte, Beruf und Familie zu vereinbaren – indem sie sich selbst zurücknahm. Wenn sie da war, kümmerte sie sich aufopferungsvoll und liebevoll um meine große Schwester und mich. Abends, wenn wir in den Betten lagen, löschte meine Mutter das Licht, lehnte sich in den Türrahmen zwischen unseren Zimmern und sang für uns Arbeiter- und Küchenlieder, Moritaten oder »Großer schwarzer Vogel«

von Ludwig Hirsch. Sie gab und gab, und es war nie genug. »Zerrt doch nicht so an mir!«, höre ich ihre Stimme noch in meinem Ohr, wenn sie einfach nur fertig war. Damals war ich zutiefst gekränkt, wenn sie das sagte. Heute kann ich sie gut verstehen, mir ging es oft ganz genauso. Ich erinnere mich, dass ich bereits im Kindergarten sehr stolz darauf war, dass meine Mutter nur wenige Wochen nach den Geburten wieder arbeitete. Schließlich wurde diese Interpretation auch zu Hause kolportiert. Teilzeit wurde ihr nicht angeboten. Wenn sie in ihrem Beruf tätig bleiben wollte, gab es keine Alternative. Erst jetzt denke ich, dass durch den Fokus auf Beruf und Familie sicher auch in ihrem Leben andere Interessen, Freundschaften und Bedürfnisse auf der Strecke geblieben waren.

Auch mein Vater übernahm einige Aufgaben in der Kindererziehung und im Haushalt. Sehr fortschrittlich für die Zeit, würde man meinen. Am Wochenende schallten leiernde Platten von Joan Baez, Bob Dylan und Hannes Wader durchs Haus, solange meine Mutter die Hoheit über den Plattenspieler hatte, dabei spielte sich unser Leben de facto weit weg vom Proletariat ab. Meine Eltern versuchten mit allen Mitteln, ihre Töchter zu selbstbewussten, kritischen, mutigen, auf Bäume kletternden, aber dabei charmanten und höflichen Feministinnen zu erziehen, und so bemühte ich mich, in dieser widersprüchlichen Paraderolle zu glänzen. Ob das die Rolle ist, die ich mir selbst ausgesucht hätte, wenn mir alle Freiheit gewährt gewesen wäre, vermag ich heute nicht zu sagen.

Allen nicht arbeitenden Müttern haftete aus meiner Sicht ein Makel an. Als ob ihnen ein Arm oder ein Bein fehlte. Dass nicht jeder Job in Vollzeit mit Familie kombinierbar war, nicht jedem erziehenden Elternteil ein Partner zur Seite stand oder gar die Großeltern, ganz zu schweigen von staatlich organisierter flächendeckender Kinderbetreuung wie in der DDR, nicht jede Mutter sich für eine Karriere, sondern bewusst gegen die Erwerbstätigkeit, dafür aber vielleicht für ein Ehrenamt oder voll und ganz für die Familie entscheiden könnte, daran dachte ich nie. Für mich waren alle Mütter, die nicht wie meine Mutter waren, nicht *tough* genug. Schließlich musste auch meine Mutter mehrere Bälle in der Luft halten, ohne dass sie einen hätte fallen lassen dürfen. Und wir Kinder mussten ihr Rückendeckung geben, mitspielen. Die überwiegende Zeit funktionierte dieses System auch. Ich habe ihre Augenringe, ihre

Launigkeit, ihren immer schmaler werdenden Körper, ihren in seltenen Momenten aufblitzenden Funken Neid gegenüber meiner sehr präsenten Großmutter, ihrer Schwiegermutter, auf die sie im Haushalt und in der Kinderbetreuung angewiesen war und die so viel Zeit mit uns verbringen konnte, und ihre wiederkehrende Melancholie nie mit dem Spagat zwischen Büro und Kinderzimmer in Verbindung gebracht. Dieser stetig wachsende Rucksack, angefüllt mit *mental load* und schlechtem Gewissen – hat ihn vielleicht schon meine Mutter mit sich herumgeschleppt, ohne dass es mir bewusst war? Um all das zu hinterfragen, musste ich ihr anscheinend nacheifern, erst selbst Karrierefrau und Mutter werden, in ihre Fußstapfen treten und die diesem Drahtseilakt geschuldete innere Zerrissenheit eigens durchleben. Wiederholt sich hier Geschichte? Und wenn ja, wie komme ich aus diesem Kreislauf raus? Manchmal bin ich froh, dass ich keine Töchter habe, die ich ebenfalls mit dieser Zerrissenheit infizieren könnte.

Wenn ich das Rad der Geschichte noch weiter zurückdrehe, muss ich an meine Großmütter denken, die ebenfalls beide ihr Leben lang berufstätig waren. Diese Nachkriegsgeneration hat zweifellos viel geleistet – aber genau darum schien es auch im Wesentlichen zu gehen: um Leistung. Etwas aus sich machen. Diese Haltung war nach dem Krieg sogar überlebenswichtig. Man stand im wahrsten Sinne des Wortes vor einem Scherbenhaufen. Politisch. Ökonomisch. Persönlich. Eine Armada von Schlüsselkindern wuchs mehrheitlich ohne (oder mit traumatisiertem) Vater und damit zwangsläufig oft mit abwesender, berufstätiger Mutter auf. Die Mutter meines Vaters, vor dem Krieg als Fotografin tätig, fand sich nach dem Krieg als Witwe im Einzelhandel wieder, wo sie für das Überleben der Familie sorgen musste. Auch die Mutter meiner Mutter, die weit vor meiner Geburt verstarb, war in den 1950er-Jahren als Lehrerin voll berufstätig. »Erziehung« musste daher in großen Teilen in den dafür vorgesehenen »Anstalten« erfolgen und ausgehalten werden. Darüber hinaus fand diese de facto meist außerhalb der Institutionen Schule oder Familie statt, nämlich auf den Straßen, Sportplätzen, Bolzplätzen und in den städtischen Hinterhöfen, bei Dorfkindern in Feld und Wald. Die Kinder lernten von anderen Kindern, schauten sich Fähigkeiten und Fertigkeiten voneinander ab, erzogen sich gegenseitig.

»Kommt nicht vor dem Erleuchten der Straßenlaternen nach Hause!«, sagte meine Großmutter allmorgendlich zu meinem Vater und seiner Schwester, wenn sie als leitende Angestellte in das Warenhaus ging, in dem sie von morgens bis abends arbeitete. Gegessen wurde in der »Weißenburg«, einem noch heute existierenden Lokal im Kölner Agnesviertel, das für ein paar Mark den vielen Schlüsselkindern der Gegend mittags eine warme Mahlzeit anbot. Und der Rest der Zeit? Straßenschule. Mein Vater behauptet, das meiste habe er in Gärten und Gassen gelernt, nicht in Stuben, Klassenräumen und Hörsälen. Von ihren Eltern lernten sie: Arbeite hart, dann bist du wer, und dann wirst du auch geliebt.

Und jetzt kommen wir: die »Generation Aua!«, aus Sicht der Älteren ein verweichlichter, bunt zusammengemischter Haufen aus Hypersensiblen, Depressiven, Burn-out-Geschädigten Essgestörten, Angst-Patienten und Beziehungsneurotikern. Was ist nur los mit uns verwöhnten Mimosen?! Warum sind wir so kaputt? Haben uns unsere Eltern weniger mit Zuneigung als mit Konsum und Wohlstand verhätschelt? Sind wir einfach nur satt? Überfordert mit der rasenden Geschwindigkeit der digitalisierten Welt, in der wir leben? Oder können wir nicht Schritt halten mit den (ökonomischen) Errungenschaften und den daraus resultierenden Ansprüchen unserer Eltern? Ob Arbeiterkind, Geldadel-Zögling oder Akademiker-Nachwuchs – uns allen wurde von Kindesbeinen an die gleiche Karotte vor die Nase gehängt: Wer viel leistet, hat mehr vom Leben. Das Leistungsdogma war alternativlos – während gleichzeitig das ständige Hinterfragen der eigenen Leistungsfähigkeit in diesem sich immer schneller drehenden Karussell beinahe zur Qual wurde. Zeigen, was man drauf hat, performen an allen Fronten, brillieren auf allen Ebenen. Und ansonsten: *Fake it til you make it.* Auch wenn bei mir nie das sogenannte Hochstapler-Syndrom diagnostiziert wurde, kann ich mich nicht davon freisprechen, in diesem Punkt vorbelastet zu sein. Oft hatte ich Angst, dass es nur eine Frage der Zeit wäre, bis mir jemand auf die Schliche käme, der mich enttarnt, darlegt, wie wenig ich weiß, kann, zu sagen habe, im Privaten oder im gesellschaftlichen und beruflichen Kontext. Daraus entstand bei mir ein Hang zum Perfektionismus, zu Selbstzweifeln, zu einer »Ich-schaff-das-alles-irgendwie«-Einstellung, die mich blind machte für eigene Bedürfnisse und Sinneswahrnehmungen – und mich damit langsam ausbrennen ließ. Inzwischen weiß ich: Gerade Frauen rutschen überproportional häufig in diese Falle. Wie ich.

Und so arbeitete ich fleißig und aufopferungsvoll, während niemand meine teils auf Eigenmotivation beruhenden Überstunden und Wochenendschichten im digitalen Vollzeitmodus zählte. Auch ich nicht. Das funktionierte halbwegs ohne Kind, aber wie sollte das jemals mit einem Baby funktionieren? Als ich Joe bekam, begab ich mich zunächst für zehn Monate in Elternzeit. So sehr ich dieses Baby liebte – schon bald bohrte sich ein altbekannter Stachel in meinen Geist: Was leistete ich denn schon? Obwohl ich meine Augenringe und die Erschöpfung und Anstrengung sah, nahm ich weder die Schwangerschaft noch die schmerzhafte Geburt oder die mit dem Baby verbundene »Arbeit« als Leistung wahr. Das waren Selbstverständlichkeiten; ein Baby zur Welt bringen, auf es aufpassen, es füttern und stillen, das kann doch schließlich jeder.

»Wenn du nicht arbeitest, hast du gar nichts Interessantes mehr zu erzählen«, sagte mir einmal jemand, der mir sehr nahesteht. Diese Aussage traf mich tief, denn sie legte den Finger genau in die Wunde. Werde ich nur dann geliebt, wenn ich etwas Spannendes sage oder tue? Gleichzeitig spornte mich dieses Gespräch an, möglichst schnell zurückzukehren in den Job. Viele Frauen hatte ich beruflich scheitern sehen, sobald sie eine Familie gründeten. Bei mir sollte es anders werden. Viel dachte ich damals über meine Rolle als leitende Angestellte mit Kind nach. Zu wenig über meine Rolle als Mutter.

Zurück im Job, verfiel ich gleich in alte Muster. Als ich irgendwann merkte, dass mir fünfzig oder sechzig Stunden zu viel waren und ich unglücklich wurde, verlagerte ich Arbeit in die Nacht und stellte mein Gefühl ab. Ich ignorierte den Schmerz einer jungen Mutter, die nicht bei ihrem Kind sein konnte. Job ist Job.

»Komm, komm, Mädchen, durch harte Zeiten muss jeder mal durch«, sagte ich mir. Leider kommen aber diese Zeiten mit einem kleinen Kind nicht wieder. Dass ich mich von meinem Kind zusehends entfremdete, tat ich ab. Immer häufiger hatte ich das Gefühl, dass Joe lieber auf dem Arm seines Vaters ruhte als an der Brust seiner Mutter.

»Jedes Baby lehnt auch mal die Mama ab, das ist ganz normal«, redete ich mir ein. Dass ich morgens vor Müdigkeit auf dem Weg zur Arbeit regelmäßig in Sekundenschlaf fiel, weil ich bis spät in die Nacht arbeitete, Joe mich mehrfach nachts weckte und um sechs Uhr schon wieder der Wecker schellte, kommentierte ich selbst mit Durchhalteparolen: Das geht vorbei; auch mal schreien lassen, sonst lernen die Kinder das nie; irgendwann schläft jedes Kind durch. Um mich mental aufzubauen, las ich artig Karrierebücher wie Sheryl Sandbergs Bibel *Lean In: Frauen und der Wille zum Erfolg*. Ich war zutiefst beeindruckt und setzte mich gleichzeitig immer mehr unter Druck, die Kind-und-Karriere-Kurve so gut meistern zu müssen wie sie, frei nach dem Motto: Ja, es ist nicht einfach, aber schaut mich an: die perfekte Mutter und die perfekte Karriere.

Heute frage ich mich: Wem musste ich eigentlich etwas beweisen? Aber noch vor wenigen Jahren war ich wie auf Droge, wild entschlossen zu zeigen, dass ich zu dem illustren Kreis derjenigen gehörte, die es schaffen konnten, auch und gerade als Frau. Irgendwann war jedoch zu viel Sand im Getriebe. Ich merkte, wie die Kräfte nachließen und ich mich gleichzeitig nach unbeschwerter Zeit mit Joe sehnte. Irgendetwas rumorte in mir. Die Feministin von damals, die ihr Leben lang Hausfrauen belächelte, ökonomische Abhängigkeiten anprangerte, die Vorträge hielt und Aufsätze veröffentlichte zum Thema »Vereinbarkeit von Job und Familie« sollte jetzt all das infrage stellen?! Meine Identität bröckelte, löste sich in ihre Einzelteile auf und ich war nicht mehr in der Lage, die Puzzleteile zusammenzulegen.

Erst schämte ich mich innerlich für dieses Eingeständnis, kämpfte mit diesem partiellen Identitätsverlust. Ich, die erfolgreiche Karrierefrau, als jammerndes, hilfloses kleines Mütterchen. Und was war überhaupt die Alternative? Die Karriere an den Nagel hängen? Ohne Einkommen, Lob, schulterklopfende Kollegen? Stattdessen Kündigung? Hauptberuflich Mama? Flucht nach vorn oder ins Abseits? Ich war so ausgelaugt und verwirrt, die Unsicherheit machte mir Angst, sie erschütterte die Pfeiler meines Arbeitsethos, meines Wertekanons, meines Selbstverständnisses. Ein Burnout war unvermeidlich.

Das Erstaunliche daran ist: Ich hinterfragte selbst in diesem Moment nicht das System, sondern sah nur meine ausweglose Situation, meine Schuld. Dabei ging es gar nicht nur um mich. Es geht auch nicht nur um die Mütter. Für jeden Vater wie für jede Mutter kann es, wenn man den tiefen Blick in die eigene Seele zulässt, gleichermaßen schmerzhaft sein, den Großteil der Lebenszeit getrennt von den Menschen zu verbringen, die einem am liebsten sind. Vielleicht fällt es Vätern leichter als Müttern, sich durch tradierte Rollenmodelle, Entlohnung, Konsum oder die Karrieredroge zu betäuben. Aber auch sie sehen sich irgendwann mit der Frage konfrontiert: Wer ist dieser erwachsene Sohn, diese erwachsene Tochter, die da vor mir stehen, überhaupt? Und wie kann ich diese unsichtbare Wand einreißen, die sich über die letzten fünfzehn oder zwanzig Jahren zwischen uns aufgebaut hat, in der Zeit, in der ich die Gelegenheit gehabt hätte, bei ihnen, mit ihnen zu sein? Wir werden heute durchschnittlich über achtzig Jahre alt – von all dieser Lebenszeit steht uns nicht einmal ein Fünftel zur Verfügung, um ein stabiles Fundament für eine innige Beziehung mit unseren Kindern aufzubauen. Nach der Pubertät ist es zu spät. Warum lassen wir dennoch so oft dieses Zeitfenster tatenlos verstreichen, indem wir uns einreden lassen, unsere Zeit wäre besser im Büro als zu Hause investiert?

Während ich in Hawi auf Sams Veranda sitze und den Gesprächen der hier ansässigen Eltern lausche – viele von ihnen sind nicht ursprünglich von hier, sondern irgendwann ausgestiegen aus dem Hamsterrad –, zweifle ich, ob es wohl für die Mehrzahl der Menschen, egal ob Mann oder Frau, ob Mutter oder Vater, gesund ist, zu viel Lebenszeit auf Jobs zu ver(sch)-wenden.

Belastungsgrenzen sind, ähnlich wie Schmerz, individuell sehr unterschiedlich. Meine Mutter war verdammt belastbar. Und ich war es auch, musste es immer sein. Auf einmal fühle ich mich aber gar nicht mehr belastbar und hart, sondern verletzlich und weich. Erst jetzt fallen die Schwere und Schuld von mir, die Last eines ganzen Jahrzehnts, das ich, wie mir schlagartig klar wird, trotz Heirat und Kindern weitestgehend der Arbeit gewidmet habe und das vielleicht auch deshalb so schnell verflogen ist.

Was ist, wenn wir zurückkommen? Wird dann alles von Neuem beginnen? Werde ich wieder in die alten Muster verfallen und, viel schlimmer, diese Muster an meine Kinder weitergeben? Sind meine Kinder denn nicht in sich selbst wertvoll? Oder müssen sie sich diesen Wert und die daraus resultierende Wertschätzung erst »verdienen«, indem sie uns kontinuierlich durch Leistung beweisen, dass sie unserer Liebe wert sind?

Knapp vier Monate habe ich gebraucht, um zu dieser Leichtigkeit zu kommen, die ich in diesem Moment, in der hawaiianischen Spätabendbrise auf der Terrasse von Sam und Theresa spüre, während die Kinder schon tief und fest in unserem Gartenhäuschen schlummern. Dem Gespräch folgte ich seit einer Weile nicht mehr, aber das scheint niemanden zu stören. Chris konnte schon immer viel stärker im Hier und Jetzt leben als ich, viel Gutes hat sich in seinem Leben auch ohne vorherigen Masterplan ergeben, er hat sich diese kindliche Stärke des Im-Moment-Lebens bewahrt. Er hat schon längst all das losgelassen, an dem ich aus unerklärlichen Gründen bis heute Abend krampfhaft festgehalten habe. Schlagartig wird mir bewusst, dass er sich in den letzten Jahren ganz schön meinen Bedürfnissen angepasst hat, sich auf meine Definition von Glück eingelassen, sich nicht zuletzt auch den Gesetzen meines Jobs unterworfen hat. Der Mond scheint in dieser klaren Nacht hell vom Himmel auf uns herab. Erst jetzt, so kommt es mir vor, werden wir wahrlich Gleichgesinnte. Auf einmal fühle ich mich Chris, der mir gegenübersitzt und Theresas Geschichten lauscht, so eng verbunden wie lange nicht mehr. Der leichte Wind weht mir den schweren Duft der roten Blüten des 'Ōhi'a-Lehua-Baumes in die Nase. In der hawaiianischen Mythologie waren 'Ōhi'a und Lehua ein Liebespaar. Der Vulkan-Göttin Pele war diese Verbindung der Liebenden ein Dorn im Auge, da sie selbst ein Auge auf den schönen 'Ōhi'a geworfen hatte, er sie aber verschmähte. Aus Missgunst und Eifersucht verwandelte Pele 'Ōhi'a in einen Baum und Lehua blieb allein zurück. Die Verwandlung des Geliebten brach ihr das Herz. Aus Mitleid verwandelten die anderen Götter daraufhin Lehua in eine Blume, die sie auf dem 'Ōhi'a-Baum platzierten. Die Hawaiianer sagen, dass der Himmel sich mit Tränen füllt, sobald jemand eine Blüte vom 'Ōhi'a-Lehua-Baum pflückt, denn eine weitere Trennung verkraften die Liebenden nicht. Heute Abend regnet es nicht mehr, er ist wie für die Liebenden gemacht.

Langsam schließt sich unser Kapitel auf Big Island. Bevor wir Hawaii gänzlich hinter uns lassen, reizt uns noch ein Abstecher auf die Nachbarinsel Kauai. Wild und ungestüm soll sie sein. Kauai wird auch die »grüne Insel« oder die »Insel der Blumen« genannt. Sobald wir landen, wissen wir, warum. Überall grünt und blüht es in den schönsten Farben. Der Flughafen ist, abgesehen von der Landebahn, kaum größer als zwei Tennisplätze. Es gibt nicht einmal geschlossene Bauwerke, lediglich auf Säulen ruhende Dächer bieten luftige Schattenplätze für Flugpersonal und Gäste. Das Meer ist hier stürmisch, die Wellen mancherorts so hoch, dass man uns davon abrät, einen Fuß ins Wasser zu setzen. Zum Glück gibt es über die Insel verteilt zahlreiche, von Menschenhand mit Hilfe großer Felsbrocken angelegte Badebuchten, die die Brandung abhalten und es gerade den Kindern ermöglichen, in Ruhe schwimmen zu können. Diese ruhigen Ecken ziehen allerdings nicht nur Menschen an, sondern auch ganz andere Besucher: Neben den bunten Fischschwärmen, die sich im Schutz der Felsbrocken gerne aufhalten, finden sich regelmäßig Riesenschildkröten oder Robben am Strand, die in der Sonne dösen. Wie selbstverständlich lassen die Menschen sie in Ruhe und machen einen großen Bogen um die Tiere. Einmal plansche ich mit Joe gemeinsam im hüfthohen Wasser, als eine große Schildkröte gemächlich und galant an uns vorbeipaddelt. Unter Wasser verfolgen wir sie mit unseren Blicken durch die Taucherbrillen. Majestätisch, dieser Anblick! Joe und ich werden diesen Moment für immer teilen.

Wir quartieren uns im Gästehaus von Matt und Anela in Hanalei ein, einem kleinen, verschlafenen Küstenort ganz im Norden Kauais. Matt arbeitet als Feuerwehrmann, Anela als Yogalehrerin. Obwohl sie fünf Kinder haben, sehen beide so jung und fit aus, dass ich nicht anders kann, als mich zu fragen, was ich in den letzten Jahren eigentlich für meinen Körper getan habe. Die Antwort lautet: Abgesehen von erfolglosen Blitzdiäten oder Jogging-Chat-Gruppen, die meist schon kurz nach der Initialzündung verwaisten – relativ wenig. Matt und Anela haben beide Körper wie aus Stahl. Noch beeindruckender als ihren Körper selbst finde ich, wie gut Anela sich um ihn kümmert, wie natürlich ihre Beziehung zu ihm ist, wie geschmeidig und wohl sie sich darin fühlt. Sie benutzt keinerlei Make-up läuft fast rund um die Uhr in Sportklamotten und

Turnschuhen durch die Gegend, die Haare ohne Aufwand zu einem Knoten gebunden.

»Die macht ja gar nichts aus sich«, würden viele zu Hause vielleicht sagen, dabei macht sie genau das Richtige: Sie weiß, wer sie ist, und nimmt sich an. Ihre Liebe zum Sport ist kein Resultat eines vorgegebenen Schönheitsdiktats. Sie ist sie selbst, versteckt sich nicht hinter Puder und Mascara, und sie achtet auf sich. *Mens sana in corpore sano.* Auch wenn der römische Dichter Juvenal diese Weisheit damals nicht ganz ernst gemeint hat, steckt vielleicht ein Funken Wahrheit darin: Ein gesunder Körper schadet sicherlich nicht, wenn einem die Gesundheit von Geist (und Seele!) am Herzen liegen. Von nun an will ich ebenfalls mehr auf meinen Körper achten, in dem ich mich in den letzten Jahren gar nicht mehr wohlgefühlt habe. Ich muss keine Anela werden, aber ich lasse mich gern von ihr inspirieren. Fünf Kinder und (dennoch?) selbstbewusst, ausgeglichen, fröhlich, in sich ruhend – und immer noch bis über beide Ohren spürbar verliebt in ihren Matt. Auch er ist merklich voller Liebe für seine Frau, seine Blicke sprechen Bände, er ist zuvorkommend, anerkennend, neckend – nach über zwölf Jahren Beziehung. Solche Paare trifft man nicht alle Tage. Die meisten Partnerschaften in unserem Freundeskreis, uns eingeschlossen, gehen gefühlt oft durch mehr Tiefs als Hochs. Vielerorts ist es nur der Kitt aus Gewohnheit, Ängsten und Verpflichtungen, und nicht zuletzt Kindern, der eine Beziehung am Leben erhält. Liebe ist ein dehnbarer Begriff.

»Du strahlst so«, sage ich eines Tages zu Anela, »das ist richtig schön. Hast du ein Rezept zum Glücklichsein, das nicht zu kompliziert ist? Ich bin keine gute Köchin«, scherze ich.

Anela – im Hawaiianischen »der Engel« –, lacht laut auf.

»Glücklichsein? Wir sind einfach zufrieden mit dem, was wir haben und wer wir sind. Wir streben nicht nach mehr, es muss nicht immer höher, weiter, schneller sein. Unser Leben ist einfach, aber gut. Weißt du, Matt hat ursprünglich einmal Ingenieurswissenschaften studiert, dabei wollte er von Kindesbeinen an eigentlich immer zur Feuerwehr. Ein typischer Kindheitstraum, dachte er und verdrängte diesen Wunsch. Er verdiente gutes Geld. Aber er war unglücklich. Irgendwann habe ich zu ihm gesagt: ›Versuch es einfach. Wenn sie dich bei der Feuerwehr nehmen, dann mach das! Und wenn du weniger verdienst, dann gebe ich eben ein paar Kurse mehr, um das auszugleichen.‹ Er hat den Wechsel nie bereut. Das ist neun Jahre her. Oder vier Kinder her, wie man's nimmt.« Ihr Lachen ist ansteckend. »Ansonsten fahren wir hier in Hawaii gut mit unserer *Hang-Loose*-Einstellung«, ergänzt Anela, wobei sie die geschlossene Faust mit abgespreiztem kleinen Finger und Daumen zum Shaka-Gruß hebt.

Diese hawaiianische Geste ist mittlerweile weit über die Grenzen Hawaiis und der Surfszene bekannt. Ich erhebe die Hand zum gleichen Gruß. Fühlt sich gut an.

»Morgen feiert ganz Kauai Halloween – feiert ihr mit uns?«, fragt Anela. »Wir geben am Abend eine große Party und heute Nachmittag höhlen wir die Kürbisse aus. Kommt vorbei!«

»Oh! Total gerne«, rufe ich.

Auch Joe und Frieder sind begeistert. Am Nachmittag stürmen immer mehr Kinder auf Matts und Anelas Grundstück. Wo sie all die Kürbisse her hat, ist mir ein Rätsel. Mit Schablonen, Stiften und Messern bewaffnet sitzen schon die Zweijährigen fleißig und zielgerichtet vor ihrem Gemüse. Auch die Eltern helfen, aber weder Chris noch ich sind allzu bewandert auf dem Gebiet der Kürbiszierkunst. Am Ende sind die Kürbisse unserer Kinder klar erkennbar: Während auf den medizinballgroßen Gewächsen der Hawaiianer Fratzen, Herzen, Katzen und Spukschlösser prangen, zieren die orangen Wuchtbrummen von Raupe und Joe krumme Löcher und schiefe Ritzen. Doch wer denkt, sie wären enttäuscht, hat weit gefehlt.

»Mein erster Kürbis! Boah, der sieht so cool aus, so richtig gruselig, oder?«, jauchzt Joe.

Und Frieder ergänzt: »Guck mal, Mama, ich habe einen Drachen darauf geritzt, der speit Feuer und das Feuer hat die Häuser drum rum schon zerstört! Siehst du's?«

»Aaaauf jeden Fall!«, stottere ich und freue mich darüber, dass sie sich nicht den zerstörerischen Vergleichen und Bewertungsmustern hingeben, so wie ich es tue. Wieder eine wertvolle Lehrstunde in Sachen »von Kindern lernen«.

Am nächsten Morgen finden wir vor der Haustür einen Korb mit nahezu ungetragenen Kostümen und einen Zettel darauf: »Sucht euch was aus – Happy Halloween!«

Wir erfahren immer wieder so viel Freundlichkeit und Unterstützung in der Ferne. Gutes tun, ohne im Gegenzug etwas zu erwarten – ich nehme es mir fest vor. Schon wühlen Joe und Frieder in dem Klamottenberg. Raupe fischt ein Superman-Kostüm heraus, Joe eine Ninja-Verkleidung – beides passt wie angegossen.

»Ist das jetzt Sankt Martin heut?«, fragt Frieder Joe während der gemeinsamen Anprobe sicherheitshalber noch einmal.

»Quatsch! Heut ist Karneval, du Dussel!«, antwortet dieser entrüstet. Experten unter sich.

Joe findet mehr und mehr Gefallen an seinem ulkigen, nähebedürftigen, fantasievollen kleinen Bruder, der, ohne zu lügen (»ich schwöre!!«) mit seinen drei Jahren schon detaillierte Erfahrungsberichte über etliche Mondbesuche und Raketenflüge liefern kann. Der Kleine, der nicht zuletzt aufgrund der Krankheitsgeschichte seines von Asthma und Neurodermitis geplagten großen Bruders oft im Schatten stand, dreht auf Reisen richtig auf! Immer seltener sind sie auf unsere Anregungen angewiesen. Morgens stehen sie auf, toben und spielen wie selbstverständlich, bauen Höhlen und Tipis, necken sich – meist ohne große Dramen und trotz der zweieinhalb Jahre Altersunterschied (fast) auf Augenhöhe. Der Große wirkt ausgeglichen und lässt den Kleinen geduldig gewähren, wenn der ihn mal wieder umarmen oder lieb drücken will. Das war nicht immer so.

»Du bist mein bester Freund«, ruft Raupe überschwänglich Joe nachmittags am Strand entgegen, nachdem sie sich in einer geschützten Ecke stundenlang an Lianen und Tauen schwingend ins Wasser fallen ließen.

»Du meiner doch auch«, antwortet Joe leise, aber mit einem stolzen Lächeln im Gesicht, während wir gemeinsam die letzten Sonnenstrahlen auskosten, bevor wir uns auf den Weg machen, unser erstes hawaiianisches Halloween zu erleben: »Trick or Treat!«, oder auf Deutsch: Süßes oder Saures!

Am Abend ziehen wir gemeinsam durch die überfüllten Straßen Hanaleis, auf denen an diesem Tag kein Auto fährt. Fast jedes Haus ist detailverliebt geschmückt und mit Kerzen, umgefallenen Grabsteinen und Spinnweben übersät. So wild hätte ich mir das im Leben nicht vorgestellt! Schnell haben sich die Jungs von den anderen Kindern abgeschaut, was zu tun ist:

»Trickitee!«, rufen sie lauthals, während sie durch Vorgärten und Einfahrten laufen und der Berg von Süßigkeiten, den wir in Raupes Buggy verstauen, immer größer wird.

Den Abend lassen wir bei Matt, Anela und ihren Kids ausklingen. Gegen Mitternacht fallen wir vier hundemüde ins Bett.

»Das war so cool!«, flüstert Joe in die Dunkelheit.

Oh ja! Und gruselig und schön und neu – alles zugleich. Zum Glück hatte Hawaii nicht nur am heutigen Abend viel mehr Treats als Tricks zu bieten für uns alle.

Wenn du es eilig hast, geh langsam

Es kriselt. Ein ganzer Monat in Japan liegt vor uns, und obwohl wir uns im Vorhinein so auf unseren ersten Besuch im Land der aufgehenden Sonne gefreut haben, fühlt sich auf einmal alles ziemlich touristisch, laut und anstrengend an. Japan hat so viel zu bieten, dass ich fast in alte Schemata rutsche, sprich: in Hektik verfalle und denke: »Wie sollen wir all das in nur einen Monat packen?!« – zumal wir in Japan wieder mit öffentlichen Verkehrsmitteln unterwegs sein werden, also das Land zu viert ausschließlich mit Bus und Bahn bereisen.

Der erste Reisefrust macht sich schon in Tokyo kurz nach der Landung breit. Die unbändige Natur, die warmen Sonnenstrahlen, das hawaiianische *Hang-Loose* und die Beziehungen zu den Menschen vor Ort sind uns noch so präsent, dass es uns schwerfällt, uns auf das vibrierende Stadtleben Tokyos, das kühle Herbstwetter, das Tempo und die Masse der Menschen in der Metropole einzulassen. Nach Monaten in T-Shirt und Shorts heißt es nun Regenjacke und Fleecepulli. Tier- oder Hausbetreuer braucht in Japan wohl leider niemand, es gibt keine Gesuche weit und breit. Wie wir später lernen, sind die Japaner generell etwas zurückhaltender, wenn es darum geht, Fremden Einblicke in ihr Privatleben zu geben; vielleicht herrscht auch deshalb auf dem Housesitting-Markt Ebbe. So quartieren wir uns zunächst in einer kommerziellen, klinischreinen, aber recht kargen Miniatur-Wohnung in Shibuya ein. Wohnzimmer, Küche und Schlafzimmer in einem, abends werden zwei Futons aus dem Schrank geholt und ausgerollt. Fertig. Einzig das High-Tech-Klosett inklusive ausfahrbarem Duscharm, Geruchsabsaugung, Warmluftföhn und WC-Sitzheizung sorgt stündlich für Gegiggele aus dem stillen Örtchen und damit allseits für Belustigung. Was Theodor dazu wohl sagen würde? Wie es den Leyens wohl geht? Mittlerweile muss der erste Schnee in Alberta gefallen sein. Ich werde bald eine E-Mail schreiben und mich nach ihrem Wohlergehen erkundigen.

Staunend laufen wir in den nächsten Tagen durch die oft heftig plakatierten und neonlichtüberstrahlten Straßen Tokyos, bewundern das durch die verschiedenen Kaiserdynastien geprägte Stadtbild, spazieren im berühmten Ueno-Park, besuchen den Kaisersitz und den imposanten Sensoji-Tempel. Doch obwohl wir immer wieder Pausen machen, Spielplätze aufsuchen, in Kindermuseen gehen, gestaltet sich Tokyo als Familienreiseziel mitunter zäh. Die Kinder sind mehr Auslauf gewöhnt und liegen uns mit überraschend vielen Beschwerden in den Ohren.

»Kein Bock mehr auf Sehenswürdigkeiten.«

»Das Essen ist hier total BÄH!«

»Iiiihh, da schwimmt ein Hühnerfuß in meiner Suppe, die ess' ich niemals!«

»Wo geht's hier denn zum Strand?«

»Gibt es in Japan auch was anderes außer Tempel?«

Bei Frieder und Joe kommt einfach keine Euphorie auf. Aber nicht nur den Kindern geht es so. Die allgemeine Grundstimmung bleibt gereizt. Zwar wollten Chris und ich schon immer diese Stadt der Superlative erleben, der der perfekte Spagat zwischen Religion und Moderne nachgesagt wird, aber wie sich herausstellt, habe gerade ich große Mühe, mich auf Japan einzulassen. Normalerweise wäre ich zu gerne durch die unzähligen stylischen Vintage-Läden, verwinkelten Gässchen, Parks und kleinen Cafés in Tokyos Hipster-Vierteln wie Shimokitazawa, Kichijoji oder Koenji gestreunt, aber mit dem ganzen familiären Anhang macht mir das alles auf einmal nur halb so viel Spaß. Ich komme mir plötzlich doof vor, die schicken Läden in meinem abgewetzten Traveller-Outfit zu betreten. Ich bin schnell genervt, keiner kann es mir recht machen, alle gehen mir rund um die Uhr auf den Zeiger. Ich fühle mich elend und befürchte den Anmarsch einer üblen Grippe.

Alle Menschen, mit denen wir kommunizieren, sind sehr höflich und freundlich, doch will es uns nicht recht gelingen, mit jemandem richtig ins Gespräch zu kommen, sei es im Restaurant, im Park oder auf dem Hausflur. Offensichtlich sind Sprache und Kultur große Barrieren, die uns daran hindern, einander näherzukommen. Obwohl die U-Bahnen Tokyos die vollsten sind, die ich je erlebt habe, geht es sehr leise, diszipliniert und geordnet zu. Niemand überholt, isst, knistert, drängelt, drückt oder berührt seinen Nachbarn. Fast gespenstisch ruhig ist es, wenn man bedenkt, dass man mit Tausenden anderer Menschen auf kleiner Fläche zusammengepfercht ist. Auf dem Weg mit der Straßenbahn zum Tokyo Tower schaue ich mich um. Wir vier sind definitiv die lautesten und auffälligsten Personen in unserem Waggon. Alle anderen Fahrgäste um uns herum schauen auf ihr Mobiltelefon, ihr iPad oder ihren Laptop. Ausnahmslos.

»Vielleicht kann uns Philip Japan ein bisschen erklären?«, schlägt Chris vor, als wir wieder in unserem »Tiny Home« sitzen. »Philip ist ein alter Kumpel von mir, ich habe ihn vor Jahren über die Arbeit kennengelernt. Ich meine, der lebt in Tokyo.«

Gesagt, getan. Dank der sozialen Medien ist Philip schnell ausfindig gemacht und binnen weniger Stunden ein Treffen mit ihm, seiner japanischen Frau Miyu und dem zweieinhalbjährigen Sohn Haruto für den folgenden Vormittag arrangiert. Wir freuen uns.

Wir treffen uns nicht in einem Restaurant oder zu Hause bei Philip, sondern in einem Food-Court, also in der »Fressecke« eines riesigen Einkaufszentrums. Eine Mall ist für uns ein ziemlich schräger Ort für ein Familientreffen mit Kids, aber andere Länder, andere Sitten.

»Japaner laden nur äußerst selten Gäste zu sich nach Hause ein. Gerade in Tokyo ist es vielen unangenehm, dass sie in winzigen Zimmern leben. Dabei kann sich hier schon lange niemand mehr eine große Wohnung leisten«, erklärt Philip, der als Konzertmanager international tätig ist.

»Kein Problem«, sage ich schnell, »die Kinder haben sowieso Löcher in den Turnschuhen, da können wir hier sicher neue finden und gleich zwei Fliegen mit einer Klappe schlagen.«

Philip erzählt beim Essen in dem gut gefüllten Food-Court, das so groß ist wie ein halbes Fußballfeld und in dem es schätzungsweise tausend Sitzplätze gibt, dass er sich in Tokyo noch immer nicht heimisch fühlt, obwohl er seit fast zehn Jahren hier lebt.

»Die Gesellschaft ist sehr verschlossen. Obwohl ich mittlerweile richtig gut japanisch spreche, habe ich bis heute kaum Freunde gefunden. Ich bleibe immer der Deutsche, der Außenseiter. Jeder ist freundlich und sehr respektvoll, aber hinter die Fassade schauen kann man selten und Vertrauen braucht hier Jahre, wenn nicht Jahrzehnte, bis es aufgebaut ist.

Manchmal fühle ich mich richtig einsam«, sagt er traurig, während wir unseren Kindern dabei zuschauen, wie sie amüsiert bis verzweifelt versuchen, ihre Ramen-Nudeln auf den Essstäbchen Richtung Mund zu balancieren – vergeblich.

»Warum zieht ihr denn nicht wieder zurück nach Berlin?«, frage ich.

Philip blickt auf Haruto, der genüsslich und behände seine Nudelsuppe verspeist.

»Er fühlt sich hier so wohl, seine Großeltern wohnen hier, wir haben Arbeit. Ich möchte Haruto nicht aus seinem Alltag reißen.«

Verständlich. Fast alles dreht sich bei Eltern um die Kinder. Wie wir bislang festgestellt haben, gilt das überall auf der Welt. Aber mit dauerhaft unglücklichen Eltern lässt es sich als Kind auch nicht gut aushalten.

Philips Frau Miyu erzählt mir später beim Bummel durch die Mall, dass sie sich Sorgen macht um ihren Mann. Sie tue alles dafür, dass er sich in Japan wohlfühle, aber so richtig gelinge es ihr nicht. Für eine Japanerin ist sie erstaunlich offen. Wahrscheinlich haben sie sich deshalb überhaupt gefunden.

»Ich habe viele Jahre in Berlin und London gelebt, das hat mich verändert. Wie ich finde: zum Besseren. Allerdings sehen das meine Eltern sicherlich anders«, sagt Miyu. Die zierliche Frau führt uns derart galant durch das riesige Einkaufszentrum, dass ich mir vorkomme, als würde ich die Champs-Élysées hinunterspazieren. Mittlerweile haben wir für die Jungs neue Turnschuhe erworben. Zudem bin ich in einem unbeobachteten Moment in ein Spielzeuggeschäft gehuscht und habe ein paar Kleinigkeiten für den Reise-Adventskalender besorgt, den ich heimlich gestalte, was sich als gar nicht so einfach herausgestellt hat. Denn bei zwei Rucksäcken ist die Anzahl die Verstecke für so ein Produkt äußerst begrenzt! Während die Männer über alte Zeiten quatschen, Haruto sich ein Schläfchen in seinem Buggy gönnt und unsere Jungs stolz auf neuen Sohlen vorweghüpfen, ein Eis schnabulieren oder sich auf dem Indoor-Spielplatz im Kaufhaus vergnügen, lernen Miyu und ich uns besser kennen. Ich erzähle ihr auch ein wenig von mir, unseren vielen Reiseideen für die Wochen in Japan und von meinem aktuell genervten Allgemeinzustand.

»In Japan sagen wir: ›Wenn du es eilig hast, geh langsam.‹ Vielleicht sagt dir dein Körper, dass er eine Pause braucht. All die vielen Eindrücke,

Erlebnisse, der Alltag mit den Kindern – du musst dich einfach mal ausruhen. Mach langsam.«

Vielleicht hat sie recht. Es tut gut, mit ihr zu reden, fast wie mit einer guten Freundin zu Hause. Das fehlt mir.

»Lass uns doch die Tage mal gemeinsam ein Onsen besuchen«, schlägt Miyu vor.

»Ein was?«, frage ich.

»Ein Onsen. Das ist die japanische Bezeichnung für eine heiße Quelle, die man aufgrund unserer aktiven Vulkane überall im Land findet, auch hier in Tokyo.«

»Das klingt himmlisch, da bin ich dabei!«, rufe ich begeistert.

Mittlerweile schlendern wir hinaus aus der Mall, um nur wenige Meter davon entfernt vor einem fast zwanzig Meter hohen humanoid aussehenden Roboter stehen zu bleiben. Auch Frieder und Joe sind baff.

»Äh. Wer oder was ist das?!«, frage ich entgeistert.

Miyu lacht. »Das ist ein Gundam RX-0 Unicorn! Er entstammt den hier vergötterten *Gundam* aus den Anime- und Mangaserien von Yoshiyuki Tomino. Kennt ihr Gundam etwa nicht? Den Roboter wollten wir euch unbedingt zeigen! Hier sind alle ganz aus dem Häuschen deshalb.«

Offensichtlich, denn jetzt sehe ich, wie sich immer mehr Menschen um die haushohe Figur scharen. Langsam dämmert es.

»Gleich wird er zum Leben erweckt. Haruto wird ausflippen vor Freude!«, ruft Miyu begeistert.

Tatsächlich fiepst Haruto schon wie verrückt und wackelt aufgeregt in seinem Buggy hin und her. Ich verstehe nur Bahnhof. Von Gundam habe ich tatsächlich noch nie gehört und ich kann jetzt schon mit an Sicherheit grenzender Wahrscheinlichkeit behaupten, dass ich kein Fan von ihm werde. Dennoch bleiben wir, bis es dunkel wird, um Miyu, Philip und Haruto nicht zu enttäuschen. Und die Kids finden es definitiv spannend, einen »echten Roboter« zu sehen. Mittlerweile wird RX-0 von Security-Wachmännern beschützt. Auf einmal zuckt Frieder zusammen und greift nach meiner Hand. Der gigantische Roboter ächzt und qualmt, dann leuchtet er in den buntesten Farben, bewegt seine Gliedmaßen, transformiert sich geradezu, stampft und faucht. Frieder ist schnell auf meinen Arm geklettert und spinkst nur mit einem Auge auf das schräge Dingsbums, das ihm nicht geheuer ist. Immerhin bricht er nicht in Tränen aus. Um uns herum tobt ein Blitzlichtgewitter, jeder will ein Foto oder ein Video von diesem Ungetüm machen. Haruto springt auf und ab vor Freude. Nur Raupe zerrt an meiner Jacke und bittet uns zu gehen. Ich stimme ihm zu, es reicht. Schnell sagen wir Miyu, Haruto und Philip auf Wiedersehen und danken ihnen herzlich für den erlebnisreichen Ausflug. In der U-Bahn hält Chris die Stellung – Raupe, Joe und ich sind eingeschlafen.

Am Tag darauf bin ich mit Miyu für den Onsen verabredet, aber ich muss mit großem Bedauern absagen. Es hat mich jetzt richtig erwischt, ich schniefe mich in unserer Miniatur-Wohnung in Shibuya durch den Tag, während Chris, Joe und Frieder Stunden damit verbringen, den Anglern an einem nahe gelegenen Teich zuzuschauen. Umgeben von Wolkenkratzern sitzen dort in Seelenruhe etwa ein Dutzend Greise um einen Tümpel herum, vielleicht so groß wie ein halbes Fußballfeld, und angeln Goldfische. Sobald sie einen fangen, werfen sie ihn wieder ins Wasser. Japaner haben zumindest diese Ruhe weg.

Zwei Tage später geht es mit dem Schinkansen, dem schnellsten Zug der Welt, auf eine Fahrt quer durch Japan. Zumindest ist das die Idee. Jetzt erst wird mir klar, welches Glück wir haben, Japan gerade im späten Herbst, Mitte November, zu erkunden, wenn sich die Blätter tiefrot und gelb färben und die vorbeiziehende Landschaft ein magisches Licht- und Farbenspiel bietet. Auch den schneebedeckten Fuji passieren wir auf unserer Fahrt. Unsere erste Station soll Kyoto sein. Halb Japan scheint allerdings die gleiche Idee zu haben, und wir erfahren, dass tatsächlich viele der knapp 130 Millionen Japanerinnen und Japaner die heiligen Tempel in Kyoto gerade zum *Momijigari* besuchen, zu Deutsch: zur Zeit der roten Blätter oder im Herbstlaub. Viele von ihnen sind festlich und traditionell gekleidet. Im dichten Gedränge in den Straßen Kyotos rund um die Tempelanlagen gehören wir zu den wenigen Menschen, die sich nicht in *Getas*, traditionellen Holzsandalen, und *Kimonos* zwischen den leuchtenden Ahornbäumen und jahrhundertealten Tempelmauern bewegen. Wir beobachten die frei lebenden Affen im Iwatayama-Park und durchwandern die Tempelanlagen Kiyomizudera, Tenryuji und Kinkakuji. Joe und Frieder schreiben Weihnachtswunschzettel im Ryoanji Tempel und spielen Fangen im Arashiyama Bambuswald.

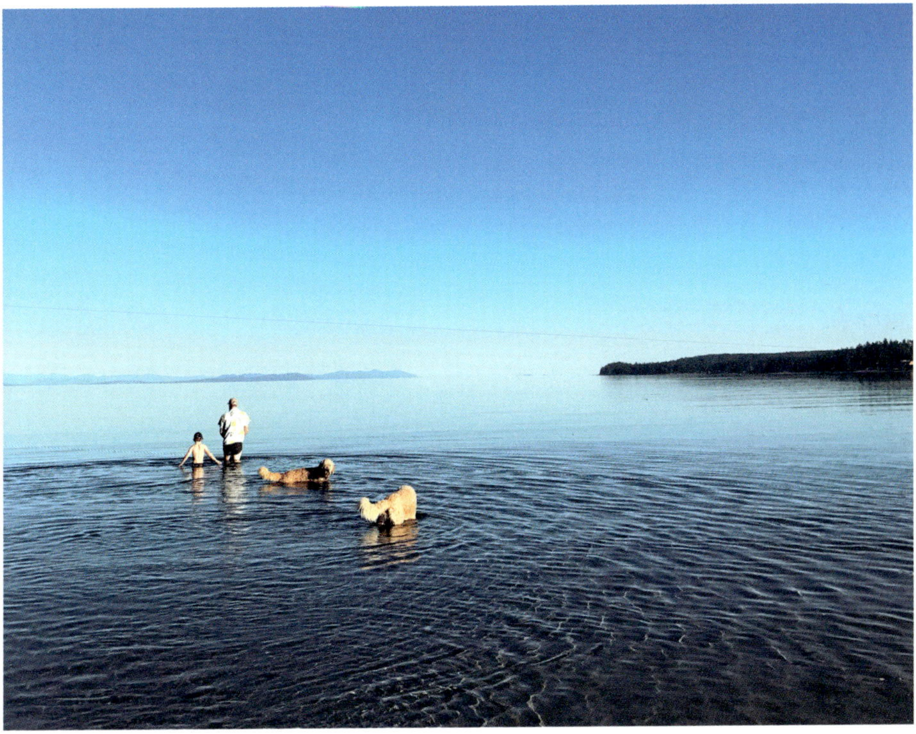

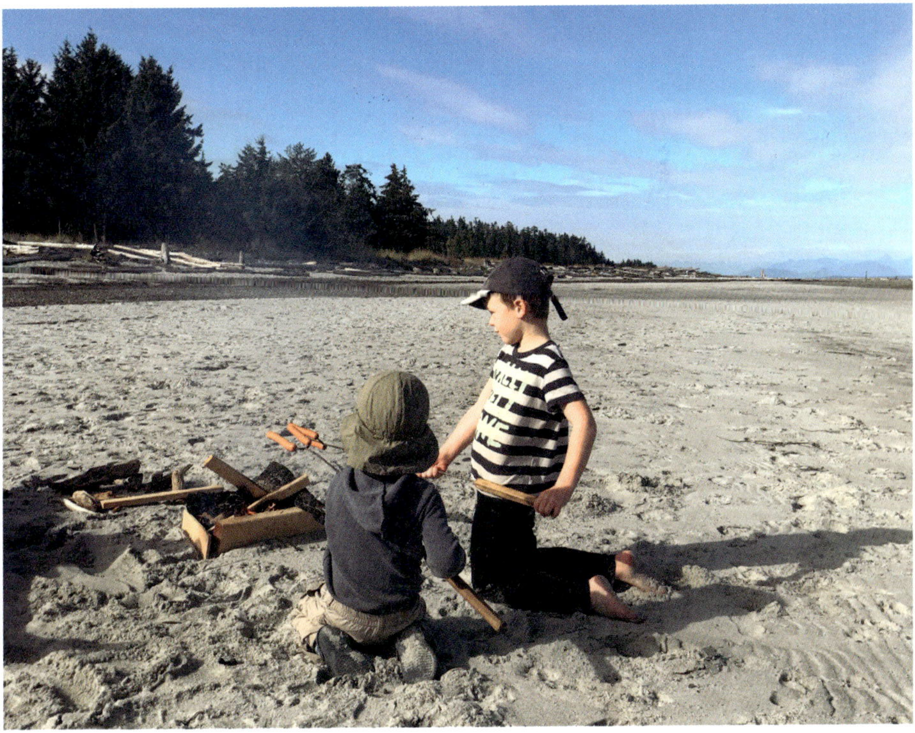

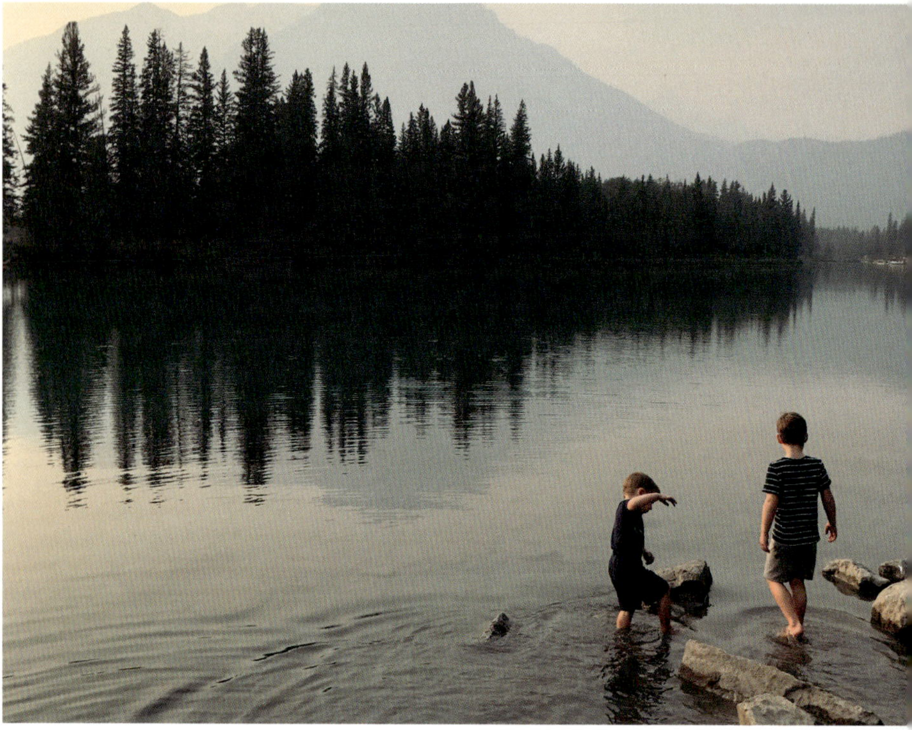

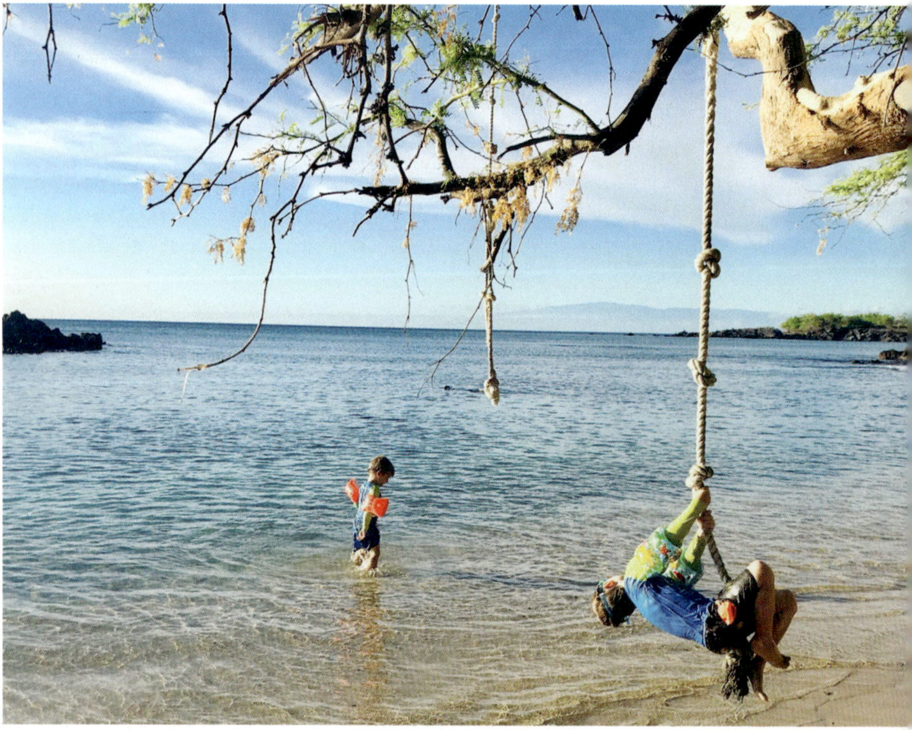

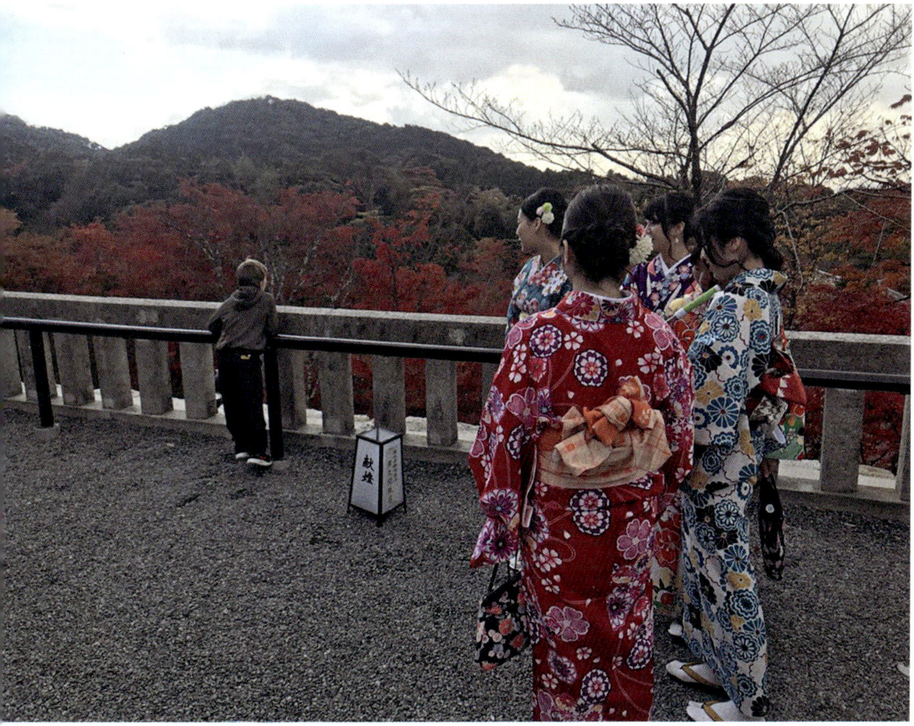
献燈

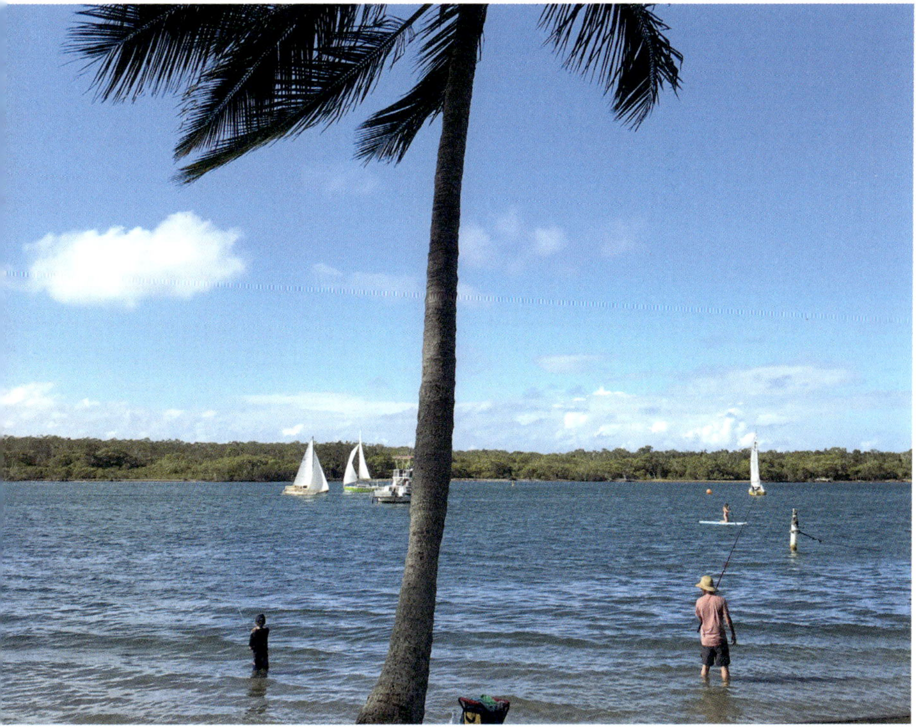

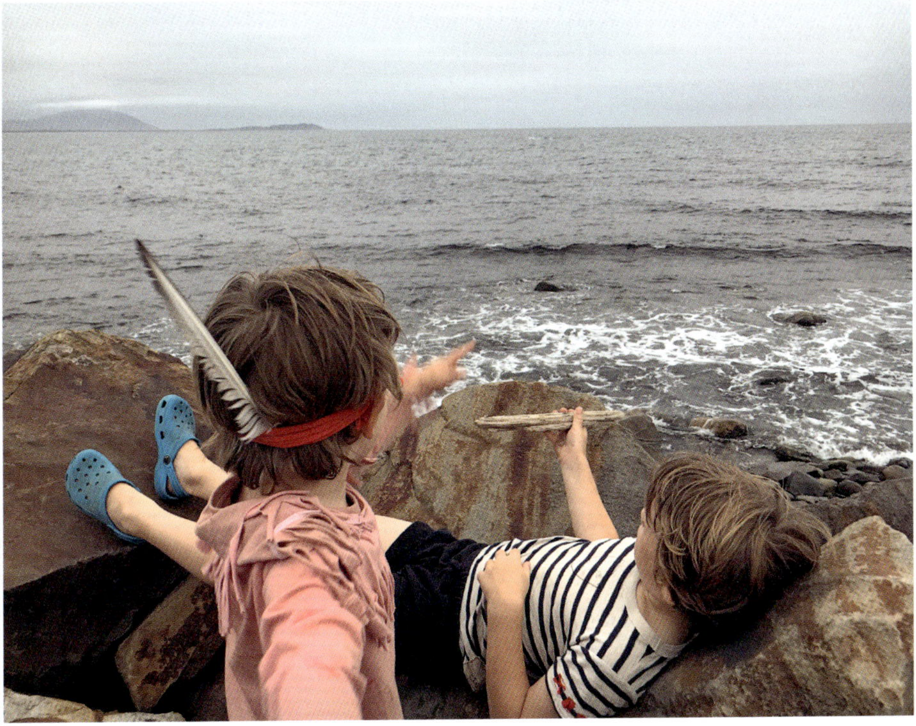

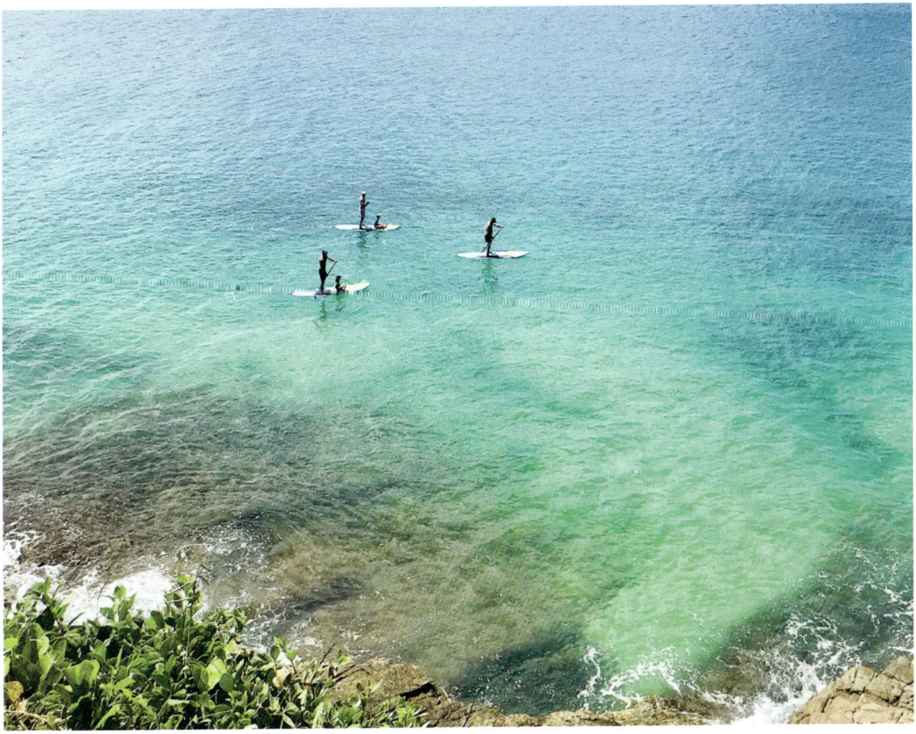

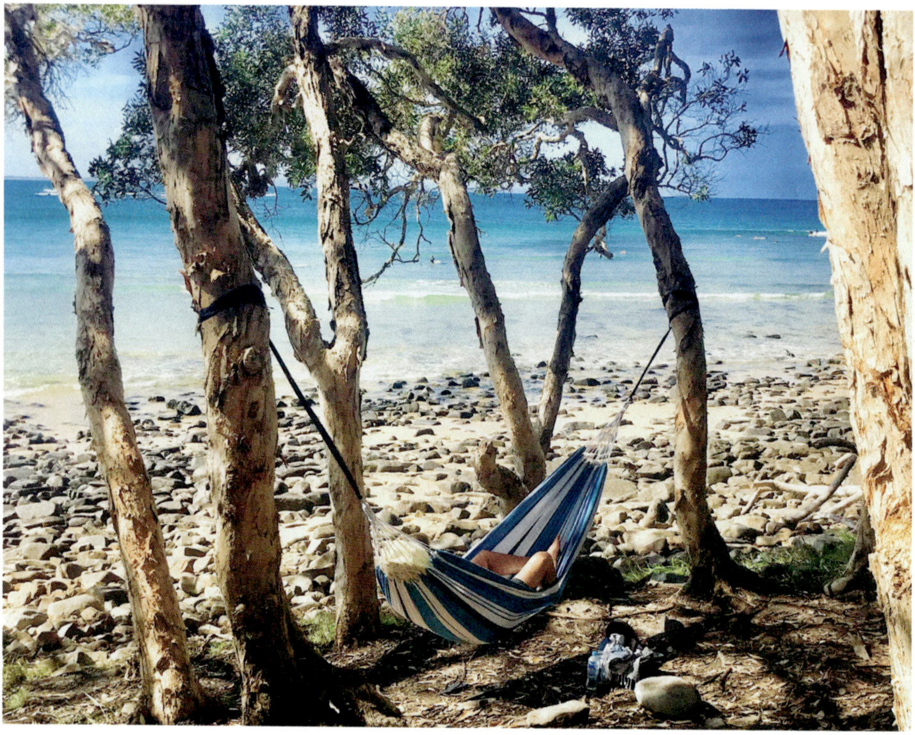

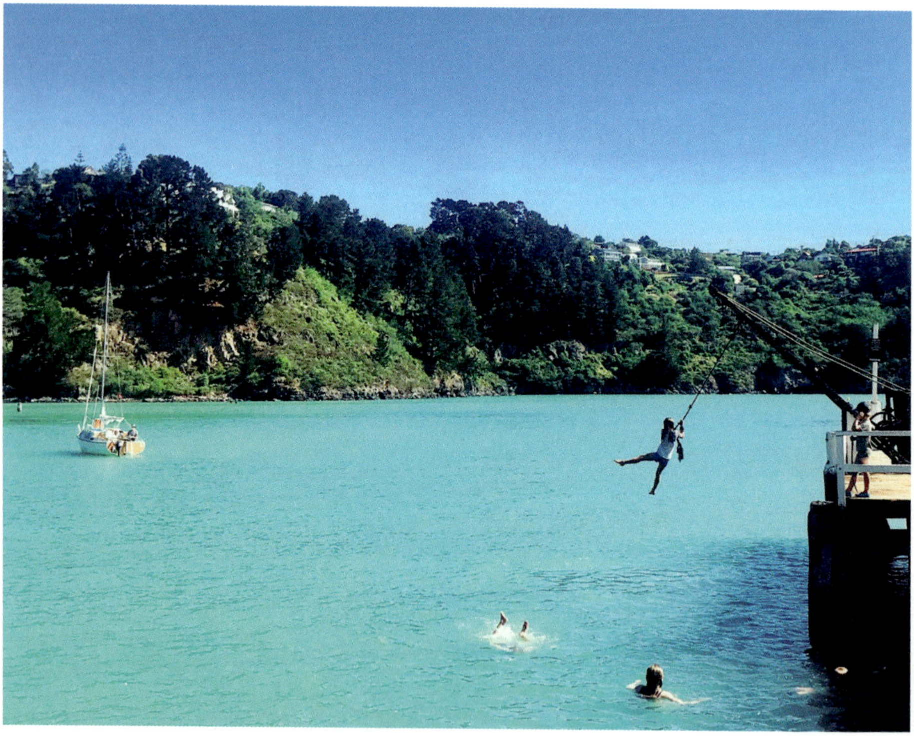

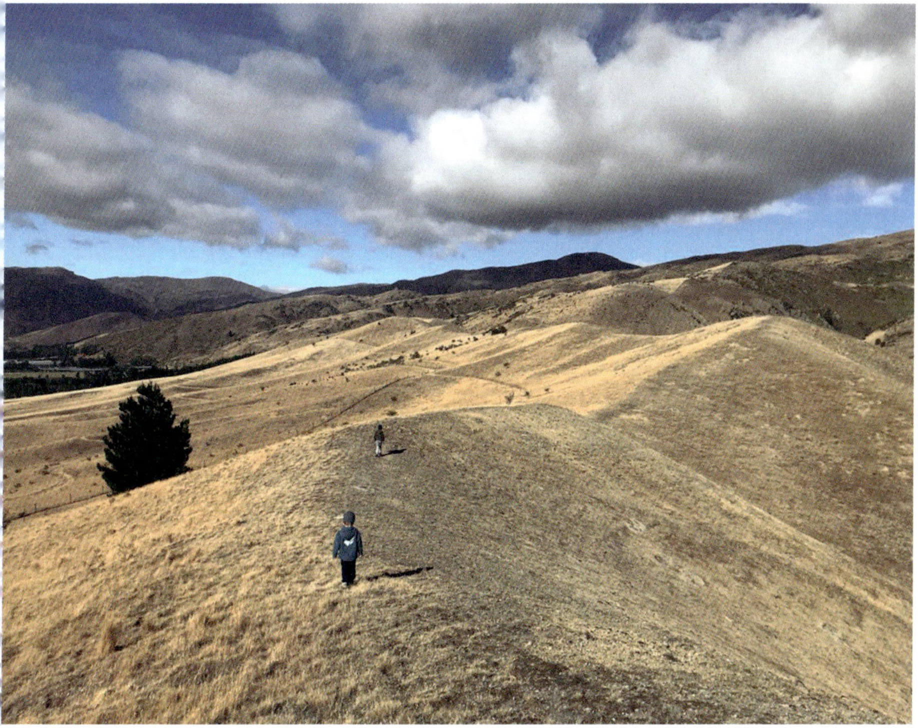

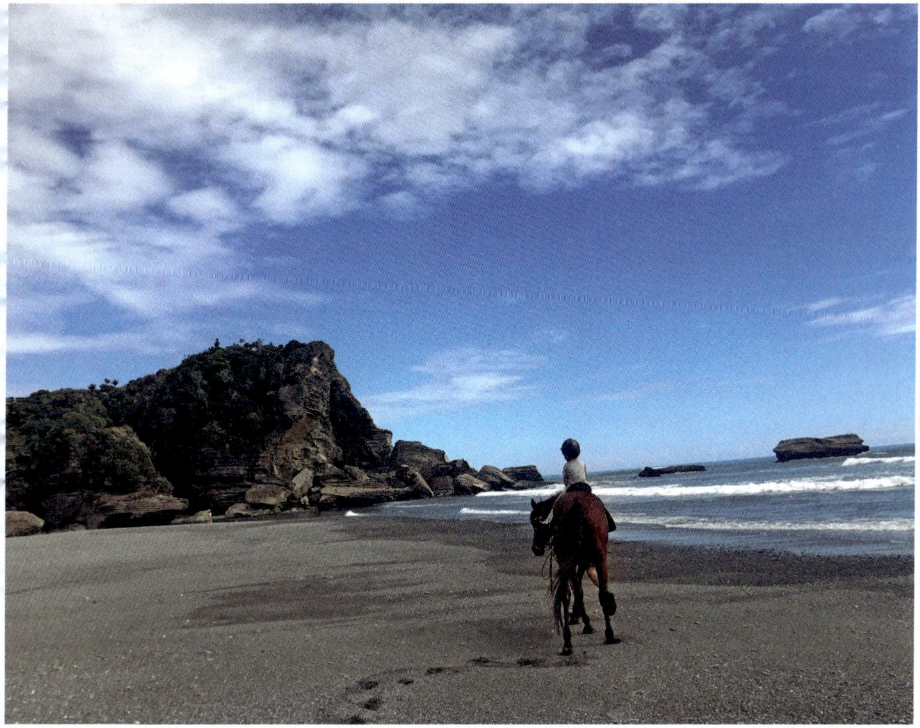

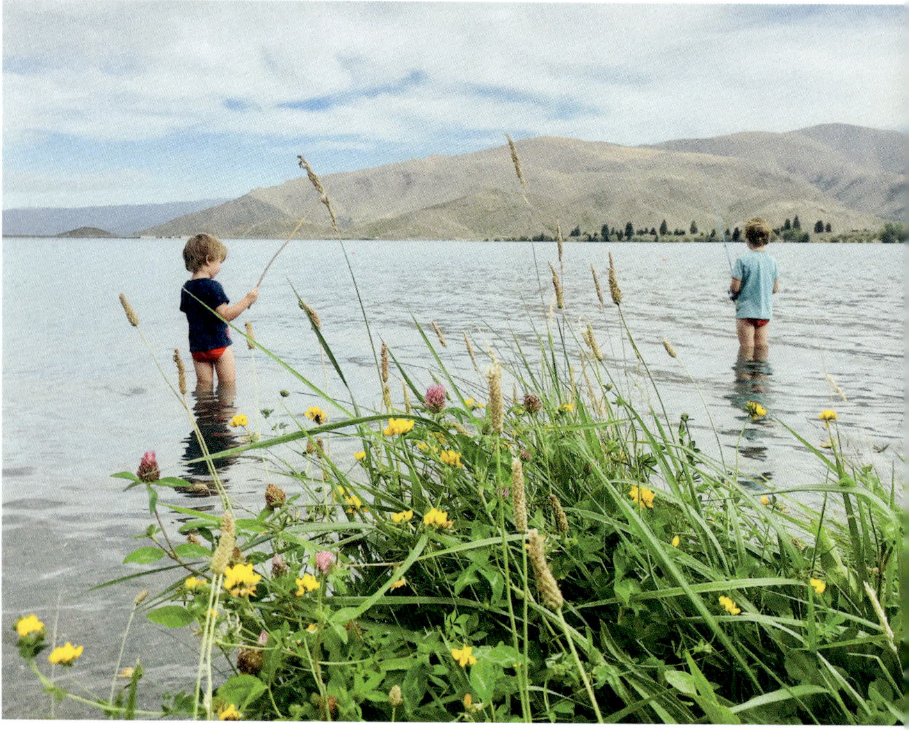

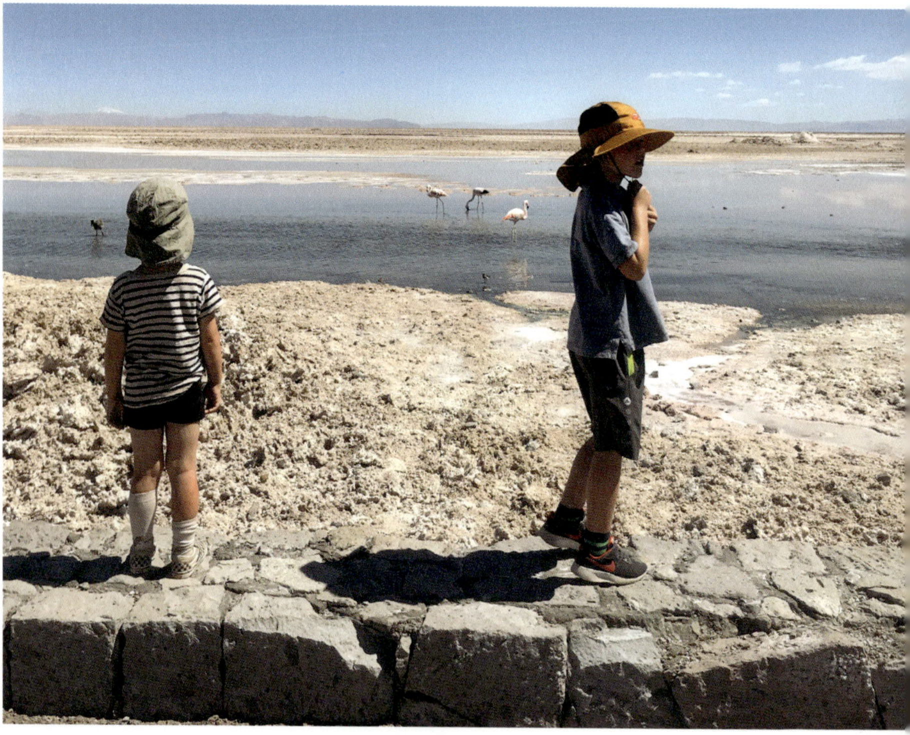

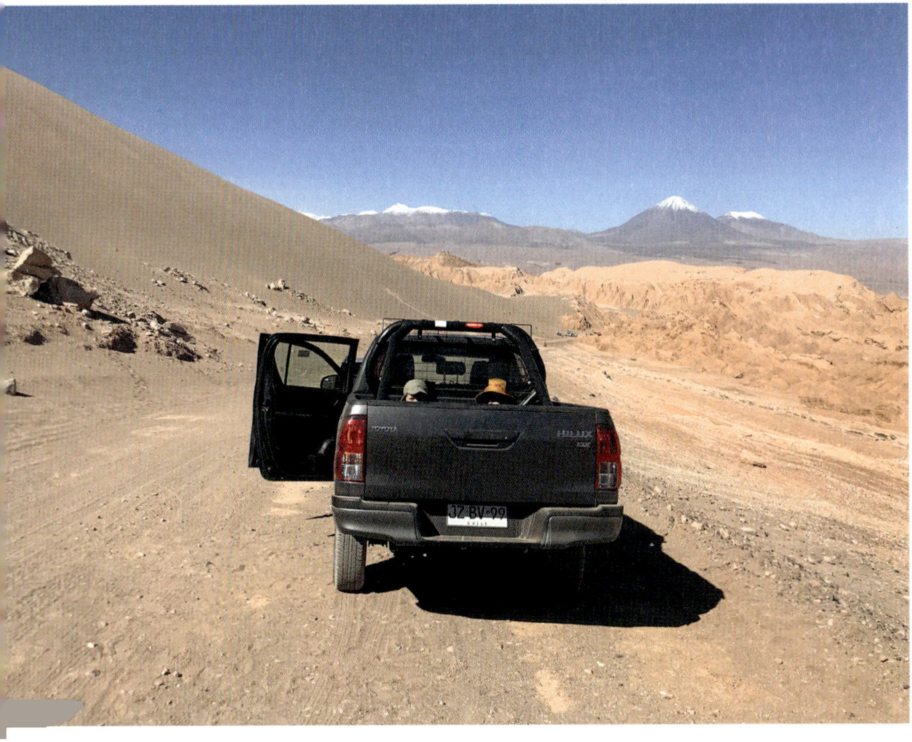
HILUX
JZ·BV·99

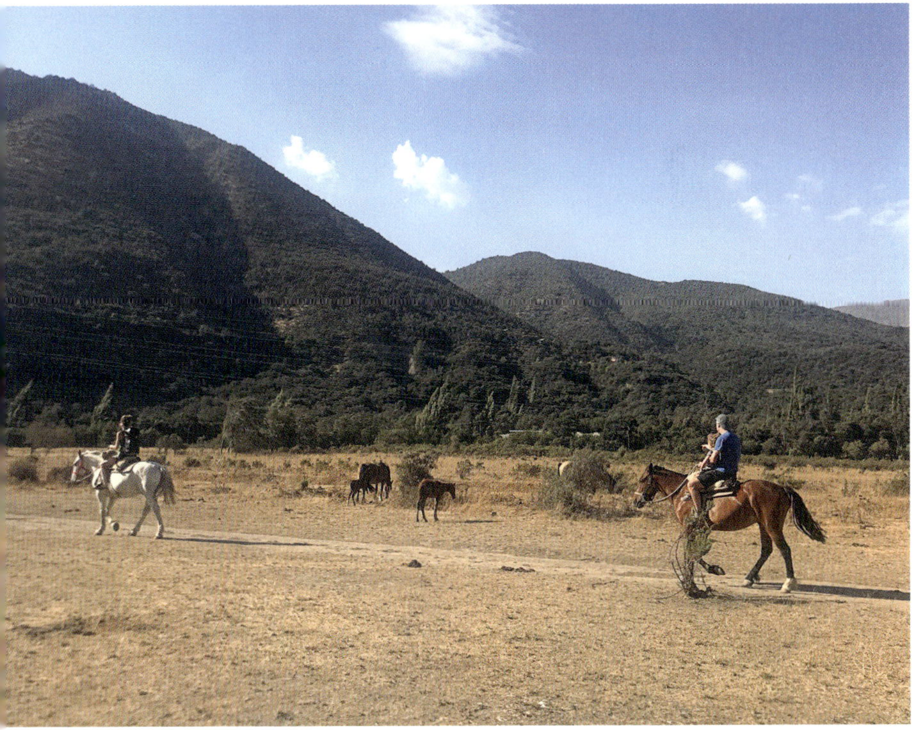

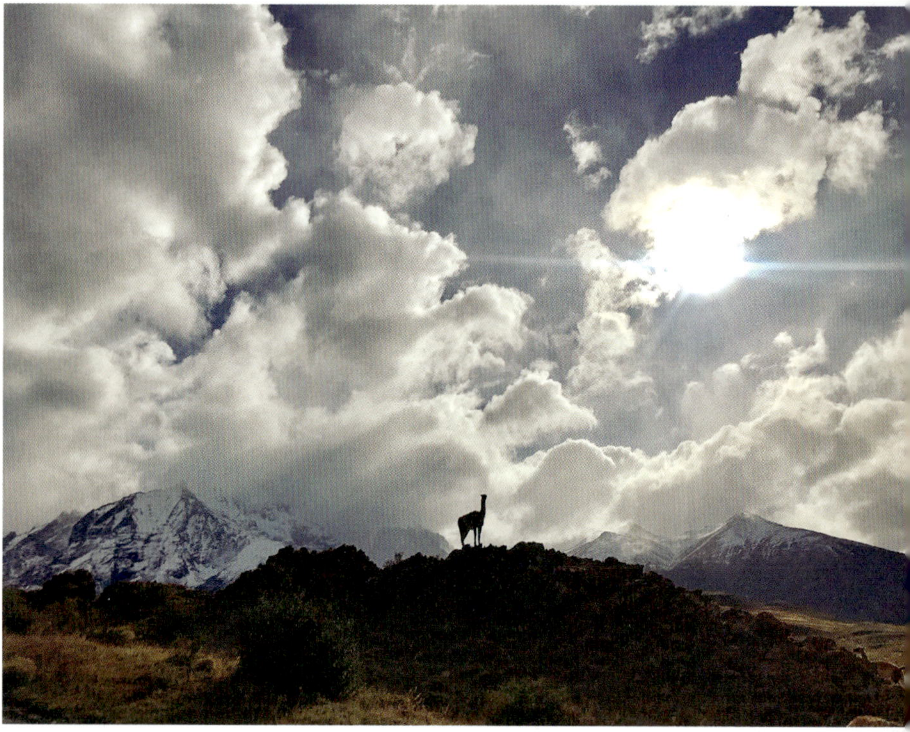

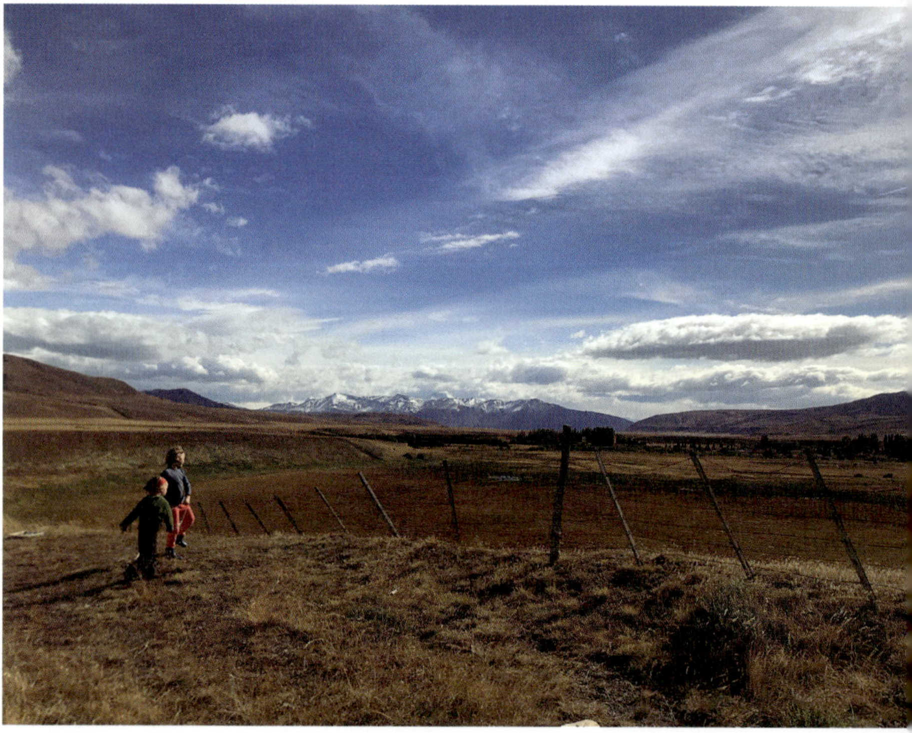

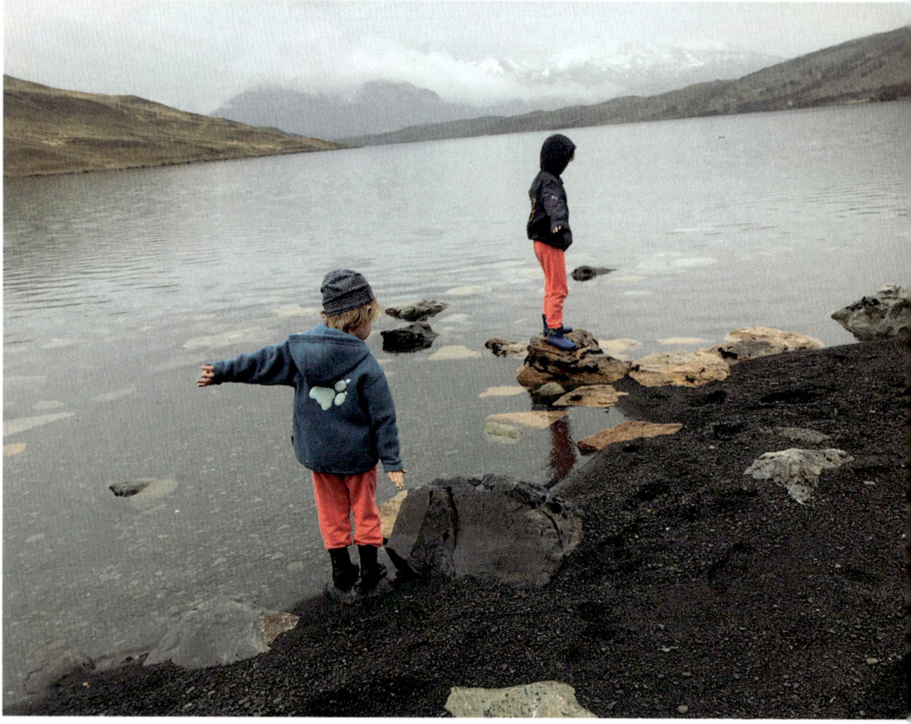

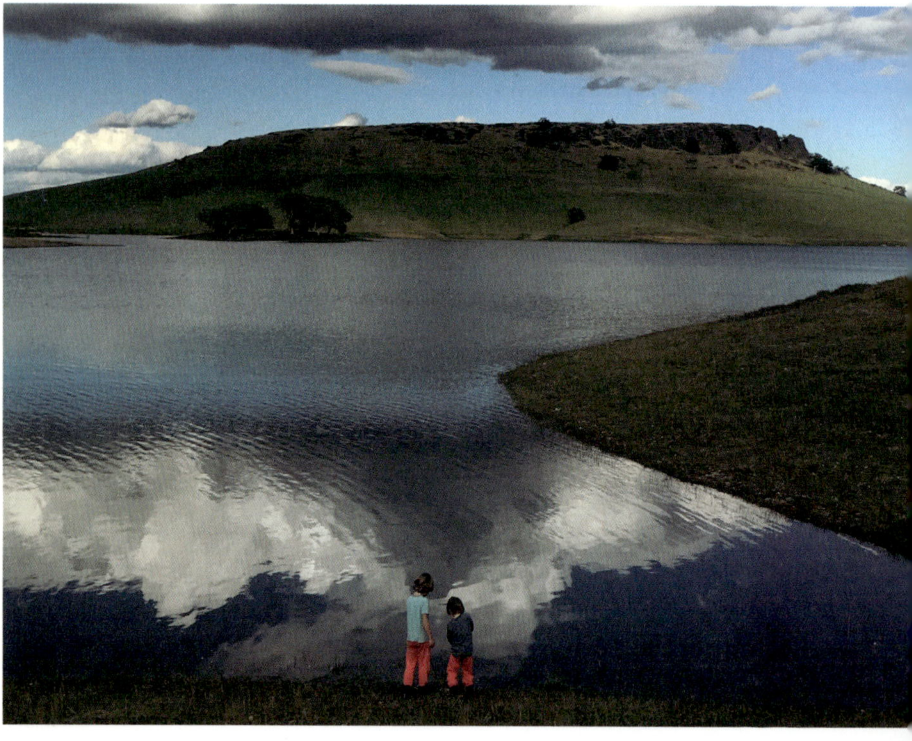

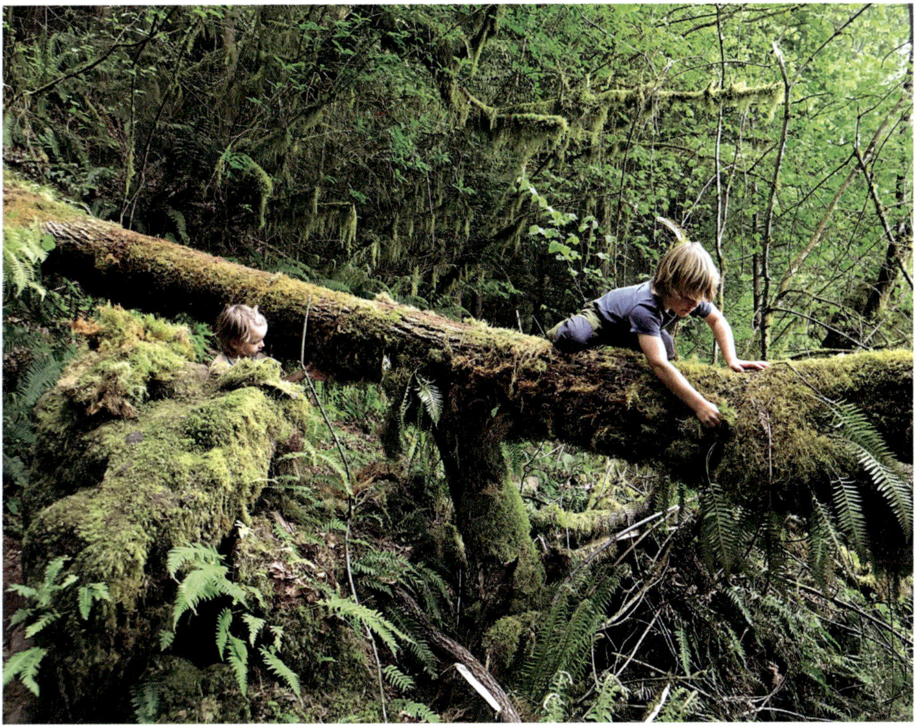

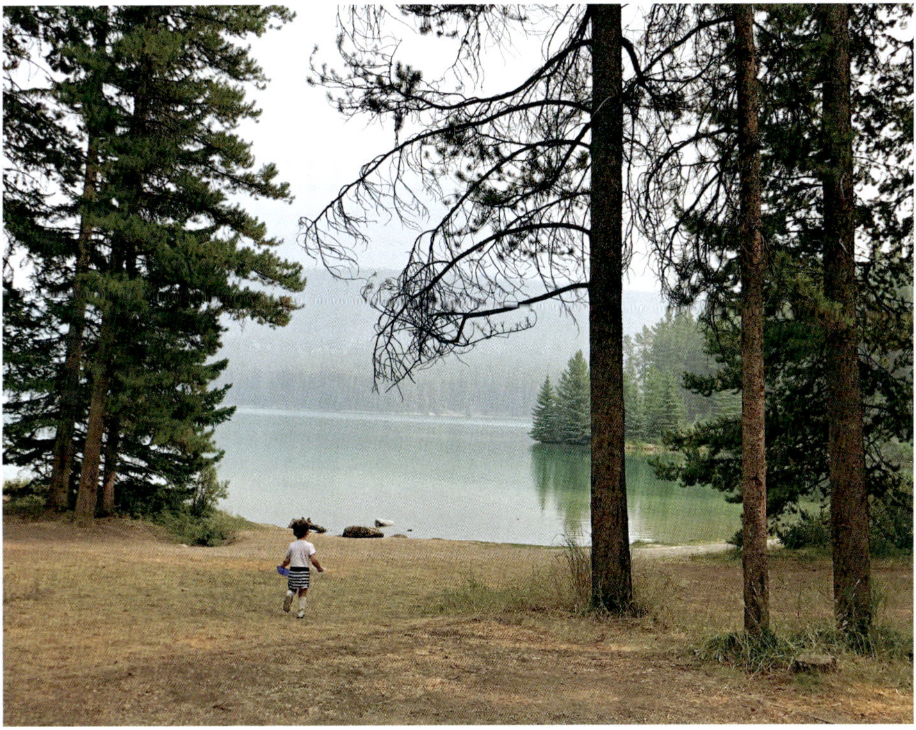

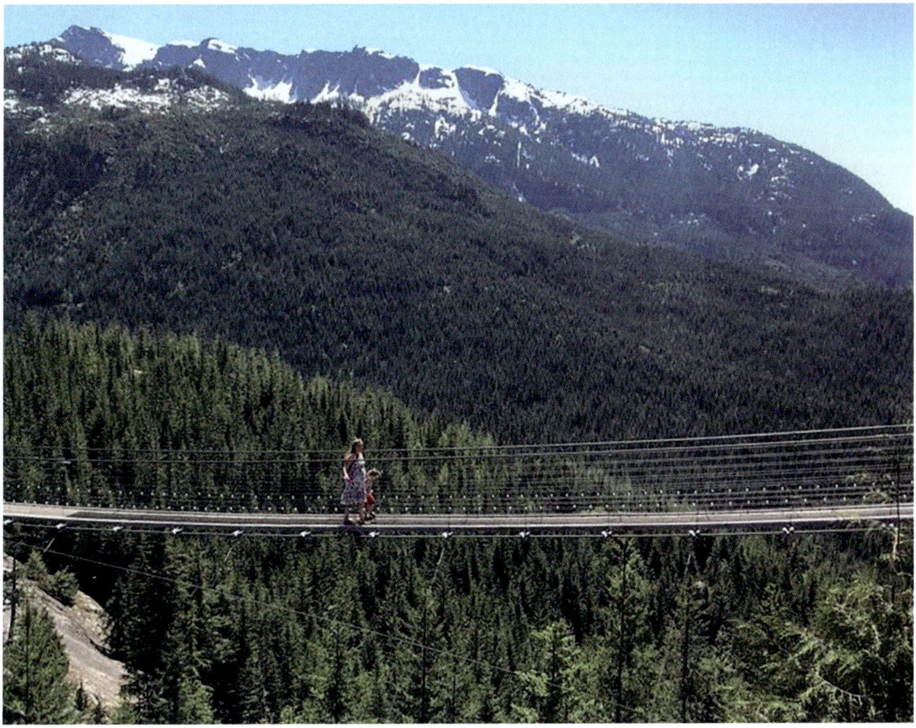

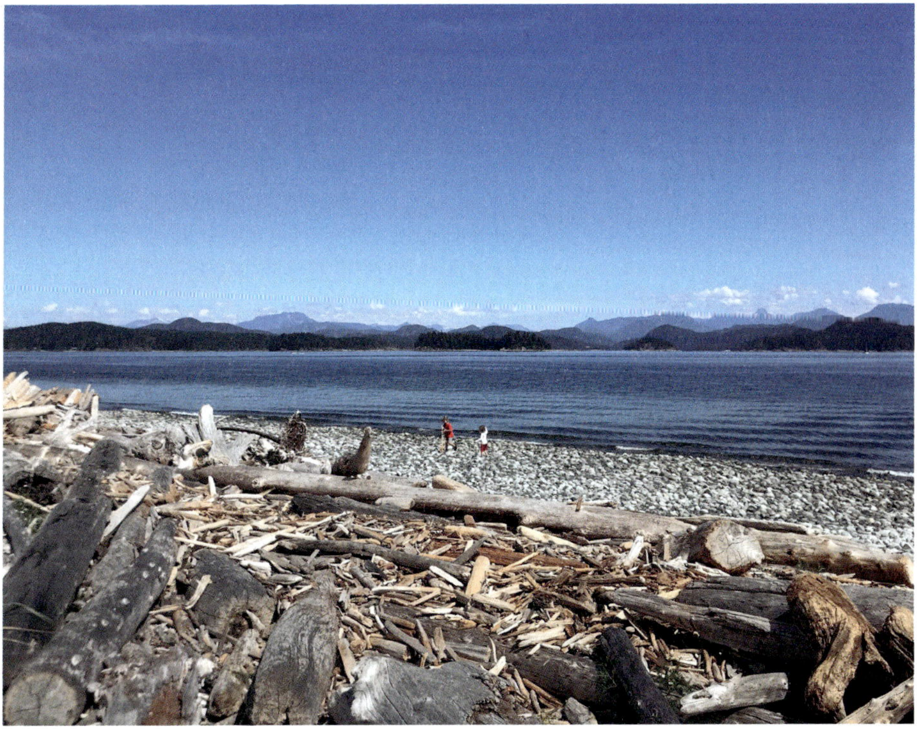

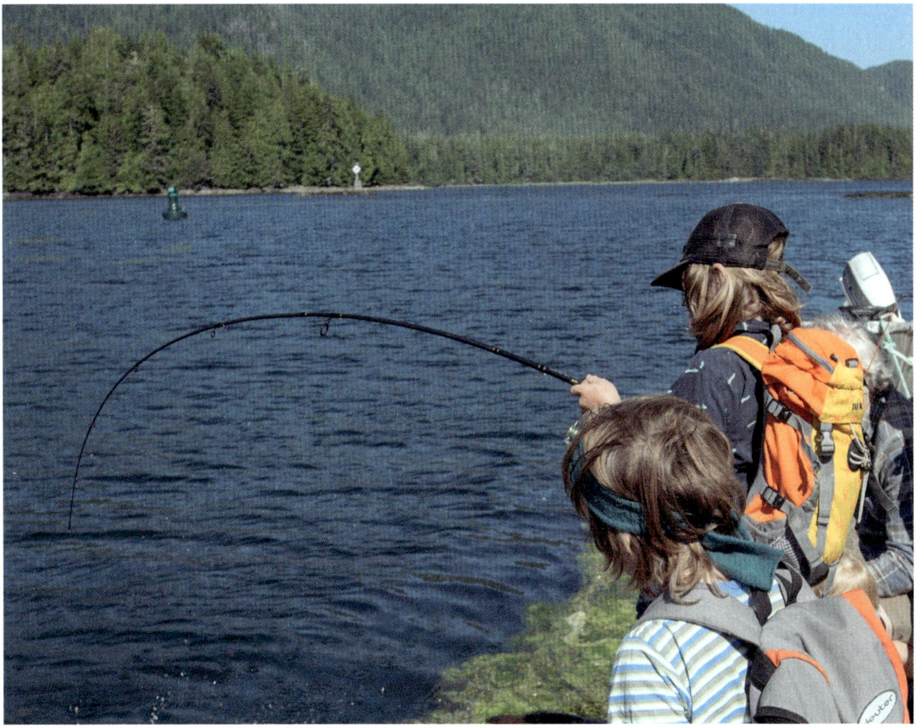

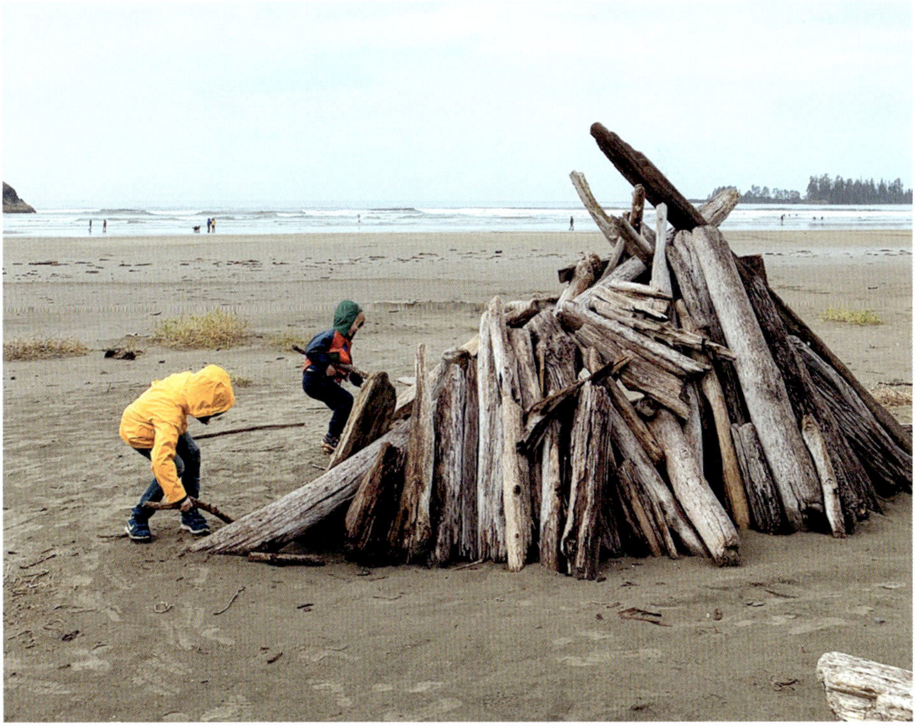

»Mir fehlt das Gitarrenspielen so sehr«, sagte Chris in den letzten Wochen immer wieder.

Und so spazieren wir vier in Kyoto in ein Musikgeschäft und machen Nägel mit Köpfen. Die kleine »Little Martin«, die sich Chris begeistert aussucht, ist eine handliche und leichte Akustikgitarre, die sich ohne Probleme überall unterbringen lässt – sogar in den Gepäckfächern über den Sitzen im Flugzeug. Stolz verlässt Chris mit gefüllter Gitarrentasche auf dem Rücken das Geschäft. Von nun an wird sein Gitarrenspiel fester Bestandteil unserer weiteren Reise sein, unser ganz individueller Soundtrack.

Ich beneide Chris um so viel Leidenschaft. Auch wenn ich ebenfalls Musik liebe, habe ich nie das richtige Instrument für mich gefunden. Als Kind spielte ich Klavier, aber lediglich deshalb, weil meine große Schwester Klavier spielen wollte. Vielleicht fehlten mir die Ruhe, Passion und der eiserne Wille dafür, das Klavierspiel zu erlernen, vielleicht kam ich nur mit der Lehrerin nicht zurecht. Ich verlor mit den Jahren das ohnehin nicht stark ausgeprägte Interesse. Heute kann ich noch zwei, drei Stücke klimpern, das war's. Im Grunde habe ich zu dem Instrument nie eine Beziehung aufgebaut. Dagegen erinnere ich mich gut daran, wie ich mit sieben Jahren aus der Musikschule einmal eine Geige mit nach Hause bringen durfte. Der geschwungene Bogen mit der Bespannung aus Pferdehaar, der runde Korpus, die starken Saiten, die filigrane Schnecke am Ende des Halses – all das faszinierte mich. Aber zwei klassische Instrumente waren nicht drin, nachdem meine Eltern gerade das teure Klavier angeschafft hatten.

»Irgendwo ist auch mal Schluss«, dachten meine Eltern sicher damals, was ich gut verstehen kann. Aber – woher weiß man als Eltern eigentlich, wann es eben *keine* Flausen sind, die sich ein Kind in den Kopf gesetzt hat? Dieses Urteilsvermögen traue ich mir bei meinen Kindern jedenfalls nicht zu. Und was ist schlecht daran, so vieles wie möglich auszuprobieren? Man muss nicht gleich alles kaufen, man kann auch etwas ausleihen. Meinen Kindern möchte ich mehr Freiheit geben, sie, soweit es uns möglich ist, nicht einschränken und zu sehr auf eine Spur setzen. Ob Instrument, Sport, Interessen anderer Art – kein Junge soll Fußball spielen, nur weil es alle so machen oder weil Papi am Samstag gern die *Sportschau* sieht.

Kinder sollen sich ausprobieren können. So wie Raupe, der in Toronto vor einer Boutique an einem Drehständer stehen blieb, auf ein Kleid zeigte, und sagte:

»Das würde ich gerne haben.«

Raupe ist kein Kind, das ständig »haben, haben, haben« plärrt. Also kauften wir es ihm und er trug es regelmäßig über den Sommer. Ausprobieren. Ohne be- oder verurteilt zu werden. Zumindest nicht von den eigenen Eltern.

Denn der Rest der Welt ist doch schon das reinste Assessment Center von klein auf. Inzwischen gibt es genügend Studien, die belegen, dass gerade in den Industrienationen die Zahl depressiver und psychisch kranker Kinder steigt, viele Kinder sind überfordert von zu hohen Anforderungen der ehrgeizigen Eltern, von der Schnelligkeit des technischen Wandels und den damit verbundenen Unsicherheiten. Die Folge? Sie flüchten immer früher in fantastische, virtuelle Welten und Computerspiele. Sobald sie in die Pubertät eintreten, gleichen sie ihre innere Leere und Unsicherheit durch äußerliche Anpassung aus, um dazuzugehören in dem Club der fast austauschbaren Abziehbilder ihrer Selbst. Oftmals schinden sie dafür ihre Körper mit übertriebenem sportlichen Ehrgeiz, treiben ihn zu Höchstleistungen an oder zügeln ihn mit Magerkuren, um einem Schönheitsideal nachzueifern oder um zumindest etwas in dieser unsicheren Welt, und sei es nur den eigenen Körper, kontrollieren zu können. All das ist nicht gesund. Dieses Spiel möchte ich nicht mitspielen.

Obwohl ich mich weiterhin matschig und krank fühle, ziehen wir weiter in den Süden der japanischen Hauptinsel Honshu, wo wir mehrere Tempel und die heiligen Rehe in Nara unter die Lupe nehmen. Irgendwann hat sich's dann ausgetempelt und wir stranden in Hiroshima. Gleich am zweiten Tag gehen wir in den Friedenspark. Nacheinander besuchen Chris und ich das dortige Museum, das die Geschehnisse des Zweiten Weltkriegs aufarbeitet. Zum Glück haben wir uns gegen den gemeinsamen Besuch samt Joe und Frieder entschieden – sie hätten die grauenvollen Bilder und Zeugnisse schwerlich verkraftet. Betroffen und traurig trete ich nach einer guten Stunde im Museum wieder ins Freie auf den Platz des Friedens. Da kommt Frieder schon angesaust.

»Schau mal, da drüben ist das Friedensdenkmal, das haben wir uns angeschaut, kann ich dir das zeigen? Papa hat uns, während du weg warst, ganz viel erzählt über den Frieden.«

So ist Chris. Er redet nicht vom Krieg, er redet über den Frieden. Dabei gäbe es kaum eine andere Stadt in der Welt, die sich eher anböte, über den Krieg zu sprechen. Der Besuch im Friedensmuseum war so niederschmetternd und herzzerreißend, die persönlichen Gegenstände und Geschichten tun so weh, dass ich beim Lesen und Betrachten das Gefühl hatte, mir dreht sich der Magen um. Mit Kloß im Hals blieb ich vor einem verrosteten, demolierten, teils verkohlten Dreirad stehen, das, wie ich auf einer Tafel daneben lese, vor vielen Jahren dem knapp vierjährigen Shinishi gehörte. Dieses Dreirad war sein Ein und Alles, er fuhr es jeden Tag vor dem Haus seiner Eltern. So auch am Morgen des 6. August 1945. Auch an diesem Tag fuhr er seine Runden vor dem elterlichen Haus, bis ihm die Druckwelle und die enorme Hitze der Explosion den Tod brachte. Sein Vater Nobuo grub ein tiefes Loch und beerdigte Shinishi mitsamt seinem Dreirad, damit er im Himmel weiter auf seinem Lieblingsrad fahren konnte. Vierzig Jahre später exhumierte Nobuo die Leiche seines Sohnes und übergab das mittlerweile arg verrostete Rad dem Friedensmuseum. Lange stand ich vor dem gläsernen Kasten, in dem das kleine Dreirad nun ausgestellt war. Es hätte Frieders Rad sein können. Es anzuschauen, trieb mir die Tränen in die Augen.

Nein, Chris muss den Kindern nichts über den Krieg erzählen. Frieden ist Liebe. Hoffnung. Lachen. Freiheit. Davon berichtet er den Kindern. Immer wieder, in kleinen, frei erfundenen, lustigen Geschichten, Anekdoten, Scherzen und Liedern. Wir sollten alle mehr Geschichten vom Frieden erzählen, denke ich.

»So geht das nicht weiter«, sagt Chris nach unserer zweiten Nacht in Hiroshima zu mir, »du gehst heut mal besser zum Arzt.«

»Meinst du? Und wie soll ich das auf Japanisch anstellen? Hier spricht doch kein Mensch Englisch«, antworte ich abwehrend.

Ohne Japanisch kommt man fernab der Museen und Stadtführungen zu unserer Überraschung tatsächlich kaum einen Schritt weiter.

»Na, dann gehst du halt in das große Krankenhaus, das wir gestern gleich neben dem Friedenspark gesehen haben. Da werden schon ein paar Menschen Englisch sprechen.«

Widerspruch zwecklos. Zwei Stunden später werde ich dennoch eines Besseren belehrt. Englisch spricht auch im besagten Krankenhaus kein Mensch, eine Dolmetscherin wird einbestellt. Toller Service! Chris und die Kinder vergnügen sich derweil im Friedenspark. Bald, so hoffe ich, kann ich ein paar Wundermittelchen zur Genesung einstreichen und hoffentlich schnell wieder zurück unter die Bettdecke in unserem Apartment.

Und dann das. Zunächst verläuft alles in geregelten Bahnen. Da die Dolmetscherin in den Irrungen und Wirrungen dieser Mammutklinik nicht ausfindig gemacht werden kann, wird einfach mit diversen Untersuchungen begonnen. Es wird mein Gewicht bestimmt, eine Urinprobe genommen, meine Größe festgehalten und mein Kiefer überprüft.

»Entschuldigen Sie, ich wollte nur einmal kurz meine Lunge abhören lassen«, sage ich leise und um Freundlichkeit bemüht zu der diensthabenden Krankenschwester und huste heftig, um den Fokus hörbar auf die Lunge zu legen.

Aber mich versteht kein Mensch. Und so werden großräumig weitere Tests und Checks durchgeführt: Temperatur, Herz, Lunge, Blut, Speichel, alles wird untersucht, Proben entnommen – warum auch nicht? Anscheinend ist das in Japan ganz normal so. Zumal ich wirklich nicht gesund wirke, blass und müde bin. Aber ist das nicht alles ein bisschen viel Aufwand? Chris schreibt schon die dritte Textnachricht.

»Alles okay?«

»Abgesehen von dem Fiffi auf meinem Kopf und den Puscheln an den Füßen: JA! Zäh wie Kaugummi, die Nummer hier«, antworte ich amüsiert.

Doch wenig später denke ich sorgenvoll: Jetzt stellen die mich hier wegen ein wenig Schnupfen einmal vollends auf den Kopf und dann lässt uns unsere Auslandskrankenkasse auf den vermutlich horrenden Rechnungen eiskalt sitzen! Insgeheim ärgere ich mich jetzt über Chris, der mir diesen Schlamassel eingebrockt hat. Schon werde ich in den nächsten Raum geführt, der, abgesehen von einer Umkleidekabine, durch einen auf Hüfthöhe quer durch das Zimmer gespannten kanariengelben Vorhang auffällt. Eine Liege lugt unter dem Vorhang hervor. Die Krankenschwester schickt mich in die Umkleidekabine. Während ich mich umziehe und in die dort ausgelegten Kleidungsstücke schlüpfe, höre ich leises Geflüster. Wie blöd man sich vorkommt, wenn man kein einziges Wort der Sprache des Landes spricht, in dem man sich gerade aufhält. Ich wünschte, die Dolmetscherin würde langsam endlich mal auftauchen. Als wäre die Situation nicht schon grotesk genug, trete ich nur Minuten später mit gelben Handschuhen, einem knielangen Hemdchen, Haube, einem eierfarbenen Mundschutz und puscheligen Hausschuhen in Altrosa an den Füßen aus der Kabine hinaus. Heiß. Immerhin ist das Pflegepersonal ähnlich verkleidet. So ist es hier vorgeschrieben. Alles steril. Alles korrekt. Die Schwester weist mich an, auf dem Bett Platz zu nehmen, während sie den Vorhang zurechtrückt. Am unteren Ende der Bahre erahne ich eine Ärztin. Erkennen kann ich sie nicht, unter dem Vorhang blitzen lediglich gelbe knallige Puschen hervor, mehr sehe ich nicht. Ob es hier im Krankenhaus eine nach Farben geordnete Puschenhierarchie gibt? Irgendwie skurril alles. Für einen Moment fühle ich mich fast wie in einem Cheech-and-Chong-Film und muss mir auf die Lippen beißen, um nicht loszulachen. Oder bin ich einfach nervös? Was wollen die von mir?! Dann tastet die Ärztin hinter dem Vorhang meinen Bauch ab. Ob ich mir doch etwas Schwerwiegenderes eingefangen habe? Langsam beginne ich, mir Sorgen zu machen.

In dieser Sekunde klopft es zart an der Tür und eine Frau mit rundem Gesicht stolpert im Business-Zweiteiler herein.

»Sorry, dass ich so spät bin«, sagt sie entschuldigend.

Endlich, denke ich, die Dolmetscherin.

»Danke, dass Sie da sind. Was geht denn hier überhaupt vor sich?«, frage ich.

»Moment, ich frag mal nach. Keine Sorge. Japanische Ärzte sind sehr gründlich. Jetzt kommt nur noch die gynäkologische Untersuchung, vermute ich«, sagt sie und krabbelt unter dem Vorhang hindurch, ehe ich protestieren kann.

Gynäkologie? Sind die denn vollends wahnsinnig geworden! Wenn ich diese Rechnung selbst bezahlen muss, können wir die weitere Reise definitiv vergessen! Nach kurzer Zeit steckt die Dolmetscherin ihren Kopf durch einen Spalt des Vorhangs. »Hören Sie mal«, setze ich entrüstet an, »jetzt reicht es mir aber. Sie können doch hier nicht …«

»Sie sind schwanger«, unterbricht sie mich knapp.

Stille.

»Ich bin bitte WAS?!«, rufe ich dann lauter als geplant und schaue verdutzt die Übersetzerin an. Ja, seit ein paar Tagen fühle ich mich schlapp. Ich habe eine Grippe. Der Kreislauf hängt durch. Aber das? Die arme Dolmetscherin zuckt zusammen. Wahrscheinlich habe ich mein Unverständnis zu harsch und offensiv zum Ausdruck gebracht. Zumindest für japanische Verhältnisse. Hoffentlich habe ich sie nicht gekränkt oder ihre Sprachkenntnisse infrage gestellt. Dabei bin ich doch so froh, dass sie jetzt da ist; wenigstens irgendjemand an meiner Seite. Entschuldigend blicke ich sie an und hebe dabei kurz meine Hand.

»Entschuldigen Sie«, setze ich noch einmal an, »ich bin nicht sicher, ob ich Sie richtig verstanden habe.«

Auf meine abermalige Nachfrage hin, ob ich mich nicht verhört und sie sich nicht vertan hat, verschwindet sie abermals hinter dem gelben Vorhang. Ein Murmeln auf Japanisch ist erneut hörbar, so leise wie das Plätschern eines entfernten Baches. Es nimmt mich mit, trägt mich weit weg, flussabwärts, vorbei an frischen Wiesen, rot gefärbten Ahornbäumen und Birkenhainen. Es ist so friedlich. So still. Meine Augen fallen mir zu. Ich genieße diese Ruhe. Mein Körper wird schwerer, gibt sich dem Fluss hin, in den ich eintauche und mich weitertreiben lasse. Das ist alles nur ein Traum.

»Ja, ganz sicher.«

Die zarte Stimme der Dolmetscherin reißt mich aus meinen Gedanken. Ihr Gesicht lugt hinter dem Vorhang hervor. Sie verzieht keine Miene. Im Gegensatz zu mir, wobei sich meine Gesichtsmuskulatur nicht recht zwischen Lachen oder Weinen entscheiden mag. Das kann doch nicht wahr sein! Niemals wäre ich auf die Idee gekommen, ich könnte schwanger sein! Tausend Fragen schießen mir nun gleichzeitig durch den Kopf. Kind Nummer 3 – ernsthaft?! Kann es einen ungünstigeren Zeitpunkt geben als gerade jetzt, mitten auf einer Weltreise, die gerade erst begonnen hat und die uns noch bis in die Höhen des Himalaja, in die Weiten der Sahara und in die Tiefen des Mekongdeltas bringen sollte? Wie kann die Reise überhaupt weitergehen – mit 25 Kilogramm auf meinem Rücken, zwei Kindern an der Hand und einem wachsenden Bauch, ständig auf unbekanntem Terrain, in Hochgebirge oder Wüste, immer in Bewegung, immer *on the run*? Wie stellt man eine kontinuierliche Vorsorge über zahlreiche Länder und Kontinente hinweg sicher – wie kann so etwas funktionieren? Wollen wir denn jetzt überhaupt ein drittes Kind?! Schaffe ich das? Ich fühle mich auf einmal steinalt, wie 95 mindestens. Will ich denn noch einmal Mutter werden? Und was heißt Mutterpass auf Japanisch?!

»Ah ja«, sage ich irgendwann zögerlich. »Interessant. Wirklich. Sehr interessant.«

Mehr fällt mir nicht ein. Wieder Schweigen. Die Dolmetscherin schaut mich erwartungsvoll an.

»Nun, können Sie bitte die Ärztin fragen, wie weit ich bin und ob sie glaubt, dass es dem Baby gut geht?«, frage ich irgendwann vorsichtig.

Wieder dieses Flüstern. Dann krabbelt die Dolmetscherin zurück auf meine Seite des Vorhangs. Einen Moment sagt sie nichts. Ich versuche, ihre Mimik zu deuten. Die Körpersprache der Japanerinnen ist für mich sehr schwer zu interpretieren, sie gestikulieren nicht wild, ihre Mimik ist minimalistisch. Doch jetzt erkenne ich, wie sie mit den Augen lächelt. Das ist doch schon mal ein Anfang. Ich atme auf.

»Baby fein«, sagt sie in brüchigem Englisch. »Siebte Woche. Der Arzt sagt, Sie sollen jetzt bitte nach Hause in Ihr Land fliegen. Das ist sicherer für das Baby und für Sie. Reisen ist vorbei.«

Dann lächelt sie, reicht mir ein paar homöopathische Lutschtabletten gegen den Husten, der sich wohl als harmlos herausgestellt hat, und ich rappele mich auf und verschwinde bedröppelt in der Umkleide.

Verwirrt verlasse ich wenig später das Krankenhaus und schleiche quer über den vor mir liegenden Platz in den angrenzenden Friedenspark. Dort warten Chris und die Kinder seit geraumer Zeit auf mich. Es ist ein sonniger Tag. Ich sehe die drei schon von Weitem: Frieder und Joe flitzen über den großzügig angelegten und stark frequentierten Platz, Chris sitzt auf einer Parkbank und klimpert auf seiner neu erworbenen Reisegitarre. Ich bleibe in sicherem Abstand stehen, will verweilen, noch einige Sekunden dieses harmonische, stimmige Bild anschauen, bevor das Gefühlschaos vollends über mir zusammenbricht. Ab jetzt wird alles anders.

Ich bin mit der Situation total überfordert. Ehrlich gesagt ärgere ich mich einfach nur. Über mich. Über uns. Über den Zeitpunkt. Nicht, dass ein drittes Kind partout ausgeschlossen gewesen wäre. Viele Paare mit zwei Kindern spielen irgendwann mit der Vision der Großfamilie, der naiven Vorstellung, im Seniorenalter glücklich an einer langen, sich vor Köstlichkeiten biegenden Tafel unter Apfelbäumen mit zahlreichen Kindern und Enkeln sitzen zu können – bis die Vernunft uns wachrüttelt und sagt: bloß nicht. Nach Raupes Geburt haben auch wir einmal mit der Idee eines Nachzüglers kokettiert, sie aber nicht ernsthaft verfolgt. Und mittlerweile ist Raupe ja schon dreieinhalb Jahre alt, der Abstand für ein drittes Kind doch arg groß.

Also nun doch. Aber just jetzt, wo es so ausschaut, als ob wir der familieneigenen Fußballmannschaft ein kleines Stückchen näherkommen, bin ich gar nicht begeistert. Ja, da ist die Reise. Das allein ist schon Dilemma genug. Aber es gibt auch noch ein Leben nach der Reise. Irgendwann müssen wir wieder realistisch sein. Hippie-Flower-Power-Nomaden-Leben ist ja gut und schön, aber im nächsten Herbst sitze ich wieder im 28. Stockwerk eines Bürogebäudes im bewölkten Köln und fahre meinen Laptop hoch. Chris geht zurück in seinen alten Job und wird weiterhin versuchen, Europa mit Musikfestivals ein bisschen lauter und bunter zu machen. Joe wird aus dem Gröbsten raus sein, so selbstständig wie er jetzt schon ist mit seinen knapp sechs Jahren. Er wird in die Schule gehen, nachmittags in den Hort oder in die offene Ganztagseinrichtung, während Frieder sich in der Kita tummelt. Abends treffen wir uns zu Hause, essen gemeinsam in unserer schnuckeligen Küche Abendbrot und lassen uns todmüde in die Betten fallen. Der ganz normale Wahnsinn eben, den wir auch lieben, der ja immer noch unser Leben ist, irgendwie. Nur: Wo passt denn da bitte noch ein Baby rein?! Nach all den Hänge- und Würgepartien der letzten Jahre habe ich mich im Grunde genommen gerade erst wieder gefangen. Die Reise ändert nichts daran, dass mein Job und meine Kolleginnen und Kollegen, die ich zum Teil echt gerne mag, auf mich warten. Das schlechte Gewissen, das mich in der Vergangenheit oftmals überkam, weil ich mich zu wenig auf Joe eingelassen, zu wenig Zeit mit ihm verbracht habe, mein Hadern mit der Muttirolle, mein Frust in der Kind-und-Karriere-Geisterbahn ändert nichts daran, dass ich grundsätzlich gerne arbeite! Und jetzt mit Baby – noch mal raus aus dem Beruf? Noch länger Pause? Wenn ich das irgendwem in meinem beruflichen Umfeld erzähle, denken doch alle: Jetzt dreht die völlig ab – weiß die denn überhaupt noch, was sie eigentlich will? Nein, weiß *die* nicht!

Ein lautes »Mamaaaaa!« entreißt mich meinen Gedanken. Raupe und Joe haben mich entdeckt und stürmen mit Karacho auf mich zu. Uff. Ihr Aufprall gegen meine Beine ist so wuchtig, dass sie mich fast zu Fall bringen. Es folgt eine dicke Umarmung. Ich drücke sie fest an mich. Noch ein bisschen fester und länger als sonst. Gemeinsam schlendern wir zur Parkbank zurück, wo Chris die Gitarre in der dünnen Tasche verschwinden lässt, bevor er sich mir zuwendet.

»Wie geht's dir, was macht der Husten? Das hat ja ewig gedauert«, fragt er besorgt.

»Hm, ja, ziemlich voll da. Viel Warterei. Aber mir geht's schon besser, danke.«

»Na, immerhin. Und? Haben sie dich untersucht? Hast du Medikamente verschrieben bekommen? Erzähl doch mal«, hakt er nach.

Ich halte die Packung Halsbonbons in die Höhe.

»Nichts Wildes, wirklich alles okay. Details erzähl ich dir später«, weiche ich aus und gebe ihm mit dem Kopf ein Zeichen, dass ich vor den Kindern das Thema nicht in voller Länge ausbreiten möchte.

»Schau mal, Joe, da drüben sind eine Menge Tauben«, wechselt Chris geschickt das Thema. Er hält ihm eine Tüte entgegen, in der ich die Reste der morgens geschmierten und nunmehr ausgetrockneten Butterbrote erahne. »Wollt ihr die einmal füttern?«

»Ja!«, rufen beide Jungs begeistert und stiefeln los.

Chris nimmt mich in den Arm. Sobald die Kinder nicht mehr in Hörweite sind, fragt er: »Was ist los?«

»Ich bin schwanger«, sage ich leise.

»Wow! Na, das sind ja mal gute Neuigkeiten!«

Verwundert schaue ich ihn an, dann ergänzt er: »So lange, wie du weg warst, befürchtete ich schon, es wäre etwas Ernstes.« Er schmunzelt.

»Das ist etwas Ernstes«, erwidere ich. Mir ist gar nicht zum Lachen zumute.

»Hast du Angst?«, fragt er.

»Ja.«

Eng umschlungen stehen wir mitten im Friedenspark und schauen den Kindern zu, wie sie den Tauben hinterherjagen. Langsam wird es dunkel.

»Da sind wir immerhin schon mal zu zweit«, sagt Chris. Jetzt muss ich schmunzeln. »Ich würde sagen, jetzt schlafen wir erst einmal eine Runde und morgen kaufen wir uns den schicksten Rollkoffer, den Hiroshima zu bieten hat. Deinen Rucksack schicken wir zurück nach Deutschland, den brauchen wir nicht mehr.«

»Und wir? Sollen wir uns nicht gleich mit nach Deutschland verschicken? Schwanger rund um die Welt, wer macht denn so was Beklopptes?!«

»Na, wir. Meinst du etwa, im Büro war es damals einfacher für dich mit all dem Stress?«

»Da war ich aber noch jünger«, erwidere ich.

»Dafür bist du jetzt erfahrener«, widerspricht Chris. »Du siehst doch, wie gut uns die Reise tut. Wir gehen einfach alles noch langsamer an. *Slow Travel* in Reinform! Wart's ab, das wird das entspannteste Travel-Baby der Welt.«

Ich kann kaum glauben, wie positiv Chris dem neuen Abenteuer gegenüber eingestellt ist.

»Wollen wir denn überhaupt noch ein Baby?«, frage ich mit gerunzelter Stirn.

»Klar wollen wir noch einen von diesen völlig durchgeknallten Vögeln haben, die uns tagtäglich in den Wahnsinn treiben und, je nach Alter, die Bude wahlweise vollkacken oder auseinandernehmen«, lacht er. »Also, wenn du mich fragst: Ich bin dabei.« Er schaut mich grinsend an: »Bist du dabei?«

»Okay«, sage ich nach kurzer Pause lächelnd und fühle mich deutlich befreiter als noch vor einer guten Stunde.

Er nimmt mein Gesicht in seine Hände, schaut mir einen Moment in die Augen und sagt dann: »Wir kriegen das zusammen hin. Es wird sich alles finden. Mach dir keine Sorgen.«

Dann küsst er mich zärtlich. Ich bin fest davon überzeugt, dass halb Hiroshima den Stein plumpsen hört, der mir in diesem Moment vom Herzen fällt.

»Papa, mir ist kalt«, verlautet es nur eine Sekunde später neben uns.

»Und ich mach mir gleich in die Hose, ich muss mal«, ruft der Nächste.

»Nicht rumknutschen hier, ist ja ekelhaft.«

Wir lachen.

»Was ist daran so witzig?«, fragt Joe von einem Fuß auf den anderen wippend.

»Eigentlich gar nichts«, antwortet Chris. »So, und jetzt lasst uns auf geheime Mission nach der nächstgelegenen beheizten, verwunschenen Klobrille gehen!«

Wenn du es noch eiliger hast, mache einen Umweg

»Kind, was ist nur in dich gefahren? Erst diese Reise und jetzt das«, schallt es durch den Hörer. Meinen Vater habe ich anscheinend nicht ganz vom dritten Enkelkind überzeugt. »Nicht, dass wir uns nicht für dich freuen, wenn du denn glücklich bist damit, aber komm wenigstens nach Hause; ihr könnt doch nicht in deinen Umständen in der Ferne bleiben oder gar in Zika-Virus- und Gelbfieber-verseuchte Gebiete fahren! Wie war das noch gleich, Indonesien und dann durch den Himalaja über Sri Lanka bis nach Ostafrika, also ihr habt doch nicht alle Tassen im Schrank!«

»Nein, Papa, wir wollen gar nicht mehr nach …«, versuche ich dazwischenzugrätschen. Vergeblich.

»Das Kind soll dann am besten im Sudan zur Welt kommen, oder was?!«

»Ob du's glaubst oder nicht, selbst dort werden Kinder geboren.«

»Also ehrlich, kommt zur Vernunft. Reißt euch mal zusammen, ihr tragt doch auch Verantwortung Frieder und Joe gegenüber. Zu Hause ist es wirklich am besten für euch alle, denn …«

»Papa? Bist du noch dran?«, frage ich scheinheilig, »ich höre dich so schlecht, die Verbindung hier in Tokyo ist gerade mies.«

»Natürlich bin ich dran, verdammt, ich hör dich klar und deutlich, mein Kind. Du bist fast vierzig Jahre alt und reist schwanger durch die Weltgeschichte – mit zwei Kindern. Bei allem Respekt: Was ist nur in dich gefahren?«

»Hallo? Papa? Ach, Mist, das Netz scheint hier wieder total überlastet zu sein«, sage ich entrüstet, »immer dieses schlechte Internet! Hallo? Falls du das noch hörst, Papa, ich melde mich später noch mal.«

»Hallo?! Das gibt's doch nicht!«

»Ich hör jetzt überhaupt nichts mehr. Tschüss! Bis später«, rufe ich.

Dann drücke ich den roten Knopf auf meinem Display. Auch wenn mich fast im gleichen Moment das schlechte Gewissen überkommt –

manchmal müssen kleine Notlügen einfach sein. Insbesondere wenn man nicht einmal zu Wort kommt. Außerdem wünsche ich mir, eben weil ich knapp vierzig Jahre alt bin, von meinen Eltern als Erwachsene auf Augenhöhe wahrgenommen zu werden statt als das ewige Kind.

Natürlich sind wir nicht vollkommen wahnsinnig und ziehen den Stiefel weiter durch Richtung Südasien und Ostafrika. Und warum nicht? Weil wir, obwohl aktuell in Japan gestrandet, schwanger, mit zwei Kindern, einem Rucksack und nunmehr einem Rollkoffer, verantwortungsvolle Eltern sind. Glauben wir zumindest. Die Gesundheit der Kinder geht vor – auch die des Mini-Flohs in meinem Bauch. Zwei Wochen sind seit dem Krankenhausbesuch in Hiroshima vergangen. So richtig begreifen kann ich das alles immer noch nicht, aber immerhin wissen wir, wie es kurz- und mittelfristig weitergeht. Wir setzen unsere Reise fort. Zum Glück hat die Natur uns fast zehn Monate gegeben, um uns an den Gedanken zu gewöhnen, die Verantwortung für einen weiteren kleinen Menschen zu übernehmen. Den Kindern sagen wir vor der zwölften Woche nichts, und im Grunde ändert sich nach außen hin erst einmal nichts. Nun ja, außer dem Rollkoffer und meinem Appetit. In den letzten beiden Schwangerschaften konnte ich mein Leben ganz normal weiterleben, ohne Komplikationen. Ich hoffe, das wird auch unterwegs der Fall sein.

»Das wird schon irgendwie klappen; ob zwei oder drei …«, sage ich regelmäßig wie ein Mantra vor mich hin. Nicht jeder in unserer Familie scheint sich da so sicher zu sein, wie mir während des Telefonats mit meinem Vater klar wurde. Ein drittes Kind, wie soll das beruflich, finanziell, organisatorisch alles weitergehen? Natürlich machen sich meine Eltern Sorgen. Auch, oder besonders um mich. Und dann noch diese Wir-Zeit, die ihnen von Anfang an nicht geheuer war. Eine Reise durch ökonomisch schwache und politisch teils instabile Entwicklungsländer ist anstrengend. Mit Kindern und schwanger extrem beschwerlich. Außerdem ist das Zika-Virus in der Tat sehr gefährlich für Embryos. Ganz zu schweigen von Malaria, Dengue-Fieber und ähnlichen Kalibern. Derartige Risiken wollen wir selbstverständlich nicht eingehen, auf gar keinen Fall.

Begeistert bin ich nicht, als wir unsere Route neu planen, denn der Blick auf die interaktive Landkarte der Weltgesundheitsorganisation zum Thema Zika ist ziemlich ernüchternd.

»Also entweder wir fahren nach Australien, Neuseeland, Chile – oder nach Hause«, sagt Chris nach Durchsicht der Karte. »Viel mehr kommt von Japan aus nicht in Betracht, wenn wir nicht zurück in den europäischen Raum oder nach Nordamerika wollen.«

Ich stöhne und verdrehe arrogant die Augen. Australien, Neuseeland, Chile. Alles reiche, westlich geprägte Industrienationen. Ich wollte doch raus aus der Komfortzone, geografisch, sozial, die Grenzen austesten, andere Kulturen kennenlernen, den Kindern auch zeigen, dass Reichtum auf der Welt nicht fair verteilt ist. Da muss doch noch mehr auf uns warten! Ich schiele auf unsere Kinder, die in der Badewanne planschen mitsamt ihren Playmobil-Figuren. Imaginäre Orkas und Buckelwale schwimmen dort im tiefen Meer; ein dicker Krake greift das aus einem Schwamm konstruierte Boot der Figuren an. Es geht hoch her. An der Tür hängt ihr selbst gebastelter Adventskalender, davor stehen ihre geputzten Treckingstiefel – heute ist der 5. Dezember.

»Sanne, diese Reise ist doch kein Wettlauf gegen die Zeit, keine Rallye, keine Familienausgabe von *Catch me if you can*«, sagt Chris. »Fahr mal einen Gang runter. Was nicht geht, geht eben nicht.«

Recht hat er. Vielleicht lehrt mich diese Reise in Kombination mit der Schwangerschaft zwangsläufig noch einmal mehr, den Fuß vom Gas zu nehmen. Außerdem – wer sagt, dass es in Australien und Neuseeland, den Ländern der Maori und Aborigines, nicht viel zu entdecken gibt für uns vier? Soziale Ungerechtigkeit gibt es überall, da muss man keinen Armutstourismus betreiben. Beschämt schaue ich auf die Karte. In der Tat: Dreiviertel der Länder der Welt sind von Zika-Viren betroffen, die für ungeborenes Leben sehr bedrohlich sein können. Wie ignorant, dass mir das überhaupt nicht bewusst war! Wie viel Freiheit wir in Deutschland genießen, wie viele Rechte wir haben, wie gut das Gesundheitssystem funktioniert – all diese Privilegien werden uns erst jetzt bewusst, wo wir ziemlich weit weg sind.

»Australien … Witziger Zufall. Ich habe gestern im Housesitting-Newsletter gelesen, dass eine Familie in New South Wales verzweifelt jemanden sucht, der kurzfristig auf ihre 2000 Schafe aufpassen kann über Weihnachten. Und auf mehrere Hunde und Hühner … und auf ein schwangeres Pferd«, erinnere ich mich amüsiert.

»Schwangeres Pferd. Na, das passt ja«, antwortet Chris grinsend und schaut mich herausfordernd an.

»2000 Schafe. Nicht dein Ernst«, sage ich, winke ab und trinke einen Schluck kalt gewordenen Jasmin-Tee aus meiner Tasse. »Wie sollen *wir* uns einen Monat lang um eine Schafsherde im Outback kümmern?!«

Chris zuckt mit den Schultern.

»Du willst doch deine Grenzen austesten«, neckt er mich. »Määäääh.«

Eine Woche später laufe ich mit geflochtenem Basthut und Gartenschlauch bewaffnet durch einen mir völlig fremden Vorgarten und bewässere den gepflegten Rasen und die ausgetrockneten, vom Staub bepuderten Stauden und Blumen – irgendwo in New South Wales, Australien. Um uns herum rascheln Goldakazien, Eukalyptusbäume und schattenspendende Pinien. Eine grüne Oase inmitten von ockerfarbenen Feldern so weit das Auge reicht. Am Horizont flimmert die Luft über der braungelben Erde. An die vierzig Grad sind es heute. Die Steine und Wege sind so heiß, dass man sie mit bloßem Fuß nicht betreten kann. In Australien herrscht in unseren Wintermonaten Hochsommer. Ich höre: das Plätschern des Wasserstrahls, das Rauschen des Windes, das Zirpen der Grillen – und das Blöken von über 2000 Schafen im Hintergrund. *Welcome, down under!*

Unsere Bewerbung auf den Job als Interims-Schäferfamilie war tatsächlich erfolgreich. Nicht, dass wir ansatzweise Ahnung hätten – aber nach Lockhart, einem Dorf, das ausschaut, als hätten es gestern erst die Goldschürfer verlassen, zwei Stunden außerhalb von Wagga Wagga, einer Stadt, die wiederum fast eine Tagesreise mit dem Zug von Sydney entfernt ist, verschlägt es wahrlich kaum einen Besucher. Wir waren die einzigen Bewerber und damit für die Familie Stevenson, die ihren dreiwöchigen Urlaub an der Westküste Australiens verbringen wollte, ein Segen. Mit dem Zug reisten wir also von Sydney nach Wagga Wagga. Schon vom Zugfenster aus sahen die Kinder zwei Kängurus neben den Gleisen herspringen und waren völlig aus dem Häuschen. Wer konnte ahnen, dass es auf unserer Farm nur so von ihnen wimmelt?

Patrick, der Farmbesitzer, erteilte uns klare Anweisungen, bevor er, seine beiden Kinder im Teenageralter, Frida und Jeff, sowie seine Frau Debbie in den Urlaub aufbrachen.

»Zweimal am Tag müsst ihr mit dem Jeep kreuz und quer über die Felder fahren und die Kängurus vertreiben. Die fressen mir sonst alle Triebe und Saatkörner weg. Falls es zu Bränden hier oder in der Nachbarschaft kommt, steht dort drüben in der Maschinenhalle der Feuerwehrwagen, ich zeige euch gleich, wie er funktioniert.«

»Ihr habt eine eigene Feuerwehr auf dem Grundstück?«, fragte ich entgeistert.

»Natürlich! Joe, Frieder, kommt mit, jetzt wird ordentlich Krach gemacht, wir fahren 'ne Runde«, sagte Patrick.

Fünf Minuten später fuhr ein großer Feuerwehreinsatzwagen mit Sirene und Lichthupe samt Chris, Joe und Frieder im Kreis um das Farmhaus herum.

»Hast du verstanden, wie das alles funktioniert mit dem Feuerwehreinsatzwagen?«, fragte ich Chris am Abend, nachdem Patrick und seine Familie abgereist waren.

»Ich hoffe«, antwortete Chris.

Im Dorf drehen sich die Bewohner nach uns um. Nicht argwöhnisch, eher zurückhaltend interessiert. Fremde Gesichter sieht man hier anscheinend selten, das Dorf wirkt fast ausgestorben.

Bei diesem Aufenthalt gibt es auch über einen eventuellen Brandeinsatz hinaus eine ganze Menge zu tun: Die Hühner müssen gefüttert, das schwangere Pferd mit Namen Peaches gepflegt und bewegt, die Hunde Penny und Tiger gefüttert und mit Medizin versorgt, die Schafe eingetrieben, die Kängurus verscheucht und die Pflanzen gegossen werden. Jeden zweiten Tag schaut der Tierarzt nach Peaches. »Hoffentlich kriegt Peaches das Fohlen nicht ausgerechnet dann, wenn wir hier allein mit ihr sind«, denke ich. Penny, die Irish-Red-Setter-Hündin, macht mir ebenfalls Sorgen. 15 Jahre ist sie bereits alt. Ihre Augen schauen trübe drein, wenn die Kinder zärtlich ihre ergrauten Ohren kraulen oder sie müde ihrem Sohn Tiger nachsieht, der energiegeladen über die 40 000 Hektar der Stevenson-Farm springt, während sie bei der Gassirunde nach wenigen hundert Metern stehen bleibt. Ihre Medizin nimmt sie artig zu sich, doch gegen das Alter ist kein Kraut gewachsen. Ein noch nicht geborenes Fohlen, ein noch nicht gestorbener, alter Hund – Leben und Tod liegen hier nah beisammen.

Wir haben Glück, weder baut Penny ab noch erblickt das Fohlen bislang das Licht der Welt. Während ich der alten Hündin den Nacken kraule, denke ich, dass wir gerade sehr glücklich sind. Doch was ist überhaupt »Glück«?

Ist glücklich sein oder werden eine Fähigkeit, die man erlernen kann? Wenn ja, sollten wir damit früh anfangen! Der Spruch »Was Hänschen nicht lernt, lernt Hans nimmermehr« trifft sicher nicht auf alle Bereiche des Lebens zu, besonders in einer Zeit, in der wissenschaftliche Errungenschaften und Fähigkeiten ein immer kürzeres Haltbarkeitsdatum zu haben scheinen. Und doch steckt ein Funken Wahrheit darin. Kann man diese Lebensweisheit auch auf das Glücklichsein übertragen?

Glückliche Kinder wären demnach mit höherer Wahrscheinlichkeit auch als Erwachsene zufrieden. Oder anders herum: Wer als Kind nicht lernt glücklich zu sein, wird es schwerer haben, als Erwachsener sein Glück zu finden. War ich ein glückliches Kind? Ich denke schon. Aber was macht eine glückliche Kindheit aus? Dazu findet man zahlreiche Studien diverser Experten unterschiedlichster Disziplinen. Aber einen davon habe ich anscheinend vor der Nase sitzen. Frieder rührt gerade in der Küche Teig an. Es sind nur noch zehn Tage bis Weihnachten. Zeit zu backen! Ich fülle Pennys Futterschale auf und widme mich unserem Jüngsten. Als wir gemeinsam über der Teigschüssel lehnen, während Joe sich nur einen teigbeschmierten Quirl geschnappt und damit aus dem Staub gemacht hat, frage ich Frieder gedankenverloren:

»Was denkst du macht eigentlich eine glückliche Kindheit aus?«

Ehrlich gesagt rechne ich mit gar keiner Antwort, da die Frage relativ verquer und kopflastig für einen Dreijährigen daherkommen muss. Schnell werde ich eines Besseren belehrt.

»Mit euch in der Natur sein, das ist Glück.«

Aha. Auch wenn hier das Sein sicher das Bewusstsein bestimmt, bin ich beeindruckt von der Weisheit, die in seiner Aussage liegt. Gemeinsam. Natur. Glück.

Mit dieser Einschätzung steht er nicht allein da, viele Philosophen und Völker teilen diese Sicht. »In der Natur fühlen wir uns so wohl, weil sie kein Urteil über uns hat«, schrieb Nietzsche zum Beispiel. Die Sehnsucht danach, Natur zu erleben, in ihr zu baden, von ihr angenommen zu werden, in ihr aufzugehen, eins zu werden mit ihr, scheint dem Menschen immanent zu sein.

Doch das ist nur die eine Seite der Medaille. Die andere ist der soziale Kontext. »Mit euch sein« – zum Glück gehören mehr als nur man selbst. Um glücklich zu sein, muss ein Kind spüren, dass es um seiner selbst willen geliebt wird – nicht wegen seiner Kenntnisse und Fähigkeiten. Einfach nur, weil es da ist. Wie wohl die allermeisten Eltern lieben wir unsere Kinder sehr. Aber es liegt an uns, sie auch spüren zu lassen, dass sie geliebt werden, weil sie einfach nur so sind, wie sie sind, also mit all ihren nervigen Ticks, Wutausbrüchen, Unhöflichkeiten, Schnodder, Defiziten, ihrer möglichen Durchschnittlichkeit und Gewöhnlichkeit, und eben nicht anders.

Ich bin immer selbstverständlich davon ausgegangen, dass ich die Kinder bedingungslos liebe, bis mir auffiel, wie unangenehm es mir war, wenn sie kein Interesse an dem kleinen Prinzen, dafür aber an *Paw Patrol* und *Bob der Baumeister* hatten, ins Bett machten, mich anschrien vor Freunden, ein Krickelkrakel-Bild malten, als andere schon Einhörner und Feuerwehrautos zeichneten, sich ein iPad zu Weihnachten wünschten oder als der Große den Kleinen besserwisserisch auslachte, es gebe doch gar kein Christkind (dabei glaubt er insgeheim selbst noch daran!). All diese Dinge machen meine Kinder nicht unbedingt sympathischer. Aber menschlich.

Wir alle wissen um unsere eigenen Fehler – warum gestehen wir unseren Kindern so selten Fehler zu? Warum müssen unsere Kinder auf Teufel komm raus etwas Besonderes sein oder werden? Ist »besonders« in unserer heutigen Zeit das neue »glücklich«? Wir alle wissen um unser eigenes Mittelmaß – warum sind wir überrascht und wollen nicht wahrhaben, dass auch unsere Kinder »nur« mittelmäßig sind?

Ich erinnere mich noch gut daran, als Joe drei Jahre alt war und wir gemeinsam Weihnachtsplätzchen backten. Er war so aufgeregt – Joe liebte die Küche und mochte es sehr, Zutaten zusammenzupanschen! Schon beim Anrühren des Teigs war ich latent genervt.

»Lass mich das mal machen«, sagte ich und zog die Schüssel von ihm weg, nachdem die ersten zwei Eier und das Mehl zur Hälfte auf dem Fußboden gelandet waren.

Er ließ mich gewähren. Danach ging es ans Ausstechen. Auch das ging ihm nicht gut von der Hand. Der Teig war viel zu klebrig, blieb ständig an den Ausstechern kleben und so glichen Joes Plätzen am Ende eher hässlichen Teigklumpen statt Engeln, Tannenbäumen oder Sternen.

»Soll die Mama dir mal helfen, damit das schön wird, ja?«, fragte ich, wartete die Antwort aber nicht ab, sondern zupfte an den Teigstücken herum, um sie in Form zu bringen.

»He, lass das, das ist mein Rentier!«, schrie er auf.

»Das ist doch kein Rentier«, antwortete ich, »das wird aber noch eins, das verspreche ich dir!«

Mich packte der Ehrgeiz und schwuppdiwupp entstand ein elegantes Rentier mit Geweih, nur leider war es nicht seins – sondern meins.

Diese Szene fällt mir nun Jahre später wieder ein, jetzt, wo ich auf einer Schaffarm im Osten Australiens sitze und mit Frieder bei knapp 40 Grad Celsius Plätzchen backe. Joe hatte dazu keine Lust. Ist das mein Fehler? Vielleicht. Es ist schmerzlich. Aber Fehler machen ist menschlich. Für uns wie für unsere Kinder. Nur lernen können wir. Gemeinsam. Frieder wurschtelt an einem Teigklumpen herum.

»Was ist das?«, frage ich.

»Ein Weihnachtsschaf!«, antwortet er stolz.

»Toll!«, antworte ich.

»Ist noch Teig da? Kann ich doch noch mitmachen?«, erklingt es aus dem Flur.

Es ist Joe. Ich freue mich.

»Gerne, schön, dass du da bist.«

Nach dem Backen streifen beide stundenlang über die Felder, später singen sie im hauseigenen Pool bei strahlend blauem Himmel »Schneeflöckchen, Weißröckchen«. Ganz schön anders als der Dezember in heimatlichen Gefilden. Gerade in der Weihnachtszeit werde ich etwas sentimentaler. Und die Hormone tun wahrscheinlich ihr Übriges.

Manchmal vermissen wir auch einen geliebten Menschen, seien es liebe Freunde, meine Schwester, die Omas, die Opas oder einen Kindergartenkameraden. Ein Austausch über Tausende von Kilometern hinweg ist zwar möglich, gestaltet sich aber gerade mit Kindern mitunter als schwierig, die Zeitverschiebung kommt erschwerend hinzu, nicht immer kann man einfach durchklingeln. Kontakte werden über die Monate loser. Wie gehen die Kinder mit dem Gefühl des Vermissens um?

»Heimweh habe ich nur, wenn ich mit jemandem von zu Hause spreche«, sagt Joe. Es wäre also ein Einfaches, seinen Kontakt mit der Heimat zu kappen. Aber das ist keine Lösung für uns. Wir wollen nicht, dass die Kinder nach einem Jahr anschlusslos nach Hause kommen, daher skypen wir regelmäßig, selbst wenn der Kreis derjenigen, die wir und die uns anrufen, denen wir Karten schicken und an die wir denken, mit der Zeit kleiner wird. Die Heimat verlieren wir nicht aus dem Blick. Täglich reden wir über zu Hause, über die Familie, die Freunde, unser altes Leben, unsere sich verändernde Perspektive.

Gerade die Großeltern leiden jedoch unter der geringeren Frequenz und Intensität des Austauschs, sie vermissen insbesondere ihre Enkelkinder. Verständlicherweise. Meinen Eltern missfiel das Reisevorhaben deshalb schon von dem Moment an, als wir die Idee der »Wir-Zeit« vor mittlerweile knapp zwei Jahren am sonntäglichen Frühstückstisch zum ersten Mal preisgaben. Auch im Anschluss tauchte häufiger die Mutmaßung auf: Was taten wir Joe und Frieder mit diesem Unterfangen nur an und – viel schlimmer! – was taten wir ihnen, den Großeltern nur an? Die Entscheidung für die Wir-Zeit wurde von ihnen auch gewertet als eine Entscheidung gegen die Großeltern.

Auch wurmte meine Eltern vermutlich mein befürchteter Karriereknick. Ein Jahr aussteigen, das konnte doch nur das berufliche Ende bedeuten, der Ruin, die Bankrotterklärung. Und dass wir uns trotz aller für sie so eindeutig überwiegenden Nachteile der Reise dennoch dafür entschieden hatten, das war eine bittere Pille, die es erst einmal zu schlucken galt. Ich würde nicht so weit gehen zu sagen, dass sie die Unternehmung vor der Abreise sabotierten, aber insgeheim hofften sie sicher bis zuletzt auf eine späte Einsicht oder auf ein kleines Wunder. Und selbstredend war es hart zu sehen, wie meine Eltern litten.

»Es gibt doch Whatsapp-Video und Facetime, Papa«, munterte ich meinen Vater kurz vor Reisebeginn auf.

»Nein, da sehe ich immer alt und hässlich drauf aus, diese Technik lehne ich ab«, raunzte er mich an.

Zwar blieben wir durchweg bis heute in Kontakt, jedoch war der Austausch anfangs ungewohnt sachlich und faktenorientiert.

»Gut angekommen?«

»Ja.«

»Wie geht's den Kindern?«

»Gut.«

Ich hatte fast den Eindruck, mein Vater wollte uns, auch wenn wir längst nicht mehr da waren, spüren lassen, dass er mit der Entscheidung nicht einverstanden war. Männer zeigen ihre Verletzlichkeit bei Zeiten immer noch in etwas verquerer Form. Aber am Ende steht immer die Liebe. Und selbst sture Großeltern können ihre Meinung mit der Zeit noch ändern.

Der frische Blick auf Zuhause aus der Ferne ist für uns nicht nur im Kleinen bereichernd, also im Hinblick auf unsere Familie und unser unmittelbares Umfeld, sondern auch im Großen mit Blick auf gesellschaftliche Fragen. Durch das Kennenlernen anderer Kulturen und Gesellschaften werden wir angeregt, über unsere eigene Herkunft, Vergangenheit, das Erlernte, das Erfahrene nachzudenken. Warum kommen so viele Länder, zum Beispiel Kanada, ohne Schulpflicht aus und sind deutlich entspannter im Umgang mit alternativen Optionen wie Homeschooling? Ist die deutsche Arbeitsethik (süffisant überspitzt: Wer viel arbeitet, ist viel wert) ein akutes Hindernis für eine progressivere, kreativere, feministischere Familien- und Wirtschaftspolitik? Ist es lächerlich, in Kitas und Schulen eine Diskussion über ein »Indianer-Kostüm« zu führen, oder ist diese Debatte notwendig, wenn man aus erster Hand erfährt, wie diskriminierend und verletzend derartige Begrifflichkeiten und Zerrbilder für die indigenen Völker Australiens, Neuseelands oder Nordamerikas sind? Was macht das mit unseren Söhnen, wenn sie in Los Angeles eine kilometerlange Zeltlandschaft am Straßenrand sehen und ich den Kopf schüttele, wenn sie mich fragen, ob dies der Campingplatz sei? Diese Erfahrungen werden unsere Kinder prägen, davon bin ich fest überzeugt. Und selbst wenn sie sich nicht im Einzelnen an das Erlebte erinnern können, so bin ich mir sicher, dass es ihre Persönlichkeit unterbewusst formt, ihre Wachsamkeit schärft und ihre Empathie beleben und auch das Band untereinander stärken wird. Vor der Abreise waren sie Brüder. Erst auf Reisen sind sie Freunde geworden. Verbündete fürs ganze Leben? Hoffentlich.

Der alte Jeep aus den 1980ern, mit dem wir täglich über die Felder der Stevenson-Farm fahren, um die Schafe einzutreiben und die Kängurus zu verscheuchen, die hier als Plage gelten, hat weder Nummernschild noch Fenster. Wenn ich einsteige, muss ich die unzähligen Spinnennetze ausblenden, die im Innenraum aus den Ecken hervorblitzen. Auch klammere ich bewusst den Artikel aus, den ich einmal über die giftige Trichternetz- (Funnel-Web) und die Rotrückenspinne (Redback) gelesen habe, die sich gern in menschlichen Behausungen aufhalten. Patrick hat selbst zwei Kinder – wenn es gefährlich wäre, mit dem Jeep zu fahren, hätte er es uns wissen lassen. Die Fahrten über das weite Land sind Lohn genug für jedwede Überwindung. Man kann eine ganze Stunde über die Felder brausen, ohne das Ende des Grundstücks zu erreichen. Oft scheuchen wir in entlegenen Flecken und Weilern zwischen den Feldern versehentlich Hunderte von bunten Wellensittichen oder weißen Kakadus auf, die sich im Schatten ausruhten. Die Kängurusippen sind unfassbar schnell, mit dem Jeep ist man ihnen gegenüber chancenlos, aber immerhin kann man ihnen klarmachen, dass sie besser wieder über den Zaun hüpfen sollten, als sich hier häuslich einzurichten.

Bestürzt finden wir auf unseren Touren an drei aufeinanderfolgenden Tagen jeweils ein totes Schaf. Sie scheinen nicht durch Fremdeinwirkung gestorben zu sein, doch unsere höchst laienhafte Tatortbegehung ist sicher nicht wasserfest.

»Ich rufe besser mal Jack an, den Nachbarsbauern, und frage, was er über das Schafsterben denkt. Und ob wir Patrick wohl besser darüber informieren sollten«, überlegt Chris.

Ich stimme ihm zu. Nach dem Telefonat kommt er erleichtert aus dem Haus zurück und sagt:

»Jack meint, bei ein paar Tausend Schafen sterbe immer mal eins, das sei ganz normal. Und wenn wir zu viele Kängurus sähen, sollten wir ihm Bescheid sagen, er wolle sie dann abschießen.«

»Lieber Himmel, auf keinen Fall«, entgegne ich entsetzt.

Für die Australier hat das von uns Europäern angehimmelte Känguru eher einen Kanalratten-Status. Auch ein Känguru-Steak, das bei uns zu Hause in manchem Feinschmeckergeschäft angeboten wird, würden viele waschechte Australier verschmähen. Verkehrte Welt.

Die Kinder springen an diesem Morgen erst einmal beherzt in den Pool. Während Chris die einstündige Pflanzenbewässerungstour startet, räume ich den Frühstückstisch ab. Die Kinder planschen und juchzen.

»Mama, bringst du uns mal die Tauchringe?«, schreit Joe herüber.

Mir liegt ein »Wie heißt das Zauberwörtchen?« auf den Lippen, aber ich verkneife es mir. »Pick your battles« würde Rosemary, die kluge pensionierte Lehrerin aus Campbell River dazu sagen. Wähle deine Kämpfe weise. Recht hat sie. Schon tapse ich herüber und werfe die Reifen ins glitzernde Nass. Da entdecke ich am Schwimmbadboden ein etwa 15 Zentimeter langes Stöckchen. Ein langer Nagel? Ein Halm? Ein Getier!?

»Komisch, da liegt doch etwas im Wasser. Achtung, Kinder, geht mal einen Schritt von der Stelle dort am Rand weg, ich fische dieses Etwas mal raus.«

Ungelenk wurschtele ich mit dem Laubnetz im Wasser herum, bis mir der Fang endlich ins Netz geht. Am Beckenrand schütte ich das Netz aus und zum Vorschein kommt eine Art Riesen-Tausendfüßler.

»Wie eklig!«, ruft Joe.

»Wie niedlich«, sagt Frieder und nähert sich dem Vieh mit Zeigefinger und Daumen.

»Pfoten weg!«, fahre ich ihn an, »erst mal rausfinden, was dieses Dingsbums hier überhaupt ist.«

Schnell finde ich Antwort im Netz. Ach so! Ein extrem gefährlicher Centipede, ein aggressiver, flinker Hundertfüßler, dessen Biss zu Blutvergiftung, Nekrose, Herzrhythmusstörungen bis hin zum Tod führen kann!

»Weg, Jungs!«, schreie ich und hacke mit dem Laubnetz wie wild auf dem Tier herum, bis es in seine hundert einzelnen Glieder zerfällt. Ich vermute, der Wurm war eh schon ertrunken, aber man weiß ja nie!

»Oh, der arme Wurm«, sagt Frieder bestürzt.

»In diesem Fall bin ich ganz bei Joe: ein ekliges Vieh!«

Wie naiv wir als Eltern manchmal in Gefahren hineinschliddern.

Unglaublich. Am Mittag rufe ich Patrick an und erkundige mich nach weiteren Gefahrenquellen aus dem Tierreich. Besser spät als nie!

»Ja klar, das ist nicht der englische Garten, hier gibt es Trichternetzspinnen, Braunschlangen, Riesenameisen und so weiter. Aber in der Regel passiert nichts, keine Sorge.«

Trichternetzspinnen, hab ich's doch geahnt. Logo, immer locker bleiben. Dennoch, nach diesem Telefonat kriegen mich oder meine Kinder keine zehn Pferde mehr in dieses Spinnweben-Auto, Wellensittiche und Kängurus hin oder her.

Am Nachmittag des 23. Dezembers machen wir uns für die kleine Kirche fertig, die vor Jahrzehnten mitten im Busch eine halbe Autostunde entfernt erbaut wurde und in der die benachbarten Farmer heute, einen Tag vor dem Heiligen Abend, zusammenkommen. Einen eigenen Pfarrer hat die Gemeinde nicht, dafür ist sie zu klein. Glücklicherweise hat aber ein Pfarrer aus der entfernten Stadt Wagga Wagga den langen Weg auf sich genommen. Am 24. Dezember hätte er dafür keine Zeit gehabt, die eigene Gemeinde braucht ihn da. Im Outback muss man flexibel sein. Sogar ein kleines Krippenspiel wird von den Kindern des Dorfes vorgetragen, sodass auch unsere Kinder Spaß an dem englischsprachigen Gottesdienst haben. Im Anschluss wird selbst gemachtes Gebäck gereicht und Tee getrunken, eine Kinder-Rasselbande spielt draußen auf dem Hof. Hier in der Gemeinde hat man sich inzwischen an unseren Anblick gewöhnt, die Einwohner sind uns gegenüber recht aufgeschlossen, sie kommen auf uns zu, fragen, wie es uns denn gehe und wie wir zurechtkämen. Die Australier, denen wir hier und in den kommenden Wochen begegnen, sind sehr herzlich und offen. Nach dem Gottesdienst werden wir spontan für den 24. und den 25. Dezember zum großen Weihnachtsschmaus auf den beiden Nachbarfarmen eingeladen. Dankend nehmen wir an.

Und dann ist es so weit: Weihnachten. Unser erstes Weihnachten zu viert, ohne die erweiterte Familie – werden wir nächstes Jahr zu fünf unter dem Weihnachtsbaum tanzen? Morgens schauen die Kinder aus dem Fenster, ob nicht doch Schnee gefallen ist. Man kann ja nie wissen! Die Sonne des australischen Hochsommers macht ihnen einen Strich durch die Rechnung.

»Immerhin kein Regen, das wäre noch schlimmer«, sagt Joe bemüht pragmatisch.

»Wie kommt das Christkind denn eigentlich hier runter, so ganz ohne Schnee und Schlitten?«, fragt Frieder.

»Das kann doch selbst fliegen, du Dussel«, antwortet Joe.

»Ah, zum Glück!«, sagt Frieder erleichtert.

Noch nie habe ich Weihnachten fern von meiner Heimat verbracht. Und schon gar nicht mit einem pinken Plastikweihnachtsbaum, den uns Debbie freundlicherweise vor der Abreise zur Verfügung gestellt hat.

»Oh, ist der schön!« Frieder strahlt.

Joe ist eher skeptisch.

»Mama, meinst du, der ist echt?«

»Hm. Was meinst du denn?«

»Wer weiß, vielleicht wachsen in Australien pinke Glitzertannen … kann ja alles sein.«

Ich lasse sein Wunschdenken an dieser Stelle einfach mal unkommentiert stehen. Aus Kindersicht ist vieles ganz selbstverständlich und nicht so kompliziert wie für uns Erwachsene. Das ist auch gut so. Geschenke suchen die Kinder allerdings noch vergeblich unter dem Baum. Zunächst machen wir uns auf, um der Einladung auf Jeffs Farm Folge zu leisten. Dort erleben wir einen sehr familiären Weihnachtsschmaus. Sogar an kleine Geschenke für die Jungs ist gedacht worden. Wir werden warmherzig integriert und sitzen gemeinsam mit Opa, Oma und Tanten an der langen Familientafel, die sich biegt vor herzhaften Torten (zum Beispiel Pumpkin Pie), Braten und Nachspeisen aller Art. Hätten wir eine vollkommen fremde Familie zu unserem Weihnachtsfest zu Hause jemals eingeladen? Vermutlich nicht. Vielleicht hat sich aber auch einfach noch nie die Gelegenheit dazu ergeben? Oder muss man das Schicksal ein Stück weit selbst in die Hand nehmen, um Gutes zu tun?

In meinem Elternhaus war das so. Regelmäßig luden meine Eltern einsame Studenten meines Vaters oder alleinstehende Freunde und Freundinnen meiner Großmutter ohne familiären Anschluss zu unserem Weihnachtsfest ein. Ich hasste es als Kind, diese für mich weitestgehend fremden Menschen zu beherbergen, fühlte mich von ihnen in unserer wohligen

Intimität gestört, denn, wie meine Urgroßmutter den Erzählungen nach zu sagen pflegte: »Schöne tun strengt an!« Aber jetzt, mit einigen Jahren Abstand, sehe ich überraschend mit Stolz zurück auf den Einsatz meiner Eltern. Wie konnte ich das über so viele Jahre vergessen? In diesem Augenblick vermisse ich sie, sehr sogar.

Als wir wieder zur Stevenson-Farm kommen, finden die Kinder kleine Geschenke unter der pinken Tanne. Nach der bescheidenen Bescherung klingele ich bei meinen Eltern durch.

»Frohe Weihnachten!«, rufe ich.

»Frohe Weihnachten, meine Süße«, sagt meine Mutter am anderen Ende der Leitung. »Wie schön, euch zu hören. Wie geht es dir? Was macht das Baby? Dein Vater hat sich beruhigt, natürlich freuen wir uns auf das nächste Enkelchen!«

Ich bin erleichtert. Ja, was macht das Baby eigentlich? Ich fühle mich rundum wohl. Noch sieht man nichts, aber langsam nähere ich mich dem Ende des ersten Trimesters. Ein Screening in Sydney habe ich schon vor einigen Wochen vereinbart. Es ist ein besonderes Weihnachten, in jeder Hinsicht. Später telefonieren auch Joe und Frieder glücklich glucksend mit den Großeltern und bedanken sich für die Geschenke. Die Oma hatte ein kleines Paket um den halben Erdball geschickt und es ist tatsächlich pünktlich am 23. Dezember auf dem Postamt von Lockhart eingetroffen. Oh, was haben die Kinder sich gefreut! Vollmilch-Nikoläuse, Lebkuchen, zwei schöne Bücher, neue Stifte, für jeden ein neues Paar Socken. Vom Christkind gab es jeweils ein selbst genähtes und sehnlichst gewünschtes Wild-West-Kostüm, ein Schleichtier, eine kleine Angel. Das war's. Jeder Gegenstand wird im Detail begutachtet. Unglaublich, wenn ich dieses relativ bescheidene Weihnachtsfest mit dem des letzten Jahres vergleiche, an dem wir dreimal so viele Geschenke unter den Weihnachtsbaum stopften. Aber selbst, wenn wir wollten – wo sollten wir die Kisten und Spielsachen verstauen? Wir können nur so viel Besitz anhäufen, wie wir vier tragen können. Mit dieser Daumenregel lässt es sich erstaunlich gut leben.

Nach der Bescherung und dem gemeinsamen Abendessen springen wir vier mitsamt unseren Weihnachtsmützen in den Pool. Bei lauter Weihnachtsbeschallung singen wir mit und planschen im Wasser bis zum

Sonnenuntergang, der sich in den schillerndsten Rottönen über das Land legt. Merry Christmas.

An Silvester verabschieden wir uns von den Stevensons und brechen mit gepackten Rucksäcken und Trolley auf nach Sydney. Zum Glück haben Penny, die alte und hilfsbedürftige Hündin, und Peaches, die Stute, durchgehalten. Beiden geht es gut und vor allem: Keine Hausgeburt mit Chris und mir als Veterinärmedizinern!

In das neue Jahr hinein feiern wir fernab des Trubels in einer ruhigeren Ecke von Bondi Beach, einem Vorort Sydneys, wo wir den scheuen Kater Rino betreuen, mit Luftschlangen, Partyhüten, Tröten und Limonade. Was das neue Jahr alles bringen mag? Vor allen Dingen viel Neues, so viel steht fest!

Als wir nach ein paar Tagen unsere Sachen zusammensuchen, stelle ich fest, dass wir inzwischen ziemlich professionell sind, was das Packen betrifft. Jeder Gegenstand in den Reiserucksäcken wird immer wieder auf seine Notwendigkeit hin überprüft. Schon in Amerika merkten wir schnell: einfach zu viel »Pröll« drin. Die Reiseapotheke musste ausgedünnt werden (nein, man braucht kein prophylaktisches Anti-Malaria-Produkt für vier Personen in Kanada oder Australien!). Mein Schminkzeug (Mascara, Lippenstift, Eyeliner, Rouge – hatte ich allen Ernstes bei Antritt der Reise noch gedacht, für diesen Kram unterwegs Verwendung zu finden?!) war gemeinsam mit unnötigem Campingkram, den man uns in Deutschland aufgeschwatzt hatte, schon vor Monaten in einer »For Free«-Kiste am Straßenrand gelandet.

Dagegen haben sich andere Utensilien als überraschend vorteilhaft erwiesen. So kommt zum Beispiel die überdimensional große Tüte eines einschlägigen Einrichtungshauses ständig zum Einsatz, sei es hinten am Buggy hängend auf dem Weg zum Waschsalon, zum Holzsammeln oder beim Einkaufen. Auch das Nähset meiner Mama, das wir in letzter Minute vor Abreise in unseren 60-Liter-Rucksäcken verstauten, brauchen wir erstaunlich oft! Zu Hause hatte ich mich immer gefragt, wer diese Relikte aus einer Zeit, in der man Löcher stopfte und Flicken aufnähte, überhaupt noch nutzte. Uns hätte nie der Sinn danach gestanden, waren doch der nächste Wühltisch, das nächste Kaufhaus oder die nächste Versandhandel-Website nur einen Klick entfernt. Ohne festen Wohnsitz und Ortskenntnisse ist das nicht so einfach – und auch nicht mehr von uns erwünscht. Da wir nur sehr wenige Kleidungsstücke dabeihaben und uns selten in Städten aufhalten, in denen jederzeit alles ersetzt werden kann, müssen wir immer wieder mal eine Naht schließen oder einen abgerissenen Knopf annähen, wenn wir nicht auf ein essenzielles und lieb gewonnenes Kleidungsstück auf unabsehbare Zeit verzichten wollen. Jetzt weiß ich meine rudimentären Handarbeitskenntnisse, die mir meine Mutter beigebracht hat, sehr zu schätzen. Auch Joe lernt, seine Socken zu stopfen und zerrissene Hosen zu nähen. Und wenn gar nichts mehr geht, dann wird improvisiert: Aus der ausgeleierten Boxershorts der Jungs wird mit wenigen Stichen ein Stirnband für die immer länger werdenden Haare. Aus der Not wird hier also eine Tugend. Es fühlt sich überraschend gut an, nicht alles neu zu kaufen. Nie wurde mir so bewusst, wie stark unser Konsumverhalten vom Kontext abhängt.

Wenn eine Hose oder ein Hemd wirklich nicht mehr zu retten ist oder Joe schlicht aus einem Kleidungsstück herausgewachsen ist, dann besorgen wir uns für wenige Cent Ersatz in Secondhand-Läden oder in gemeinnützigen Geschäften der Heilsarmee. Manchmal erinnern mich dieser Lifestyle und unser neues, altes Denken an unsere Studentenzeit. Sind wir in den letzten Jahren von unserem Weg abgekommen? Vielleicht. Nur – warum?

»Das Reisen führt uns zu uns selbst zurück«, hat Camus einmal geschrieben. Jetzt erst glaube ich zu verstehen, was er damit gemeint hat.

Nur: Wer kann sich so eine Reise überhaupt leisten? Für zahlreiche Familien ist die soziale und finanzielle Unsicherheit, die eine gemeinsame Auszeit mit sich bringt, das Ausschlusskriterium per se. Auch wir mussten über Jahre Geld zurücklegen, um diese Idee in die Realität umzusetzen. Ein riesiger Kostenblock sind vor allem die Flüge. Heute denke ich: Wir hätten gar nicht einmal um den Erdball fliegen müssen, sondern hätten uns ebenso gut mit dem Zug, dem Bus oder gar den Fahrrädern ins Abenteuer stürzen können. Erst jetzt wird mir klar: Es geht nicht um das Ziel, das ist vollkommen sekundär; es geht um das gemeinsame Zurücklegen des Weges. Um die Wertschätzung des anderen, kleinen Menschen neben mir, dem ich meine Zeit und volle Aufmerksamkeit widme. Sollten wir noch einmal ein solches Wagnis eingehen, werden wir sicher noch viel langsamer reisen wollen. Erst auf Reisen lernen wir: Weniger ist mehr. Darüber hinaus gibt es viele kreative Wege, die die Kosten der Reise senken, und von denen wir nur einen Bruchteil genutzt haben. Etwa die Hälfte unserer Aufenthalte im Rahmen dieser Auszeit ist, bedingt durch Mitarbeit auf den Farmen oder die Tierbetreuung, kostenfrei. Dadurch bleiben unsere Ausgaben im Durchschnitt zumindest vergleichbar mit denen zu Hause. In der Zukunft könnte uns vielleicht die virtuelle Arbeit neue Möglichkeiten eröffnen. Vom Homeoffice ist es nur ein kleiner Schritt zum Travel-Office. Wo ein Wille ist, ist nicht immer ein Weg, aber vielleicht gibt es alternativ Gänge und Pfade, die es zu erkunden lohnt?

Sicherheit, Bausparvertrag, Eigenheim, geregeltes Einkommen – all diese Realitäten (oder Illusionen?) sind für mich im Moment in weite Ferne gerückt, eine Rückkehr in den bekannten Alltag erscheint mir schwer vorstellbar. Wer hätte das gedacht? Wir sind nie die großen Selbstversorger, Landeier, Öko-Naturburschen gewesen und finden plötzlich Gefallen daran.

Von meiner Erkältung in Japan einmal abgesehen, ist seit sechs Monaten keiner von uns erkrankt, nicht ein Husten oder Schnupfen hat sich bislang eingeschlichen. Auch Joes Haut ist erstaunlich stabil. Er, der in der Heimat arg unter Neurodermitis, Allergien und Asthma litt, ist seit unserer Abreise weitestgehend schubfrei. Wie gebeutelt die Haut und die Lunge unseres Kindes vor der Reise waren! Das Immunsystem wurde mit Hilfe von Tabletten ausgetrickst, die Haut mit diversen Cremes und Salben bearbeitet, die Lunge mit Kortison ruhiggestellt, es gab regelmäßige Krankenhaus- und Notaufnahmeaufenthalte und, und, und. Die Vorstellung, ein ganzes Jahr ohne Winter, und damit hoffentlich frei von Lungenentzündung oder chronischer Bronchitis zu erleben, war für uns eine der großen Hoffnungen. Wissenschaftlich ist nicht klar definiert, wie stark die Psyche in Krankheiten wie Neurodermitis und Asthma hineinspielt, aber dass Stress kontraproduktiv wirkt, darüber herrscht Konsens. Und Joe hat auf Reisen vieles – aber sicherlich keinen Stress. Erst durch die Reise haben wir gelernt, dass es nicht nur um eine Auszeit von unserem Erwachsenen-Stress geht, sondern dass diese Wir-Zeit ebenso wichtig ist, um den Stress von den Schultern und der Seele der Kinder zu nehmen. Sechs Monate lang haben Joes Lunge und Haut bisher durchgehalten, Kraft getankt, geatmet, sich erholt. Und wir auch. Alle vier. Gemeinsam. Welch ein Geschenk!

Chris hat mir zum Geburtstag einen Besuch in der berühmten Oper Sydneys geschenkt – ein Erlebnis, das ich mir schon immer gewünscht habe! Als ich beschwingt und aufgekratzt in den Bus von Bondi Beach in die Innenstadt steige, weiß ich nicht, ob die Aufregung von dem bevorstehenden Opernbesuch herrührt oder von der Tatsache, dass ich zum ersten Mal seit über sechs Monaten etwas allein unternehme. Lieber wäre ich mit Chris zusammen ausgegangen, aber wer passt dann auf die Kinder auf? Ein Jahr auf jedwede Betreuung und Unterstützung zu verzichten, sei es durch Großeltern, Babysitter oder Einrichtungen wie Schule oder Kindergarten, ist manchmal wahrlich eine Herausforderung. Und als das Licht gedimmt wird und die Celli und Geigen erklingen, genieße ich diese Ich-Zeit in vollen Zügen. Aber kaum verlasse ich die Oper, vermisse ich die Rasselbande schon wieder, so sehr habe ich mich an die pausenlose Anwesenheit der anderen Familienmitglieder gewöhnt. Unglaublich, dass noch vor kurzer Zeit regelmäßige Dienstreisen mit Übernachtungen für mich absolut normal waren. Zeit, wieder in den Bus zu steigen und zu ihnen zurückzufahren. Auch das Trimester-Screening am nächsten Tag verläuft reibungslos – Baby und Mama sind gesund! Und so sagen wir kurze Zeit später Kater Rino auf Wiedersehen und kehren Sydney den Rücken – Great Barrier Reef: Bald sind wir da!

Zunächst genießen wir die Fahrt auf der sogenannten Sunshine-Route entlang der australischen Ostküste und erfreuen uns an der Einsamkeit endlos langer Sandstrände. In Crowdy Beach lernen wir von Country-Sänger Ian, bei dem wir auf Empfehlung eines Freundes für einige Nächte unterkommen, das Didgeridoo-Spiel und bestaunen wilde Koala-Bären im angrenzenden Crowdy-Bay-Nationalpark. Australien gefällt uns vieren überraschend gut, hier wollen wir noch viel mehr Zeit verbringen. Tagtäglich scheint uns die Sonne auf den Bauch, es wird gebadet, getaucht und gepaddelt. Das Leben fühlt sich leicht und süß an und es gibt noch so viel mehr zu entdecken in diesem schier endlosen Land! Moment, war ich nicht diejenige, die im Vorhinein Australien gegenüber skeptisch eingestellt war? Zum Glück habe ich damals in Japan auf Chris gehört, als wir die nächsten Schritte planten. Lediglich die Tatsache, dass es überall kreucht und fleucht, ist mir nicht ganz geheuer. In der Nähe der nach unserem Geschmack viel zu wuseligen und in der australischen Hochsaison touristisch überlaufenden Byron Bay schlafen wir ein paar Nächte in einem urigen Baumhaus – bis uns eines Abends eine handtellergroße Huntsman-Spinne besucht, die an der Decke verharrt und mit der ich mich trotz Moskitonetz keinesfalls anfreunden mag. Dieses Mal verbringe ich lieber die Nacht im Mietauto als im Freien.

Schließlich erreichen wir die Gold Coast, wo wir den 6. Geburtstag unseres Wildfangs bei strahlendem Sonnenschein und mit selbst gebackener Torte in Coolum Beach feiern. Zum Geburtstag bekommt Joe einen Gutschein für einen Surf-Kurs, den wir gleich am nächsten Tag einlösen. Er verbringt den Vormittag begeistert auf dem Brett, während wir anderen drei uns ohne Surfbrett in den Wellen amüsieren. Mein Bauch wächst. Langsam ist es an der Zeit, den Kindern zu erzählen, dass wir in sechs Monaten Familienzuwachs erwarten. Nur wann ist der richtige Moment gekommen für derartige Neuigkeiten? Und wie werden sie die Nachricht aufnehmen? In einer Verschnaufpause am Strand nickt Chris mir aufmunternd zu. Los geht's.

»Stellt euch vor, im Sommer bekommen wir noch ein Baby!«, presche ich mutig vor.

Schweigen. Sekunden vergehen. In den Kinderköpfen rattert es. Endlich schaut Frieder auf und sagt:

»Oh wow! Morgen? Es ist doch Sommer!«

Stimmt auch wieder. Australischer Sommer.

»Also, ich meine, in einem halben Jahr«, füge ich hinzu, »ist noch ein bisschen Zeit bis dahin.«

»Find ich schön«, entgegnet Frieder lächelnd. »Noch jemand zum Spielen.«

Das ging also schon mal gut.

»Und was meinst du dazu?«, fragt Chris Joe, der weiterhin unbeteiligt an einer Matschburg arbeitet.

Kurz dreht er sich zu uns um und ruft:

»Ein Baby? Danke. Kein Bedarf.«

Eieiei. Begeisterung sieht anders aus. Da kommt in den nächsten Monaten noch Arbeit auf uns zu. Zum Glück haben wir Zeit.

Wenige Tage später nimmt unsere Reise eine unvorhergesehene Wendung. Denn je länger wir uns in Australien aufhalten, desto heißer wird es. In Peregian Beach, kurz vor der Küstenstadt Noosa, in der sich die Gutbetuchten der Ostküste tummeln, zeigt unser Thermometer knappe 50 Grad Celsius an. Diese Hitze entwickelt sich zu einem Problem. Irgendwann wird es Joes Haut zu bunt beziehungsweise zu heiß – sie implodiert. Extremtemperaturen haben sich in der Vergangenheit schon mehrfach als Trigger für Joes Atopie, also seine chronische Erkrankung von Haut und Lunge, herauskristallisiert. Die Hitze ist ein Nährboden für so ziemlich alles, was seiner Haut schadet: Bakterien, Pilze, Viren. Dann fehlt meist nur noch ein Funke – mal eine scheuernde Hose oder eine falsche Sonnencreme – und das Feuer ist eröffnet. So gut haben diese Organe durchgehalten über viele Monate. Aber den australischen Hochsommer-Temperaturen sind sie nicht gewachsen.

Es folgt: Familiärer Ausnahmezustand in Down Under. Ekzeme schießen wie Pilze hervor; trotz permanenten Eincremens wird der Zustand von Joes Haut zusehends schlechter, sie springt auf, entzündet sich. In dem vorherrschenden trockenen Klima, angefeuert durch Sand und Salz, die sich in die Risse und Furchen setzen, wollen sich die offenen Wunden nicht schließen, der Schub breitet sich wie ein Flächenbrand aus. Fieber kommt hinzu. Auch die Lunge beginnt zu rebellieren – Joes Immunsystem spielt verrückt und bekämpft einen unsichtbaren Feind. Stehen wir kurz vor der Einlieferung?

»So geht es nicht weiter«, sagt Chris, »das Kind leidet. Ich würde zu gern am Great Barrier Reef tauchen und später die Westküste erkunden, aber was nicht geht, geht eben nicht. Wir müssen hier weg.«

»Das sehe ich genauso. Sonst verbringen wir die nächsten Monate mehr in Arztpraxen und Kliniken als an Stränden oder in Nationalparks«, antworte ich.

Zwei Monate haben wir bisher in Australien verbracht. Auch meinen in Melbourne ansässigen Onkel Frank wollten wir eigentlich noch besuchen und uns von dort bis Perth durchschlagen. Pustekuchen.

»In Neuseeland sind es milde 20 Grad – lass uns Australien abbrechen und dahin ausweichen«, ergänzt Chris.

In der Sprache der Maori wird Neuseeland *Aotearoa*, »die lange weiße Wolke«, genannt. Diese Bezeichnung bezieht sich auf die Wolkenformationen über den neuseeländischen Inseln, die den polynesischen Seglern vor 700 Jahren halfen, das Land zu finden. Neuseeland ist weiter weg vom Äquator als Australien, was ein kühleres, milderes Klima zur Folge hat. Ein Blick auf das kratzende Kind neben mir sagt mir, dass es die richtige Entscheidung ist

Aotearoa – wir kommen.

Im Land der langen weißen Wolke

Eine Woche später. Eine kühle Brise weht mir ins Gesicht, fast fröstele ich. Milde 18 Grad. Ich höre Joes Glucksen im Spiel mit Raupe, sehe seine heilenden Wunden und denke: Es war die richtige Entscheidung, Australien schnellstmöglich zu verlassen.

Dabei war die Einreise nach Neuseeland alles andere als ein Kinderspiel. Kaum gelandet, fing uns in Christchurch am Flughafen gleich der Zoll ab. Vielleicht war es Zufall, vielleicht Schicksal. Vielleicht stieß ihm auch unser aktueller Flodder-Look ins Auge. Unsere Klamotten sind abgetragen und ausgebeult, unsere Schuhe rissig und löchrig. Der Rucksack verzeichnet aufgeplatzte Nähte, die Klappangeln sind an der linken Außenseite festgezurrt, auf der rechten Seite schauen zwei Kinderspaten heraus. Und selbst der hochwertige (und hochpreisige!) Koffer, den wir in Japan gekauft hatten, um meinen Rücken zu entlasten, ist schon arg ramponiert: Eine der beiden Schalen ist zentral gebrochen und wird notdürftig mit Paketband zusammengehalten.

Dennoch thronte, gut gelaunt wie fast immer, Frieder oben auf dem Rollkoffer – er liebt es, darauf durch die Gegend geschoben zu werden. Im Buggy, an und auf dem sich drei Rucksäcke, zwei aufgeblasene Kindersitze und mehrere Jacken türmten, schlief Joe.

Nach kurzem Blick auf uns, unseren Trolley, Buggy und die von uns zuvor ausgefüllte Zolldeklarationskarte sagte der diensthabende Beamte nüchtern:

»So, Sie haben angegeben, dass Sie keine Früchte, Tiere oder Samen zu deklarieren haben, korrekt?«

»Korrekt, Sir«, antwortete ich freundlich, doch innerlich müde und abgespannt.

Es war nach 22 Uhr, ein Reisetag mit Flug ist immer kräftezehrend, wir alle waren fertig.

»Und was ist das genau, was da aus ihrer Plastiktüte heraushängt, die dort an dem Gepäckwagen hängt?«, erwiderte der Beamte, ohne mit der Wimper zu zucken.

»Oh! Äh. Eine Banane ...«, antwortete Chris überrascht und kleinlaut zugleich.

Au Backe, und die Banane war nur die Spitze des Eisbergs. Hatten wir unser Gehirn in Australien gelassen?

»Kann ich diese Tüte bitte einmal näher untersuchen?«, fragte der Beamte.

Einen Moment später zog er zwei weitere verbeulte Bananen, einen angebissenen Apfel, ein geöffnetes Paket Mandeln und zwei aufgeplatzte, hart gekochte Eier aus dem Beutel.

»Und jetzt? Sie wissen schon, dass hier eine Strafgebühr von 1000 Dollar fällig ist? Warum deklarieren Sie das Zeug nicht? Haben Sie nicht die Informationstafeln gesehen?«

Durchaus berechtigte Fragen. Ich Dussel hatte doch gestern noch gelesen, dass die Einreisebestimmungen gerade in Neuseeland extrem streng sind.

»Entschuldigen Sie vielmals, wir sind auf Reisen, der Beutel beinhaltet unseren Proviant, den wir eigentlich im Flugzeug aufessen wollten, aber das Essen in der Air-New-Zealand-Maschine war erstaunlich gut. Wir haben nicht nachgedacht, großes Sorry«, sagte Chris sichtlich bemüht.

»Ich bin schwanger, da ist man manchmal etwas dement«, fügte ich säuselnd hinzu, während ich meinen Bauch herausstreckte und dem Beamten ein zauberhaftes Lächeln zuwarf.

Tausend Dollar wären für unsere Reisekasse ein herber Schlag. Im nächsten Moment fühlte ich mich schuldig, das Baby als Vorwand benutzt zu haben.

»Ich bin aber auch sonst ziemlich vergesslich«, ergänzte ich kleinlaut.

»Mama, ich muss mal«, hörte ich es hinter mir auf dem Rollkoffer piepsen.

»Ich auch, sofort! Sonst mach ich in die Hose«, ertönte es aus dem Buggy. »Was stehen wir hier so blöd rum? Kack Neufundland.«

Hervorragend, ein bestgelaunter Joe war aufgewacht. Ich betete derweil, der Zollbeamte möge keine deutschen Wurzeln haben und diese

Unverschämtheiten verstehen. Derweil blätterte dieser in aller Ruhe in unseren Reisepässen. Einige Stempel hatten sich darin angesammelt.

»So, so. Das sieht ganz nach einer Travel-Family aus«, sagte der Beamte schließlich. Dann betrachtete er uns, und plötzlich hellte sich sein ernstes Gesicht auf, als er hinzufügte: »Eine Weltreise will ich auch mal machen.«

Chris und ich atmeten auf.

»Ich drück noch mal ein Auge zu, aber beim nächsten Mal kann Sie das teuer zu stehen kommen. Willkommen in Christchurch und schönen Abend noch. Ach, und Jungs, die Toilette ist übrigens da drüben.«

Dann winkte er uns durch.

»Vielen Dank!«, entgegneten Chris und ich im Kanon.

Puh. Da waren wir noch einmal mit einem blauen Auge davongekommen!

Weltreisefamilie – was heißt das eigentlich? Kann ich mich mit dem Begriff überhaupt identifizieren? Manchmal klickte ich mich vor unserer Abreise aus Deutschland durch die teils inspirierenden, teils etwas zu polierten Instagram-Posts und paradiesischen Vlog-Snippets von Weltreisenden, die sich selbst und ihre Kinder zur Marke entwickelt haben. Mädchen in rosa Kleidchen mit akkuraten Flechtfrisuren auf Schaukeln in Bali, ein bildschönes Baby in einem Meer aus Blumen in einem dampfenden Waschzuber mit den schneebedeckten Rocky Mountains im Hintergrund, eine Schwangere im Lotussitz an einem Wasserfall inklusive Regenbogen auf Tahiti, ein gemeinsam in eine Decke eingekuscheltes Hipster-Pärchen bei Sonnenuntergang auf Kho Samui. Auf den Bildern fand ich nie ein heulendes Kind, einen grauen Himmel, ein eingenässtes Bettlaken oder faule Eier im Gepäck am Zoll. Je länger wir reisen, desto mehr bröckelt für mich die Schöne-Reisewelt-Fassade hinter vielen bunten Bildern im Netz, denn schnell wird für uns deutlich: Ja, es ist wunderbar, freigeistig durch die Welt zu schwirren. Aber mit einer Hochglanzwelt aus nicht enden wollender Reiseromantik und Wanderlust hat die Realität, gerade mit Kindern, nur peripher etwas zu tun. Niemand ist 24/7 happy, wir alle haben unsere »Ich raste gleich aus«-Phasen, jeder lässt Dampf ab – der ganz normale Familienwahnsinn eben, ob unterwegs oder daheim. Nein, wir sind keine Weltreise-Family mit Glanz, Gloria und Attitüde. Wir sind eine völlig normale Familie, die bereit war, Zeit und Geld zu investieren, um herauszufinden, was dieses Zusammensein mit uns macht.

In Christchurch, einer unbeugsamen, stolzen, aber durch verheerende Erdbeben (und mittlerweile auch durch die traurigen, traumatisierenden Anschläge auf zwei Moscheen 2019) gebeutelten Stadt im Osten der Südinsel Neuseelands, weihen uns die freundliche Lodge-Besitzerin Helen und ihr Mann Stephen, ein Blockhausbauer, in das 700-jährige Erbe der Maori und die Ansiedlungsgeschichte der Europäer ein. Wir lauschen gebannt ihren Erzählungen und politischen Einschätzungen zu der aktuellen Situation der Maori. Durch ihr einnehmendes Wesen helfen uns Helen und Stephen, uns einzufühlen in dieses wunderschöne, aber sozial gespaltene Land, und bringen uns das Schicksal der Menschen in dieser Region näher. Bei ihnen wohnen wir für einige Tage, bekleckern ihren Teppich mit Marmelade und verwandeln ihr Wohnzimmer in eine Legolandschaft. Denn sie sind so nett und stellen den Jungs bereitwillig die Spielsachen ihrer mittlerweile erwachsenen Söhne zur Verfügung: ein Goldschatz! Dabei erfahren wir auch viel über das Leben ihres Sohnes Paddy, der Kahurangi, eine Maori, geheiratet hat. Die beiden erwarten ein Kind und Helen ist voller Vorfreude. Leider lernen wir Kahurangi und Paddy nie kennen, dafür aber Max, Helens Zweitgeborenen. Max ist der Manager einer Boot-Charter-Gesellschaft. Er bietet uns an, uns auf eine Tour mit aufs Meer hinaus zu nehmen und wir willigen mit großem Hurra! ein. Auf hoher See dürfen Joe und Frieder Plankton-Proben aus dem Meereswasser nehmen und gemeinsam mit einem Meeresbiologen an Bord analysieren. Phytoplankton, der Treibstoff der Meere, produziert die Hälfte unseres Sauerstoffs auf Erden und bildet die Nahrungsgrundlage aller Meerestiere. Er besteht aus pflanzlichen Lebewesen, die Fotosynthese betreiben, und wiederum von Zooplankton, winzigen Krebsen, Krill oder Larven, gefressen werden. Diese sind ihrerseits das Hauptnahrungsmittel unter anderem für Wale, Robben, Pinguine sowie für zahlreiche Fische und Seevögel. Doch die Konzentration des Planktons im Meer schwindet. Schuld daran sind steigende Temperaturen. Das leuchtet auch Joe und Frieder ein, die hier anschaulich und Stück für

Stück Zusammenhänge begreifen und diese Erkenntnisse in ihrem Gehirn mit den Erfahrungen an Bord verankern werden. Während wir zunächst durch grünes, dann durch blaues Wasser gleiten, geben uns Hunderte Delfine das Geleit, darunter einige Delfin-Kühe mit ihren Kälbern. Max erzählt den Kindern von der Bedrohung der Delfine durch den Klimawandel und die industrielle Fischerei. Fleißig übersetze ich seine mahnenden Worte, während die Delfine springend und spielend um unseren Bug herumschwimmen.

»Die können ja fliegen, schau!«, schreit Frieder begeistert. »So schön! Ich glaube, das ist das Schönste, was ich je in meinem Leben gesehen habe, abgesehen von Omas Käsekuchen natürlich! Die Delfine dürfen nicht sterben, da müssen wir was gegen tun!«

Klimawandel hautnah verstehen.

Hautnah können wir ebenfalls erleben, wie sich Lunge und Haut unseres Ältesten erholen. Das immer noch milde, aber keineswegs schwüle Klima am Tag und die Abkühlung bei Nacht wirken sich im Nu positiv auf seine körperliche und seelische Situation aus. Seine Energie kehrt zurück. War sein Körper noch vor kurzer Zeit geschwächt und ausgezehrt, wirkt er hier in Neuseeland wie beflügelt, strotzend vor Lebensfreude und jederzeit zu großen und kleinen Schandtaten bereit.

Eine Woche nach unserer Ankunft in Christchurch erhalten wir eine Nachricht von den Stevensons: Ihre Stute Peaches hat nur drei Tage nach unserer Abreise ein gesundes Fohlen zur Welt gebracht. Als wir diese Zeilen den Kindern laut vorlesen und simultan übersetzen, jubeln sie und drängen uns, gleich zurückzuschreiben und Fotos anzufordern. Die weiteren Textzeilen der Stevensons sind weniger positiv: Penny ist tot. Die verschmuste Hündin, deren Ohren Frieder viele Abende kraulte, ist an Altersschwäche gestorben. Auch diese traurige Nachricht teilen wir mit den Kindern.

»Wo ist sie denn hin, die Penny?«, fragt Frieder interessiert nach.

»Sie ist in den Hundehimmel gegangen«, sage ich.

»Ui. Ist das weit?«, bohrt er weiter.

»Ja, das ist schon ein gutes Stück Weg, den Penny da vor sich hat«, erwidere ich.

»Wie kommt sie denn dahin?«

»Ich denke mal, sie fliegt.«

»Vielleicht bringen sie ja die Delfine dorthin! Die fliegen ja auch!«

»Das wäre eine Möglichkeit.«

»Meinst du die Stevensons haben ihr ein Proviantpaket mitgegeben?«

»Bestimmt.«

»Wie ist es im Hundehimmel?«

»Raupe, ich war noch nie da. Aber es ist sicherlich … himmlisch.«

»Oh fein! Dann möchte ich dahin als Nächstes reisen und sie besuchen.«

»Das wird schwierig. Da ist für Menschen ›Betreten verboten‹.«

»Oh! Das ist schade. Hmm.« Raupe überlegt und kaut auf seiner Unterlippe herum. Plötzlich hat er eine Idee, das sieht man ihm an, denn seine Augen strahlen. »Na ja, wenn sie schmusen und die Ohren gekrault haben will, dann kommt sie mich sicher besuchen. Und solange das nicht passiert, weiß ich ja, dass es ihr gut geht!«

Dabei nickt er zufrieden und saust davon. Kind möchte man sein. Manchmal.

Nach dem Luftholen und Durchatmen in Christchurch freuen wir uns auf unseren geplanten Roadtrip über die beiden neuseeländischen Inseln. Doch schnell macht sich Ernüchterung breit: Der Traum, einmal mit dem Wohnmobil durch Neuseeland zu fahren, zerplatzt, als wir die Mietpreise für einen Camper-Van im Netz sehen. Wie man es auch dreht und wendet: unbezahlbar in der Hauptsaison. Frust macht sich breit. Züge gibt es nicht. Das Busliniennetz ist noch nicht durchgängig etabliert, per Anhalter mit zwei Kindern einen Monat durch ein oftmals verregnetes und in weiten Teilen kärglich bevölkertes Land zu reisen, das in etwa so groß ist wie Italien, ergibt keinen Sinn. Also entscheiden wir uns zähneknirschend für ein überraschend günstiges Mietauto und kommen uns ziemlich unabenteuerlich vor, als wir mit unserem weißen, in die Jahre gekommenen Toyota Corolla gen Süden aufbrechen. Wir übernachten in kleinen Mietwohnungen oder auf Bauernhöfen. Über drei Ecken kennt hier jeder jeden. Und so hat meist jemand von jemandem gehört, der jemanden kennt, der wiederum weiß, wo man günstig wohnen kann. So hangeln wir uns oft von Gehöft zu Gehöft oder Haus zu Haus. Airbnb und andere

Online-Portale sind hier bislang nicht stark verbreitet, zu unbewohnt sind große Teile der Südinsel und die Netzqualität lässt mancherorts zu wünschen übrig. Die Landschaft ist dagegen atemberaubend und vielseitiger, als ich sie mir vorgestellt hatte. Zerklüftete Fjorde, verwunschene Wälder, auenlandartige Hügel, gelbgoldene Kornfelder, saftige Wiesen, auf denen Schafe und Kühe grasen, Palmenhaine und schnee- und gletscherbedeckte Berge – Naturliebhaber kommen hier voll und ganz auf ihre Kosten.

Bald türmen sich zu unserer Rechten die neuseeländischen Alpen auf, deren Gebirgspanorama mit knapp 4000 Meter hohen Gipfeln imposant ist. Wir genießen es, stundenlang durch die einsame Landschaft zu fahren, Hörspiele und Hörbücher zu hören, das Fenster runterzukurbeln, die Arme rauszustrecken und den milden Fahrtwind zu spüren, der uns um die Nase weht. »Achtung Pinguine« steht irgendwann auf einem Straßenschild. Haben wir richtig gelesen? Tatsächlich – denn dieses Land, das zu einem Drittel aus Nationalparks besteht, hat nicht nur den zum Symbol gewordenen Kiwi-Vogel zu bieten, sondern auch die größte Pinguin-Artenvielfalt weltweit. Nach der ersten Woche des Roadtrips ist der Ärger über die zerplatzten Wohnmobilträume vergessen. Unser Neuseelandaufenthalt wird durch das Mietauto nicht nur viel günstiger als geplant, sondern gibt uns außerdem die Gelegenheit, die Menschen kennenzulernen. Ist man mit dem Wohnmobil unterwegs, so trifft man auf den Campingplätzen, wie wir von anderen Reisenden erfahren, in erster Linie weitere, mehrheitlich deutsche (!) Touristen. Stattdessen lernen wir nun ein gutes Dutzend neuseeländischer Familien jeder Couleur kennen, die uns ihre Heimat näherbringen. Ob auf dem Land und in den gletscherbedeckten Bergen oder in den Ballungszentren Wellington oder Auckland – ihre Geschichten sind vielfältig.

Isaak, Kind griechischer Einwanderer und sein achtjähriger Sohn Taylor lehren uns am Lake Tekapo auf höchst unkonventionelle Weise wuchtige Lachse zu fangen. Nachdem wir eine Weile vergeblich unser Glück versucht haben, fängt Isaak ein eher schmächtiges Exemplar, das er zerstückelt und auf die Angeln der Kinder verteilt. Es dauert keine fünf Minuten, da hat jedes Kind einen ordentlichen Lachs an der Angel. Kannibalen-Lachse?

»Erlaubt ist das nicht, aber für die Kinder kann man mal eine Ausnahme machen«, sagt Isaak, der extra seinen freien Sonntag geopfert hat, um unsere Kinder mit zum Angeln zu nehmen.

Ich beobachte Isaak und staune, wie selbstverständlich er mit Joe und Frieder kommuniziert, sie einbezieht, sie anlernt. Dass weder er unserer noch die beiden seiner Sprache mächtig sind, spielt gar keine Rolle. Isaaks Frau Winnie arbeitet tagsüber in der öffentlichen Verwaltung, während Isaak sich um Haus und Hof kümmert – und um Taylor. Die Beziehung zwischen Sohn und Vater ist geprägt von Zärtlichkeit, gegenseitigem Respekt, Offenheit und Ehrlichkeit. Sie erscheint mir als gelebtes Beispiel dafür, dass tradierte Elternmodelle von früher einfach nicht mehr taugen. Auch Chris, so ist mein Eindruck, ist seit Beginn unseres Trips mehr und mehr auf eine innere Reise gegangen. Auf Reisen ist er nicht auf die konventionelle Rolle eines wahlweise action-orientierten, lauten, kumpelhaften, hemdsärmeligen, versorgenden, technikaffinen oder durch Abwesenheit glänzenden Vatertypus festgelegt, der uns in unserem Alltag zu Hause regelmäßig begegnet. Für die vermeintlichen Nebensächlichkeiten des Miteinanders wie vorlesen, mit den Kindern im Gespräch bleiben, sie zu Bett bringen, basteln, Kuchen backen, singen, Tränen trocknen, bleibt für voll berufstätige Väter oft zu wenig Raum. Auch wenn Chris vor der Abreise schon ein engagierter, aktiver Vater war, der sich in die Familienarbeit und Kindererziehung eingebracht hat, so scheint er diese unbezahlte Arbeit jetzt weniger als Pflicht denn als sinnstiftende Aufgabe im Leben anzusehen. Unterwegs hat Chris Zeit zum Vatersein, Zeit dafür, sich von alten Mustern, Antrainiertem und Vorgelebtem zu verabschieden und auf neuen Pfaden zu wandern – das Wir vor das Ich stellen, jeder von uns auf seine Weise. Diese Umverteilung und Umdeutung der familiaren Rechte und Pflichten lässt meinen mütterlichen *mental load* spürbar schwinden. Die mentale Last, die eine Familie zwangsläufig mit sich bringt, verteilt sich langsam fair auf mehreren Schultern. Ob Isaaks und Taylors inniges Verhältnis Chris zum Nachdenken anregt, ihn inspiriert? Ich könnte es mir gut vorstellen.

Die melancholische Einsamkeit und raue Natur der Südinsel sowie der Charme und die Vielseitigkeit der Nordinsel beeindrucken uns gleichermaßen. Aber es sind vor allem diese Begegnungen mit den Menschen in Neuseeland, die uns nahegehen. Als wir am Rande der Bay of Islands in der Tausend-Seelen-Gemeinde Kawakawa eine kleine Farm mit Rindern und Hühnern hüten, freundet sich Joe mit dem Nachbarsjungen Blake an. Mit Händen und Füßen verständigen sie sich, klettern barfuß auf den Bäumen herum, sammeln Hühnereier ein oder stemmen medizinball-große Kürbisse. An einem dieser friedlichen, dahindösenden Tage beobachten Frieder und ich ausgiebig eine Gottesanbeterin, die es unter unseren Gartentisch verschlagen hat, als Joe über den Gartenzaun hüpft und erklärt:

»Morgen gehe ich mit Blake in die Schule.«

»Aha. Und wie genau soll das vonstattengehen?«

»Na, ich packe meinen Rucksack, nehme ein paar Stifte mit, meinen Block und ein Pausenbrot und dann geht's los. Um neun Uhr klingelt die Schulglocke, hat Blake gesagt, dann müssen wir da sein.«

»Und auf welcher Sprache habt ihr das ausgemacht?«

»Auf Kindisch«, antwortet er.

»Kindisch« würde dem Linguisten Noam Chomsky bestimmt gefallen, es ist eine universale Sprache, wie mir scheint.

Tatsächlich steht eine halbe Stunde später Blakes Großmutter Ria in der Tür und bestätigt Joes Aussagen. Ria ist eine faszinierende, kluge Frau, der wir schon öfter im Dorf begegnet sind und der man eine Liebesbeziehung mit dem vor vielen Jahren hier ansässigen österreichischen Künstler Friedensreich Hundertwasser nachsagt. Er hat das Stadtbild dieses auf den ersten Blick unscheinbaren Nestes Kawakawa sehr geprägt. Bei genauem Hinsehen und vor allem mit etwas mehr Zeit erkennt man an jeder Ecke Zeichen seines Schaffens. Selbst die öffentlichen sanitären Anlagen auf der Gillies Street, die sich quer durch den Ort schlängelt, hat er in ein Kunstwerk verwandelt. Statt ein Museum darum herum zu bauen, gehen die Einwohner sehr pragmatisch damit um: Die Hundertwasser-Toiletten sind täglich im Einsatz. Keiner hat bislang versucht, daraus Kapital zu schlagen. Ich frage Ria, woher das kommt. Schließlich ist Hundertwasser ein angesehener Künstler und es wäre doch ein Leichtes für die Gemeinde, mit seinem Vermächtnis Geld zu verdienen.

»*Tutira Mai Nga Iwi*«, sagt Ria. »So heißt eines der bekanntesten Volkslieder der Maori. Am besten übersetzt man es mit ›Zusammenhalt, füreinander einstehen‹. Wir stehen hier zusammen wie ein Baum. Das gelingt uns nicht immer, aber wir bemühen uns sehr, diese Werte zu leben. Friedensreich war einer von uns. Er hat die Maori besser verstanden als jeder andere hier mit europäischen Wurzeln. Manchmal besuche ich ihn noch.«

»Oh, ich dachte, Hundertwasser wäre schon verstorben – lebt er etwa noch?!«, frage ich überrascht.

Ria lächelt.

»Wie man's nimmt. Er hat sich hier vor knapp 20 Jahren begraben lassen, auf seinem Grundstück, nackt und ohne Sarg, eingehüllt in eine von ihm entworfene Neuseelandflagge, die in Optik und Symbolik vollends mit der Kolonialherrschaft der Briten bricht. *Koru*-Flagge nennen wir sie. Auf seinem Grab steht ein großer Tulpenbaum, sehr schön. Meine Freundin Noma lebte damals auf dem Nachbargrundstück, dort haben wir uns oft gesehen.« Ria schwelgt in Erinnerungen, während Chris und ich an ihren Lippen hängen. Da stupst mich Joe an.

»Und, darf ich nun morgen mit in die Schule oder nicht?«

Ach, stimmt! Ria hat tatsächlich schon in der klassenübergreifenden Grundschule im Nachbardorf angerufen, alles ist geritzt. Toll!

Am nächsten Morgen stehen wir vier aufgeregt und pünktlich um kurz vor neun vor dem Lehrerzimmer der Kareku-Grundschule. Zaghaft klopfen wir an. Eine Lehrerin öffnet die Tür, bittet uns herein. Zwei Minuten später sitzen Chris und ich mit dampfenden Kaffeetassen im Lehrerzimmer, während die Kinder sich Bücher anschauen.

»A child from far away? We are thrilled to have Joe with us today«, versichert uns der Direktor. Die Unkompliziertheit, Offenheit und Passion des Pädagogen, der begeistert ist, ein Kind »von weit weg« in seiner Schule zu begrüßen, imponieren uns, überraschen uns aber nicht. Neuseeland eben. Dieser Ort des Lernens liegt inmitten eines sieben Hektar großen Waldstücks, das die Schüler geradezu dazu auffordert, in den Pausen Hütten zu bauen, in der Natur zu spielen und zu arbeiten. Das Schulgebäude setzt sich aus drei Flügeln zusammen, in deren Mitte sich ein Freilernbereich unter einem Zeltdach befindet. Während Chris, Raupe und ich es uns mit Kaffee und Keksen im Lehrerzimmer gemütlich machen,

stapft Joe entschlossen mit Blake in dessen jahrgangsstufenübergreifende Klasse. Die Courage unseres jetzt Sechsjährigen haut mich immer wieder aus den Socken. An heißen Tagen wie heute springen die Kinder in der großen Pause zur Abkühlung in den angrenzenden Bach. Auch an diesem Ort ist die Präsenz des Künstlers Hundertwasser heute noch spürbar. Kreativität und Freigeistigkeit werden großgeschrieben in Kawakawa und ebenso in der bunten Karetu-Grundschule, in der zudem viel Wert auf einen respektvollen Umgang mit der maorischen Kultur gelegt wird.

»Na, wie war's?«, frage ich Joe auf dem Rückweg zu unserer kleinen Farm.

»*Pai Katoa!*«, antwortet er und lacht. »Alles gut!«

Am liebsten würde er morgen gleich wiederkommen – Schule kann so schön sein!

Eine Woche später lasse ich mich in Auckland noch einmal beim Arzt durchchecken – auch hier ist alles *Pai Katoa*. Und auch Joe hat sich mittlerweile glücklicherweise an den Gedanken eines Geschwisterchens gewöhnt.

»Immerhin haben wir Kinder dann immer die Mehrheit: drei gegen zwei!« – das klingt doch ganz versöhnlich.

Doch nach einem Monat läuft unser Visum ab und damit neigt sich unser Neuseeland-Abenteuer dem Ende entgegen. Nur – wie und wo geht es danach weiter? Wir haben selbstverständlich noch keinen Plan. Nach Asien und Afrika möchten wir nicht. Zu riskant erscheint uns dies wegen der mittlerweile fortgeschrittenen Schwangerschaft. Gleiches gilt für Südamerika. Oder? Stopp! Damals haben wir bei unserer Suche nach Zika- und Dengue-freien Ländern auf interaktiven Karten der Weltgesundheitsorganisation doch ein Land gesehen, dessen Umrisse nicht rot aufleuchteten. Na dann, auf nach Chile!

Dort, wo die Welt zu Ende ist

Anna kommt! Juhu! Meine älteste Freundin hat sich spontan entschlossen, sich für einige Wochen unserer Reise anzuschließen. Ich freue mich so, es gibt eine Milliarde Themen zu bequatschen! Seit einem Dreivierteljahr verbringen Chris, Joe, Frieder und ich 99,99 Prozent unserer Zeit gemeinsam. Wir haben uns eingerichtet in unseren Abläufen, kennen alle unsere persönlichen Marotten, sind zusammengeschweißt. Anna wird in Santiago de Chile zu uns stoßen, und ich bin gespannt, ob und wie sie unseren eingespielten Mikrokosmos in Wallungen bringen wird.

Fast hätte unsere Naivität dem Wiedersehen einen Strich durch die Rechnung gemacht. Denn als wir in Auckland auf den letzten Drücker (mal wieder!) am Schalter aufschlagen, schüttelt der diensthabende Servicemitarbeiter am Schalter den Kopf.

»Sie können nur dann nach Chile einreisen, wenn sie einen Nachweis darüber haben, dass Sie das Land nach sechs Wochen wieder verlassen.«

Dass wir uns einfach treiben lassen und noch gar nicht wissen, wie lange wir in Chile bleiben wollen, geschweige denn, wo wir danach hinwollen, interessiert den Angestellten am Schalter herzlich wenig.

»Ohne ein gültiges Flugticket aus Chile heraus können wir Sie nicht an Bord lassen.«

Stresshormone bahnen sich ihren Weg durch meinen Körper, der sich mittlerweile in der 27. Schwangerschaftswoche befindet. Erinnerungen an unseren Abflug aus Frankfurt werden wach, wo man uns in letzter Sekunde den Visumsantrag für Kanada bewilligte. Wo kriegen wir jetzt auf die Schnelle einen Flug her?! Und wohin überhaupt?! Darüber hatten wir uns noch gar keine konkreten Gedanken gemacht! Zwar haben Chris und ich uns darüber bereits verständigt, dass wir für die Geburt nicht nach Deutschland zurückfliegen, aber wo genau wir das Baby bekommen wollen, das ist bislang offen. Verzweifelt schauen wir uns am Flughafen um.

»Schau mal«, ruft Chris, »da vorne ist ein Reisebüro! Schnell hin!«

Sekunden später stürmen wir mit zwei klappernden Gepäckwagen, auf denen nicht nur ein Sammelsurium aus geklebten und geflickten Taschen, Rucksäcken und Koffern, sondern jeweils auch ein stolzes Kind thront, die Travel-Agency.

»Wie kann ich Ihnen behilflich sein?«, fragt die freundliche neuseeländische Reiseberaterin. »Wo darf es denn hingehen?«

»Das ist eine berechtigte Frage, auf die wir noch keine konkrete Antwort haben«, sagt Chris, »Abflug ist in sechs Wochen in Santiago de Chile. Aber wo es hingeht, wissen wir noch nicht.«

»Äh, bitte?« Die hochgewachsene Kauffrau namens Evie kann offensichtlich nicht folgen.

»In sechs Wochen bin ich in der 33. Woche«, sage ich zu Chris, blicke auf meinen runder werdenden Bauch hinab und überlege laut: »Darf ich da überhaupt noch fliegen?«

Hier kann Evie helfen, die mittlerweile den Ernst unserer unorthodoxen Lage erkennt. Geschwind klappert sie auf der Tastatur herum und gibt uns nach wenigen Minuten grünes Licht.

»Mich zieht es irgendwie zurück nach Kanada«, sage ich.

Seit Monaten liege ich Chris in den Ohren, dass ich irgendwann noch einmal zurück nach Tofino auf Vancouver Island möchte.

»Das wäre doch was, ein kanadisches Baby?« Ich grinse.

Aber hier macht uns Evie schnell einen Strich durch die Rechnung.

»Da finde ich spontan keine Flüge für vier Personen, dafür bräuchte ich mehr Zeit und wir haben noch sechzehn Minuten, bis Ihr Gate schließt. Aber was halten Sie alternativ von Los Angeles? Da finde ich Dutzende Flüge!«

»L.A. ist immer eine gute Idee, was meinst du?« Chris schaut mich fragend an.

Ich bin heillos überfordert.

»Meinst du?!«

»Warum nicht? Von da können wir doch mit 'nem Van die Küste hochfahren. Kalifornien, Washington State, Oregon – und schwupps sind wir über die Grenze in Vancouver. Dann kann der kleine Hase auf Vancouver Island zur Welt kommen!«

»Welcher Van? Die Küste hochfahren im neunten Monat?! Und wieso überhaupt *der* kleine Hase?«, gebe ich zurück.

»Dann eben Häsin. Du, ich will dich nicht abwürgen, aber ich denke, wir sollten jetzt echt reinhauen, in wenigen Minuten ist Boarding und wir haben noch nicht eingecheckt, sondern sitzen kurz vor knapp in einem verfluchten Reisebüro! Wenn wir jetzt nicht irgendwas buchen, dann können wir unserem Flugzeug nach Chile von der Aussichtsplattform aus zuwinken, statt mitzufliegen. Also zurück Richtung Kalifornien: ja oder nein?«

Ich zögere, das geht mir alles vieeeeel zu schnell.

»Ich finde, das ist eine super Idee«, schaltet sich dafür Joe ein. »Endlich wieder campen! Das wollten wir doch schon in Neuseeland machen! Und in Kalifornien ist es schön warm, Papa, da brauchst du nachts auch nicht wieder in einer Plastiktüte zu zittern. Komm, das machen wir!«

Plastiktüte? Rocky Mountains? Sieben Monate ist das her, unser missglückter Zeltversuch in den Bergen, den wir mangels kläglicher Ausrüstung abbrechen mussten. Mir kommt es vor, als seien seitdem Jahre vergangen, so langsam vergeht die Zeit unterwegs. Damals war ich noch nicht mal schwanger, heute reden wir schon von einem Hasen!

»Okay, *let's do it.* Hauptsache, wir verpassen den Flieger nicht!«, rufe ich jetzt fast schon hysterisch.

Neben gebrauchten Taschentüchern, zwei vergilbten UNO-Karten und einem Haufen Sand kommen unsere Pässe endlich zum Vorschein, die wir gemeinsam mit unseren Kreditkarten auf den Tisch pfeffern. Nach fast einjähriger Reiseerfahrung sieht das nicht aus! Aber Evie stört das nicht. Sie haut in die Tasten. Und 24 Minuten später sitzen wir vier schweißgebadet im Flieger gen Santiago de Chile. In meinem Bauch gluckst es. Wenigstens ein Familienmitglied hat sich offensichtlich während dieser Aktion sehr amüsiert.

Noch am Flughafen in Santiago schließen wir Anna in die Arme. Auch die Kinder kennen sie von Geburt an, haben sie als Nenntante in ihr Herz geschlossen, freuen sich auf die gemeinsamen Wochen mit ihr. Anna ist unkompliziert, sportlich, hilfsbereit, klug, albern – und eine verdammt gute Freundin, die auch mit anpackt und für einen da ist, wenn's drauf ankommt.

Vor allem ihr Elan und Tempo bringen uns in den nächsten Tagen in Schnappatmung und mir wird ganz schwindelig, wenn ich darüber nachdenke, wie viele Pläne sie für die gemeinsamen drei Wochen geschmiedet hat. Auf der anderen Seite tut es gut, sich inspirieren zu lassen, nicht ständig auf dem Fahrersitz sitzen zu müssen, um zu steuern, zu entscheiden, abzuwägen. Anna hat unzählige Geschichten von zu Hause auf Lager, den neuesten Klatsch und Tratsch aus der Heimat zu erzählen, und es fühlt sich gut an, neuen Input zu erhalten, zu diskutieren, sich zu reiben, gemeinsam herumzuulken. Ihre Anwesenheit schlägt eine Brücke in ein altes Leben, von dem wir aktuell gar nicht mehr so genau wissen: Wollen wir es überhaupt wiederhaben?

Glücklicherweise ist Anna sehr reiseerfahren, fröhlich und, obgleich unabhängig, durchaus anpassungsfähig, denn auch für sie muss es eine Herausforderung sein, auf unseren gemächlichen Reisezug aufzuspringen. Und wenn es ihr gar zu langsam geht, dann macht sie sich einfach selbstständig und schiebt zusätzliche Aktivitäten ein, während wir bereits ausgeknockt in den Seilen hängen. Gerade mir tut es gut, die ein oder andere Stunde mit ihr davonzuschleichen und zum Beispiel die imposante Streetart im Barrio Bellavista zu entdecken oder einen Nachmittag in den unzähligen Cafés des hippen Barrio Italia zu verbummeln. Abtauchen in ein kinderloses Dasein ist auch mal schön. Immerhin verbringen wir mittlerweile über 250 Tage rund um die Uhr mit den Kids!

Wir nutzen unseren Aufenthalt in der Großstadt außerdem, um einige wichtige Dinge zu besorgen. Für unsere in Neuseeland erworbenen Angeln gehen den Jungs die Haken aus, eine Brille muss gerichtet, die Reiseapotheke aufgefüllt und ein verlegter Schnuller ersetzt werden. Wir genießen es, ein bisschen städtisches Flair zu schnuppern, mit allem, was dazugehört: Menschen, Straßenmusik, Demonstrationen, Hupkonzerten, Geruch- und Geräuschkulissen aller Art. Manchmal sitzen wir auch einfach nichtsnutzig im Schatten der sich wiegenden Palmen auf dem Placa de Armas, wo wir wahlweise Fangen spielen, dösen oder den zahlreichen Schachspielern zuschauen, die hier schon morgens ihre Figuren aufstellen.

Gemeinsam verlassen Anna, Frieder, Joe, Chris und ich Santiago inspiriert und ein bisschen erschöpft nach einer Woche und verbringen ein fantastisches Wochenende zu Pferd am Fuße der Anden, bevor wir uns gen Westen in die Hafenstadt Valparaiso aufmachen, um in dieser kulturellen Hochburg Chiles Quartier für einige Tage zu beziehen. Anna will unbedingt in die Atacama-Wüste hoch im Norden Chiles, um die weltberühmten Mondlandschaften anzuschauen. Mit ihrer Begeisterungsfähigkeit hat sie uns schnell überzeugt. Auch Joes Haut hat sich so weit stabilisiert, dass wir ihm das Klima zutrauen. Schnell sind die Inlandsflüge bis Calama gebucht, von dort wird es mit einem Allrad-Pick-up nach San Pedro gehen, einer kleinen Oasengemeinde am Rande der Grenze zu Bolivien, in der etwa 2000 Menschen leben.

»Moment mal, wie hoch liegt San Pedro eigentlich?«, frage ich Anna, während ich aus dem Fenster unserer kleinen Maschine auf die Cordillera de la Costa, eine Gebirgskette 1000 Meter unter mir, blicke. Auf diese Frage hätte ich als Schwangere früher kommen können.

»So auf 2500 Metern, glaub’ ich«, antwortet Anna. »Wieso?«

»Für eine Schwangere ist das sicher nicht optimal …«

Das hat man davon, wenn man sein sich ständig um Planung drehendes altes Leben hinter sich lässt und sich stattdessen in die Planungslosigkeit stürzt. Nun denn!

Erstaunlicherweise machen uns weder Höhe noch Hitze arg zu schaffen, zumal die Temperaturen in der Nacht deutlich abkühlen. Wir wohnen in einem Lehmhaus am Rande der Oase. Tagsüber ist das Licht in der Wüste so gleißend, dass der Blick ohne Sonnenbrille schwer erträglich ist. Die Gesteins- und Sandformationen lassen uns an Science-Fiction-Filmkulissen denken, nicht an eine reale Welt. Im angrenzenden Nationalpark bewundern wir die wilden Flamingos, Joe und ich gehen sandboarden, gemeinsam bestaunen wir die Sonnenuntergänge, unwirkliche Szenerien, und den Blick auf die Anden und den Vulkan Licancabur. An den Abenden sitzen wir meist bei Kerzenschein in Korbstühlen vor dem Haus und betrachten den sternenklaren Nachthimmel.

»Raupe, was hast du mit der Angel vor?«, frage ich unseren Dreijährigen an einem dieser Abende, als er aus dem Haus tritt, nachdem ich ihn eigentlich schon ins Bett gebracht hatte.

»Ich angele mir einen Stern vom Himmel«, antwortet er in einer entmachtenden Selbstverständlichkeit, die nur Kindern eigen ist.

Irgendwann schläft er Sterne angelnd auf meinem Schoß ein. Anna und ich lassen den Abend auf der Terrasse kichernd und quasselnd in Decken eingehüllt ausklingen. Welch ein wohliges Gefühl, eine Freundin zu haben, die um den halben Erdball fliegt, um mit mir nachts die Sterne anzuschauen und über Gott und die Welt zu reden!

Die Jungs finden in der Oase dagegen chilenische Spielgenossen. Autos und Dinos gehen überall. In Armut und Reichtum. So auch hier in der Atacama-Wüste dem trockensten Ort unseres Planeten.

Die drei Wochen mit Anna sind viel zu schnell vergangen. Ihr Urlaub ist vorbei, ihr Arbeitgeber ruft. Sie freut sich schon wieder darauf. Ich dagegen bin froh, dass unsere Reise noch lange nicht zu Ende ist.

»Joe, wir haben es geschafft, hier ist der Nordpo!«

»Wenn überhaupt, ist das der Nord*pol*!«, korrigiert ihn sein großer Bruder. Nun ja, Geografie ist für Drei- und Sechsjährige durchaus eine Herausforderung.

Langsam sind wir vom hohen Norden in den tiefen Süden Chiles vorgedrungen. Wir reisen bis ins Eis, hinunter an die Magellanstraße. Seit zehn Monaten sind wir nun Nomaden, Vagabunden. Weniger Weltenbummler, dafür mehr Bummler zwischen den Welten.

Eine Frage, die sich aufdrängt: »Vermissen die Kinder denn nicht ihr Zuhause?« Den Eindruck haben wir nicht. Sie fragen von sich aus fast nie nach der Heimat, den Daheimgebliebenen, es sei denn, wir Erwachsenen sprechen die Themen aktiv an, mit denen starke Emotionen und Erinnerungen verknüpft sind: Omas gemütliche Küche, der Lieblingskuchen, Opas Kicker im Keller, die Freunde in unserer Straße. Der Blick der Kinder geht meist weder nach vorn noch zurück. Sie leben im Hier und Jetzt. Sie saugen alle neuen Eindrücke in sich auf, tauchen nahtlos ein in jede neue Umwelt, die sich vor ihnen auftut. Ihre abgenutzten Playmobil-Pferde galoppieren überall: ob an den Stränden Neuseelands oder in der Atacama-Wüste, das ist denen doch völlig schnuppe! Wenn Raupe fragt: »Wann sind wir zu Hause?«, dann meint er damit lediglich unseren aktuellen Standort, unser Schneckenhaus auf Zeit, sei es eine Blockhütte, ein Hotelzimmer oder ein Bauernhof. Heimat ist für uns kein fester Ort, sondern ein Gefühl von Heimeligkeit, Sicherheit,

Gemeinschaft. Zuhause ist für ihn genau da, wo wir vier zusammen sind und zur Ruhe kommen.

Die Interessen der Kinder haben sich ebenfalls verschoben. Joe und Frieder interessieren sich aktuell mehr für die Flugmanöver von Adler und Kondor, fürs Angeln, für Wale, Pferde, Pumas und Skorpione als für Bibi und Tina, Tablet und TV. Die Kinder lernen mit sehr wenig zufrieden zu sein. Die wenigen Spielsachen werden von den beiden kleinen Weltenbummlern extrem geschätzt; die UNO-Karten sind abgewetzt und werden doch liebevoll gepflegt, ein Malblock wird bis zum letzten Blatt ausgereizt, Playmobil-Hände und -Füße müssen mühsam angeklebt werden (scheitert regelmäßig!), die Kappen der Filzstifte fliegen nicht mehr im Raum herum, sondern werden sorgfältig wieder aufgesetzt – jeder Verlust wäre schmerzhaft und auf Reisen nur schwer verzeihlich. Steine, Gräser, Strandgut, Stöcke, Blüten, Sperrmüll – alles wird ins Spiel eingebunden. Da die Garderobe der Kinder auf Reisen extrem limitiert ist, sind Diskussionen am Morgen zum gewünschten Kleidungsstück hinfällig geworden. Was gerade sauber ist, wird angezogen. Was war das nervig früher. Dieses Trikot! Nein, dieser Pullover! Kleidung ist hier ein reiner Funktionsgegenstand geworden.

Nun sind wir also im wilden Patagonien am untersten Zipfel Chiles angekommen, fast am Ende der Welt. Viel näher kommt man dem Südpol nicht. Wir wohnen auf einer Estancia, einem Landgut am Rande des zum achten Weltwunder gekürten und mit Gletschern und glasklaren Seen gespickten Nationalparks Torres del Paine. Welch eine erhabene, majestätische Landschaft! Sie gehört mit zum Schönsten, was uns Mutter Erde bieten kann. Wild lebende Alpaca- und Guanaco-Herden so weit das Auge reicht – gerne auch mitten auf der Straße, sodass wir manchmal fast eine Stunde warten müssen, bevor die sich gemächlich in Bewegung setzen und den Weg freigeben. Uns egal, wir haben Zeit.

Langsam geht es auf Ostern zu. Ich fühle mich so gar nicht gut vorbereitet. Chile ist zwar in vielen Teilen christlich geprägt und kennt ähnliche konfessionsgebundene Traditionen und Bräuche wie wir zu Hause, aber Oster-Deko, Schokohasen oder Eierfarben konnten wir bislang nicht finden. Wie und womit können wir denn dann die Augen unserer Kinder am Ostersonntag zum Leuchten bringen? Im Nirgendwo Patagoniens ist es überraschend schwierig, einen Deal mit dem Osterhasen auszuhandeln.

Eines Nachts schaue ich mir auf dem Computer die Osterfotos vom letzten Jahr an und sehe die Kinder in einem Meer von Osterhasen, kleinen Paketen und bunten Eiern untergehen. Hm. Das war sicherlich zu viel. Aber von zu viel zu quasi *nada*?! Ostern ohne Eiersuche? Oh je. Da werden die Kinder sehr enttäuscht sein. Ein schlechtes Gewissen überrollt mich, Minimalismus und Konsumkritik hin oder her. Das hätten wir doch irgendwie besser auf die Reihe kriegen können.

Schlagartig fällt mir ein: War da nicht noch tief im Rucksack eine klitzekleine Tüte mit der Aufschrift »Ostern« vergraben, die die Oma in weiser Voraussicht mit in ihr Weihnachtspaket gestopft hatte? Ich knipse die Taschenlampe an, die eigentlich für den Stromausfall gedacht war, ziehe Rucksack und Koffer unter dem Bett hervor und wühle im zusammengepressten Gepäck. Tatsächlich finde ich in einem zerquetschten Gummistiefel ein abgegriffenes Tütchen, das ein abblätternder Kükenaufdruck ziert. Darin verstecken sich ein Päckchen Ostereierfarben, vier Tischkärtchen samt Hasenaufdruck, zwei Oster-Ausmalbilder und zwei zigarettenschachtelgroße, etwas zerdrückte Geschenke. Mehr als ein Playmobil-Huhn oder drei Schokoeier können sich darin nicht verbergen, aber egal – sensationell! Nun kann der Osterhase ja doch noch kommen, mit leichtem Gepäck – aber pünktlich! Ich freue mich selbst wie ein Kind und bin erleichtert. Und gerührt. Wie schön, wenn jemand an einen denkt! Auch dieses Gefühl, das mich in diesem Augenblick ausfüllt, ist Heimat, egal ob ganz weit weg oder ganz nah.

Auf den anliegenden Feldern der Ranch am Fuße des Torres del Paine suchen Joe und Frieder am Ostersonntag ihre Osternester. Es ist ein klarer, frischer Morgen, die Jungs tragen Fleecejacken. Ihre Mützen springen in den hüfthohen Gräsern auf und ab wie bunte Bälle. Ich höre ihre aufgeregten, fröhlichen Rufe, während sie durch Blumen und Gras streifen und unter Steinen und Vorsprüngen schauen, ob sich hier oder dort ein Ei versteckt. Ostern am Ende der Welt – es geht eine ganze Menge, wenn wir beginnen, uns zu bewegen und einfach mal den Blickwinkel ändern!

Später spielen Frieder und Joe mit den gefundenen Kleinigkeiten und knabbern an ihrer Schokolade, fast wie zu Hause. Lediglich der Hintergrund, die schneebedeckten Zinnen der Torres del Paine, der imposante Gletscher Glaciar Grey, dessen Eismassen wie blaue Lava die Felsen hinunter zu fließen scheinen, ist anders. Aber verändert die Kulisse auch die Darsteller auf der Bühne des Lebens? Es scheint so. Es ist mir so eine Freude, diese beiden Kinder zu beobachten, ich könnte das den ganzen Tag lang tun – habe ich sie früher nicht gesehen?

Die Zeit verstreicht auf Reisen nicht schneller, sondern langsamer. Jede Sekunde fühlt sich an wie eine Minute, jede Minute wie eine Stunde, jede Stunde wie ein Tag. Manche Tage quellen fast über vor neuen Eindrücken. Andere sind geprägt von der Trägheit, Abgeschiedenheit und Einsamkeit, die viele Orte auf unserer Reiseroute ausmachen. Das kreative Potenzial, das daraus in Groß und Klein entsteht, ganz ohne Zwang, Zweck und Geltungsdrang, ist vielfältig: Chris experimentiert mit Videokunst, ich finde Freude am Schreiben, Frieder und Joe werkeln, basteln, friemeln, tüfteln, frickeln, spielen und arbeiten tagein, tagaus vor sich hin.

In Puerto Natales, einer Stadt am Rande des Nationalparks Torres del Paine, komme ich in unserer Herberge mit einer Mutter aus San Francisco ins Gespräch, die mir stolz berichtet, dass ihr siebenjähriger Sohn in seiner auf Technik ausgerichteten Schule bereits das Programmieren erlerne.

»Was ist Programmieren?«, fragt mich Joe, als ich ihm im Nachgang erzähle, worüber die fremde Frau und ich uns unterhalten haben.

»Es gibt heute Computer, die schneller rechnen als Menschen oder Roboter, die Leben retten, im All herumschwirren und Aufgaben wahrnehmen, die der Mensch nicht ausführen kann. Damit das aber möglich ist, müssen Menschen diesen Robotern begreiflich machen, was sie zu tun haben. Das nennt man Programmieren. Und damit der Computer oder Roboter auch verarbeiten kann, was wir ihm mitteilen wollen, muss eine Programmiererin oder ein Programmierer eine Sprache benutzen, die der Roboter versteht. Auf dieser Basis können dann Maschine und Mensch zusammenarbeiten und voneinander lernen.«

»Klingt logisch«, sagt Joe und dampft ab.

Technik interessiert ihn nicht besonders. Noch nicht. Denn den Umgang mit technischen, digitalen Geräten fördern wir bislang kaum. Das mutet im Zeitalter der Digitalisierung vielleicht irritierend an, schließlich arbeiten wir beide in digitalisierten und technikaffinen Branchen, aus denen Tech und Tools nicht mehr wegzudenken sind. Dennoch versuchen wir das Thema Digitalisierung im privaten Raum so weit wie möglich auszublenden. Wir wollen die Kinder nicht ihrer digitalen Lernmöglichkeiten berauben, sondern ihnen vielmehr genau den Freiraum eröffnen, den sie brauchen, um sich entfalten zu können – und das heißt: Wir wollen, dass sie weitestgehend ohne Smartphone, Spielkonsolen, Laptop oder Tablet aufwachsen, zumindest in der frühkindlichen Lebensphase. Ist das in der heutigen Zeit eine Strafe oder ein Privileg? Gilt dieser restriktive Umgang mit Technik und Medien noch als Leitplanke oder greifen wir damit zu sehr in ihr Leben ein? Sicherlich eine Interpretationsfrage.

»Wenn ich groß bin, dann werde ich Farmer«, durchkreuzt Joe meinen Gedankenstrom. »Dann habe ich Kühe und Pferde und acht Hühner. Und wenn ich dich besuche, Mama, dann bringe ich dir immer eine Überraschung von meinem Hof mit«, verkündet er, während er versucht, einen langen, robusten Grashalm um einen Stein zu wickeln.

»Das klingt nach einer großartigen Idee«, sage ich und meine es auch so.

Noch vor einigen Monaten hätte ich vielleicht gedacht: Aha, interessant, hat er eben seinen typisch postmodernen maskulinen Kindheitstraum vom Fußballprofi oder Astronauten gegen den vom romantisch-verklärten Landleben eingetauscht. Schön! Aber später wird er natürlich sowieso studieren. Doch jetzt, mit dem gewonnenen Abstand, ist mir dieser – mein – bildungsbürgerlicher Fetisch suspekt. Auf einmal erscheint es mir das Klarste von der Welt zu sein, dass es so viele andere Wege gibt, die es fernab der akademischen Würde zu entdecken lohnt. Aber statt diese schillernde Palette von Möglichkeiten unseren Kindern von früh auf an die Hand zu geben, ziehen wir, selbst meist Mittelschichtskinder, seit Jahren eine Generation von kleinen mehr oder weniger glücklichen Pseudo-Einsteins groß, von denen die Mehrheit mit 20 oder 25 Jahren realisiert, wie sehr sie hinter den in sie gesetzten Erwartungen zurückbleibt. Was macht diese Frustration dann mit all diesen Menschen? Ich selbst bereue mittlerweile zutiefst, nicht vor dem Studium ein Handwerk von der Pike auf erlernt zu haben. Sowohl Chris als auch ich besitzen überhaupt keine Fertigkeiten, die im »realen« Leben außerhalb von Stadt und Büro eine Rolle spielen. Dort wären wir ohne externe Hilfe nahezu überlebensunfähig. Hämmern, werkeln, stricken, nähen, bauen, einkochen, fischen, schweißen – jegliche produktive Tätigkeit mit den Händen ist unendlich weit von unserer normalen Lebensrealität im Büro oder im Homeoffice entfernt.

Bei unseren Kindern wird es hoffentlich anders sein. Ich möchte zumindest versuchen, ihnen alle Freiheiten zu geben. Und damit meine ich insbesondere auch die kindliche Freiheit, einen anderen Weg einzuschlagen als den, den wir als Eltern für sie bewusst oder unterbewusst vorgesehen haben. Wenn ich einem sechsjährigen Kind unentwegt einen Fußball vor die Nase setze, es ins Stadion mitnehme und am Wochenende mit ihm die *Sportschau* sehe, dann ist da überhaupt nichts Verwerfliches dran, ganz im Gegenteil. Aber wie viel Kraft muss ein kleiner sensibler Mensch aufbringen, um mich zu »enttäuschen« und mir gegebenenfalls zu verstehen geben: Das ist nicht mein Weg, ich mag gar keinen Fußball, Klavier- oder Chinesisch-Unterricht am Nachmittag?! Sicher haben auch wir in der Vergangenheit Joe und Frieder des Öfteren an einem Ring durch die Nase durch das Leben gezogen, welches doch das ihrige ist und nicht das unsere. Von nun an möchten wir mehr darauf achten, noch weniger zu urteilen, sie nicht zu sehr in eine Richtung zu drängen, sei es politisch, musikalisch, sportlich, geistig. Natürlich haben wir einen Wertekanon, den wir ihnen vermitteln wollen: Respekt, Freiheit, Solidarität, Ehrlichkeit, Gerechtigkeit sind uns wichtig. Wir möchten ihnen helfen, sich auf dieser Basis sicher zu bewegen. Welchen Weg sie auf diesem Fundament jedoch einschlagen, das möchten wir ihnen selbst überlassen. Ob uns das gelingen wird?

Auf der rauen Insel Chiloé ruhen wir uns in einer kleinen Holzhütte am Rande der Stadt Ancud eine Woche aus. Die fünftägige Fahrt auf einem Frachtschiff durch die chilenischen Fjorde und über das offene Meer von der Magellanstraße bis hierhin war anstrengend – und lehrreich.

Neben uns hatte der Frachter an die hundert Pferde und einige Dutzend Rinder geladen. Die ersten Tage, die uns der Kapitän geruhsam durch die chilenischen Fjorde navigierte, begleitet von zahlreichen Kondoren und einem Blauwal, sind eines der absoluten Highlights unserer Reise.

Doch in der vierten Nacht auf dem offenen Meer tobte ein Sturm. Regen, Meerwasser und Gischt prallten und prasselten gleichzeitig gegen die Bullaugen unserer spartanischen Kabine, bis zu acht Meter hohe Wellen ließen das Schiff wie eine Nussschale tanzen, alles, was nicht niet- und nagelfest war, flog durch die Kabine, es war unheimlich. Bis auf Joe wurden alle seekrank, wir gaben ein jämmerliches Bild ab. Zum ersten Mal auf dieser Reise hatte ich Angst und fragte mich, ob es das wirklich wert war, ob wir das Richtige getan hatten, ob unser Reisestil mit unseren Kindern vielleicht doch zu wagemutig war. Naturgewalten lassen sich nicht kontrollieren, sie entziehen sich unserem Verantwortungsbereich. Dieser Frachter hat es schon Tausende Male durch solche Stürme geschafft, sagte ich mir, so wird es auch in dieser Nacht sein. Irgendwann schliefen wir aneinandergeklammert und durchgeschüttelt ein. Am nächsten Tag wachten wir auf und sahen Kuscheltiere und Zahnbürsten, Socken und Rucksäcke durcheinandergewirbelt im Raum verteilt, aber uns allen ging es gut. Der Sturm hatte sich gelegt, das Schiff war in einen der unzähligen Fjorde ausgewichen, die See lag ruhig und mit klarer Sicht vor uns. Als wir uns raus aufs Deck wagten, spazierte der Kapitän an uns vorbei und fragte:

»Na, wie war die Nacht, Alemanes?«

»Furchtbar!«, antwortete ich kurz.

Der Kapitän lachte laut. Der hat gut lachen, dachte ich. Mein Magen fuhr noch immer Achterbahn und ich fühlte mich derart wackelig auf den Beinen, dass ich mich am liebsten gleich wieder ins Bett verkrochen hätte.

»Dann sind Sie nicht für die See gemacht, Senora! Das war noch gar nichts, gestern Nacht. Für mich geht es da eigentlich erst los! Ich liebe die wilde See. Sie lehrt uns, wie klein wir Menschen doch sind.«

Lächelnd zog er mit seiner dampfenden Kaffeetasse von dannen. Des einen Freud, des anderen Leid – alles ist relativ.

Wir genießen die schöne Pause auf Chiloé. Auf Pfählen gebaute, bunt-bemalte Holzhäuser, Delfine, Pinguine und Robben, die sich in den Häfen oder in den zerklüfteten Felsen und Gewässern tummeln, ein mil-des Klima und ein an die Gezeiten angelehnter Lebensrhythmus – das ist Chiloé. Wenn ich sehe, wie Joe und Frieder das Treiben der Fischer am Hafen von Castro aufsaugen, wie sie mit ihren Augen den geschickten Händen der Männer und Frauen auf dem Boot folgen, die ihre Netze fli-cken und Taue entknoten, dann verfalle ich für einen Moment in roman-tische Träumereien. Die immer schneller werdende, globale Nachfrage nach Produkten und Informationen mitsamt der Mär vom guten Kapita-lismus hat ihren Preis. Und der ist hoch. Auch wenn ich mir durchaus einiger Vorteile der Globalisierung, gerade für Europa, bewusst bin und wir weder die Globalisierung noch die Digitalisierung aufhalten wollen oder können, spüre ich akut dennoch eine Art Phantomschmerz – so als ob man mir hoch technisiertem, effizient ausgebildeten, digital bewan-derten Menschen einen Arm oder ein Bein amputiert hätte und damit die Verbindung in die Vergangenheit, die Brücke in ein langsameres, nach-haltigeres, sinnvolleres, vielleicht glücklicheres Leben vor vielen Jahren gekappt worden wäre.

Auf den Märkten der auch kulturell anregenden Insel finden wir wunder-bare Alpaca- und Schafswolle in warmen Erdtönen. Die Kinder wollen weben lernen und so kaufen wir ihnen spontan zwei kleine Holzwebrah-men in Din-A4-Größe, mit denen sie sich fortan intensiv beschäftigen. Konzentriert sind sie am Werk, fädeln die dicke Nadel durch die Striemen und Löcher, während drinnen das Feuer brodelt und draußen der Regen in Bindfäden auf unser kleines Dach fällt. Es gibt kaum etwas Schöneres, als an einem bollernden Ofen zu sitzen, wenn es draußen stürmt und gießt.

Unsere Nachbarin Fresia, eine Lehrerin Anfang dreißig, die gemein-sam mit ihrer Mutter die kleine Cabana führt, in der wir residieren, lädt uns in nur einer Woche dreimal zum Abendessen ein. Meine Spanisch-kenntnisse, Relikte aus Schulzeiten, sind ganz schön eingerostet. Glei-ches gilt für Fresias Englisch. Aber das macht nichts, denn Fresia und ihre Mutter wollen nichts von uns, sie wollen mit uns zusammen sein, den

Kindern beim Malen und Verputzen der chilenischen Teigtaschen zuschauen, mehr nicht. Wir hören gemeinsam Musik, schnabulieren gefüllte Pfannkuchen, lächeln uns an – viel mehr passiert nicht. Und doch ist es gut. Sie geben gerne, teilen grundlos. Das imponiert mir.

Wie oft haben wir unsere älteren Nachbarn, ein Ehepaar in den Siebzigern, in den letzten fünf Jahren zum Essen eingeladen? Wie oft lassen wir uns in menschlichen Beziehungen von der Einstellung leiten: Welchen Vorteil verschafft es mir, dieser Person etwas zu geben? Auf Reisen haben wir so viele Menschen kennengelernt, die geben, ohne einen Vorteil daraus zu ziehen. Wieso packt uns die Bäuerin Sandy in Ontario bei der Abreise ein Paket mit Butter, Zucker, Mehl, Salz, Zwiebeln und Tomaten? Sie schuldet uns nichts. Warum backt die pensionierte Lehrerin Rosemary in Campbell River mit unseren Kindern Muffins, warum laden uns die Hawaiianer zum Aushöhlen der Kürbisse ein? Warum lädt uns die Reinigungsfrau unserer Behausung in der Atacama-Wüste auf einen Tee in ihr extrem bescheidenes Heim ein?

Ich bin immer aufs Neue von der Großzügigkeit all dieser Menschen beeindruckt. Wie selten strecke ich eigentlich jemandem die Hand aus und lasse mich auf neue Menschen ein, helfe, gebe, teile, ohne nachzudenken? Ich gelobe Besserung. Lernen von anderen, zuschauen, sein eigenes Handeln und Denken reflektieren und hoffentlich daran wachsen, das ist für mich eines der wichtigsten Dinge auf dieser Reise.

In Frutillar, einer am Ufer des Lago Llanquihue gelegenen Kleinstadt in der Nähe der Küstenstadt Puerto Montt, lassen wir unsere Chile-Tour nach sechs Wochen ausklingen. Jeden Tag gehen wir am Rande des Sees spazieren, bestaunen die putzigen Fachwerkhäuser, die im vorletzten Jahrhundert von deutschen Auswanderern erbaut wurden und die uns an den Schwarzwald erinnern, binden Sträuße aus Wildblumen, beobachten Ibisse, die sich um die besten Brutplätze zanken, und schlagen uns den Bauch mit wild wuchernden Brombeeren voll. Mehrere Male besucht uns ein Skorpion in der angemieteten Unterkunft, einmal hat er sich gar im Bad hinter der Tür verschanzt. Auch eine Schwarze Witwe sehen wir in einem Erdloch hocken. Chile ist so überraschend anders, als ich es erwartet hatte. Gerade als Schwangere ist es ungemein angenehm, hier zu reisen. Es ist ein sicheres und kinderfreundliches Reiseland, die ärztliche Versorgung ist überdurchschnittlich gut. Kaum einer, dem man auf der Straße begegnet, der mich nicht anlächelt mit einem Blick auf meinen nun schon deutlich hervorstehenden Bauch. Die Straßen sind gut, so dass man bequem lange Strecken im Bus fahren kann, ohne von einem Schlagloch ins andere zu rumpeln. Aber am überzeugendsten sind die Menschen selbst. Die Mehrzahl der Menschen, die wir kennenlernen dürfen, wirkt fröhlich und doch mit viel Tiefgang, passioniert und melancholisch, verwurzelt und doch freigeistig, hilfsbereit und doch stolz.

Die Natur Chiles ist wild und scheint mir auf relativ kleiner Fläche und mit 4000 Kilometer Küstenlinie alle Extreme zu vereinen, die der Erdball zu bieten hat. Gleichzeitig wirkt Chile kulturell von den großen Städten bis in die kleinsten Weiler hinein so ungemein vielseitig, tief und reich, dass ich mich vor diesem Land verneige.

Chile, *te quièro*.

Home is where you park it

»Campen! Campen! Endlich Campen!«, jubeln unsere Kids in einer Tour, wenn wir gemeinsam überlegen, wie unser Trip von nun an weitergeht. Ihre Präferenz ist eindeutig. Allerdings haben wir über diesen Wunsch hinaus noch keinen Masterplan. »Nur« wegen der bevorstehenden Geburt verfrüht die Reise abbrechen will weiterhin keiner von uns. Also steht fest: Wir werden den Familienzuwachs unterwegs willkommen heißen. Ist mir damit mulmig zumute? Überhaupt nicht. Auch im Ausland gibt es wunderbare Geburtshilfe, Hebammen und Krankenhäuser. Und die Auslandskrankenkasse sieht ebenfalls keinerlei Probleme. Ich bin schon kugelrund und so tapsig wie eine der Bärenmütter, die wir im Banff-Nationalpark beobachten konnten. Dennoch fühle ich mich überraschend energiegeladen und ausgeglichen. Ich ruhe in mir. Wenn möglich, würde ich das Baby gern in Kanada gebären, dort, wo wir unser Herz vor einigen Monaten verloren haben: auf Vancouver Island. Nur – wie kommen wir jetzt dahin?! Bis zur Geburt sind es, wenn alles gut geht, noch etwa zehn Wochen. Das sollte ja reichen für einen Roadtrip quer durch Kalifornien, Oregon und Washington State bis hoch nach Kanada – oder? Wer mir das vor einem Jahr erzählt hätte, dem hätte ich einen Vogel gezeigt. Jetzt denke ich: Klar, wieso denn nicht! Somit ist es entschieden: Nach den eher missglückten Camping-Versuchen in den Rocky Mountains vor einem knappen Jahr wollen wir das Wagnis noch einmal eingehen.

Minimalismus ist en vogue und tatsächlich haben wir uns mittlerweile erstaunlich gut daran gewöhnt, sehr wenig zu besitzen – aber wird Minimalismus für uns auch auf minimaler rollender Fläche funktionieren?! Klappt es vielleicht sogar besser als zu Anfang der Reise? Wir wollen es herausfinden – wollen wieder einmal neue Wege gehen, unsere Grenzen austesten und herauszufinden, was die neue Erfahrung mit uns macht.

Einen Van zu mieten, ist allerdings auch in Kalifornien ganz schön kostspielig. Eine Alternative muss her und wir werden fündig: Fahrzeug-

Transfer! Kurz vor dem Abflug aus Chile finden wir eine Transfer-Service-Plattform im Netz, die Gesuche für den kostenfreien Transfer von Wohnmobilen mit Schwerpunkt USA vermittelt. Wir fragen nach, ob Familien als Überführer akzeptiert werden – Volltreffer! Wenige Tage nach unserer Landung in den USA durchstöbere ich wieder einmal die Transfer-Plattform nach etwaigen Angeboten. Da fällt mir ein ausgebauter Minivan inklusive Küchenzeile ins Auge. Er muss von der mexikanischen Grenze die amerikanische Westküste entlang bis nach Vancouver gebracht werden – na, das ist doch genau unsere Wunschstrecke!

Aufgeregt zeige ich die Ausschreibung meiner Studienfreundin Hazel, bei der wir nach der Landung aus Santiago für einige Nächte Unterschlupf finden. Hazel, eine waschechte New Yorkerin, die es erst vor einigen Jahren an die Westküste verschlagen hat, habe ich vor fast zehn Jahren an der Universität kennengelernt. Seitdem sind wir enge Freundinnen, auch über Ländergrenzen und Kontinente hinweg. Mit gerunzelten Augenbrauen blickt Hazel kritisch auf das Display ihres MacBooks, das ich mir für meine Recherche ausgeliehen habe.

»Ich glaube nicht, dass das eine gute Idee ist. Eine Fahrt in dieser Sardinendose halte ich in deinem Zustand für nicht zumutbar. Und dann noch mit Joe und Frieder, abends Zelt aufbauen, morgens abbauen, ist dir das nicht zu viel?«, zweifelt sie.

Bei dem Camper-Modell handelt es sich tatsächlich weniger um ein Wohnmobil als um einen japanischen Kombi mitsamt Zelt auf dem Dach. Hieß es auf der Website nicht, es handle sich mehrheitlich um den Transfer von Wohnmobilen?! Erst jetzt lesen wir das Kleingedruckte. Aha, per definitionem fällt dieser ausgebaute Kombi unter die Kategorie der Camper, schließlich gibt es ein Bett und eine Kochnische, wenngleich nur im Kofferraum. Jeden Abend an einem anderen Ort nach langer Strecke alles bettfertig umbauen, zwei Schlafplätze im Inneren des Vans, zwei im Zeltdach des Wagens, der Kühlschrank für vier Personen im heißen Kalifornien kleiner als ein Wasserkasten, eine Gas-Herdplatte im Kofferraum – nein, aus Hazels Sicht ist das gerade für eine Schwangere nur schwer vertretbar. Chris ist auch nicht begeistert. Campen im Auto über Wochen? Das hatte er sich anders vorgestellt. Ich dagegen muss schmunzeln.

»Das kann doch ganz nett werden«, sage ich, »zumal wir ja eh nur zum

Schlafen und Fahren ins Auto steigen – es ist doch so schön warm in Kalifornien.«

»Ja, in Kalifornien. Aber sicher nicht in Washington State, wo es regnet und kalt ist!«, entgegnet Hazel.

Ich liebe Hazel, sie ist einer der klügsten Menschen, die ich auf diesem Planeten kenne, und zugleich einer der albernsten, sie bedeutet mir wirklich viel. Dennoch befinden wir uns, trotz gleichen Alters und vieler Parallelen in der Vergangenheit, gerade in so unterschiedlichen Lebensphasen und -konzepten, dass ich ihre Sicht auf die Dinge zwar gut verstehen kann, sie aber nicht teile. Ehe und Familie hat Hazel noch vor sich. Wir stecken mittendrin. Sie kommt gerade aus einem Vorstandsmeeting, wir aus einer Hängematte in Frutilar, ihr Terminkalender quillt über, unserer hat seit elf Monaten keinen Eintrag zu verzeichnen. Sie schaut mich an, als wollte sie fragen: »Warum willst du dir das nur antun? Was ist das für ein Hippie-Trip, den ihr hier durchzieht?!« Dann aber blitzen ihre Katzenaugen frech auf.

»Ihr seid echt total bescheuert«, lacht sie und knufft mich in die nicht mehr vorhandene Taille. Ich lache ebenfalls und wir nehmen uns in den Arm.

Hazel ist kinderlos und lebt allein. Sie wohnt in Venice Beach, gleich an einem der vier Kanäle, die sich pittoresk quer durch den verhältnismäßig ruhigen Stadtteil L.A.s ein paar Straßen entfernt vom Strand, östlich des Venice Boulevards, schlängeln. Dieses Kanalsystem basiert auf der Sehnsucht Amerikas, sich ein Stück des alten Europa über den Atlantik hinweg zu bewahren. So wurde Anfang des letzten Jahrhunderts tatsächlich der Versuch unternommen, Venedig mit seinen Kanälen und Brücken nachzustellen. Mit den Jahren hat es seinen ganz eigenen Charme entwickelt. Durch das offene Fenster tönt eine Melange aus Möwenkrächzen, Drum-'n'-Bass-Sounds, Kindergelächter und Besteckgeklimper aus dem nahe gelegenen vietnamesischen Restaurant. In der Luft liegt eine Nuance von Zitronengras und Chili. Ich fühle mich wohl. Am Abend führt Hazel mich zum Dinner aus, während Chris mit den Kids zu Hause bei Hazel eine Pizza verdrückt und dann schlafen geht. Hazel hat uns dankenswerterweise ihr Schlafzimmer angeboten, während sie die Nacht auf der Couch verbringt. Den Kindern haben wir aus Decken ein gemütliches Lager auf dem Schlafzimmerboden gebaut.

Ich genieße den Abend mit Hazel, lausche gespannt ihren Start-up-Plänen, fühle ihre Begeisterung und Leidenschaft, höre, wie sie sich aufopfert für einen Bürojob, der sie zugleich stresst, manchmal herausfordert und viel öfter langweilt. Gerade in der Spiegelung mit Hazel, die ich aus einer Zeit kenne, in der an Kinder noch nicht zu denken war, wird mir klar, wie sehr ich mich womöglich verändert habe. Hazel ist noch meine Freundin. Aber ihre Welt ist nicht mehr die meine. Und das ist auch in Ordnung, denn Hazel hört mir ebenfalls zu, lässt sich inspirieren, fragt nach. Wie gut es tut, Freunde zu haben, die der Veränderung des anderen Raum lassen! Ihr Weg ist ein anderer als der meinige und doch tut das unserer Freundschaft keinen Abbruch.

Den Transfer-Deal haben wir angenommen. Klar, wir müssen zwar erst einmal in die komplett entgegengesetzte Richtung über San Diego nach Mexiko, um den Wagen abzuholen, aber was soll's. Ein paar Tage Umweg, das stört uns nicht – nach dem bisher Erlebten in den vergangenen Monaten gleicht das einem Katzensprung.

Bevor wir die gemeinsame Reise begannen, haben wir versucht herauszufinden: Welcher Reisetyp sind »Wir« denn eigentlich? Denn nur weil man sich als Paar liebt und gemeinsame Kinder hat, heißt das noch lange nicht, dass man die gleichen Vorstellungen von einer gemeinsamen Auszeit hat. Weder kann man den Typ »Abenteurer« acht Wochen in eine Bungalowanlage mit Vollpension auf Ibiza noch den »Sicherheitsliebenden« auf eine Dschungeltrecking-Tour durch Nepal schicken. Es ist ein Annäherungsprozess, offen und ehrlich. Bestenfalls trifft man sich in der Mitte.

Ist man erst einmal unterwegs, so gilt allem voran: Flexibilität ist das oberste Gebot – »Mut zur Lücke« in der Reiseplanung ist ein Muss. Während der Reise setzen wir uns immer wieder mit der Frage auseinander: Ist das Tempo, das wir vorgeben, zu schnell für uns als Familie? Falls ja – *slow down*! Erweist sich ein vermeintliches Traumziel als kinderuntauglich? Bloß weg! Gefällt es uns an einem Ort besonders gut? Bleiben und ausruhen! Wir-Zeit ist auch Arbeitszeit. Organisation, Logistik und Kinderbetreuung sind unterwegs aufwendiger als wir vorher dachten. Auch die Auseinandersetzung mit dem »Wir« erfordert Kraft! Es ist wie eine kleine Familien-Operation am offenen Herzen. Unsere Wir-Zeit soll kein Adrenalinrausch sein, sondern ein gemeinsames Durchatmen. Und gerade die Zeiten zwischen den sogenannten Highlights unterwegs stellen sich als wahre Familienschätze heraus.

Schon einmal sind Chris und ich in die Vereinigten Staaten mit Schwerpunkt New York gereist. Das war im Jahr 2012. Joe war acht Monate alt. Damals waren Chris und ich von einem »Wir-Zeit«-Konzept meilenweit entfernt, wir schwebten auf dem Planeten »Ich-Zeit« mit maximal einem Schuss »Wir« im Gepäck. Wir befanden uns in der Familiengründungsphase, das Baby hatte unser Leben komplett durcheinandergeschüttelt – wir nahmen es nur nicht wahr. Ich war frustriert. Ständig hatte ich das Baby an der Backe, konnte mich aber nicht – wie früher – frei bewegen, ausgehen, drei Viertel der Aktivitäten, die New York für mich während meines Studiums ausgemacht hatten, fielen flach aufgrund des kleinen Zwergs auf meinem Arm, der ständig nörgelte. Kein Wunder! Heute kann ich nur über mich den Kopf schütteln. Mit Jetlag und einem Kleinkind durch eine Metropole zu hetzen: von Galerie zu Brunch-Date und Dinner-Verabredung, wie um alles in der Welt sollte das auch funktionieren?! Ich erinnere mich an das permanente Hinunterwuchten und Hochbuckeln des Kinderwagens mangels Aufzügen in den Subway-Bahnhöfen, an nassgeschwitzte Hemdchen unseres Sohnes auf den vor Hitze flimmernden Straßen und die in Bruchteilen von Sekunden eiskalte Babyhaut, sobald man sich in die Bahn setzte oder ein Gebäude betrat, an Geschrei im Taxi in den verstopften Straßenfluchten, an abgesagte Lunch-Termine, dem Jetlag geschuldete schlaflose Nächte mit weinendem Kind im Arm und Museums- und Food-Market-Besuche, die aufgrund von Gedränge und Geschrei schon im Eingangsbereich endeten. Beide brauchten wir Zeit für uns selbst, das erste Jahr mit dem Baby ist anstrengend – die Fahrt in die USA damals war also genau das, was wir im Grunde gerade nicht brauchten. Sie glich einer einzigen Insomnia-Tour mit Hinterzimmer-Wall-Street-Verhandlung, wer von uns beiden wie und wann noch zehn Minuten mehr Freizeit herausfeilschen konnte. Das führte zwangsläufig zu Spannungen. In all dem selbst verursachten Stress- und Jetlag-Irrsinn kam ich auch noch auf den wahnwitzigen Gedanken, das Kind abzustillen, schließlich endete nach der Reise meine Elternzeit und ich musste zurück im Job sein. Damals habe ich das Stresslevel, das ich mir und meiner kleinen Familie zumutete, gar nicht wahrgenommen. Nur fiel mir im Nachhinein auf, dass ich nach dem Trip ausgelaugter denn je nach Hause kam, die Batterien waren nicht aufgeladen, sondern leer.

Wie anders ich damals tickte – möglichst viel reinpacken in die Zeit, damit man bloß viel zu erzählen hat, möglichst viele Events kreieren, Erlebnisse aktiv produzieren, statt sie einfach geschehen zu lassen. Mich schüttelt es bei dem Gedanken daran. In der Retrospektive frag ich mich: Wie konnte ich dem Kind das nur antun? Wenn ich unseren Ältesten jetzt betrachte, wie selbstständig er sich stundenlang allein beschäftigt, dann bin ich wirklich erleichtert. Abzusehen war das bei all der Reizüberflutung, der wir ihn in seinen ersten Lebensjahren permanent ausgesetzt haben, nicht. Das zeigt mir aber auch: Wir dürfen nicht zu hart mit uns selbst ins Gericht gehen. Wir alle machen Fehler, jeden Tag. Bestenfalls lernen wir daraus. Manchmal bedarf es eben mehrerer Anläufe. Oder eines Crashs. Mittlerweile habe ich mit dem Abschnitt der Familiengründungsphase mit all ihren Forderungen und Überforderungen meinen Frieden geschlossen. Ich erkenne ihn als einen wichtigen Baustein an, der mich und uns zu dem gemacht hat, was wir viele Jahre später vielleicht geworden sind: eine gelassene Familie.

Nun sind wir abermals in den USA. Nicht zu dritt, wie vor vielen Jahren in New York, auch nicht zu viert, wie letztes Jahr zu Beginn unserer Reise, sondern fast zu fünft. Aus Los Angeles kommend machen wir in San Diego auf der Durchreise gen Süden noch einmal bei Micha und Konstanze halt und feiern ein fröhliches Wiedersehen. Wir haben uns so viel zu erzählen! Nach einer turbulenten Fahrt mit dem öffentlichen Bus über die mexikanische Grenze in Tijuana, die sich ein bisschen nach *From Dusk till Dawn* anfühlt, ist es an der Zeit, den Campervan abzuholen. Als wir endlich auf dem Parkplatz zur Autoübernahme ankommen, sind wir doch etwas überrascht: Der Minicamper ist zwar top in Schuss, allerdings im wahrsten Sinne des Wortes »mini«. Die typische Zielgruppe dieses Gefährts ist wahrlich nicht eine vierköpfige Familie. Wie um alles in der Welt soll unser Gepäck da reinpassen?! Und wir obendrauf? Wie so oft auf dieser Reise bestätigt sich hier: Die Menschen sind hilfsbereit, wenn man ihnen freundlich und offen entgegentritt. Die Managerin der Autovermietung drückt beide Augen zu, als sie uns mit deutlich mehr Gepäck und Auslastung als zugelassen vom Parkplatz tuckern sieht. Bis unters Fenster (und darüber hinaus!) ist der Wagen mit Rucksäcken, Proviant, Angeln und dem sperrigen Koffer, den wir ausnahmsweise im Zeltdach verstauen dürfen, bepackt.

So sausen wir los in Richtung Norden, immer an der Küste entlang. Die Strecke auf der berühmten Route 1 entlang des brausenden Pazifiks ist wunderschön. Zunächst hangeln wir uns von Campingplatz zu Campingplatz. Ein, zwei Mal müssen wir in ein Motel ausweichen, die Zeltplätze sind heillos überfüllt. Doch sobald wir die kalifornischen Ballungszentren, die romantischen Steilküsten in Big Sur und die Bay Area rund um San Francisco hinter uns lassen, entdecken wir mehrheitlich überraschend verlassene und idyllisch gelegene Campingplätze. Oftmals finden wir nicht einmal einen Platzwart, sondern lediglich eine Box, in die man zehn oder zwanzig Dollar Parkgebühr wirft, das war's. Da uns aber bisweilen Google Maps und diverse Camping-Apps im Stich lassen oder Joe und Frieder keine Lust mehr auf die Fahrerei haben und stattdessen lieber »genau jetzt!« Marshmallows überm Feuer braten wollen, werden wir langsam experimentierfreudiger: Wir stoppen auf entlegenen Feldern, an Seeufern oder verwaisten Parkplätzen. Siehe da: Die Entdeckung der nordamerikanischen Westküste muss nicht unbedingt kostspielig sein.

Auf einem dieser unfassbar weitläufigen, einsamen Campgrounds erspäht uns glücklicherweise doch noch der Verwalter auf seinem abendlichen Rundgang. Als wir schon längst unser Lager aufgeschlagen haben und barfuß am Seeufer im kniehohen Gras entlangspazieren, kommt er mit wedelnden Armen im Laufschritt auf uns zu.

»Rattlesnakes, hier wimmelt es von Rattlesnakes!«

Mein Blick fällt auf Raupe und Joe, die zweihundert Meter weiter versuchen, einen Staudamm in einem Bachlauf zu bauen.

»Sofort zurückkommen!«

Mein alarmierender Ruf stößt auf Gehör, schnell kommen die beiden angespurtet. Raupe sieht aus wie ein Hürdenläufer, wie er sich bemüht, über das hohe Gras zu fliegen. Zum Glück fällt keiner von uns dem Biss der Klapperschlange zum Opfer. Der Platzwart entschuldigt sich.

»Zu dieser Zeit haben wir kaum Betrieb, sonst hätte ich Sie gleich gewarnt.«

Ist ja noch mal alles gut gegangen. Klapperschlangen greifen in der Regel ja auch keine Menschen an. Dennoch verbringen wir die Nacht mit verschlossenen Türen, Fenstern und Reißverschlüssen, Joe und Chris im Zelt auf dem Dach, Raupe, mein dicker Bauch und ich auf der umgeklappten Rückbank. Geht alles.

Gute-Nacht-Geschichten vorlesen unter dem Licht der Stirnlampen, gemeinsam einschlafen und eng aneinander gekuschelt aufwachen, Kaffee auf der Motorhaube brühen, Spiegeleier braten auf dem Campingkocher, fahren, schweigen. Gerade die Kinder lieben das Campingleben, das Feuer am Abend und die vorbeisausenden Landschaften. Manchmal kommt es mir vor, als ziehe das ganze Leben an unserem Van vorbei, wenn wir über die sich dahinschlängelnden Straßen gen Norden fahren. Zu behaupten, dieser Teil sei der entspannteste Abschnitt der Reise, wäre nicht ganz wahrheitsgetreu. So viel sei gesagt: Chris wird in diesem Leben kein »Happy Camper« mehr, darauf verwette ich mein Hab und Gut! Und auch ich muss mich zumindest nicht noch einmal im achten Schwangerschaftsmonat auf das Klappbett wuchten. Aber die Erfahrungen, die damit einhergehen, die gelebte Spontanität und das Gefühl, immer der Nase nach einfach drauflosfahren zu können, möchte ich um nichts in der Welt missen.

Wir passieren die Staatsgrenze von Kalifornien nach Oregon, die Kinder hören gemütlich auf der Rückbank ihre Hörspiele. Währenddessen lasse ich auf dem Beifahrersitz meine Gedanken schweifen.

Als wir aufbrachen, hatten wir kein Ziel vor Augen, wir wussten weder, wo wir verweilen, noch, ob und wo wir ankommen würden, weder mental noch physisch. Es gab nie eine Route. Inzwischen denke ich, dass das ein Geheimrezept dieser Reise war, denn genau so ist das Leben! Zufall oder Schicksal peitschen wie die pazifischen Herbststürme auf die westamerikanischen Küsten im Norden ein, Träume zerplatzen oft wie Schaumkronen auf dem tosenden Meer, Lebenspläne bersten wie haushohe Baumstämme, wenn sie wie Zahnstocher von den Wellen auf den Strand geschleudert werden. Entweder du schaust dir den Sturm auf dem Meer fasziniert an und begibst dich damit in das Risiko, von einer

Welle erwischt zu werden – oder du bleibst in Sicherheit weitab von der Küste stehen und verzichtest darauf, die Gewalt der Natur voll und ganz zu spüren bekommen. Sicher gibt es dazwischen noch ein Dutzend Grautöne – jeder muss hier sein eigenes Maß finden. Dieses Jahr haben wir uns derartigen Stürmen ausgesetzt. Aber auch den Sonnenuntergängen und Sternenhimmeln dieser Welt. Das ganze Leben in einem Jahr.

Ist es das wert? Oder kritisch gefragt: die Weltreise als Problemlöser? Laufen wir einfach nur weg oder laufen wir uns frei? Ist das eine Blase, in der wir nun seit Monaten leben, und die wir, sobald sie platzt, wieder verlassen, bis wir langsam wieder auf dem Boden der Tatsachen landen? Oder verändert uns diese Reise nachhaltig?

Diese Fragen beschäftigen uns, sie rotieren wie in einer Umlaufbahn um uns herum, drängen sich in unregelmäßigen Abständen auf, bevor sie wieder ins Unterbewusste abtauchen. Während des Reisens vergessen wir, wo wir herkommen. Damit meine ich nicht die Wurzeln und den inneren Kompass. So etwas geht nie verloren. Wir vergessen die Einflüsse, denen wir uns tagtäglich aussetzen, die vielen äußeren Faktoren, Konsum und Marketing, unseren vermeintlichen Hunger nach Macht, Erfolg, Karriere, unsere Gier nach Wohlstand und Anerkennung, die den inneren Kompass oft unter sich zu begraben drohen. Im Urlaub ist es aufgrund der begrenzten Dauer kaum möglich, eine kritische Distanz zu all dem herzustellen, das uns manches Mal vielleicht mehr festhält und lähmt als motiviert und erfüllt. Gerade der Zustand, weg zu sein und eben nicht bereits wieder daran denken zu müssen, wann es zurückgeht, lässt unseren Geist flexibel, frei und kreativ sein. Unter zwölf Wochen wäre es für uns kaum möglich gewesen, diese elementare, geistige Zwischenwelt zwischen Abreise und Ankommen, das Stadium des »Im-hier-und-jetzt-Sein« zu erreichen. Andere, die früher als wir gelernt haben, mit sich, den Kindern und dem Partner ins tiefe Gespräch zu kommen, die sich bewusster mit Spiritualität, Meditation, Glauben oder autogenem Training beschäftigen, können sich sicher schneller in diese Sphäre der Leichtigkeit emporschwingen – vielleicht sogar ganz ohne Reise. Für uns war das nicht so einfach.

Einfach nichts machen, in sich hineinhören, sich mit seinen etwaigen Widersprüchen konfrontieren und eine mögliche innere Leere aushalten? Das wäre uns in unserem alten Leben nicht in den Sinn gekommen – zu stark war der Strom der immerwährenden Aufgaben und Verpflichtungen oder der Sog oft künstlich kreierter Bedürftigkeit und Wichtigkeit. Daher brauchte es in unserem Fall alleine zwei oder drei Monate, um überhaupt dieses Stadium von Gelöstheit, diese Wippe zwischen Vergangenheit und Zukunft genießen zu können.

Natürlich ist ein solches Unterfangen rational betrachtet eine große »Investition« ohne unmittelbare »Kapitalrendite«, keine Frage. Wird nicht der Arbeitgeber die Stirn runzeln und Auszeitbedürftigen den Vogel zeigen? Pauschal lässt sich das nicht mehr bejahen. Auch Unternehmen denken um, nehmen lieber die Auszeit als den dauerhaften Verzicht auf eine verlässliche Arbeitskraft in Kauf. So bieten mittlerweile mehr und mehr Arbeitgeber unbezahlten Urlaub oder *Flex Leaves* an, bei denen alle Versicherungen weiterlaufen, nicht zuletzt, weil sie wissen, dass Mitarbeiter nach einer Auszeit produktiver, resilienter, gesünder, loyaler sind. Diese Gewährung einer besonderen Form des Urlaubs zur Erholung und Mitarbeiterbindung basiert auf einer schlichten Kosten-Nutzen-Rechnung: Ein ausgebrannter, kranker, unmotivierter Mitarbeiter ist nicht nur ethisch ein Unding, sondern kostet schlicht Geld. Denn selbst wenn der Kollege das Unternehmen aufgrund von mangelnder Motivation und Leistung schließlich verlässt, sind die damit verbundenen Kosten durch Wissensverluste, das Anlernen oder die Aufgabenübernahme durch Kollegen oder das Suchen eines neuen Mitarbeiters vermutlich deutlich höher als die, welche sich aus einem unbezahlten Urlaub ergeben.

Nicht selten ist vielleicht nicht einmal der Arbeitgeber der Hemmschuh, sondern man trägt den Hemmschuh selbst am Fuß. Auf Gehalt verzichten? Auf die Anerkennung des Chefs? Und auf das Gefühl, unentbehrlich zu sein? Ich selbst zum Beispiel dachte über weite Strecken meines Berufslebens, ich sei mehr oder weniger unersetzbar. Nicht, dass ich mich für den Nabel der Welt hielt oder vor Selbstbewusstsein strotzte, doch ich hatte mich in einige Details meines Jobs derart hineingebissen, dass ich davon ausging: Wenn ich jetzt gehe, dann bricht der Laden genau an dieser Schaltstelle, auf der ich sitze, zusammen. Auch Chris ging es so, der als Selbstständiger seit mehr als zehn Jahren sein eigenes kleines Unternehmen mit bis zu einem Dutzend Angestellten und zahlreichen freien Mitarbeitern partnerschaftlich führt. Weg von der Spitze? Nicht auszudenken! Dabei ist jeder Mensch im ökonomischen Kontext ersetzbar – gerade diese Ersetzbarkeit ist ja einer der zentralen Unterschiede zwischen Privat- und Wirtschaftsleben.

Und selbst wenn der Chef einwilligt und eine Wir-Zeit befürwortet: Was machen wir nur mit den Kindern während einer solchen schulfreien Zeit? Die simple Antwort, die ich heute darauf habe, lautet: sich kümmern so weit wie nötig und ansonsten ihrer Entfaltung freien Lauf lassen! Auch der eigenen. Natürlich haben wir gut reden mit zwei noch nicht schulpflichtigen Kindern. Allerdings haben wir unterwegs zahlreiche Familien aus den verschiedensten Winkeln der Erde getroffen, die über Monate oder gar Jahre als Nomaden fremde Länder bereisten – selbst mit älteren Kindern. *Roadschooling*, also das *Homeschooling* unterwegs, ist nicht jedermanns Sache, aber gerade in den ersten Schuljahren sollte man den Aufwand nicht überbewerten, zumal hier im Gegensatz zum *Homeschooling* kein Stress hinzukommt, der aus der Schulpflicht mit fester Schulanbindung herrührt. Die allermeisten Familien, auch die deutschen, die wir getroffen haben, berichten von sehr positiven Erfahrungen mit ihren Schulen oder den zuständigen Verwaltungen. Die Mehrheit der involvierten Institutionen ist sehr kooperativ und unterstützend. Natürlich muss man eine Genehmigung beantragen und theoretisch ist es einem Kultusministerium möglich, einen entsprechenden Antrag abzulehnen, aber die Erfahrungen zeigen: Im Regelfall möchten sich die wenigsten Ämter gegen den Wunsch der Familien stellen, solange diese nachweislich gewillt sind, ihre Kinder auf Reisen zu bilden. Und das *Travel-* oder *Roadschooling* muss gar nicht so streng und spröde ablaufen wie im klassischen Unterrichtskontext. Ein Museumsbesuch in Auckland dient dem Verständnis der Anthropologie; eine Whalewatching-Tour kann verbunden werden mit einer Vor- und Nachbereitung über das Leben der Wale und Delfine. Sozialkundeunterricht, Philosophie, Geschichte, Erdkunde, Englisch (!), Kunst und Musik lassen sich mühelos in den normalen Reisealltag integrieren, ohne an Zeiten und bestimmte Pflichtlektüren gebunden zu sein. Ich selbst hätte mir vor der Reise niemals vorstellen können, *Roadschooling* mit nur geringen Mitteln und limitierten Materialien unterwegs zu betreiben, also die Kinder selbst frei zu unterrichten. Inzwischen würde ich es mir zutrauen.

Unsere Welt erfährt in immer kürzeren Abständen immer größere disruptive Umbrüche, dass es mich schwindelt. Unwägbarkeiten und Unsicherheiten sind quasi ein Dauerzustand. Für uns und mehr noch für unsere Kinder bedeutet das: Welche Fähigkeiten brauchen wir, um damit umzugehen? Was müssen unsere Kinder heute lernen, um in der Welt von morgen bestehen zu können? Sicher ist, dass dieser Planet Menschen brauchen wird, die flexibel und anpassungsfähig, kollaborativ, kreativ und resilient sowie interkulturell versiert sind. Nur: Wie bringt man einem Kind Kreativität oder Agilität bei? Aus meiner Erfahrung sind viele dieser Fähigkeiten weder in der Regelschule oder im Verein noch im Elternhaus erlernbar, sondern dort, wo die Kinder immer weniger Zeit verbringen: in der Natur, im freien Spiel und im sozialen Miteinander ohne Aufsicht und Anleitung der Erwachsenen. Eine Welt außerhalb derer, die die Eltern erschaffen und vorgeplant haben – gibt es sie noch für die Mehrheit unserer Kinder?

Manches Mal wurden wir gefragt: Wie haltet ihr das nur aus, 24 Stunden am Tag mit den Kindern für so lange Zeit, ohne wenigstens für einige Stunden real oder virtuell zu entfliehen, sich ins Homeoffice zu verabschieden, die Tür einfach mal zumachen zu können? Genau das ist ein Punkt, der mir in unserer heutigen Gesellschaft fast schizophren anmutet. Es gab wahrscheinlich keine Zeit in der westlichen Zivilisation, in der Kinder so stark im Fokus der Aufmerksamkeit standen wie heute. Alles dreht sich um das eigene Kind – und doch leben wir weitestgehend parallel zu ihnen statt mit ihnen. Erst jetzt wird mir bewusst, dass ich die Zeit zu Hause nur in seltenen Fällen bewusst mit den Kindern verbracht habe. Obwohl ich mich für die fürsorglichste Mutter der Welt hielt, war ich in erster Linie eine Versorgerin. Einerseits werden also die Kinder über die Maßen von uns geliebt und als zentrale Lichtgestalten in den Mittelpunkt unseres Denkens, Fühlens und Handelns gestellt; andererseits verbringen, so scheint mir, heute viele Eltern – so wie wir bisher – häufig nicht nur aufgrund vermeintlicher ökonomischer Zwänge so wenig Wir-Zeit, also dem »Wir« gewidmete Zeit, mit den Kindern wie kaum eine Generation vor uns. Viele von uns könnten es möglich machen, weniger zu arbeiten, und doch entscheiden wir uns dagegen. In der Vergangenheit und in vielen Entwicklungsländern war und ist Familie eine Art Lebensversicherung, denn die Kinder erhöhen die Chance auf eine finanzielle Absicherung im Alter. Das ist in den Industrienationen heute meist nicht mehr der Fall. Was ist also dann der Sinn, der oft zitierte *Purpose*, von Familie in unseren Breitengraden?! Degeneriert die Rolle unserer Kinder zu einer Art Statussymbol, einem realen *Tamagotchi?* Und was machen wir mit ihnen, wenn sie nicht mehr wie gewünscht »funktionieren«?

Das Thema Familiengründung hatte in meinem Leben bis in die Dreißiger gar keinen Raum, ich hatte genug mit mir selbst zu tun, wie sollte da eine Familie reinpassen? Ich habe mir diese Frage nie aktiv gestellt – irgendwann kam ich in ein Alter, in dem man eben begann, Familie zu gründen, und so wurde ich schwanger. Tiefer über die Konsequenzen nachgedacht habe ich damals als gefühlte Berufsjugendliche mit Benefits (Job) nicht. Es war einfach das, was man in dem Alter eben macht. Uns darüber tiefere Gedanken zu machen, wie wir Beziehung leben wollten, sobald ein weiteres Wesen zu versorgen ist, wie wir Familie erlebt haben aus der Kindperspektive und was wir gegebenenfalls zu ändern gedenken mit dem Rollenwechsel, welche Werte uns wichtig sind, nach welchen Regeln wir dieses Mutter-Vater-Kind-Reality-Spiel spielen wollten – dafür waren wir zu eingebunden, zu *busy*. Und selbst wenn: Kinder werden seit anno pief geboren, Familien seit Millionen Jahren gegründet, das kann doch so schwer nicht sein. Wir werden das Kind schon schaukeln, dachten wir und freuten uns, kauften Kinderwagen und Strampler, stellten Elternzeitanträge, suchten eine gemeinsame Wohnung aus und strichen ein Zimmer gelb an (weder rosa noch blau!). So schlidderten wir langsam in das uns unbekannte *La La Land* namens Familia hinein.

Erst durch die Geburt meines ersten Kindes bin ich zwangsläufig der obskuren Rolle der erwachsenen und doch noch im Familienverbund weitestgehend wie ein Kind behandelten und mich gebenden Tochter entwachsen. Denn was folgte, war quasi die dritte Vertreibung aus dem Paradies: erst die aus dem Garten Eden, dann die aus dem Mutterleib und jetzt die aus der Kinderrolle in der Kernfamilie, in der man der ewige Fratz war – selbst mit über dreißig Lenzen auf dem Buckel.

Familie gründen heißt, ein Stück weit die Erfahrung zu machen, sich abzusetzen, abzugrenzen, neu zu definieren. Ein manchmal harter und schwieriger Abnabelungsprozess, der zwangsläufig die Interessen und Gefühle aller Beteiligten irgendwann verletzt und beinahe einer reiferen, zweiten Pubertätsphase gleichkommt.

Wir erreichen Portland, die größte Stadt Oregons, gleich an der Grenze zu Washington State, dem *Evergreen State*, benannt nach dem ersten Präsidenten der Vereinigten Staaten und bekannt für seine immergrünen Wälder, die einen Vorgeschmack auf Kanada geben. Mit seiner Post-Industrialisierungs-Morbidität, seinem alternativen Charme und der rotzigen Lässigkeit gefällt uns Portland, das man als Europäer gar nicht unmittelbar auf dem Schirm hat, liegt es doch im Nordwestens der USA etwas versteckt im Schatten der Metropolen San Francisco und Seattle. Insbesondere der Stadtteil Clinton, eine ehemalige Punk-Hochburg der 90er, zieht uns an, die Plattenläden und Keller-Clubtüren fühlen sich ein bisschen an wie ein Ausflug in meine Jugend. Elliott Smith, einer meiner Lieblingsmusiker, aber auch Bandmitglieder von R.E.M. oder Nirvana haben sich in der Musikszene Portlands viele Jahre heimisch gefühlt. Einen Hauch dieses Spirits spüren wir im sagenumwobenen Dots Café, in dem viele Größen des Grunge und Punk musikalisch sozialisiert wurden. Hier entscheiden wir uns während eines veganen Burger-Lunchs für den allerletzten House- und Farmsit unserer Reise: Eine Pferderanch am Columbia River unweit von Portland sucht kurzfristig eine Betreuung für ihre Tiere. Wir sagen zu. Um den verabredeten Transfer-Zeitplan einzuhalten, muss Chris allein in einer Nacht-und-Nebel-Aktion unser Campermobil über die Grenze nach Vancouver bringen und mit dem Bus am nächsten Tag zurück in die USA reisen. Etwas verquer alles, aber anders geht's dieses Mal eben nicht. Erst in zehn Tagen sind wir mit einer anderen »Weltreise-Familie« in Whistler, einem Skiort in British Columbia, verabredet, wo wir gemeinsam ein Haus gemietet haben.

Also setzt Chris die Kinder und mich auf dem Pferdehof bei den Besitzern Dan und Michael ab. So richtig wohl fühle ich mich erst nicht mit Joe und Raupe ganz allein auf unbekanntem Terrain. Die erste Nacht ohne Chris seit fast einem Jahr – dafür mit Joe und Frieder im Bett und unter einem Dach mit den Ranchbesitzern sowie ihrem Bullterrier

Friendly und ihrer Labradorhündin Ella. Aber wir verstehen uns auf Anhieb sehr gut mit allen Bewohnern – mit den Herrchen ebenso wie mit den Tieren. Und nach zwei Wochen auf zweieinhalb rollenden Quadratmetern bin ich doch erleichtert, auf der Farm Rast zu machen, bevor die letzte Etappe kommt. Am nächsten Tag bringen Joe, Raupe und ich Dan und Michael zum Flughafen. Schnell werden letzte Details ausgetauscht.

»Ella bloß nicht von der Leine lassen. Und bitte nicht den Trockner benutzen, der ist kaputt. Und wie der Alarm funktioniert, hast du verstanden, oder?«

»Klar!«, beruhige ich die beiden, »jetzt macht euch erst einmal einen herrlichen Urlaub!«

Schon verabschieden sie sich und machen sich auf den Weg Richtung Italien. Immer wieder treffen wir beeindruckende Menschen mit Geschichten und Schicksalen, die uns tief berühren. So auch Michael und Dan, ein homosexuelles Ehepaar, die ihre Office-Jobs hinter sich gelassen und sich bewusst für ein Leben mit ihren Pferden auf dem Lande, Zaun an Zaun mit hochreaktionären Kräften Amerikas entschieden haben. Die Außenbezirke von Washington State wimmeln von Rednecks und Trump-Anhängern, wie wir entgeistert an den Autoaufklebern und Flaggen auf manchem Grundstück feststellen. Dans und Michaels Mut, ihre Stärke und ihre offenherzige Gastfreundschaft gefallen mir. Eine gute Woche werden wir nun auf ihrer Ranch achtgeben.

Etwas unsicher sitze ich auf dem Rückweg am Steuer des überdimensional großen blau-metallic schimmernden Pick-ups, der eher an einen Monstertruck aus dem Fernsehen erinnert. Und just an diesem einen Tag, an dem ich noch kurz in der nahe gelegenen Kleinstadt Battle Ground anhalte, um ein paar Besorgungen zu machen, bevor Chris zurückkommt, spielt uns das Schicksal übel mit. Während ich auf dem Parkplatz des Supermarkts die Einkaufstüten auflade, lehnt sich Frieder von innen an die nicht verschlossene Seitentür und purzelt von dem Sitz aus knapp zwei Meter Höhe auf den harten Asphalt. Mein Herz hört für einen Moment auf zu schlagen. Regungslos liegt er auf dem Bauch, erst nach endlosen drei oder vier Sekunden kommt der ersehnte Schrei. Was tun? Der Sturz war tief und heftig. Raupe weint herzzerreißend, Joe steht unter Schock. Ich bin am Rande meiner Kräfte. Muss ich sofort ins Krankenhaus, könnten Rippen gebrochen, innere Organe gerissen, der Kopf erschüttert sein? Einige Minuten wiege ich ihn sanft in meinem Arm, während ich im Schatten des Monstertrucks auf dem harten Asphalt sitze. Ich streichle ihn. Langsam beruhigt sich Raupe, aus dem Weinen wird ein Wimmern, aus dem Wimmern ein Schluchzen. Gebrochen scheint nichts zu sein, aber gut geht's ihm nicht. Irgendwie bugsiere ich ihn, die vielen Tüten, Joe und mich in diesem viel zu großen Auto wieder zurück zur Ranch. Erst mal in den sicheren Hafen. Am Steuer laufen mir die Tränen. Ich bin fertig. Müde. Diese Campingtour, dann die neue Farm ohne Chris und jetzt das. Am Abend holen wir Chris am Bus ab, fahren gleich ins Krankenhaus und lassen Raupe einmal durchchecken – sicher ist sicher. Erleichtert erfahren wir zu später Uhrzeit und nach eingehenden Untersuchungen, dass außer Prellungen vermutlich keine schlimmeren Verletzungen vorliegen. Die Kinder sind derweil auf unserem Schoß eingeschlafen. Auch sie sind fix und fertig. Mehrfach klingelt während des Gesprächs mit dem Arzt mein Telefon in meiner Tasche, aber da die Nummer unterdrückt ist, ignoriere ich den Anruf. Als wir auf die Ranch zufahren, ahne ich, von wem der Anruf kam: Dan und Michael. Oder von der Polizei. Denn vor unserer hell erleuchteten Einfahrt stehen mitten in der Nacht mehrere Einsatzwagen.

»Das muss falscher Alarm sein!«, beteuern wir dem Einsatzleiter.

Offensichtlich hatte ich doch nicht so ganz verstanden, wie der Alarm funktioniert, also hat der Bewegungsmelder Alarm geschlagen, als Ella und Friendly durch das Haus taperten, während wir uns im Krankenhaus aufhielten. Ich Volltrottel! Schnell rufe ich Michael in Europa an und beruhige ihn. Kurz darauf fallen wir todmüde ins Bett. Zum Glück ist alles gut gegangen. Was für ein Tag!

Nach einer Woche sagen wir Ella und Friendly »Goodbye« und rollen per Amtrak, also per Bahn, über die kanadische Grenze. Auch wenn ich den Vereinigten Staaten aufgrund der Befreiung von Nazi-Deutschland vor nunmehr fast achtzig Jahren immer dankbar sein werde und selbst dort gelebt habe, bin ich nun froh, dieses sich sukzessive verändernde Amerika hinter mir zu lassen und wieder kanadischen Boden unter den Füßen zu spüren! Glücklicherweise hat sich Frieder gut erholt und freut sich darauf, für eine Woche mit drei anderen Kindern unter einem Dach zu wohnen. In der Nähe von Whistler beziehen wir gemeinsam mit den Pelzers, einer deutschen Reisefamilie, die wir in Neuseeland kennengelernt haben, ein Blockhaus am Waldrand. Seit unserem Abschied in Auckland hatten wir Erwachsenen uns regelmäßig auf dem Laufenden gehalten, Tipps ausgetauscht – man hat doch einiges gemein, wenn man mit Kindern unterwegs ist. In Kanada, drei Monate später, so hatten wir es verabredet, sollten sich unsere Reisewege erneut kreuzen. Und es hat geklappt! Dieses Wiedersehen muss gebührend gefeiert werden und gibt uns die Zeit, unsere Erfahrungen und Eindrücke der letzten Monate, aber auch die möglichen Sorgen und Bedenken vor dem Wiederankommen zu Hause in Ruhe auszutauschen. Die Pelzers sind ebenfalls seit etwa einem Jahr unterwegs; mit dieser gemeinsamen Woche endet ihre Reise. Uns steht dagegen noch ein letztes, gut zweimonatiges Kapitel bevor. Und mir eine große Aufgabe. Denn in sechs Wochen wird unser kleiner Kanadier das Licht der Welt erblicken. Der Gedanke ist aufregend und beängstigend zugleich.

Unsere Bleibe in den Bergen Britisch-Kolumbiens könnte idyllischer nicht sein. Durch unser abgelegenes Waldgrundstück schlängelt sich ein kleiner Bach, darüber spannt sich eine Holzbrücke, die das Blockhaus mit einem echten Tipi-Zelt am anderen Flussufer verbindet. Die nächsten Nachbarn sind Dutzende Kilometer entfernt. Von morgens bis abends halten Frieder und Joe gemeinsam mit den Kindern Senta, Fabian und Bruno die Angeln ins Wasser, tanzen mit selbst gebastelten Pfeil und Bogen um das Tipi herum und genießen das gemeinsame Spielen, Schnitzen und Feuer machen. Zeitliche Einschränkungen gibt es nicht. Sie spielen ohne Unterlass. Auch ein Theaterstück denken sie sich aus und führen es uns vor, es wird gebacken, getobt und gesungen. Kleine Abenteurer unter sich. Wir vier Erwachsenen schauen den Kindern amüsiert zu, und ich denke: Wie autark und unabhängig Frieder und Joe geworden sind im letzten Jahr. Wie stark und selbstbewusst. Welche Fähigkeiten sie in den letzten zwölf Monaten erworben haben, was sie erlebt haben. Und wie sehr sie zusammengewachsen sind. Ihre Erinnerung an diese Zeit mag verblassen, das Band zwischen ihnen wird nicht mehr zerreißen. Da bin ich mir ganz sicher.

Von Adlern und Bären

»Wie bitte, ihr wollt nach Tofino? In *dem* Zustand?!«, platzt es aus Leila heraus.

Sie schaut mich mit weit aufgerissenen Augen an. Unser Lagerfeuer lodert in der späten Mittagssonne auf. Bloß aufpassen, dass das Stockbrot jetzt nicht anbrennt.

»Ach, Kinderkriegen kann man doch überall, oder?«, entgegne ich mit einem Sag-mal-Cheeeeese-Lächeln und gehe über ihr Erstaunen hinweg.

Besser das Thema wechseln, schießt es mir durch den Kopf. Sonst komme ich am Ende noch ins Grübeln.

»Ja, Kinderkriegen kann man überall, aber da oben ist man dabei ziemlich allein«, setzt Leila nach.

Sie muss es wissen. Leila verbrachte vor einem halben Jahrhundert ihre Kindheit »da oben«, wo ihr Vater als Fischer arbeitete, bevor ihre Eltern mit ihr und den vier Brüdern von Vancouver Island in die *Prairies* zogen, irgendwo ins Niemandsland zwischen Edmonton und Winnipeg. Prairies – so nennt man die schier unendliche Weite des kanadischen Inlands, das die Ureinwohner durch die mühsame Arbeit Dutzender Generationen fruchtbar und für den Getreideanbau nutzbar gemacht haben und das sich dadurch zum Land des »gelben Goldes« entwickelt hat. Dort wurde Leila Krankenschwester und heiratete viel zu früh, wie sie sagt. Sie bekam viel zu jung viel zu viele Kinder und zog diese mühsam groß, bis die Ehe zerbrach. Als die Kinder aus dem Haus waren, zog Leila zurück in ihr Kindheitsparadies. Auf *ihre* Insel. Allerdings nicht nach »da oben«, sondern nach »da unten«, in die Hauptstadt Victoria ganz im Süden. Seitdem verbringt sie ihre Sommer an der Ostküste, wo wir sie vor wenigen Tagen am Feuer kennengelernt haben. Am Feuer lernt man in Kanada viele Menschen kennen. »Einmal Inselkind, immer Inselkind«, sagt sie. Ob es unserem Inselbaby auch so gehen wird?

Unser Feuer brennt am Rande von Courtenay, einem kleinen Küstenstädtchen auf der größten nordamerikanischen Pazifikinsel. Vancouver
Island ist nicht größer als die Niederlande, aber vielseitig wie ein Kon-
tinent: Sonne, Gletscher und Schnee, Berge, Regenwälder und Mammut-
bäume, Bären, Pumas, Wölfe, Wale, Delphine, Robben, Seen und Flüsse
voller Lachse, aber auch indigene Kultur, Universitäten, Theater und eine
lebendige Tech-Szene in Victoria – alles ist vereint auf diesem Eiland.
Mit der Fähre sind es nur 90 Minuten von Vancouver bis zum Hafen in
Victoria und doch liegt eine Welt dazwischen. Ein langer Gebirgszug, die
Island Ranges mit bis zu 2200 Meter hohen Gipfeln, unterteilt die Insel
in die wilde, fjorddurchzogene und dem Pazifik zugewandte Westseite
und die mildere und gemäßigtere Ostseite. Zahlreiche First-Nations-
Communities haben sich auf Vancouver Island über Jahrhunderte hinweg angesiedelt und spielen bis heute eine exponierte Rolle im sozialen
und kulturellen Leben der Insulaner. Man fährt kaum eine Viertelstunde
mit dem Auto, ohne Totempfähle oder Hinweise auf Reservate, Museen,
Kulturzentren oder Schnitzwerkstätten der First-Nations-Gemeinschaf-
ten zu passieren. Ihre Arbeit, ihre Geschichte und Kultur werden quer
durch alle Bevölkerungsschichten anerkannt und wertgeschätzt. Vieles
lernen wir aus erster oder zweiter Hand über die und von den indigenen
Völkern in der Region. Hervorzuheben ist hier der uneingeschränkte Respekt für Mensch *und* Natur. Der Regenwald bestehe, so der tiefe Glaube,
aus dem Staub ihrer Ahnen, daher dürfe man diesen nur mit tiefer Demut
durchqueren. Nehme man der Natur etwas weg, so gelte es, sich dankbar
zu zeigen und alles zu verarbeiten. Erlegt man beispielsweise ein Reh, so
muss jede Sehne, jeder Knochen verwertet werden. Gleiches gilt für das
Fällen eines Baumes: Aus den Fasern der Rinde der Zedern werden
Körbe geflochten oder Schmuck kreiert.

Unser Lagerfeuer brennt den ganzen Tag bis in die späte Nacht hinein.
Es ist fast ein Familienmitglied, das es zu versorgen, behüten und pflegen
gilt. Wir beginnen schon kurz nach dem Frühstück damit, das ange-
schwemmte Holz am Strand zu sammeln und aufzustellen. Das Leben
spielt sich hier zu 95 Prozent draußen ab. Auf Vancouver Island wird Ski
gefahren und Eishockey gespielt, gesurft und geskatet, gepaddelt und

gewandert, geangelt, geschwommen und Mountainbike gefahren. Undenkbar, dass hier eine Generation von daddelnden Stubenhockern heranwächst.

Während ich im Geiste über unser drittes Kind nachdenke, das bald auf die Welt kommen wird, merke ich, dass Leila mich mit ihren von dichten Wimpern eingerahmten tiefblauen Augen fixiert. Sie lässt also nicht locker. Unsere Blicke treffen sich.

»Achtung, dein Brot brennt gleich an!«, rufe ich.

»Oh, stimmt, das war knapp«, murmelt sie.

Sie dreht ihren Stock sorgfältig um 180 Grad, um die andere Seite ihres süßen Hefebrotes goldgelb zu backen.

»Jetzt hast du den Dreh raus«, sage ich.

Vor ein paar Tagen hatte der Duft des Hefeteigs, der über den Flammen schmorte, die schmale, aber robuste Leila aus ihrem kleinen Apartment zu uns herausgelockt. Stockbrot ist weder im angloamerikanischen noch im ozeanischen Raum bekannt und stößt immer wieder auf reges Interesse. Viele Male durfte ich in den letzten Monaten mit Fremden wahlweise ein Stück Teig oder das Rezept teilen, immer wieder kamen wir über dieses Grundnahrungsmittel ins Gespräch mit den verschiedensten Menschen. Es braucht nicht viel für den zähflüssigen Teig: Mehl, Trockenhefe, Milch, ein bisschen Zucker, ein Ei und Zimt. Brot! Über dem Feuer! Am Meer! Eine unschlagbare Kombination. Feuer und Meer üben schließlich eine ähnliche Faszination auf den Menschen aus, haben einen ähnlichen Effekt: Sobald ich den Blick auf dem einen oder dem anderen ruhen lasse, verändert sich mein Puls. Das Blut fließt langsamer durch die Adern. Vielleicht liegt es daran, dass sowohl das Meer als auch das Feuer mit allen Sinnen wahrgenommen werden können. Das Auge nimmt Farbe und immerwährende Bewegung wahr. Die Ohren das Rauschen genauso wie das Knistern. Die Haut ertastet beim Umschichten das spröde Holz und die Hitze; ebenso fühlt sie das kühle Nass, wenn man den Fuß ins Wasser taucht. Wir schmecken und riechen das rauchige wie das salzige Element. Wärme und Kälte sorgen für Gänsehauteffekte. Das *bonfire*, das Lagerfeuer am Strand, vereint den Blick aufs Meer und den Blick ins Feuer. Hier an der Küste ist es fast überall erlaubt. Das Feuerholz muss man nicht mitbringen; *driftwood*, angeschwemmtes Holz, liegt in rauen Mengen im Sand. Joe und Raupe sammeln auf ihren gemeinsamen kilometerlangen Streifzügen am Strand und im Brackwasser täglich dieses Holz und viele andere Dinge, die Flut oder Sturm zurückgelassen haben. Sie sind mittlerweile absolute Profis darin, das richtige Holz zu finden und aufzustellen, vom Zunder über Halme bis zu den Stöckchen, Ästen und Scheiten.

Nachdem sie heute mit der Holzsuche fertig waren, setzten sie sich zu uns und schnitzten in aller Ruhe ihre Stöcke für das Brot zurecht, rollten den Teig behände um ein Ende, bauten eine Halterung für die Stöcke aus Steinen und verabschiedeten sich wieder mit einem zuckersüßen »Könnt ihr bitte darauf achten, dass die Brote nicht anbrennen? DANKE!« in Richtung Wasser.

Leila geht das Thema der Geburt in dem etwas weltentrückten Westen der Insel, einer sogenannten *Remote Area*, anscheinend nicht aus dem Kopf. Sie startet jedenfalls einen neuen Versuch, uns zum Umdenken zu bewegen.

»Liebes, entschuldige. Aber es ist doch viel zu riskant, sich hochschwanger an der Westseite aufzuhalten. Warum bleibt ihr nicht einfach hier bis zur Geburt? Ich kenne Randy sehr gut, er lässt euch hier sicher weiter für wenig Geld wohnen, ich rede mit ihm. Diese Seite der Insel ist doch genauso traumhaft und viel sicherer.«

»Das stimmt«, sage ich und frage mich, ob ich meine Worte gerade an Leila oder mehr an mich und Chris richte, der dabei ist, weitere Holzscheite aufzulegen.

Ich schaue vom Feuer auf und über das Meer, das sich nur wenige Meter von uns entfernt in unendlicher Monotonie und Gleichmäßigkeit erstreckt. Über den sodalith-blauen Himmel wandern lediglich einige lange Wattewolken, die wie Buckelwale durch das tiefe Blau ziehen. Dahinter in der Ferne erkenne ich die zerklüftete Küste des kanadischen Festlands und einige kleinere der über 40 000 Inseln Britisch-Kolumbiens.

Hinter uns liegt das fast unbewohnte und in die Jahre gekommene Motel, umringt vom Regenwald, in dem wir seit zehn Tagen wohnen, sowie der daran angrenzende Campingplatz, der bis auf einen Pick-up mit Wohnkabine völlig verwaist ist und seine besten Zeiten vermutlich in den 1970ern oder 1980ern gesehen hat. Mittlerweile wächst hier das Dickicht über die gusseisernen Rillen, auf denen früher zahlreiche Fischer- und Ausflugsboote zu Wasser gelassen wurden. Heute passiert das nur selten. Wenn das rot-blaue Neonlicht des OPEN-Schildes im Fenster des Motel-Offices nicht in stetigem Wackelkontakt vor sich hin flackern und damit wenigstens ab und an Gäste auf sich aufmerksam machen würde – der Campingplatz und das Motel wären vom angrenzenden Regenwald mittlerweile vollends vereinnahmt. Eine Art kanadisches Angkor Wat. So aber entpuppte sich das Motel als angenehme Überraschung für uns, denn die Apartments, die der Betreiber Randy anbietet, sind gepflegt und heimelig. Randy ist ein einzelgängerischer, schweigsamer, freundlicher Hüne, der nie ohne Cowboyhut und Krawatte sein Büro verlässt und sicher noch Geschichten über den Zweiten Weltkrieg erzählen könnte, wenn er diese nicht schon vor Jahrzehnten verdrängt hätte, weil sie zu schmerzhafte Erinnerungen in ihm wachrütteln. Sein Motel ist für uns genau das Richtige, um noch einmal zu verschnaufen, einige Hamsterkäufe zu erledigen und meine hier ansässige Hebamme Sarah kennenzulernen, die hoffentlich der Geburt unseres Sohnes beiwohnen wird, wie oder wo auch immer.

Ja, denke ich, die Ostseite von Vancouver Island ist wunderschön. So wie im Grunde jeder Zipfel dieser Insel. Schon letztes Jahr, zu Beginn unserer Reise, haben wir uns hier sehr wohlgefühlt, als wir auf die Zwillingshunde Banjo und Barley von Rosemary und Burton im höher gelegenen Campbell River aufpassen durften. Damals konnte kein Mensch ahnen, dass wir ein knappes Jahr später wieder hier aufschlagen würden, und dann zu (fast) fünf Personen.

Die Minuten vergehen. Schweigend schauen wir gemeinsam ins Feuer, Chris, Leila und ich. Die Kinder höre ich in der Ferne spielen. Mir kommt es nicht annähernd seltsam vor, dass niemand etwas sagt. Gesprächspausen habe ich früher schwer aushalten können. Heute genieße ich es, meinen Gedanken im Stillen auch in Anwesenheit Dritter nachzugehen.

Neben Leila und uns hat es die Brüder Jack und John Kelly in Randys abgelegenes Reich verschlagen. Sie haben tatsächlich ein kleines Motorboot auf dem Anhänger ihres zum Wohnmobil umgebauten Pick-ups für ihren Camping-Fishing-Trip mitgebracht. John wohnt eigentlich in

Manitoba, er arbeitet in der Landwirtschaft, aber einmal im Jahr besucht er seinen jüngeren Bruder Jack hier auf der Insel, wo dieser seit ein paar Jahren sein Geld als Holzfäller verdient. Beide tragen T-Shirts, darüber gefütterte, rot-schwarz gewürfelte Karohemden, die auch als Jacken durchgehen können, klobiges, festes Schuhwerk, abgewetzte Jeans und Trucker-Caps. So sehen Kanadier aus, denke ich jedes Mal schmunzelnd, wenn ich ihnen auf dem Areal begegne. Jeden Sommer, erzählten uns die Brüder eines Abends am Lagerfeuer, treffen sie sich hier zum Angeln; dann, wenn sich die Chinook-, Coho- und Sockeye-Lachse nach Jahren auf hoher See hier im Küstenwasser sammeln, bevor sie zu Tausenden zum Laichen und Sterben die Flüsse hinaufziehen. Wir beobachten die eher zurückhaltenden bärtigen Männer um die dreißig täglich dabei, wie sie morgens aufs Meer hinausfahren, ihren Fang am Nachmittag nach Hause bringen, anlegen und die Fische gleich am Wasser ausnehmen.

Wie jeden Tag verfolgen Joe und Raupe auch heute mit ihren Blicken die Umrisse des alten Motorbootes am Horizont. Sobald sich das Boot der Küste nähert, laufen die Kinder ihnen entgegen und winken. Raupe läuft dem Großen hinterher. Er würde ihm überallhin folgen. Wenn Joe nur erahnen könnte, wie viel er seinem kleinen Bruder bedeutet, welch einen treuen Verbündeten er da hat. Mit dem großen Bruder an seiner Seite hat unsere kleine Raupe keine Angst, mit ihm ginge sie bis ans Ende der Welt – ohne mit der Wimper zu zucken. Und an der Magellanstraße mit Blick Richtung Antarktis waren sie ja nicht weit davon entfernt. Jetzt sind wir fast wieder am anderen Ende des Erdballs angekommen.

Gebannt schauen die beiden zu, wie Jack und John die Fische ausnehmen, deren Herzen noch nicht aufgehört haben zu schlagen. Auch heute ist es wieder ein beeindruckend großer und schwerer Chinook. Geschickt zerlegt John den Lachs, dann teilt er ihn in zwei Hälften.

»Hier. Gib das deinen Eltern.«

Er legt Joe den halben noch ausblutenden Lachs in die Hände.

»*Thank you!*«, stammelt dieser und sprintet mit dem toten Tier in der Hand stolz zu uns herüber. Dankbar nimmt Chris ihn entgegen. Später wird er den Chinook mit ein wenig Salz und Zitrone im Ofen zubereiten und sagen, es sei der schmackhafteste Fisch gewesen, den er jemals gegessen habe.

Mittlerweile versteht Joe im Englischen schon einiges und selbst Raupe schnappt täglich mehr und mehr Worte auf. Jetzt hat er sehr wohl verstanden – und ist enttäuscht. Wieder einmal hat Joe den Jackpot abgeräumt – und er selbst geht leer aus. Dabei wäre er doch zu gerne derjenige gewesen, der den Eltern das großartige Abendessen präsentiert. Aber da hat Raupe die Rechnung ohne Jack gemacht, den Jüngeren der beiden Brüder. Flink sammelt er die Fischreste zusammen und legt sie behutsam in Frieders kleine Hände. Das Wichtigste kommt ganz zum Schluss: Der Kopf des Fisches, den legt er obendrauf. Er ist so groß, dass Raupe ihn kaum mit seinen Fingerspitzen umfassen kann.

»Und du, *Little Man*, du wirst jetzt dem König der Lüfte einen Festschmaus servieren. Komm mit!«

Raupes Augen blitzen auf. Er folgt Jack über den holprigen Boden bis zu dem kleinen Felsen in der Mitte des Strandes, der sich von den anderen Steinen deutlich in Größe und Beschaffenheit abhebt. Ich kann sie nicht mehr hören, unser Feuer ist zu weit von der Stelle entfernt, aber ich sehe: Raupe weiß ganz genau, was zu tun ist. Behutsam verteilt er die Fischreste auf dem Felsen. Den Kopf des Chinook drapiert er am höchsten Punkt des massiven Gesteins. Dann zieht er sich zurück zu Jack, der in der Nähe am Boden kauernd auf ihn wartet. Es dauert lediglich Sekunden, da treffen die ersten Möwen ein. Hastig picken sie in den Gedärmen herum, sind jedoch nicht in der Lage, sich die großen Happen zu sichern, zu klein sind ihre Schnäbel. Da sind die nunmehr nahenden Raben schon geschickter, die sich von dem Gekreisch der Möwen haben anziehen lassen. Den Fischkopf aber wagen sie gar nicht erst für sich zu beanspruchen. Mittlerweile haben Leila, Chris, Joe und ich unsere Feuerstelle verlassen und sind näher herangerückt, um das Naturschauspiel zu verfolgen. Raupe und Jack hocken im Abstand von nur wenigen Metern neben dem kantigen Felsen. Raupe schaut Jack erwartungsvoll an.

»*Eagle?*«, fragt er.

»*Wait*«, flüstert Jack, legt den Zeigefinger der einen Hand auf die Lippen und zeigt mit dem anderen hinter sich in die sich wiegenden Baumkronen.

Jack muss sich dabei nicht umdrehen. Er weiß, dass er da ist. Er kennt die Gesetze der Natur. Und tatsächlich, dort sitzt er: Majestätisch und bewegungslos hockt der Weißkopfseeadler hoch über unseren Köpfen im Wipfel der höchsten Douglasie, gleich neben dem Campground. Im nächsten Moment stürzt er hinunter. Möwen und Raben ziehen sich sofort zurück, denn wenn der König kommt, darf ihm der Hofstaat nicht das Mahl verderben. In Sekundenbruchteilen krallt sich der große, elegante Raubvogel im Flug den Fischkopf. Dann segelt er einen Fuß breit über Raupes und Jacks Köpfe hinweg wieder empor in die Lüfte. Wir verfolgen ihn alle gebannt mit unseren Blicken. Dann verlieren wir ihn zwischen den dunklen Baumspitzen aus den Augen. Frieder sitzt da mit offenem Mund. Jack lächelt. Manchmal lohnt es sich eben doch, der kleine Bruder zu sein.

Beeindruckt kehren wir nach diesem Spektakel zurück zu unserer Feuerstelle und die Kinder zu ihrem Spiel. Die Schatten werden länger. Schon seit dem frühen Morgen sind unsere kleinen Entdecker in wiederkehrenden Etappen mit ihren Sammeleimern unterwegs, in die sie alles werfen, was sie für ein gutes Spiel benötigen: Krebspanzer, Stöcke, Tauenden, Angelschnüre, Muscheln, Schneckenhäuser, Steine, Sand – was immer der Ozean angespült oder der Wind herbeigeweht hat: All das wird dankbar von den Brüdern aufgelesen und nach und nach in ihr Spiel integriert.

An diesem Tag lagen besonders viele kleine lachsfarbene Krabbenpanzer im Sand. Also beginnen die Kinder kurzerhand damit, eine Krabbenschule zu bauen. Schnell sind Pult und Bänke aus Hölzern gefertigt, es gibt eine Tafel aus Seetang und viele wissbegierige Krabbenschülerinnen und -schüler.

»Rosa ist meine Lieblingsfarbe!«, sagt Frieder mit Blick auf die leuchtenden Panzer. Dann verfinstert sich sein Blick.

»Aber Joe! Die haben ja alle gar keine Arme und Beine mehr«, ruft er entrüstet.

»Egal. Keiner ist perfekt«, entgegnet Joe. Wie recht er hat. »Sagen wir einfach: Das ist eine Schule für Krabbenkinder mit Superkräften – die brauchen eh keine Arme.«

Auch gut. Wieder sind sie in ihr Spiel vertieft. Das gefundene Strandgut reicht dafür vollkommen aus. Über den Tag hinweg werden die Krabbenpanzer heiß geliebt und am Abend dem Meer zurückgegeben.

»Warum können wir die Krebsies nicht mit ins Haus nehmen, Mama?«, wundert sich Frieder mit mütterlichem Blick auf die Schalentiere. Dann fällt es ihm selbst wieder ein. »Ach, ich weiß schon«, schmunzelt er und spielt gemütlich weiter.

Er hat gelernt, dass jede Muschel, jeder Tierkadaver und jedes Sandkorn zu einem Ökosystem gehört, aus dem wir nicht einfach ein Mosaiksteinchen herausnehmen dürfen. Alles bleibt in seinem natürlichen Kreislauf. Die Ebbe offenbart das Meer der Kostbarkeiten, am Abend holt sich die Flut zurück, was keinen natürlichen Abnehmer gefunden hat. Eine Geschichte vom Geben und Nehmen des Meeres. Die leuchtet den Kindern ein. Und so haben sie kein Problem damit, nach dem Spiel die Krabbenpanzer der Natur zurückzugeben. Loslassen lernt man am allerbesten schon als Kind. Später, im fortgeschrittenen Alter, bedarf es großer Anstrengung, diese Fähigkeit noch zu erlernen. Ich spreche da aus eigener Erfahrung. Unseren Söhnen dagegen wird das Loslassen ihr Leben lang sicher nicht schwerfallen. Das Fundament dafür ist gelegt.

Auch dafür, mit wenigem zufrieden zu sein. Schon seit Monaten müssen die Kinder mit sich selbst, dem Bruder, uns Eltern und dem, was sie umgibt, vorliebnehmen, um ihren Spieldrang auszuleben. Und was sich anhört wie Verzicht, ist in Wahrheit ein Gewinn. Sie haben den endlosen und nimmer versiegenden Fluss an Spielzeug, der ihr gemeinsames Kinderzimmer in der Heimat oft überflutete, längst vergessen.

Der Stauraum und damit die Auswahl an Spielmaterial und Lesestoff ist extrem begrenzt. Manchmal schickt Oma ein neues Buch an unsere aktuelle Adresse in der Hoffnung, es möge ankommen, bevor wir wieder ausgeflogen sind. Und wenn wir länger in einem Land sind, kaufen wir einen Ball, den wir dann aber fast immer vor der Weiterreise verschenken – er passt einfach nicht ins Gepäck. Aufräumkämpfe gibt es nicht, wenn das ganze Hab und Gut eines Kindes in einen Rucksack passt. Auch Streit um bestimmte Gegenstände gibt es sehr selten, weil jedes Kind ähnliche Dinge dabeihat und froh ist, ergänzend mit den Sachen des anderen spielen zu können. Es gibt nur wenige »Meins ist aber besser als deins«-Monologe und mehr »Lass uns zusammenspielen«-Dialoge.

Seit wir unterwegs sind, habe ich noch nie das Wort »Langeweile« aus den Kindermündern gehört; vielleicht sind Joe und Frieder mit sechs und fast vier Jahren zu jung dafür; diese Vokabel ist uns aus ihrem Munde schlichtweg noch nicht untergekommen. Natürlich sind sie keine engelsgleichen Wesen von einem anderen Stern. Auch sie haben Momente, in denen sie ins Leere starren oder 453-mal gegen einen Stein treten; genervt sind von einer zu langen Autofahrt, von unserer »Fernsehen-gibt's-nur-am-Wochenende«-Regel – aber sie sind darüber nicht frustriert. Nicht mehr.

Für die ganze Familie war und ist der konsequente Spielzeug-, Konsum- und Medienentzug eine wichtige Lernphase. Gerade am Anfang, nachdem sich die erste Reiseaufregung gelegt hatte, wurden die Lego-Boxen oder das Fahrrad, der Roller, das Skateboard, das Laufrad, die Fußballtore, die Torwarthandschuhe, die Verkleidungskiste, das ferngesteuerte Auto, die Sammelhefte und -karten, die aufblasbare E-Gitarre und all der andere Kram, der in den Regalen verstaubt, vermisst. Haben! »Einfach haben« ist oft die Devise, nach der die Kinder handeln – weil wir es ihnen vorleben. Denn auch wir horteten über Jahre »Spielzeug«, auf das wir lernen mussten zu verzichten: 99,9 Prozent unserer Klamotten, Schuhe, Gitarren, Bücher, Platten, iPads diverser Generationen, sowie Auto, TV, Schlagzeug, PC (meiner blieb daheim – eine schmerzhafte Trennung damals –, es gab nur Platz für einen gemeinsamen Computer), Klavier blieben zu Hause. Und wir vermissen nach diesem Jahr nichts von alledem.

Die vermeintliche Langeweile individuell und als Familie auszuhalten und daraus etwas Schönes entstehen zu lassen – das zu lernen, war ein Prozess. Manchmal frage ich mich, ob ich früher regelrecht Angst davor hatte, mich mit meinen Kindern zu langweilen, anzuschweigen, festzustellen, dass man sich vielleicht doch fremder ist als gedacht, sobald das Hintergrundrauschen abebbt. Aber ist die Ruhe, das Miteinanderschweigen, das Nichtstun, das Runterfahren nicht auch etwas, das unsere Kinder von uns lernen sollten und könnten? Es gibt Menschen, die nach dem Motto leben: Glücklich ist, wer viel macht, wer viel hat, wer erfolgreich ist. Das reine Sammelfieber: Events, Besitz, Macht, Lob. Masse statt Tiefe. Waren wir vielleicht selbst lange Zeit Exemplare dieser rastlosen Spezies?

Selbst wenn, dann lernen wir jetzt, dass es ist nie zu spät ist, eine Entscheidung zu treffen und sich zu fragen: Hat uns diese Einstellung wirklich glücklich gemacht? Ist das die magische Formel, die wir unseren Kindern mit auf den Weg geben möchten? Und falls nicht – braucht man dann vielleicht genau solch eine Reise, um einen anderen, einen neuen Weg einzuschlagen? Ich schaue auf meine Söhne, wie sie mal um ihre Krebse, mal um das Feuer streunen und aufheulen wie die Wölfe, die ein paar Kilometer entfernt im Dickicht auf das Dunkel der Nacht warten, um an den Stränden auf Nahrungssuche zu gehen.

Nein. Viele Familien hätten sicher keine Reise um die Welt gebraucht. Das Reisen ist nicht *der* richtige Weg, denn jede Familie ist einzigartig, hat ihre eigene Geschichte, ihre spezifischen Wirkungskreise, ihre individuellen Herausforderungen und Charaktere. Für unsere Familie aber ist diese Wir-Zeit der Schlüssel zu einem neuen Kapitel unseres Lebens.

Unterwegs haben wir viel gelernt über Länder und deren Geschichte, über ihre Bewohner, Politik, Sprache, Kultur – aber am meisten über uns. Es ist eine Reise zu uns selbst, mehr als alles andere. Es geht um die schlichte Erkenntnis, dass nicht alles in unserem Leben noch schneller, noch effizienter, noch verplanter, noch besser sein muss. Dass wir alle weder in der Vergangenheit noch in der Zukunft leben, sondern im Hier und Jetzt. Dies haben mich meine größten Lehrmeister gelehrt: meine Kinder.

Auf der Reise haben wir verstanden, dass wir in unserem Alltag viel zu selten zur Ruhe kommen konnten.

Für diese Erkenntnis muss man eigentlich nicht um die Welt fahren. Aber für uns, die vorher derart unachtsam mit sich und ihrem (Familien-)Leben umgegangen sind, war diese Reise wesenhaft. Es geht um die scheinbar simplen Fragen: Wie wollen wir leben? Was macht unsere Kinder glücklich? Und uns? Ich möchte nicht »das Beste« für meine Kinder. Nicht mehr. Weil ich ihnen dann zwangsläufig mein Korsett aufdränge, in dem ich doch selbst schon gefangen bin. Vielmehr möchte ich sie ein Stück weit selbst in den Fahrersitz setzen: Sie zeigen uns schon, was das Beste für sie ist, wenn wir ihnen mehr Gelegenheit geben, es selbst herauszufinden. Indem wir sie loslassen, beobachten und Zeit mit und bei ihnen verbringen, statt ihnen unsere Ansichten stereotypisch und systematisch überzustülpen.

Wir haben den Anstoß durch diese Reise gebraucht, weil wir so dermaßen tief festsaßen in dem Wohlstandssumpf aus Elterninitiativen und Geigenunterricht, der sich durch die hippen Zentren unserer Großstädte

zieht. Wir gehörten zu der Kategorie von Eltern, die mit teuren Flanell-
hemden, großen Brillen, hippen Turnschuhen und Beanie-Mützen auf dem
Kopf am Wochenende so tun, als wären sie jemand anderes als diejenigen, die montags ins Büro, in die Werkstatt oder in die Praxis watscheln;
die mit ihren voll ausgestatteten oder wahlweise im Design reduzierten
Cyclocross- und Mountainbikes durch die ebenen Großstadtstraßen
cruisen, als wären es die Serpentinen des Mittelgebirges, und für die eine
verfehlte Gymnasialempfehlung der Tochter oder das mangelnde Interesse des Sohnes an der exquisiten Elektro-Post-Punk-Plattensammlung
das Ende der Welt ist.

Viele behaupten, wenn man Kinder hat, dann habe man den Sinn des
Lebens endlich gefunden. Vielleicht. Aber wenn dem so ist: Warum
schaffen wir es dann so selten, Wesentliches vom Unwesentlichen zu
trennen und nehmen uns so wenig Zeit für eben diesen Sinn des Lebens?
Warum verschwenden wir so viel Lebenszeit am Handy, in Büros und auf
verstopften Autobahnen, statt sie unseren Kindern zu schenken? Können oder wollen wir nicht anders? Natürlich gibt es ökonomische Sach-
zwänge, aber, seien wir doch mal ehrlich, in der gehobenen Mittelschicht,
von der ich spreche, müssen die Eltern in der Regel nicht mit drei bis fünf
parallelen Jobs den Lebensunterhalt bestreiten. Mittelschichtseltern
arbeiten ebenfalls fürs Geld, keine Frage, jeder muss von etwas leben –
aber geht es uns vielleicht doch häufiger, als uns lieb ist, um mehr? Nämlich um Prestige, Konsum, Karriere, Mithalten wollen, um den nächsten
noch größeren Urlaub, die noch neuere iPhone-Version, die noch höhere
Rentenzusatzversicherung, das wahlweise noch hübschere Häuschen am
Stadtrand oder die Eigentumswohnung im Altbau mit Stuck (und hohen
Decken, unbedingt!), das noch größere Aktienpaket, den noch offroadi-
gen Stadt-SUV (in den wir einmal im Jahr für zehn Tage das Surfbrett
hinten reinlegen und hoffen, es möge den Lack nicht verkratzen). Und
dafür nehmen wir billigend das Risiko in Kauf, dass wir unsere eigenen
Kinder aus Zeitmangel nicht in ihrer Einzigartigkeit kennenlernen – denn
das gegenseitige Kennenlernen lässt sich leider nicht planen. Es gab eine
Zeit, in der ich mir vielleicht auch eingebildet habe, eine Eltern-Kind-
Beziehung könne man per Terminplan aufbauen, rund um die vielen
Arbeitsstunden, die Meetings und Calls, die Dinner-Einladungen und die

Tagungen herum. Ich verurteile diesen Ansatz keineswegs und befürworte ebenso wenig eine Rückkehr in Zeiten, in denen es nur eine Option gab, nämlich: Mutti bleibt zu Hause und Papa geht zur Arbeit. Wir dürfen dann nur nicht so naiv sein und glauben, wir könnten ein Lunchdate mit unseren Töchtern und Söhnen zwischen zwei Termine schieben und dann über einem Green Smoothie fragen: Wer bist du eigentlich? Wie geht's dir? Was bewegt dich? Wie kann ich dich unterstützen, deinen eigenen Weg zu finden? Was macht dich glücklich? Wir leben oft so, als ob wir dieses Kennenlernen, diese Nähe, die Raum und Zeit braucht, um zu entstehen, im fortgeschrittenen Alter nachholen könnten. Am nächsten Wochenende, in den nächsten Ferien, im nächsten Jahr. Und dann stehen wir eines Tages als graumelierte Sneakerträger mit schwarzen Hornbrillen plötzlich fremden Teens und Twens gegenüber und fragen uns klammheimlich: Wie konnte es nur so weit kommen?

Zurück am Feuer nimmt Leila den Gesprächsfaden ein letztes Mal auf. Langsam dämmert es.

»Ich mache mir einfach Sorgen, Süße. Es muss auf dem Highway Number 4 nur ein Baum umfallen und auf eine Stromleitung zwischen den alten Masten drücken oder ein Biber ein Kabel durchbeißen und schwupps, ist die gesamte West Coast lahmgelegt. Hundert Kilometer ohne Strom. Da geht dann nichts mehr, kein Telefon, kein Lichtschalter – Ende. Das macht doch im neunten Monat keinen Sinn, Liebes, oder?«

Ich weiß, wovon sie spricht. Als wir im letzten Jahr an der Westküste waren, kam es tatsächlich zu einem Stromausfall, zumindest für einen Tag. Die Einwohner nahmen es gelassen, schnappten sich ihr Board und gingen offline statt online surfen. Stromausfälle sind sie gewohnt. Am Strand ließ man uns wissen, dass es im Common Loaf Bake Shop für alle Betroffenen umsonst Kaffee gebe – der habe einen Generator. Der Supermarkt sei ebenfalls geöffnet, man müsse sich allerdings im Dunkeln durch die Reihen tasten und mit Bargeld bezahlen. Ich konnte es nicht glauben, aber es stimmt, ich habe es erlebt. Auf Vertrauensbasis. Geht alles, irgendwie. Die Welt ist noch nicht überall vollends digital. Das macht sie dort nicht besser, aber vielleicht gelassener. Aber was, wenn ich just in einem solchen Moment unser Kind bekomme?

Es gibt an der Westküste in Tofino ein Miniatur-Krankenhaus, das allerdings vor allem dazu dient, brenzlige Fälle in größere Häuser zu überweisen und die Patienten per Hubschrauber oder Wasserflugzeug ausfliegen zu lassen. Das Krankenhaus liegt direkt an der felsigen Küste. Unmittelbar daneben gibt es eine Anlegestelle für die Boote der Patienten – viele davon Mitglieder der First-Nations-Community –, die von den kleineren Inseln oder von der zerklüfteten Küste zur Untersuchung angetuckert kommen. Eine Hebamme oder einen Frauenarzt sucht man dort allerdings vergeblich, seit über zehn Jahren gab es in dem Krankenhaus keine Geburt mehr. Leila weist auch auf diesen Punkt hin.

»Laut gesundheitsbehördlichem Protokoll sind die Frauen der Westküste dazu angehalten, sechs Wochen vor Geburtstermin vorübergehend ins Inland umzusiedeln, um die medizinische Versorgung bis zur Geburt sicherzustellen«, setzt sie nach.

Ich stehe auf, trete von einem Fuß auf den anderen. Werde ich doch nervös?

»Das nächste Krankenhaus mit Geburtsstation und Hebamme ist zweieinhalb Stunden entfernt und auch das ist kein Ferrari unter den Kliniken Kanadas. Selbst wenn ihr rechtzeitig bei den ersten Anzeichen losfahrt, dann können diese Stunden auf der kurvigen Fernstraße für eine Frau in den Wehen ganz schön lang sein, Kleines, glaub mir. Da muss nur mal der Wind eine Douglasie quer über die Fahrbahn hauen, dann kommt der Kleine zwischen Wölfen und Bären zur Welt. Und auf der Hälfte der Strecke gibt es weder Telefon- noch Internetempfang«, sagt Leila. »Dort könnt ihr nicht mal den Krankenwagen rufen, dann seid ihr mutterseelenallein.«

Ich schlucke. Wir kennen uns erst wenige Tage, aber ihre Sorge ist echt, das spüre ich. Die Kanadier sind in ihrem Wesen und ihrer Art derart verbindlich, herzlich, offen und hilfsbereit, dass in kurzer Zeit tatsächlich so etwas wie Freundschaft entstehen kann.

»Gerade beim dritten Kind kann das alles sehr, sehr schnell gehen. Da hast du noch nicht bis drei gezählt und schon ist das Baby da! Glaub mir, ich habe ein Dutzend Kinder zur Welt gebracht.«

Ungläubig schaue ich sie an: »Ach! Ich wusste, dass du mehrere Kinder hast, aber zwölf? Ernsthaft?«

Irritiert starrt Leila eine Sekunde lang zurück. Dann lacht sie auf.

»Wer, ich? Zwölf Kinder? Um Gottes willen, bist du wahnsinnig? Ich hatte mit vieren mehr als genug zu tun. Aber einem Dutzend habe ich als Krankenschwester geholfen, auf die Welt zu kommen, wenn keine Hebamme da war«, erklärt sie. »Brauche ich aber nicht noch einmal.« Sie wedelt mit den Armen. »Nein, danke!«

Wieder muss sie lachen. Und wir ebenso.

»Wir werden das schon irgendwie schaffen, mach dir keine Sorgen, Leila«, versichere ich ihr.

Zu meiner eigenen Überraschung höre ich dabei aber in meiner Stimme tatsächlich einen Hauch von Verunsicherung. Chris schaut auf. Auch für ihn ist sie wahrnehmbar, die Unsicherheit. Für jeden anderen Menschen nicht. Nirgends lernt man einen Menschen so gut kennen wie auf einer gemeinsamen Reise. Er nimmt meine Hand. Und ich beruhige mich. Wieder lausche ich dem vertrauten Knistern des Feuers und überlege: Hat Leila vielleicht doch recht? Sind wir zu naiv?

Warum haben wir uns in den Kopf gesetzt, uns zur Westküste der Insel durchzuschlagen, sechs Wochen vor Geburt unseres Babys – für das es im Übrigen und zu allem Übel immer noch keine ernst zu nehmenden Namensvorschläge gibt (aktuelle Top-3-Liste der Kinder: Helge, Pupskanone, Michel aus Lönneberga)? Warum gerade dieser Ort? Wieder schaue ich in die Ferne, schließe die Augen. Und erinnere mich:

Weil es der schönste Flecken Erde ist, den wir in unserem Leben gesehen haben. Weil wir dort das Glitzern in den Augen der anderen sehen konnten, alle vier. Weil wir dort glücklich sein werden. Und weil es letztlich genau das ist, worauf es ankommt. Weil das die alles entscheidende Frage ist, die wir uns in unserem Alltag viel zu selten stellen: Sind wir glücklich?

Tofino. Allein der Name klingt so mystisch wie der Titel eines späten Rossellini-Films. Wenn es ein kanadisches Bullerbü gäbe – ich schwöre, es wäre dieses Städtchen. Eingerahmt von schneebedeckten Bergspitzen liegt es im Herzen des Clayoquot Sound, des zerklüfteten Küstengebiets, das sich von der Esowista-Halbinsel am Barkley Sound im Süden bis zur Hesquiaht-Halbinsel am Nootka Sound im Norden sowie bis zur angrenzenden Gipfelkette des Inlands erstreckt. Das Wort Clayoquot ist die englische Umschreibung der Selbstbezeichnung des ortsansässigen First-Nations-Volks, der Tla-o-qui-aht. Der Name bedeutet: »Volk, das anders ist, als es einst war.« Der Häuptling, der noch heute am meisten verehrt wird, war Wickaninnish, ein Zeitgenosse von James Cook. Ihre Gemeinden und Reservate haben in den Fjorden und auf den Inseln rund um Tofino ihren festen Platz, viele Mitglieder des Stammes arbeiten in dem Ort oder im angrenzenden Pacific-Rim-Nationalpark, dessen regenwald-überwucherte Ausläufer, felsige Küsten und Strände diesem Ort seine Magie verleihen und meine Sehnsucht nach Ankommen, Ruhe und Atmen stillen. Diese salzige, kühle Luft in den Lungen und auf unserer Haut hat eine heilende Wirkung für Körper und Seele. Ich habe schon an so manchem Ort gelebt, gearbeitet oder Urlaub gemacht. Angekommen bin ich nie. Meine Rastlosigkeit konnte ich bis heute nicht abschütteln. Selbst die Familie hat mich nicht gänzlich zur Ruhe kommen lassen. Sie hat mich geerdet, ja, Wurzeln geschlagen aber habe ich nicht. Bis jetzt.

Schon bei unserem ersten, kurzen Besuch im letzten Jahr, als wir lediglich ein Wochenende in Tofino verbrachten, da spürten wir: Diese Geschichte ist noch nicht zu Ende erzählt. Und obwohl unsere geplante Route damals eine ganz andere war, obwohl ich nicht im Traum daran dachte, noch einmal schwanger zu werden oder noch einmal zurückzukommen – vielleicht hat sich damals schon unsere Rückkehr abgezeichnet?

Vor acht Monaten fanden wir in Japan heraus, dass ich schwanger bin. Die Mehrheit derer, die wir damals zurate zogen, ob Ärzte oder Freunde, ob Verwandte oder meine frühere Hebamme, drängte uns: Kommt nach Hause, brecht die Reise ab. Alles wäre zu beschwerlich, zu riskant, mit zwei Kindern und dazu schwanger.

Aber wir mussten unseren eigenen Weg gehen und der sah einen Reiserücktritt nicht vor. Warum auch? Uns ging's doch so gut wie nie zuvor! Es war die richtige Entscheidung weiterzureisen, diese Familie zusammenwachsen zu lassen und dem ungeborenen Baby damit die Chance zu geben, vom ersten Moment an dazuzugehören, gemeinsam die kleinen und großen Abenteuer zu bestreiten. Dieses gemeinsame Jahr wird in unserer kollektiven Erinnerung für immer einen Ehrenplatz innehaben. Wie schön ist es, unserem Reisebaby später einmal sagen zu können: Du warst dabei! Du warst damals schon ein Teil von uns – statt es insgeheim für den Abbruch unserer Weltreise verantwortlich zu machen.

Nein, abbrechen war nie eine Option. Zum Glück! Im ersten Monat meiner Schwangerschaft stand ich auf dem Surfbrett auf Hawaii, im zweiten Monat schleppte ich nichtsahnend einen 25 Kilogramm schweren Rucksack auf dem Rücken durch Japan, im dritten Monat ruckelte ich in unserem alten Jeep über die geernteten Weizenfelder, um wahlweise verloren gegangene Schafe einzusammeln oder Kängurus zu vertreiben, im fünften Monat wanderten wir in Neuseeland fast bis zum Franz Josef Glacier, im sechsten Monat spazierten wir bei 45 Grad in 2500 Meter Höhe durch die Atacama-Wüste und im siebten Monat trieben wir auf dem Viehfrachter wie in einer Nussschale entlang der chilenischen Küste über das Meer. Den achten Monat meiner Schwangerschaft verbrachte ich in einem viel zu kleinen Campervan und den Beginn des neunten Monats auf einer Ranch in Washington State – und da soll mich nun die Wildnis und Abgeschiedenheit rund um Tofino schocken?

Ganz im Gegenteil. Es ist ein Gefühl, das mich, das uns dorthin treibt. Ein Gefühl von Nach-Hause-Kommen. Zurück an den Ort, dessen Schönheit und Kraft uns über das ganze letzte Jahr hinweg im Gedächtnis geblieben ist. Ich fühle mich zu diesem Ort hingezogen. Dort, zwischen den Bergen und Meerarmen, will ich mich auf die Geburt vorbereiten, dort, umringt von Fichten und Zedern, will ich zur Ruhe kommen. Einatmen, ausatmen. Ich möchte von unserem weißen Holzhaus mit den roten Fensterläden aus in Flipflops durch den Regenwald zum Meer hinunterlaufen und den Kindern zuschauen, wie sie im Wasser tollen, möchte keine Sekunde mit ihnen in dieser ungebändigten Natur missen. Dort möchte ich bleiben, bis es so weit ist, bis unser kleiner Kanadier geboren wird. Und ihn dort seine ersten Lebenswochen genießen lassen, damit er ganz langsam ankommen kann in dieser Welt. Es wird ihm dort gefallen. Er wird sich daran niemals bewusst erinnern können, und doch werden sein Verstand und sein Herz diese ersten Wochen für immer abspeichern. Denn das Erste, was durch seine Lungen strömt, wenn er beginnt zu atmen, ist diese salzige Meeresluft des Pazifiks, das Erste, was seine Augen sehen, ist dieses Farbenspiel von Blau- und Grüntönen, ein Gemisch aus Meer, Himmel und Wäldern, und das Erste, was seine

Ohren vernehmen, sobald wir ihn aus den geschützten vier Wänden tragen, ist das Kreischen der Möwen und das Rauschen der Wellen. Seine Füßchen und Händchen werden sich an den Sand erinnern, der so schön kitzelt, wenn man ihn berührt. Das weiß ich.

Bei Joes Geburt hatte ich keine Ahnung, auf was ich mich einlasse, wie ohnmächtig ich mich in dem Kreißsaal und nach der Geburt fühlen würde. Diese ganzen Geburtsvorbereitungskurse in entspannter Runde hatten schlichtweg nichts mit der klinischen Neonröhrenlicht-Atmosphäre im Krankenhaus, mit meinen Ängsten und der Zähne-zusammenbeißen-Mentalität der diensthabenden Hebammen zu tun. Ich hatte damals noch nicht die Fähigkeit, in mich hineinzuspüren. Ich war überfordert, weil ich mich auf das Thema Geburt nur mit dem Kopf vorbereitet hatte. Das Mamawerden, diese einschneidende und lebensveränderte Erfahrung, war für mich zugleich eine Konfrontation mit der eigenen Hilflosigkeit. Ich fühlte mich über Monate hinweg wie auseinandergerupft. Ich liebte mein Kind. Aber ich liebte nicht mich und meine neue Rolle.

Bei der zweiten Geburt wusste ich zwar schon, was auf mich zukommt, doch fehlte mir immer noch das Vertrauen und das Selbstbewusstsein, laut zu sagen: Es ist mein Körper! Das ist die Geburt meines Kindes. Also bestimme ich das Tun, die Taktung, das Tempo in diesem Kreißsaal. Und auch in der Zeit danach konnte ich nicht sagen: Es ist unsere Familie. Unser Weg. Abermals fühlte ich mich überrumpelt, ließ mich lenken und leiten wie ein Schaf in der Herde, statt selbst das Ruder zu übernehmen und mir ehrlich die Frage zu stellen: Führungskräfte und Eltern zweier Kinder – wollen wir das überhaupt beides sein?

Der Kreißsaal steht irgendwie für mein ganzes Leben: Es lief eigentlich immer ganz gut, aber viele Entscheidungen fühlten sich am Ende eher an wie das zähneknirschende Erfüllen von Erwartungshaltungen meiner Eltern, meines Chefs, meines Selbst und nicht wie das bewusste Beschreiten des autonomen Lebensweges.

Dieses Mal sollte es anders sein. Ja, wir wollen nach Tofino.

Wir sind diesen Weg bis hierhin gegangen – da werden wir ihn auch bis zum Ende gehen. Wir haben endlich gelernt, mehr auf unser Herz als auf unseren Verstand zu hören. Und unsere Herzen sagen uns: Dieser besondere, geradezu magischer Ort stellt keine Gefahr für uns dar. Er ist genau der richtige, um unser Baby willkommen zu heißen. Es wird gut gehen. Ich weiß es.

Ich setze mich wieder. Nun bin ich wieder ganz bei mir. Manchmal braucht es einen Blick in die Natur, in die Ferne, um ganz klar sehen zu können. »Jetzt fahren wir erst einmal dorthin. Umziehen können wir ein paar Tage vor dem Geburtstermin immer noch«, sage ich versöhnlich. »Und sobald es Probleme gibt, setzen wir uns ins Auto und fahren die zwei Stunden Richtung Port Alberni ins Krankenhaus. Das verspreche ich dir, Leila. Aber bis es so weit ist, bleiben wir in Tofino.«

»In euren Herzen muss kanadisches Blut fließen – bei dem Mut! Das imponiert mir. Okay, Süße. Mit diesem Kompromiss kann ich leben. Dann kann ich ja morgen beruhigt nach Victoria abdampfen«, antwortet Leila zufrieden und schickt ihr bestechendes Lächeln hinterher, das ihre Zahnlücke aufblitzen lässt.

»Ich glaube, dein Brot ist gar«, sage ich und zwinkere ihr zu.

Sie zieht ihren Stock zu sich und schnuppert an dem heißen Laib. Es duftet nach Zimt und Hefe. Mit Zeigefinger und Daumen zupft sie ein Stückchen des heißen Gebäcks ab und steckt es in den Mund.

»Hm … *Yummy*.«

Am nächsten Tag gehen wir ein letztes Mal hinunter zu unserer Feuerstelle am Strand. Eine Robbe steckt ihren Kopf aus dem Wasser. Ansonsten ist nichts und niemand zu sehen. Die Glut ist noch heiß. Als wir die glühenden Kohlen auseinanderziehen, um dem Feuer den letzten Atem zu nehmen, taucht plötzlich Leila auf. In der Hand hält sie eine durchsichtige, zu einem kleinen Paket zusammengeschnürte Tüte, in der sich allerhand krude Utensilien erahnen lassen.

»Und ich dachte, die Deutschen wären das Volk der Dichter und Denker, der vernünftigen, rationalen Menschen? Ihr seid mir die starrsinnigsten, verrücktesten und gleichzeitig liebenswertesten Anti-Deutschen, die mir je begegnet sind!«, schnaubt sie. »Wisst ihr, was das hier ist?« Sie wedelt mit der zusammengebundenen Tüte vor unserer Nase hin und her. »Das ist ein Notfall-Entbindungsset. So etwas habe ich immer dabei.

Berufskrankheit. Man kann ja nie wissen! Von nun an sollt ihr es immer dabeihaben. Bitte legt es einfach ins Handschuhfach. Falls das Baby doch nicht auf sich warten lässt und ihr kurzerhand rechts ranfahren müsst irgendwo im Nichts, habt ihr alles dabei, was ihr braucht, ich habe es selbst zusammengestellt. Und ich weiß, wovon ich rede nach 34 Jahren im Dienst. Nur damit lasse ich euch guten Gewissens an die Westküste aufbrechen. Chris, schau dir das gut an: Schere, Handschuhe, Klemme, Desinfektionsmittel, Plastikplane: alles steril abgepackt. Damit kannst du das Baby selbst in der Wildnis holen. Du schaffst das schon. Ich verlasse mich auf dich!«, sagt Leila und schaut ihm tief in die Augen. Dann drückt sie Chris und legt das kleine Paket in seine Hand.

»Äh, danke«, stammelt Chris überrascht. Das Kind selbst holen? Hilfe! Bitte nicht! »Auf dass wir es nie brauchen werden!«, schiebt er schnell hinterher.

Wie lieb von Leila. Ich bin gerührt über so viel Hilfsbereitschaft, Einfühlungsvermögen und Nächstenliebe und spüre Tränen in meinen Augen, als sie auch mich zum Abschied fest an sich drückt.

»Ich wünsche euch alles Glück der Welt für die Zukunft! Ihr werdet das Kind schon schaukeln! Wir sehen uns wieder. Dann zu fünft. Ganz bestimmt.«

Danach dreht sie sich um, geht strammen Schrittes zum Parkplatz, steigt in ihren braunen Chevrolet und ist verschwunden.

Ein letzter Blick auf die Wellen. Am Horizont schippert das alte gelbe Motorboot von Jack und John. Es wird Zeit für uns. Wir klappen unsere Angeln zusammen, sammeln unsere Siebensachen in dem lieb gewonnenen Motel-Apartment ein, verstauen alles in einem Mietauto und fahren los. Es folgt eine Fahrt über den Pacific Rim Highway, auch Highway Number 4 genannt, die einzige Ost-West-Verbindung quer über die Insel. Die Bezeichnung »Highway« ist übrigens irreführend, denn es handelt sich lediglich um ein – teilweise – einspuriges Sträßchen, das sich durch Wälder und Gebirge schlängelt. Die Strecke ist an Schönheit kaum zu überbieten und verdient es, im gleichen Atemzug mit berühmten Fahrtstrecken wie der Route 1 zwischen San Francisco und Los Angeles genannt zu werden. Wir fahren vorbei am Sprout Lake, dessen kristallklares Wasser in der Sonne glitzert, an dem Stand eines First-Nations-Paares am Straßenrand mit der Aufschrift »Frisch gefangener Lachs«, an rauschenden Flüssen und Bergpanoramen, Mammutbäumen und Regenwaldausläufern. Nach Port Alberni, einem Städtchen mit knapp 20 000 Einwohnern, das bis vor einem halben Jahrhundert eines der Zentren der kanadischen Holzindustrie war, aber seit einigen Jahren in einen Dornröschenschlaf gefallen zu sein scheint, kommt tatsächlich nichts mehr. Keine Siedlung, kein Gehöft, kein Haus. Nur noch Wildnis.

Nach der Hälfte der Strecke biegen wir rechts in eine Parkmulde ein, um uns die Beine zu vertreten. Unser Auto ist das einzige auf dem Parkplatz. Wir steigen aus. Ein schmaler Pfad führt herunter zum Kennedy River.

»Hast du das Bärenspray dabei?«, frage ich, bevor ich die Tür zuwerfe.

»Ach, das ist tief verbuddelt im Kofferraum. Die Bären kommen sicher nicht so nah an die Straße. Kommt, wir halten die Füße mal ins Wasser!«, ruft mir Chris, der mit den Jungs im Dickicht schon verschwunden ist, voller Vorfreude zu.

»Okay«, erwidere ich zögernd, haue die Tür mit einem besonders lauten »Bären Achtung!, hier kommen wir, bums« zu und haste hinterher.

In dem angrenzenden Waldstück sind die Baumstämme so dick, dass wir sie zu viert nicht umfassen können, und so hoch, dass wir ihre Spitzen nur erahnen.

»Warum sind die Fichten und Zedern hier so unglaublich hoch?«, hatte ich unseren kanadischen Freund Burton aus Campbell River einmal gefragt. »Das liegt an den Bären, die ihre Lachskadaver am Fuße der Bäume zurücklassen und somit diese mit nahrhaften Mineralien und Vitaminen düngen«, hatte er damals geantwortet. Mit einem Blick nach oben glaube ich ihm jedes Wort.

Das ist Kanada: Du hältst irgendwo im Nirgendwo an, steigst aus, bist vollkommen allein, umringt von der Natur und es ist so traumhaft schön, dass dir der Atem stockt. Bald haben wir den Kennedy River erreicht. Das Wasser plätschert vor sich hin. Es ist nicht besonders hoch und wir können die Lachse springen sehen! Die Sonne lässt den Fluss aussehen wie eine Diamantenlawine, alles glitzert, die Kinder planschen nackt im seichten Wasser und versuchen mit der Hand die Lachse zu fangen, die flussaufwärts schwimmen.

Nach fast zweistündiger Pause sind wir alle wieder vergnügt im Auto verstaut. Wir sind noch keine 500 Meter vom Kennedy River entfernt, da ertönt es vom Rücksitz: »Da! Eine Bärenfamilie!« Raupe mal wieder, der Junge mit den Adleraugen, erspäht die Schwarzbären-Mutter mit ihren beiden Jungen am Straßenrand. Langsam fahren wir weiter, nähern uns der Familie. Keiner sagt ein Wort. Chris schluckt und wirft mir einen entschuldigenden Blick zu.

»*Shit happens*«, sagt er.

»Ja, zum Glück nicht eben am Fluss!«, flüstere ich zurück, während ich meine Augen nicht von den faszinierenden Tieren abwenden kann.

Schwarzbären gelten im Gegensatz zu den auf dem Festland lebenden Grizzlys als weitaus weniger gefährlich. Nur wenn sie ihre Jungen in Gefahr wähnen, können sie sehr aggressiv werden. Aber in einem geschlossenen Auto kann definitiv nichts passieren. Wahrscheinlich haben die Bären gerade die Straße gekreuzt, um sich an dem angerichteten Lachsmahl im Kennedy River zu verkösten. Jetzt sind wir auf zwei, drei Meter herangerückt. Die Bärenmutter scheint das nicht aus der Ruhe zu bringen. Langsam drückt sie die Zweige im Unterholz hinunter, damit die Kleinen es problemlos durch den Urwald bis zum Wasser schaffen. Immer wieder dreht sie sich nach ihren Kindern um, geht ein Stück vor, wendet, schubst die beiden Babys mit der Schnauze vorwärts. Wie rührend sich diese Bärenmutter um ihre Jungen kümmert, denke ich. Auf einmal richtet sie sich auf. Sie ist an die zwei Meter groß und bringt sicher 100 Kilogramm auf die Waage. Sie dreht ihren Kopf zu uns. Keine zwei Meter von ihr entfernt steht unser verriegeltes und verrammeltes Auto, acht große Augen sind aus dem Inneren des schäbigen Toyotas auf sie gerichtet. Aber auch ich spüre ihren Blick auf mir. Ich könnte schwören, dass sie mich ansieht, mir für einen Augenblick tief in die Augen schaut. Ich habe keine Angst. Ich fühle mich mit ihr verbunden, gerade wenn ich auf die zwei Jungs mit den offenen Mündern auf der Rückbank schiele. In aller Seelenruhe lässt die Bärin die Vorderpfoten wieder sinken, fast so, als würde sie denken: »Ach herrje, diese Menschenmama da drüben hat mit ihren Rackern sicher auch einiges um die Ohren.« Sie stupst ihre Jungen an, dann verschwindet sie mit ihnen im Unterholz.

Nach einer Stunde stoßen wir auf eine T-Kreuzung, links neben uns mehrere Totempfähle, vor uns die Pazifikküste, rechts ein Pfeil: Richtung Tofino. Unsere Vorfreude steigt ins Unermessliche. Die Straße windet sich von nun an quer durch den Regenwald, der so grün ist, dass es sich beim Hinsehen anfühlt, als hätte man einen Farbfilter drübergelegt. Die Küstenstraße schlängelt sich vorbei an Pazifikstränden und Nationalpark-ausläufern, die zum An- und Innehalten, Aussteigen und Wandern einladen. Dann endet sie am nördlichsten Zipfel des Dorfes unmittelbar am Meer. Einfach so. Als ob der Ozean die Straße von hier an verschluckt hätte. Danach kommt nur noch Wasser und einige weitgehend unbewohnte Inseln. Unendliche Weiten. Nördlich bis Alaska, westlich bis Japan.

»*Welcome to the End of the Road*« – endlich sind wir da. Als ich das Ortsschild mit dem Willkommensgruß erspähe, macht mein Herz einen Freudensprung.

»Ich glaube, ich will nie mehr zurück«, höre ich plötzlich Chris sagen. »Schon gar nicht ins Büro.«

»Und was möchtest du stattdessen tun?«, frage ich.

»Hierbleiben. Ranger werden vielleicht, im Nationalpark arbeiten, von mir aus auch auf dem Bau. Wieso nicht? Wenn mir eins klar geworden ist in dem Jahr, dann, dass ich in meiner zweiten Lebenshälfte auf gar keinen Fall mehr meine Zeit in einem Hochhausbüro mit schlechter Belüftung, bei einem *Casual-Friday-Lunch*-Event und mit *After-Work-Party*-Klamauk vergeuden will. Ich bleibe lieber hier«, sagt Chris, während wir mit Tempo 30 gemütlich die letzten Meter der Straße entlangzuckeln.

Wieder sehe ich aus dem Fenster, dann zurück zu ihm.

»Ich auch«, sage ich, wir schauen uns an, lächeln.

»Papa, halt an, ab ins Meer!«, ertönt es von hinten.

Chris nimmt den Fuß vom Gas, bedient den Blinker. Ich lege meine Hand auf seine. Alles ist gut. Ja, hier wollen wir bleiben. Für heute. Für morgen. Für immer?

Zusammen wachsen

Tofino ist für uns nicht irgendein Ort. Es ist ein Kleinod, pittoresk wie eine Zeichnung aus einem Kinderbuch. Als wir vor knapp einem Jahr das erste Mal nach Tofino kamen, auf einem Wochenendausflug mit unseren zotteligen Pflegehunden Banjo und Barley, da spürten wir die besondere Energie, die dieser Ort an der Spitze der Esowista-Halbinsel ausstrahlt. Auf einer Landzunge, umringt von kleinen Inseln, dem Pazifik und dem Pacific-Rim-Nationalpark, wurde dieses ehemalige Fischerdorf vor gut hundert Jahren gegründet und nach dem spanischen Admiral und Kartografen Vincente Tofino benannt. First Nations, insbesondere Tla-o-qui-aht, bewohnten den von Fjorden mit Inseln durchzogenen Clayoquot Sound, ein UNESCO-Biosphärenreservat, das Tofino umgibt, schon vor Tausenden von Jahren. Heute ist das zerklüftete Küstengebiet am Pacific-Rim-Nationalpark rund um Tofino ein beliebter Ort für Wassersportler, Yogis, Wanderer, Pilzsammler, Kayakfahrer, Kletterer und Angler. Viele kanadische Surfer kommen aus diesem knapp 2000-Seelen-Dorf. Im Winter kann man von den sicheren Felsen aus die Stürme beobachten, die übers Wasser peitschen und die Wellen zu Türmen aufbauen, welche ungebremst von Asien über den Pazifik rollen und hier auf die Küste prallen. Strände werden mit angeschwemmten Baumstämmen übersät, als ob es sich um Zahnstocher handle.

Vom Ortskern aus kann man in drei Himmelsrichtungen das Meer erblicken. Aber bereits auf den letzten Kilometern vor dem Dorf verstecken sich, eingebettet in dichtem Regenwald hinter Zedern und hochgewachsenen Fichten bunt angemalte Holzhäuser, Hausnummern prangen an umfunktionierten Surfbrettern am Straßenrand. *Welcome to Tough City*, steht in Kinderschrift auf einem Limonaden-Verkaufsstand am Rande der Hauptstraße. *Tough City*, ein Kosename des entlegenen Städtchens, den es sich aufgrund der außergewöhnlichen Wetter- und Lebensbedingungen über die Jahrzehnte erworben hat – die Abgeschiedenheit und die langen Winter können hart sein, vermuten wir. Am Ende der Straße ist man hier tatsächlich angekommen. Und wir an unserem Ziel. Tofino ist keine Durchgangsstation auf dem Weg von A nach B. Man muss schon hierherkommen wollen und die vierstündige Fahrt von der einen Seite der Insel zur anderen auf sich nehmen. Es ist kein Ort zum Zwischenstoppen, sondern zum Bleiben. Wir beziehen ein kleines Haus aus Zedernholz mit weißen Fensterrahmen, umringt von dichtem Unterholz und hohen Fichten. Auf der Veranda stehen zwei knallrote schwere Holzstühle, die zum Verweilen einladen. Wie fast jedes Haus in diesem Ort ist es mit Muschelwindspielen, Traumfängern und Basteleien aus Strandgut verziert. Um uns herum gibt es nur Wald und Meer – eine perfekte Kombination. Beides gibt mir, was ich brauche: Ruhe und Erdung.

Auch für die Kinder ist es von klein auf wichtig herauszufinden, welches ihr Platz im Leben ist. Welche Rolle spielen sie in diesem Kosmos? Hier erkennen sie: Jeder Mensch, ob groß ob klein, ist im Verhältnis zum tiefen Wald, zum endlosen Meer und zum sternenübersäten Himmel ein kleines Licht, nicht das Zentrum des Geschehens, eine Randfigur, und doch ein winziger Baustein, der erheblichen Einfluss hat. Während ich täglich durch die Wälder spaziere, realisiere ich: Ich möchte meinen Kindern ein Vorbild sein im Umgang mit der Natur, ein Mentor für Fauna und Flora, ich möchte ihnen vorleben, was es heißt, mit der Natur in Einklang zu leben und respektvoll umzugehen – all das sollen Joe und Frieder nicht aus Apps und Videos erfahren, sondern in der Realität. Sie sind jung und empfänglich für das Erspüren der Fauna und Flora. Ich habe noch nie ein nervöses Kind im Wald gesehen oder ein fahriges, gestresstes kleines Wesen am Meer, solange die Temperaturen erträglich sind. Ich bin motiviert, mehr zu lesen und zu lernen, auch, um mehr weitergeben zu können. Wissbegierde steigt in mir auf. Ein schönes Gefühl.

Von unserem angemieteten Haus sind es keine zehn Minuten zu Fuß bis zum McKenzie-Strand. Das Klima ist hier im Sommer milde, aber zum Baden braucht man einen Neoprenanzug. Diese Tatsache sowie die beschwerliche Anreise schrecken Pauschaltouristen ab. Romantiker. Abenteurer. Einsiedler. Naturalisten. Man bleibt im Rahmen dieser Vielfalt doch weitestgehend unter sich.

Am nahe gelegenen Wickaninnish-Strand werden wir angewiesen, wachsam zu sein – ortsansässige Wölfe durchstreifen das Dickicht. Auch Kratzspuren von Schwarzbären finden wir regelmäßig an den alten Fichten. Aber die wilden Tiere gelten hier nicht als Bedrohung für den Menschen, sondern der Mensch hat sich einzuordnen und anzupassen, nicht andersherum. Wir sind beeindruckt vom ökologischen Verständnis und den Nachhaltigkeitsgedanken, die den Tofitians, wie die Einwohner genannt werden, am Herzen liegen. Jede Woche wird zum gemeinsamen ehrenamtlichen *Beach Clean Up* geladen, um die Strände von vereinzelt angeschwemmtem Plastik zu befreien. Im Meer ziehen Buckelwale und Orcas entlang der Küste vorbei gen Norden nach Alaska. Robben tauchen auf und ab. Im Sand finden wir täglich lila- und pinkfarbene Seesterne, die die Kinder vorsichtig zurück ins Wasser bringen.

Inmitten dieser Wildnis fühlen wir uns überraschend heimisch. Wir kommen zur Ruhe. Aus dem Reisen wird tatsächlich ein Bleiben. Die Reiselust weicht dem Nestbaudrang. Auf einen Namen für unser Baby haben wir uns mittlerweile geeinigt. Liegt es nur an dem kleinen Peter, den wir in wenigen Wochen erwarten, oder könnten wir uns ernsthaft vorstellen, in diese Wildnis zu ziehen, in der die Kinder morgens vor der Haustür vom quietschgelben Schulbus abgeholt werden, damit ihr Schulweg nicht unverhofft von einem Bären oder Puma gekreuzt wird? Warum liegt Tofino nicht in der Eifel oder im Schwarzwald, das würde die Sache wesentlich vereinfachen, denke ich und verwerfe den Gedanken sofort wieder, denn wenn ich eines gelernt habe in dem letzten Jahr, dann ist es, den Moment zu leben, statt sich von Sorgen und dem Übermorgen lenken zu lassen.

Die letzten Wochen meiner Schwangerschaft verlaufen weiterhin entspannt und vollkommen unkompliziert. Wir sammeln Muscheln, insbesondere die beliebten *Sand Dollars*, bemalen Steine, machen Spaziergänge durch den Regenwald, sitzen am Hafen und halten nach Delfinen und Robben Ausschau. Auf dem Sperrmüll finden wir zwei alte Skateboards, mit denen die Kinder vom kleinen Hügel vor unserem Haus auf die Straße hinunterrollen. Viel mehr passiert nicht. Als ob wir alle vier Kräfte sammeln würden für eine neue Ära. Zu meiner Hebamme Sarah, die ich in Port Alberni auf Empfehlung ausfindig machte, fahren wir zunächst alle zwei Wochen, bei näher rückendem Geburtstermin dann einmal die Woche – von unserem Standort aus eine Tagesaufgabe. Die Kinder sind bei jedem Termin dabei (wo sollten sie auch hin?!), horchen mit dem Hörrohr die Herztöne ab, messen meinen Bauchumfang, lesen explodierende Gewichtsangaben auf der Waage ab. Beide freuen sich auf das Brüderchen, selbst Joe, der ja anfangs nicht sehr angetan war von der Idee. Ich denke an Australien, an den immer blauen Himmel, die Hitze auf meiner sonnengebräunten Haut und an den Moment am Strand, wo wir den Kindern von dem Baby erzählt hatten.

Zum Glück dauert eine Schwangerschaft fast zehn Monate, das gibt allen Beteiligten Zeit, sich darauf einzustellen. Auch den Geschwistern. Jetzt malt Joe Willkommensbilder für Peter oder wühlt sich mit mir durch Kisten mit Babykleidung im Secondhand-Laden.

Zu Beginn der 38. Schwangerschaftswoche fragt mich Frieder:

»Mama, wenn Peterchen endlich aus dem Bauch krabbelt, sind wir dann dabei?«

Auch er ahnt: So langsam wird es ernst.

»Nein, Raupe, nächste Woche kommen doch Oma und Opa! Die passen dann auf Joe und dich auf, während ich ins Krankenhaus fahre.«

»Oh, wie toll, stimmt ja!«, ruft Raupe und tanzt glücklich um mich herum.

Eine Woche später sitzen wir auf den knallroten Stühlen vor dem Haus und warten gespannt, wann der Mietwagen mit Oma und Opa endlich um die Ecke rollt. Für die Kinder ist die Spannung kaum auszuhalten.

»Oma!!! Opa!!!«, schreien sie durch den Wald.

Eine Krähe krächzt irritiert. Auch ich nehme meine Eltern fest in die Arme, ich möchte sie nicht mehr loslassen. Erst jetzt wird mir klar, wie sehr ich sie vermisst habe. Ein Jahr lang haben Frieder und Joe ihre geliebten Großeltern und ich meine Eltern nicht mehr gesehen, jetzt sind sie endlich da. Meine Eltern, die unsere Wir-Zeit von Anfang an ablehnten, hatten nicht einen Augenblick gezögert, als wir sie aus den USA anriefen und fragten, ob sie sich vorstellen könnten, uns rund um die Geburt zu unterstützen.

»Klar, kommen wir! Morgen buche ich«, hatte mein Vater spontan geantwortet. Es war, als würde ein Doppelknoten platzen, an beiden Enden des Telefons einer. Ich war so erleichtert und dankbar. Auch für sie war es eine Reise, sich zu überwinden, ihren Stolz und ihre Verletztheit über Bord zu werfen und uns wieder die Hand zu reichen. Erst hier in der Abgeschiedenheit und mit Blick auf uns, die wir glücklich und geerdet vor ihnen stehen, wird ihnen klar, warum wir uns damals auf den Weg gemacht haben. Und dass wir angekommen sind.

Dreizehn Monate sind wir unterwegs, als Peter endlich wenige Tage vor dem errechneten Termin das Licht der Welt erblickt. Am Ende haben wir doch noch pünktlich den Weg ins Krankenhaus gefunden. Ich hatte so eine Ahnung. Eine Woche vor dem errechneten Termin fuhr mich Chris auf meine Bitte hin über den Gebirgspass nach Port Alberni, während meine Eltern in Tofino bei Joe und Frieder blieben. Unser kleiner Kanadier hat es geschafft. Und ich auch! Noch am Tag der Geburt können Peter, Chris und ich das Krankenhaus wieder verlassen. Nach kanadischem Staatsrecht hat Peter mit seiner Geburt auf kanadischem Boden kraft Gesetzes die kanadische Staatsbürgerschaft, ein waschechter »Canuck«, ein Kanadier!

In einem Schuhkarton liegt nun all sein Hab und Gut: drei Bodys und Strampler, eine kleine Spieluhr, drei Baumwolltücher, ein Mützchen, vier Paar Söckchen, ein Fleeceoverall – alles aus einem Secondhand-Geschäft auf der kleinen Nachbarinsel Salt Spring Island.

Von Beginn seines Lebens an verbringt Peter die überwiegende Zeit mit uns in der Natur, lauscht Chris' Gitarrenspiel, dem Knistern des Feuers oder den Wellen. Ihm geht es gut. Mir auch. Körperlich wie seelisch habe ich die Geburt gut verkraftet. Wir hatten ja genug Zeit, uns auf unseren Zuwachs einzustellen, gemeinsam. Peter ist ein auffällig ruhiges und zufriedenes Baby, das unsere Familienordnung erstaunlich wenig durcheinanderwirbelt. Ob sich das noch ändern wird?

An Peters fünftem Tag auf Erden finden wir am Morgen eine knapp 1x1 Meter große Kiste auf unserer Türschwelle. *Welcome New Canadian* steht darauf. Hat denn niemand geklingelt? In der Kiste befinden sich Body und Handtuch, Windeln und Zinkcreme, Schwamm und Feuchttücher, Kinderbücher und Babybettchen, Schlafsack und Sonnenhut, Sonnencreme und Vitamin-D-Fläschchen Malbücher für die Großen und Informationsmaterial zur postnatalen Depression und vieles mehr. Ein Geschenk der Administration von Britisch-Kolumbien für neugeborene Kanadier. Ich bin sprachlos. Nach Joes und Frieders Geburt war die erste administrative Post die Steuernummer. Hier gibt es ein Rundum-Sorglos-Willkommenspaket – einfach so. Eine Woche später erfahren wir von der Krankenschwester des Dorfes, dass sie die Kiste vorbeigebracht hatte. Sie wollte nicht stören, schließlich braucht man gleich nach der Geburt erst einmal Zeit, um sich als Familie zu finden. Recht hat sie.

An Peters siebtem Tag traue ich mich erstmals aus unserem Nest, das so lieb gewonnene heimelige, vom Regenwald fast zugewachsene Hexenhäuschen aus Zedernholz, um gemeinsam mit den Kindern vorsichtig zum Strand hinunterzulaufen. Chris folgt uns sicherheitshalber mit dem Auto, denn selbst wenn es nur zehn Minuten Fußweg sind – wer weiß, ob ich für den Rückweg noch die Kraft habe. Als ich das Haus verlasse, muss ich blinzeln, denn die Sonne steht hoch am Himmel. Für einen kurzen Moment bleibe ich auf der Türschwelle stehen und genieße die Wärme auf meiner Haut. Peter habe ich gut verpackt in meinen Tragegurt verstaut. Langsam schlendern wir zum Strand hinunter. Peter schnorchelt seelenruhig vor sich hin.

Nur wenige Wochen, dann kehren wir heim. Sind wir darüber glücklich? Traurig? Erfüllt uns Vorfreude oder vielmehr Sorge? Wenn kein Leben zu Hause auf uns warten würde, könnten wir noch Jahre lang weiterreisen. Uns fehlt nichts. Wir genügen uns vollkommen. Schon seltsam: Diese Trage, in der Peter friedlich schläft und schnullert, begleitet uns nun schon seit über sechs Jahren. Joe hat darin als Baby zur Ruhe gefunden, dann Raupe. Als wir vor einem Jahr aufbrachen in Frankfurt, hatte Raupe selbst noch einen Schnuller im Mund. Auf längeren Touren durch Buggy-unfreundliche Städte oder holprige Landschaften habe ich ihn mir in eben dieser Trage auf den Rücken geschnallt und selbst Joe habe ich darin zu Beginn der Reise einmal durch Toronto getragen, als er zu müde zum Laufen war. Damals ahnte keiner, dass heute Peter in eben diese Babytrage verpackt würde. Tragekinder. Jetzt laufen die Großen glucksend vor mir her durch die grünen Alleen. Aus Raupe ist ein Schmetterling geworden, bunt und fröhlich. Von Joes desaströsem Hautbild, seiner schwachen Lunge, seinem oft kränklich wirkenden Gesicht und der daraus resultierenden Unzufriedenheit mit sich selbst ist nichts mehr zu sehen. Mit erhobenem Haupt schreitet er voran, führt den Tross an. Die Herausforderungen der Reise, der tagtägliche Umgang mit den Elementen, Wasser, Feuer, Erde und Luft, haben ihn stärker werden lassen, mental und physisch. Als wir am Meer ankommen, bin ich glücklich, aber erschöpft. Zwischendurch musste ich kurz pausieren; zehn Minuten langsamer Spaziergang fühlen sich nach einer Geburt an wie Hochleistungssport. Wie gut, dass Chris uns schon winkend erwartet.

Wie neu er für sich in diesen letzten zwölf Monaten die Vaterrolle definiert hat! Er war nie nur ein Komparse in der Familie und doch gab es diese »Liste der 1000 Dinge« nur in meinem Kopf, diese viel zu vielen, einzeln kaum erwähnenswerten, fast unsichtbaren Aufgaben von Geburtstagsgeschenkeliste führen über Bilder-für-die-Oma-Malen bis hin zu Die-heiß geliebten-Hörspiel-CDs-mit-ins-Auto-Nehmen, bevor es auf die Autobahn geht. All diese Tasks, die die ach so multitaskingfähigen Mütter meist allein schultern und die in der Summe neben Arbeit und Kindern dazu führen, dass selbst die stärksten Frauen oft nicht nur an, sondern über ihre Grenzen geraten. Ich kann es nicht an einem Aha-Erlebnis festmachen, es war ein schleichender Prozess. Wir-Zeit. Jetzt sieht er diese für den Partner oft unsichtbaren Aufgaben, ja, er denkt zum Beispiel daran, Betteinlagen, von ihm »Pinkelfänger« genannt, auf die Kindermatratzen zu legen. Jetzt nimmt er gelbe Ampeln wahr, ja, er sieht, wenn Strümpfe und Hosen vor lauter Löchern wie ein Schweizer Käse aussehen und ausrangiert werden müssen, sich Dreck unter den viel zu langen und teils abgebrochenen Fußnägeln der Kinder sammelt oder eine Kinderzahnbürste nur noch aus einem Stück Plastik ohne Borsten besteht – und kümmert sich. Und er umschifft galant die meisten Risikofaktoren, bevor die großen und kleinen Katastrophen eintreffen: »Nein, bitte, Frieder, wenn du jetzt genau dieses Hörspiel anmachst, dann flippt Joe aus und der Streit ist programmiert.« Er kann die Kinder »lesen« statt sie zu bespaßen, ihnen zuhören, statt sie vollzutexten.

Chris hat von uns allen wohl die größte Angst davor zurückzukehren, zurück in den Beruf, in den Alltag, ins Büro. Und wieder zwangsläufig weit weg von uns zu sein, von seiner Familie. Mittlerweile sind wir wirklich bei einer 50/50-Aufgabenverteilung angekommen. Mir war vor der Reise gar nicht bewusst, wie weit wir davon entfernt waren. Wird es zu Hause wieder wie vorher sein, Rolle rückwärts? Chris ist kein Superman und kann sich nicht vierteilen. Und ich bin beileibe alles andere als eine Superwoman. Wir alle sind nur Menschen. Wir alle machen Fehler. Jeden Tag. Wir streiten, zanken, ärgern uns, sind genervt, frustriert, gekränkt. Aber danach stehen wir wieder auf. Wir sind bereit hinzuschauen, wahrzunehmen, zu lernen. Gemeinsam. Wir wollen die neue Etappe, die vor uns liegt, zusammen meistern, zurück in die Zukunft, sozusagen.

Die letzten zwei Monate unserer Auszeit gehen viel zu schnell vorbei. Die ersten Wochen zu fünft leben wir in den Tag hinein, es passiert nicht viel, mal gehen Chris und die großen Jungs fischen, mal puzzeln wir gemeinsam über Tage an einem der 1000-Teile-Puzzle herum, die unsere Vermieter in unserem Haus im Spieleregal hinterlegt haben. Peter wächst und gedeiht derweil prächtig.

Wir beobachten stundenlang seine patschigen Händchen, seine wurstigen Finger und die dicken Strampelbeinchen. Er gluckst und gurgelt, lässt alles über sich ergehen und wächst so vollkommen mühelos in die Familie, dass wir staunen.

Wir sind wie ein Rudel Hunde, das die meiste Zeit zufrieden und unaufgeregt vor sich hindöst, in der Sonne liegt, spielt, gemeinsam isst, streunert, schläft.

Anfang September ist es so weit: Nach fünfzehn Monaten steht unsere letzte große Reise an. Dieses Mal zu fünft.

Gekommen, um zu bleiben

Und dann sind wir wieder da. Nach dem langsamsten Jahr unseres Lebens geht es plötzlich ganz schnell. Ein Flug durch die Nacht mit knapp 1000 Kilometer pro Stunde und – rums, gelandet: zurück in unserem neuen alten Leben.

Bei der Landung begrüßt uns Frankfurt freundlich und erhaben mit einem wunderschönen Sonnenaufgang. Die Sonnenstrahlen potenzieren sich durch die verglasten Fenster der vor uns liegenden Skyline. Alles ist hell erleuchtet, alles glitzert und blinkt. Beeindruckend. Anders.

Als die Maschine aufsetzt, blinzelt auf meinem Schoß der knapp acht Wochen alte Peter verknittert und verschlafen unter einer der dünnen Decken hervor, die auf Langstreckenflügen gereicht werden. Augen auf. Augen zu. Auf. Zu. Es folgt ein ausgiebiges Gähnen, dann ein Schmatzgeräusch und am Ende ein Lächeln, so strahlend, dass weder die Sonne noch die im Licht funkelnden Hochhäuser mithalten können. Peter ist ganz entspannt, dockt genüsslich an und trinkt in Ruhe erst einmal seine Milch, als wollte er sagen: Was kümmert mich das bisschen Fliegen? Ein echter Reiseprofi. Sein erster Flug wird nun für lange Zeit wohl auch sein letzter gewesen sein. Denn jetzt heißt es erst einmal: bleiben! Auch unserem ökologischen Fußabdruck wird das guttun.

Dass wir trotz des zehnstündigen Nachtfluges mit dem Zug bis Köln weiterfahren, ist für uns selbstverständlich. Vor einem Jahr hätten wir uns nach solch einem Flug mit drei Kindern vermutlich abholen oder fix und fertig in ein Taxi fallen lassen. Meine Eltern hatten angeboten, uns in Frankfurt abzuholen, aber wir haben dankend abgelehnt. »Ist doch nicht nötig, all der Aufwand«, war unsere spontane Reaktion. Sind wir stressresistenter oder einfach gelassener geworden? Als wir am Kölner Bahnhof aus dem Zug aussteigen, sehen wir beide Omas und Opas, meine Schwester und die beiden kleinen Cousins schon von Weitem.

»Warum weinen die denn alle?«, fragt Raupe ungläubig und etwas verunsichert, als wir uns dem Tross nähern.

»Sie freuen sich so, dich wiederzusehen«, sage ich.

Seine Miene hellt sich auf und er grinst verschmitzt. Im nächsten Moment pest er mit einem Affenzahn los, das wackelnde rosa Rucksäckchen auf dem Rücken, das ihm vor einem Jahr noch von den schmächtigen Schultern rutschte, und schließt vier Großeltern gleichzeitig in die Arme. Berührungsängste gibt es offensichtlich nicht mit der »alten Welt«. Noch nicht.

Vieles haben wir uns vorgenommen für das neue Leben in der alten Heimat. Während unserer Monate im Ausland haben wir eine Liste angelegt mit Themen, die wir angehen, und Dingen, die wir unbedingt ändern wollen und müssten, sobald wir zurück in Deutschland sind. So vieles haben wir unterwegs von Menschen rund um den Erdball gelernt, an vielen kleinen und großen Rädern wollen wir nun drehen, frisch inspiriert von den Naturerlebnissen und den Begegnungen in Chile, Ozeanien, Asien oder Kanada: Konsum massiv einschränken; raus aus der Leistungsspirale hin zu mehr Autonomie; das aktuelle Level an Aufmerksamkeit und Zuwendung für die Kinder aufrechterhalten; Minimalismus nicht nur cool finden, sondern (weiterhin) leben. Aufs Auto verzichten. Unser Bad als grüne Oase einrichten, mit viel Holz und Pflanzen, so wie auf der kleinen Farm in Kawakawa auf Neuseeland! Mehr sinnstiftende Projekte anstoßen. Weniger arbeiten! Und noch weniger wegschmeißen. Mülltrennung endlich richtig durchziehen. Und bloß weniger Plastik, denkt doch nur an die Wale in Tofino! Klamotten Secondhand kaufen wie unsere gesamte Regenausrüstung auf Chiloé. Mehr natürliche Stoffe benutzen und verarbeiten statt Synthetikkram. Ein Schrebergarten, Gemüse und Teeanbau kann ja kein Hexenwerk sein, immerhin haben wir jetzt Erfahrung. Oder doch gleich ins Grüne umziehen? Saisonal kochen. Und regional. Und bio. Und Fair Trade! Planlos spontan bleiben. Keine Schminke mehr und kein Chichi. Die Kinder weniger auslagern. Mehr in die Wälder. Mehr Meer sehen. Und wenn schon nicht Meer, dann wenigstens häufiger Seen und Flüsse.

Je weiter wir uns freischwammen von den Konventionen, dem Funktionieren, dem Autopilotmodus, desto länger wurde unsere Liste. Eigentlich müssten wir jetzt wissen, wie es geht. Jetzt heißt es nur noch umsetzen, was man sich über Monate für die Zeit nach der Rückkehr vorgenommen hat.

So sind wir bis unter die Haarwurzeln motiviert, die Ärmel hochzukrempeln und unseren alten neuen Lebensmittelpunkt, der aus der Distanz etwas verquer und schief anmutete, zurechtzurücken, ganz nach dem Motto: Was nicht passt, wird passend gemacht. Denn schließlich lieben wir ja unser Zuhause, unser altes Leben! Unser »Veedel«, das familienfreundliche, zentral gelegene und doch in sich geschlossene, fast intime Stadtgarten-Viertel am Rande des Belgischen Viertels in der Kölner Innenstadt, den Park in Sichtnähe unserer Wohnung mit altem Baumbestand, in dem die Kinder in den Sommermonaten jeden Quadratzentimeter erkunden, während die Eltern sich bei Rhabarbersaftschorle oder Kölsch aus Flaschen auf den Picknickdecken aalen und klönen. Unsere Jobs, unser Umfeld, unsere Kita-Elterninitiative, in der 25 Kinder in Villa-Kunterbunt-Manier altersübergreifend ihres Wegs gehen und aus der so viele Freundschaften über die Jahre hervorgegangen sind zwischen den Kleinen, aber auch zwischen den Großen. Und besonders lieben wir die Menschen, die unser Leben zu genau dem machen, was es ist: meine Schwester und ihr Mann, Chris' Brüder mit samt Familien, unsere Eltern, Nichte und Neffen, Freundinnen und Freunde, Kolleginnen und Kollegen, Nachbarn, meine Chor-Mitsängerinnen, die Jogging-Clique, Chris' Band, den 1. FC Köln und dessen »Kaderschmiede« den 1. FC Stadtgarten für kleine Fußballfanatiker zwischen vier und acht Jahren, die bei Wind und Wetter zwischen Hunden und Lastenfahrrädern jede Woche gemeinsam im Park kicken. Nein, dieses Leben ist gesetzt. Es ist ein gutes Leben. An diesen Pfeilern wollen wir nicht rütteln.

Aber wenn wir die großen Rahmenbedingungen schon nicht ändern wollen oder können, soll zumindest an allen anderen Stellschrauben kräftig gedreht werden, denn eins ist klar: Nach dieser Reise können wir nicht einfach da weitermachen, wo wir vor einem Jahr aufgehört haben, dafür ist einfach zu viel passiert.

Viel Arbeit wartet also auf uns! Diese beginnt damit, den Besitzstand in den eigenen vier Wänden gleich bei der Ankunft deutlich auszudünnen. Ein Jahr lang haben uns zwei Rucksäcke gereicht – was sollen wir nun mit dem ganzen Kram, den wir vor einem Jahr fein säuberlich in Kisten und Keller eingelagert hatten und der nun darauf wartet, ausgepackt zu werden? Und tatsächlich: Als wir den Schlüssel im Schloss unserer Wohnung umdrehen und die Tür aufspringt, sind wir alle fünf baff! Dieses Appartement erscheint uns so unfassbar riesig, dass man sich glatt darin verlaufen könnte – wenn nicht in Fluren und Zimmern ein Hindernisparcours aus Möbeln, Lampen, Kisten und Kartons aufgestellt wäre. Omas und Opas haben sich dankenswerterweise schon vor unserer Rückkehr um den Rücktransport unseres Eigentums aus den Katakomben des Kirchengemeindezentrums gekümmert, wo wir unser Hab und Gut untergestellt hatten. So viel Zeug!

Drum herum blitzt und blinkt es – unsere Untermieter, die Familie Ahmadi, hat uns die Wohnung in einem astreinen Zustand hinterlassen. Ihrem Asylgesuch wurde zum Glück im Laufe des letzten Jahres offiziell stattgegeben und sie haben mittlerweile ein für ihre Großfamilie geeigneteres, größeres Haus am Stadtrand bezogen. Unsere Eltern und Nachbarn haben liebevoll Eingang und Küche geschmückt, den Kühlschrank befüllt und die Betten bezogen – wir müssen am Abend nur noch hundemüde hineinfallen.

Aber zunächst gilt es den Tag zu überstehen. Im Mindesten sind wir alle froh darüber, angekommen zu sein, einmal durchzuatmen nach der langen Rückreise. Nur Raupe steht etwas neben sich seit wir die Wohnung betreten haben, er strahlt nicht mehr, ist offenkundig ein wenig verwirrt. Dabei war er es doch, der sich am meisten gefreut hatte, zurückzukehren. Joe war nicht besonders scharf drauf und hätte, wenn es nach ihm gegangen wäre, dieses Vagabundenleben um Jahre verlängert. Peter war eh alles wurscht. Aber Raupes Vorfreude auf Zuhause war in den letzten Wochen nicht zu übersehen. Ist er jetzt enttäuscht? Ist das hier noch sein Zuhause? Deckt sich diese Realität mit dem heimeligen Bild in seinem Kopf, das ihn während der Reise begleitete? Sein verstörter Gesichtsausdruck sagt: offensichtlich nicht. Über seinem Kopf schweben Dutzende Fragezeichen.

Aber: *First things first.*

»Mama, ich muss mal!«, prescht er vor. Gefolgt von einem »Äh, wo ist hier eigentlich das Klo?« Ich bin verdutzt. Frieder kann sich schlichtweg nicht mehr erinnern, wo das Bad in der Wohnung ist, in der er seine ersten drei Lebensjahre verbracht hat! Ich zeige ihm den gewünschten Rückzugsort. Im Anschluss erkunden wir gemeinsam langsam Schritt für Schritt unsere vier Wände. Im Kinderzimmer der Großen angekommen, schaut Frieder sich intensiv und interessiert um, als handele es sich um den Tatort eines Verbrechens. Dann fragt er:

»Wieso sind hier zwei Betten in dem Zimmer?«

»Na, das eine ist deins und das andere Joes!«, rufe ich beschwingt und aufmunternd. »Endlich wieder Platz«, ergänze ich und strahle ihn an.

»Nein, so mag ich das nicht«, antwortet Raupe prompt.

»Nein?«, frage ich zurück. »Kein Problem, wir können es sicher ändern, wenn du magst.«

»Nein, so bleibt das, genauso war es vorher auch!«, ruft Joe, keinen Widerspruch duldend, während er sich bereits gemütlich auf seinem Hochbett herumfläzt. Offensichtlich lässt ihn sein Erinnerungsvermögen nicht im Stich.

»So, und jetzt schauen wir doch mal, was sich alles in den Kartons befindet«, sage ich, um Raupe von dieser Enttäuschung abzulenken.

Die Taktik geht auf. Frieder traut seinen Augen nicht. Während er mit seinen geschickten Fingern immer mehr Laschen der ineinandergesteckten Pappdeckel aufschnippt und sein Köpfchen immer wieder in die aufgereihten und geöffneten Kartons steckt, stammelt er:

»Mama, wir wohnen ja in einem Spielwarenladen!«

Dann greift er nach einem überdimensionierten ferngesteuerten Monstertruck. Ob ihn der Truck an den von Dan und Michael in den USA erinnert, aus dem er vor gut drei Monaten hinausgefallen war? Nach einem Jahr mit einer Handvoll Spielsachen übersteigt der sich vor ihm auftürmende Berg von Spielzeug seine Vorstellungskraft.

»Pfoten weg, Frieder. Das ist alles meins!«, ruft Joe abermals ruppig und reißt Frieder erneut aus seinen Träumen. »Als wir abgereist sind, hast du nur mit Babysachen gespielt. Das Lego, das Playmobil, die Bücher, das ferngesteuerte Auto«, er zeigt wahllos auf aus den Kisten quellende Artikel, »alles meins!«

Frieder schreckt zurück und nimmt zerknirscht den Kopf aus einem der zerbeulten Kartons.

»Und warum ist das wichtig?«, fragt er, nachdem er den ersten Schreck verdaut hat.

Eine klare Regelung der Eigentumsverhältnisse ist ihm fremd geworden, er kann es nicht begreifen.

»Hey, Joe, ganz ruhig, das ist für uns alle hier gerade eine Achterbahn. Da ist mehr als genug Spielzeug für die Kinder der ganzen Straße dabei. Mit so vielen Sachen kannst du sowieso nicht gleichzeitig spielen, oder?«

Ermahnend sehe ich Joe an. Er wirft mir einen grimmigen Blick zu. Lauert. Komisch, so kenne ich ihn gar nicht. Nicht mehr. Meins. Deins. Das hatte ich schon lange nicht mehr gehört. Nun, die Kinder leiden an Jetlag, sind ausgelaugt, vollkommen übermüdet. Auch Weltenbummler sind irgendwann mit den Nerven am Ende. Aber siehe da, tatsächlich lenkt Joe ein.

»Dann such dir eben was aus. Aber wehe, du machst was kaputt!«

Die durchaus vorhandene Kompromissbereitschaft ist löblich, aber sie verfehlt durch den angeschlagenen rauen Ton leider gänzlich ihre Wirkung. Eingeschüchtert lässt Raupe das ferngesteuerte Auto fallen und verlässt geknickt das Zimmer, um Papa zu suchen.

»Joe, das muss doch nicht sein!«

Für einen Moment fehlte mir die Kraft, Frieder zu folgen. Ich habe keine Energie, um zu trösten, zu schimpfen, zu streiten, einzulenken. Jeder wird in dieser Familie nun seinen eigenen Weg finden müssen, mit dieser Veränderung zurechtzukommen. Einen Moment schließe ich die übermüdeten Augen und suche meinen inneren Buddha. Vergeblich. Wenigstens ist Peter bereits eingenickt. Joe springt derweil in die Mitte des Raumes und widmet sich demonstrativ *seinem* Truck. Nachdem er aber trotz intensiver Suche die dazugehörige Steuerung nicht finden kann, zieht er sich auf seine Hochbett-Schutzburg zurück.

Aus der Küche höre ich die vertrauten Stimmen der Verwandten. Als wäre es gestern gewesen, dass wir hier das letzte Mal zusammensaßen. Heimelig und doch kafkaesk zugleich. Gesprächsfetzen dringen zu mir herüber.

»Auf den Jahrhundertsommer folgt noch der Jahrhundertherbst, davon bin ich felsenfest überzeugt.« – »Habt ihr gestern den *Tatort* gesehen? War ja wieder 'ne Katastrophe, sowas Konstruiertes, nee, also irgendwo ist Schluss, oder?« – »Und, was meint ihr, ob der FC sich diese Saison noch mal am Riemen reißt? Der Trainer ist in Ordnung, der weiß, was er tut. Aber das Management ist das Allerletzte.«

Dann höre ich es im Wohnzimmer rumpeln. Chris wuchtet Kartons hin und her, sucht inmitten des Chaos die Kaffeemaschine. Eine Sisyphusarbeit. Aber immerhin ein Grund, dem Small Talk zu entgehen, der ihn mit Sicherheit überfordert.

Kurze Zeit später saust Raupe wieder um die Ecke. Ich öffne die Augen und sehe ihn erhobenen Hauptes ins Kinderzimmer hineinspazieren, seinen kleinen Reiserucksack über der Schulter. Joe keines Blickes würdigend durchschreitet er den Raum, sucht sich ein gemütliches Plätzchen hinter einem Turm aus Kartons, setzt sich und wirft den Rucksack ab. Klick, klack – gekonnt die Schnallen geöffnet und schnell das Band aufgezogen, ein Griff in die Tiefen seines abgegriffenen Gepäckstücks, und schwupps, hat unsere kleine Raupe die lädierten Playmobil-Männlein und -Pferdchen in der Hand.

»Damit spiele ich eh am allerliebsten«, sagt er mehr zu sich selbst als zu irgendjemand anderen und beginnt fröhlich mit dem, was er am meisten liebt und am besten kann: spielen.

Ich schaue ihm zu und freue mich für ihn. Da ist es ja, ein Stück Sicherheit. Nach einer Weile höre ich das Hochbett knarren.

»Kann ich mitspielen?«, fragt Joe zögerlich, während er die kleine Treppe hinabsteigt.

»Na klar«, sagt Frieder freundlich.

Es dauert keine Minute, da sind sie in ihr Spiel versunken.

Wir alle schleppen uns durch den Tag. Längst sind Omas, Opas, Tanten und Onkel gegangen. Ab jetzt wird es für alle wieder ganz normal sein, dass wir da sind. Außer für uns.

Am späten Nachmittag fallen den Kindern fast die Augen zu. Völlig platt liegt Raupe auf dem Boden und lauscht mit einem Ohr dem Hörspiel, das im Hintergrund läuft. Ich nehme ihn auf den Arm, wiege ihn ein paar Minuten hin und her wie ein Baby und lege ihn noch in Reiseklamotten behutsam auf sein Bett. Er nimmt meine Hand. Wie zart er ist, wie liebebedürftig. Innerhalb von Sekunden ist er eingeschlafen.

Joe hat die Ellenbogen auf die Fensterbank gestützt, sein Gesicht in seine Hände gelegt. In dieser Position schaut er schon eine ganze Weile aus dem Fenster. Träumt er? Denkt er nach? Was geht ihm durch den Kopf?

»Hase, was denkst du?«, frage ich leise und lege ihm sanft meine Hände auf die Schultern.

»Ich beobachte die Leute, die vorbeigehen, Mama. Schau mal, der Mann dort mit den vielen Flaschen in den Taschen. Oder da hinten, der Typ in dem roten Auto dort, der ist jetzt schon sieben Male an unserem Haus vorbeigefahren. Der findet einfach keinen Parkplatz. Schau mal, wie grimmig der guckt!«

Joe äfft das düster dreinschauende Gesicht des Fahrers nach. Wir müssen beide lachen.

»Oder da, Mama, die Frau von gegenüber, die im Bikini durch die Wohnung läuft. Die kenn ich noch vom letzten Jahr. Nur der Bikini scheint neu zu sein, so wie die sich im Spiegel betrachtet.«

»Wie bitte?!«

Oh, ein »Bikini« mit Spitze – da hat wohl jemand vergessen, die Jalousien runterzulassen. Die Dame steht nur zehn Meter von uns entfernt auf gleicher Höhe im Haus auf der anderen Straßenseite. Ich komme mir auf einmal ein bisschen vor wie Grace Kelly in *Ein Fenster zum Hof*. In der Großstadt ist eben viel los.

»Komm, Joe, wir machen uns auch mal bettfertig«, sage ich und ziehe die Jalousien im Kinderzimmer herunter.

»Komisch«, murmelt Joe im Vorbeigehen Richtung Bad, »auf der Reise beobachteten wir Tiere. Hier die Menschen.« In seinem Kopf rattert es. Auch er ist etwas nachdenklich. Aber er ist klarer, weniger verwirrt als Raupe, der so viel Vorfreude im Gepäck hatte und enttäuscht wirkt. Joe dagegen scheinen seine Erinnerungen an die Zeit vor der Reise dabei zu helfen, sich zu orientieren. Er hat sich gegen die Abreise aus Kanada gesträubt, wollte immer weiterreisen, die Natur als Entwicklungsraum auskosten. Er hatte keine hohen Erwartungen an das, was kommen würde, wirkte aber grundsätzlich ganz zuversichtlich – als wenn es eine neue Reisestation wäre, die ihm bekannt vorkommt.

Nur: Wie wird es mit den Freunden werden? Kennt ihn hier überhaupt noch jemand? In einer guten Woche muss er in die Schule … packt er das? Sorgen steigen in mir auf. Und doch: Unsere Entscheidung bereue ich keine Sekunde. Ich würde es immer wieder tun.

Auch Joe fällt kurze Zeit später in einen tiefen Schlaf, nachdem Chris ihm auf seinem Hochbett noch ein Kapitel über die Kinder aus der Krachmacherstraße vorgelesen hat.

Auch Chris und ich lassen uns endlich ins Bett fallen. Willkommen daheim. Morgen ist ein neuer Tag.

Die erste Nacht verläuft glücklicherweise reibungslos. Am nächsten Morgen wachen Peter und ich vor Raupe und Joe auf. Die Tür des Kinderzimmers ist angelehnt. Ich luge in ihr Zimmer: Da liegen die zwei Weltenbummler – aneinandergeschmiegt in Frieders viel zu kleinem Kinderbett. Anscheinend hat Joe über Nacht seine Meinung geändert. Jetzt blinzelt er.

»Guten Morgen, Mama.«

»Morgen, Hase. Na, hast du es dir hier unten bei Frieder gemütlich gemacht heut Nacht?«

»Ja … zwar ein bisschen eng, aber viel schöner als allein. Weißt du, wie ich geschlafen hab? Himmlisch!«

So wandern die Einzelbetten der Kinder gleich am zweiten Tag unserer Heimkehr in den Keller. Stattdessen kramen wir kurzerhand die alten Matratzen aus unseren Single-Buden aus dem Keller hervor, wuchten sie die Altbautreppen hoch und türmen sie im Kinderzimmer aufeinander – fertig ist das Bett für zwei. Nicht nur die separaten Kinderbetten verbannen wir aus der Wohnung. Obwohl wir vor der Reise schon ordentlich ausgemistet hatten, werden wir in den nächsten Tagen noch einmal die Hälfte unserer 65 Kisten größtenteils ungeöffnet gleich wieder ins Untergeschoss schleppen. Das Spielzeug halbieren wir ebenfalls an Ort und Stelle. Keiner von uns vermisst auch nur irgendeine Kleinigkeit. Ob Schlagzeug, Bücher, Stehlampen, Musikanlage, Technik oder Klamotten – von vielem trennen wir uns teilnahmslos, verkaufen oder verschenken Gegenstände, die keinerlei Bedeutung mehr für uns haben.

Den Fernseher stellen wir gar nicht erst wieder auf. Beim Räumen finde ich einen ganzen Umzugskarton voller Make-up, Parfums, Bürsten, Haarspangen, Modeschmuck und ungeöffneten Pflegeprodukten. Ein Schrein voller glitzernder, klebriger Überflüssigkeiten. Kurz entschlossen klappe ich den Deckel der Kiste um, schreibe »Zum Mitnehmen – *Have a good day!*« darauf und stelle ihn vor unsere Haustür. Was unterwegs funktioniert, klappt vielleicht auch hier? Und siehe da: Innerhalb weniger Stunden ist der Karton leer. Das fühlt sich verdammt gut an. Vor der Reise gehörten schwarzer Mascara und roter Lippenstift zu meinem *Signature Look*, ohne den ich so gut wie nie aus dem Haus ging. Seit Reisebeginn habe ich kein Make-up oder Parfum mehr benutzt und halte es nicht mehr für notwendig, weder privat noch beruflich.

Obwohl wir unseren Besitz peu à peu halbieren, bleibt immer noch viel zu viel Ballast übrig.

Am dritten Tag kehrt unser Hund Wolfgang endlich wieder zu uns zurück. Gemeinsam machen wir unseren ersten Spaziergang durch unseren geliebten Stadtgarten, den kleinen Park gleich um die Ecke. Wir sind froh, Wolfgang, den Chris und ich vor fast sieben Jahren als neugeborenes Bündel im Müll in Spanien gefunden haben, wieder wohlbehalten bei uns zu wissen und ihm beim turbulenten Spielen mit den anderen Hunden zuzuschauen. Ich reibe mir immer wieder die Augen, denn trotz des strahlenden Mützenwetters im Spätsommer ist das Grün der Bäume einfach nicht satt, als ob die Fotosynthese bei 75 Prozent Farbintensität einen Sperrmechanismus hätte. Die Geräuschkulisse ist ungewohnt, ebenfalls die dazugehörige Lautstärke. Überall hämmert, bohrt, quietscht, brabbelt, klingelt und fährt etwas vorbei, man hat ständig eine Kakofonie im Rücken, die nach meinem Empfinden der Intensität des Times Square in New York in nichts nachsteht. Ist die Großstadt-Beschallung mächtiger geworden oder ich über das Jahr sensibler?

In den ersten Wochen zurück in der Heimat werden wir vom Freundes- und Bekanntenkreis mit großem Hallo aufgesucht und herzlich willkommen geheißen. Auch im Viertel werden wir anfangs oft angesprochen. Wir wollen ebenfalls wissen, was alles passiert ist in diesem letzten Jahr, aber da wird meist abgewunken: Was soll denn schon passiert sein.

Richtig ins Gespräch zu kommen mit Leuten fällt uns überraschend schwer. Denn auch wir halten uns ein bisschen zurück, wollen bloß nicht blasiert oder pomadig daherkommen, uns möglichst unauffällig verhalten. Fünfzehn Monate Weltreise und Inselgeburt, Nordlichter und Blauwale, aktive Vulkane und Feldarbeit, Schafe hüten und Hunde im Regenwald spazieren führen – sonst noch was?! Für einen Small Talk sind diese Themen nicht geeignet, aber für mehr reicht's oft nicht aus Zeitgründen. Für uns unvergessliche Erinnerungen und daran anschließende Reflektionen finden nur selten Gehör. Dabei ist das ganz und gar nicht böse gemeint! Der Preis, den wir bezahlen, wie wir jetzt feststellen, ist die aus nonkonformem Handeln resultierende mangelnde soziale Kompatibilität. Die Ursache für dieses wissenschaftlich untersuchte Phänomen liegt in den meisten Fällen nicht im vermeintlichen Desinteresse der anderen, an fehlender Empathie oder gar an potenzieller Missgunst und Neid. Es fällt den Menschen schlichtweg schwer, in ihrem täglichen Tun zu den Erfahrungen anderer Leute, die aus dem eigenen Rahmen fallen, einen Bezug aufzubauen. Daher bleiben Menschen wohl auch gern unter ihresgleichen.

So läuft die Mehrzahl der Dialoge in den ersten Wochen ungefähr wie folgt ab:

»Mensch, ihr seid schon wieder da? Das Jahr ging ja schnell rum! Wie cool! Wie war's denn? Erzähl mal!«

»Ach, danke! Es war echt schön. Aufregend. Und lehrreich. Für uns ging die Zeit gar nicht schnell rum – uns kommt es vor, als wäre das Jahr im Schneckentempo vergangen.«

»Echt? Das klingt ja fast, als hättet ihr euch gelangweilt.«

»Manchmal schon, aber jetzt nicht so wie du denkst, eher konstruktiv gelangweilt. Egal, war schon gut alles.«

»Also, mir kommt's vor, als wärt ihr gestern erst losgefahren. Wie gesagt, irre, wie schnell die Zeit vergeht.«

»Hm. Wie geht's euch denn eigentlich?«

»Ach, bei uns ist alles gut. Weiß ich jetzt gar nicht, irgendwie nichts Gravierendes passiert. Der ganz normale Wahnsinn halt, kennste ja.«

»Klaro.«

»Mensch, ihr macht Sachen. Da müssen wir uns unbedingt mal in Ruhe drüber unterhalten. Würde gern mehr erfahren!«

»Auf jeden Fall, das wäre super. Wann passt's euch denn?«

»Boah. Wir sind gerade so im Stress, leider, total unter Wasser. Echt, nur am Rotieren. Wie gesagt, lass uns für bald was ausmachen. Definitiv!«

»Ja gern. Wir haben Zeit. Meld dich einfach.«

»Mach ich. Schön, dass ihr wieder da seid! Tschüssi! Und Grüße!«

Und Tschüss.

Wieso hat in unserem Leben hier eigentlich nie jemand Zeit?

Zu Hause ist kein Ort

»Oma, ist es bei dir jetzt schon Nacht?«, fragt Frieder seine Großmutter am Telefon kurz nach dem sonntäglichen Frühstück. Die Oma wohnt fünfzehn Minuten Luftlinie entfernt. Für Raupe liegt anscheinend immer noch eine Welt dazwischen. Ich schaue aus dem Fenster: Großstadtdschungel statt Regenwald.

Seit vier Wochen sind wir nun wieder zurück in unserer neuen alten Heimat. Noch immer haben wir alle mit unterschiedlichen Nachwehen unserer Wir-Zeit zu tun, im Guten wie im Schlechten. Ich traf Karen meine erfolgreiche Arbeitskollegin, zufällig im Supermarkt. Noch bin ich in Elternzeit statt im Büro. Auch Marie, der engagierten Mutter aus unserer Elterninitiative, lief ich letzte Woche im Viertel über den Weg. Beide kann ich heute viel besser verstehen als vor unserer Abreise. Damals habe ich sie immer gleich be- und abgewertet, mich von ihrer bloßen Existenz nicht inspiriert, sondern bedroht gefühlt, meinen Lebensweg nach jeder Begegnung infrage gestellt. Erst jetzt erkenne ich, dass es meine eigene Unsicherheit war, die diese Verhältnisse vergiftet hat. Karen und ihr Lebensgefährte gehen einen sehr progressiven Weg. Marie und ihr Mann haben sich für ein klassisches Rollenmodell entschieden. Mit keiner von ihnen möchte ich tauschen, aber mich auch nicht mehr vergleichen, denn ob Karen, Marie oder ich – ich finde, wir alle verdienen Respekt für den Weg, den wir einschlagen. Mit keiner Rolle gehen wir als Gesellschaft so hart ins Gericht wie mit der der Mutter. Spalterei und Nestbeschmutzung kommt mir daher ein bisschen so vor wie der ewige Flügelkampf der Linken. Wir haben's als Frauen sowieso nicht leicht uns zu behaupten – gegenseitige Zerfleischung ist kontraproduktiv. Karen und Marie haben sich entschieden und stehen zu ihrem Lebensentwurf, winden sich nicht zwischen Baum und Borke wie ich lange Jahre. Jede Familie kämpft. Mit ein wenig innerer Ruhe und Haltung reift, wie ich feststelle, die Toleranz für den Entwurf des anderen.

»Irgendwann muss man der Realität wieder ins Auge sehen. Ihr hattet doch ein schönes Jahr, 365 Tage Ferien – was wollt ihr denn noch?«, fragt Marie.

Ja, was wollen wir eigentlich?

Wir wollen die Wir-Zeit nicht mit unserer Rückreise beenden. Sie ist ein Teil von uns geworden, wir wollen unser Leben auch zu Hause »wir-zeitlich« gestalten. Aber passen wir mit diesem Weg noch in die Lücke, die wir vor einem Jahr hinterließen? Entschleunigung, Natur, Autonomie, Balance, Minimalismus, Nachhaltigkeit, Freilernen, Achtsamkeit, Slow Parenting – wie alltagstauglich und stressresistent sind unsere neuen Werte und Einstellungen? Wie kompatibel mit unseren Jobs? Oder ist doch alles Schall und Rauch?

Das wollen wir herausfinden. Wir krempeln die Ärmel hoch und geben uns selbst ein halbes Jahr für die Ein- und Umgewöhnung. Ankommen kann doch nicht so schwer sein.

Oder?

Und wirklich: Je mehr Wochen ins Land ziehen, desto weniger Anpassungsschwierigkeiten weisen wir scheinbar auf. Wir fügen uns ins bestehende System ein, so gut wir können.

Joe genießt es, jeden Morgen mit seinem Roller durch die klare Luft zur nahe gelegenen Montessori-Schule zu düsen, so schnell, dass ich mit dem Kinderwagen kaum Schritt halten kann. Er hat auf Reisen gelernt, sich an neue Lebensräume anzupassen. Er hat schnell an alte Freundschaften angeknüpft und neue begründet, er liebt es, in seiner Grundschule selbstbestimmt und in seinem Tempo lernen zu können und sich im Anschluss an die Schule im Hort auszutoben oder auf dem Bolzplatz zu kicken. Aber eines will er nicht aufgeben: seine gewonnene Freiheit. Schon nach der ersten Schulwoche sagte er:

»Mama, ihr müsst mich nicht im Klassenzimmer im dritten Stock absetzen, das kann ich alles selbst.«

Vom nächsten Tag an verabschiedete ich mich von ihm nicht mehr vor dem Klassenraum, sondern vor dem Schultor – hinein ging er wie selbstverständlich allein. Sah er nicht die vielen Eltern, die ihre Kinder an der Hand nach oben begleiteten? Doch. Einerseits war ich erleichtert, wie stark und selbstsicher er war. Insgeheim wünschte ich mir aber fast ein bisschen, er würde seine Meinung ändern, so gerne hätte ich ihn begleitet. Vielleicht wollte ich auch einfach insgeheim mehr Sicherheit bekommen als Sicherheit geben. Dennoch konnte ich loslassen. Das hatte ich nun gelernt.

Bald will er seine Selbstständigkeit weiter ausbauen. Noch vor den Herbstferien besteht er darauf, den Schulweg komplett ohne Eltern bestreiten zu dürfen, Erstklässler hin oder her. Das heißt, eine Viertelstunde Fußmarsch oder fünf Minuten rollern mitten im Herzen Kölns. Hm.

Tim sei ja dabei, ein Schulfreund, sagt Joe.

Tim? Wie? Wer soll denn nun bitte Tim überhaupt sein? Noch mal hm! Früher hätte ich vermutlich gesagt: »Sorry, aber: leider nein.«

Tatsächlich sage ich: »Okay, wenn du dir das zutraust, dann probieren wir das aus.«

In einem Jahr *on the road* haben wir unser Kind gut kennengelernt. Ich weiß Joe einzuschätzen. Und er sich auch. Er ist ein Dickkopf, der sich selbst gut kennen- und mittlerweile auch lieben gelernt hat, der sich selbst im Großen und Ganzen nicht perfekt, aber ganz okay findet, so wie er ist, und deshalb nicht so sein will und muss, wie der neben oder vor ihm, selbst wenn der etwas besser kann, etwas Schöneres besitzt. Er ist ein ganz normaler sechsjähriger Weltentdecker, der es gelernt hat, sich selbst zu genügen und mit sich und anderen gut auszukommen. Und darauf kommt es doch an im Leben, sich selbst so gut und so früh wie möglich kennenzulernen, herauszufinden, was einem guttut oder wer man wirklich ist, ohne sich verstellen zu müssen, oder? Die Reise ist Joe gut bekommen, kein Zweifel.

Am nächsten Tag beobachte ich ihn von Weitem, wie er an der Straßenecke steht und auf seinen Kumpel wartet. Da saust er um die Ecke. Gemeinsam düsen sie Richtung Schule. Na bitte, klappt also – zu zweit rollert es sich einfach besser als mit einem Erwachsenen im Nacken.

Bei Raupe, mittlerweile vier Jahre alt, verläuft der Prozess des Ankommens anders. Denn er ist anders. Wenn ich eins auf der Reise gelernt habe, dann, die Kinder in ihrer Einzigartigkeit wahrzunehmen und sie nicht in eine Schublade zu stecken. Jedes Kind ist eine kleine Welt für sich.

Nach Chris' erstem Arbeitstag hatte er uns mit einer Runde Eis überrascht. Wir alle fielen darüber her wie ausgehungerte Löwen. Während wir uns über Pferderassen und Dagmars Pferdehof in Chile unterhielten, auf dem wir vor einem halben Jahr einige Zeit verbracht hatten, war Joes Eis im Nu verputzt.

»Hey, Frieder!«, sagte Joe, »lass uns doch zu Lina hochgehen, vielleicht mag sie mit uns Pferd spielen im Hof!«

Frieder liebt Lina, die zehnjährige Tochter einer befreundeten Familie, die gleich über uns wohnt. Er zögerte, während Joe schon vom Stuhl sprang und wie ein Flummi Richtung Haustür titschte.

»Was ist, hast du keine Lust?«

»Doch«, antwortete Frieder. »Aber Joe, können wir noch warten, bis ich mein Eis aufgegessen habe, sonst ist Lina bestimmt traurig, dass sie keins hat, und das möchte ich nicht.« So ist Frieder.

Raupe braucht Zeit, bis er aus seinem Kokon schlüpft und sich auf eine neue Situation einlässt, insbesondere wenn er sich ohne »sein Rudel«, also uns, behaupten muss. Ich sehe ihn noch am ersten Tag in der Kita stehen, völlig verloren in der kleinen Turnhalle, zwei Dutzend Kinder um ihn herum – während er alles betrachtete und sich dabei die Ohren zuhielt.

»Es ist so laut hier!«, rief er.

Ansammlungen von Menschen, größere Events, Planänderungen, spontane Happenings sind überhaupt nicht sein Ding.

Ihm fällt es auf den ersten Blick deutlich schwerer, wieder anzukommen, er braucht mehr Zeit. Viel Nähe. Viel Ruhe. Nach einem Vierteljahr hat er sich nun stabilisiert, vielleicht auch mit den geänderten Begebenheiten abgefunden, und doch lebt er in seiner eigenen Welt, liebt es, in seinen Fantasiesphären ein- und abzutauchen.

Auch wenn er zu Hause die größte Ulknudel sein kann, so braucht er viel mehr Sicherheit und Unterstützung als sein großer Bruder, um sich außerhalb des Familienkreises fallen lassen zu können. Auf unbekanntem Terrain ist er vorsichtig, beobachtend, zögernd, wie ein Reh immer bereit zu flüchten, sich zurückzuziehen. Wehe, er soll etwas ohne Joe machen! Eine Geburtstagseinladung, Pyjamaparty, Kitafahrt – ohne den großen Bruder?! Vergiss es!

Und Peter? Ein Baby wie aus dem Ei gepellt, mit wilder Mähne und bestechendem Lächeln. Er macht sich so gar nichts aus unseren immer wieder aufkeimenden Grübeleien. Egal, wann man in Peters Buggy schaut: Er sitzt da, glucksend und jauchzend wie ein kleiner Buddha, fröhlich und zufrieden. Munter krabbelnd erkundet er die Welt, die aktuell weitestgehend aus Laminatboden und Asphalt statt aus Strand und Wiesen besteht. Ob ihm die salzige Meeresluft fehlt? Die Silhouette der Berge? Wohl kaum. Er ist zufrieden, solange sich der Rest des fünfblättrigen Kleeblatts wohlfühlt.

Am schwersten fällt vermutlich Chris der Wiedereinstieg ins alte Leben. Joe hat die neue Schule, Frieder die spannende Kita und ich habe Peter und Elternzeit – nur Chris musste in die alte Mühle. Schon wenige Tage nach der Rückreise, den Jetlag noch in den Knochen, wurde er zurückkatapultiert in seinen alten Job, wo zwar viele liebe Kolleginnen und Kollegen, aber auch ein Haufen alter Strukturen, ungelöster Probleme, stupider Prozesse und Standardprojekte auf ihn warteten. Er, der so gerne kreativer arbeiten wollte, sitzt nun wieder an seinem Manager-Schreibtisch, leitend statt schaffend. Am härtesten trifft ihn, von uns den größten Teil des Tages getrennt, aufs Neue in die Rolle des abwesenden Vaters gedrängt zu werden. Überpünktlich macht er Feierabend, um möglichst schnell in den Schoß der Familie zurückzukehren.

Im Kleinen stoßen wir einiges an Veränderungen an. Zum Beispiel sind wir nicht mehr die Eltern, die ihre Kinder als Erste am Morgen in den Kindergarten bringen und als Letzte abholen, im Gegenteil. Am Nachmittag folgt kein Playdate- oder Hobby-Marathon mehr. Kinder sind nach sechs oder sieben Stunden außer Haus ohnehin platt. Joe streunt dann am liebsten spontan und ungebunden draußen umher oder verabredet sich zum Fußballspielen im Park. Frieder dagegen verdreht die Augen, wenn es mal heißt: »Heute haben wir was Schönes vor!«

»Och nöööööö! Ich will nix vorhaben, ich will spielen!«, entgegnet er dann regelmäßig.

Untröstlich ist er, wenn Joe dann nicht zu Hause ist, sondern mit einem Freund den Nachmittag im Park verbringt. Der Jüngere muss zu Hause nicht ohne Unterlass mit seinem großen Bruder spielen, aber im Blick muss er ihn haben, sehen und spüren, was er tut und wie es ihm geht. Er will uns alle einfach bei sich haben, in der Nähe. Wenn wir nicht alle im gleichen Zimmer sitzen, ist das für ihn nur schwer zu akzeptieren.

Seit über einem Jahr verzichte ich nun zudem auf viel überflüssigen Konsum. Das fühlt sich für jemanden, der früher viel für Mode, Deko, Nippes und Make-up ausgegeben hat, überraschend gut an. Abgesehen von absoluten Notwendigkeiten wie Verpflegung, Zahnbürste oder Seife kaufe ich für mich persönlich – nichts. Röcke, Hosen, Schuhe – alles trage ich auf und ich bin selbst darüber erstaunt, wie gut ich zurechtkomme. Wie oft war ich früher losgezogen und hatte wahllos unsinniges Zeug gekauft, einfach nur, um mich besser zu fühlen? Ich könnte vermutlich bis zum Rest meines Lebens alte Klamotten auftragen, obwohl ich bereits so vieles verschenkt und verkauft habe. Denn es ist befreiend, so wenig zu horten, zu besitzen! Der totale Konsumverzicht ist natürlich gerade als Familie schwer praktikabel. Aber sich des Themas stärker bewusst zu werden, das finden wir auch unter Nachhaltigkeitsgesichtspunkten wichtig. Klamotten kaufen wir für die Kinder fast ausschließlich aus zweiter Hand oder nehmen dankbar abgetragene, aber noch wertige Kleider aus dem Freundeskreis an und geben selbst für uns Unbrauchbares weiter. Dieser Kreislauf der Nachhaltigkeit fühlt sich gut an. Schenken und tauschen statt kaufen. Markenprodukte spielen in unserem Leben nahezu keine Rolle mehr, weder im Verzehr noch in Bezug auf Kleidung und Ausstattung. Dadurch sparen wir im Verhältnis zu unserem Leben vor der Reise auf Dauer sicherlich erheblich – aber wird das so bleiben? Wir probieren Zahnbürsten aus Bambus aus und verzichten so gut wie möglich auf Plastik. Das Pilotprojekt »Kompostierung in der Mietwohnung« scheitert zwar nach einigen Versuchen kläglich (warum halten die Komposttüten eigentlich nie dicht?!), aber wir trennen den Müll viel akribischer als vorher. Wir waschen die Haare mit Seife oder

Roggenmehl und verzichten weitestgehend auf Silikone, Produkte in umweltfeindlichen Verpackungen oder Einweggegenstände. Wenn wir uns mit jemandem treffen, nehmen wir uns in der Regel Zeit für ihn. Keine perlenkettenartige Aneinanderreihung von Verabredungen mehr, vor allen Dingen nicht im Privatleben. Die Wochenenden sind meist terminfrei. Die aus Terminstress resultierende Kurzatmigkeit (»Was, morgen zum Frühstück zu Schmidts und zum Brunch zu den Meiers?! Hilfe!«) gibt es nicht mehr in unserem Leben. Wir vermissen diese manchmal nur der Höflichkeit geschuldeten Einladungen und Gegeneinladungen überhaupt nicht. Wir kochen gesünder und unsere Wohnung ist nicht mehr mit Krempel von oben bis unten vollgestellt. Und Fahrrad und Bahn sind unsere primären Verkehrsmittel geworden.

Auch wenn jeder von uns seine ganz individuellen Herausforderungen mit dem Andocken zu meistern hat, sind wir insgesamt immer noch guten Mutes. Wir sind froh darüber, unsere Freunde und Familie wieder in der Nähe zu wissen, die wir dennoch viel zu wenig sehen. Wir schätzen die finanzielle Sicherheit und die kulturellen wie beruflichen Entfaltungsmöglichkeiten des Stadtlebens, obwohl wir sie sicher nicht vollends ausschöpfen.

Während wir uns bemühen, Fuß zu fassen und in den rechten Tritt zu kommen, werden die Erinnerungen an die Wir-Zeit mit den Monaten immer unwirklicher. Wir wollen geduldig bleiben. Dankbar sein für das, was wir erleben durften, und für das Leben, das wir uns hier aufgebaut haben. Das Glücklichsein wird sich schon noch einstellen, das braucht eben manchmal seine Zeit.

Und das bisschen Melancholie, der Hauch von Sehnsucht nach einem simpleren Leben, die Prise Fernweh beim Blick aus dem Fenster, das wird sich schon geben. Oder?

Was bleibt ist das, was kommt

Heute bin ich, so wie an vielen Morgenden mittlerweile, allein. Alle gehen ihrer eigenen Wege. Joe ist in der Schule, Raupe in der Kita, Chris mit Peter den Onkel besuchen – alle ausgeflogen, während ich von zu Hause aus arbeite. So richtig bringe ich nichts zustande, mein Vormittag ist von Telefonkonferenzen zerhackt. Ich brauche eine Pause, flaniere lustlos durch Zimmer und Flure.

Ein gutes halbes Jahr ist vergangen.

Auf Reisen hatten wir fast vergessen, wie sich der normale Alltag anfühlt. Jetzt leben wir ihn wieder. Dass es nicht einfach werden würde, in Deutschland wieder Fuß zu fassen, war uns klar. Dass es so hart werden würde, hat keiner von uns geahnt.

Wir alle kämpfen.

So gut Joe auch wieder andockte, eines fehlt ihm zutiefst, jeden Tag ein Stück mehr: die Natur. Sobald er Leerlauf hat, malt er Wale und Adler. Nach so einer langen Zeit in der Ferne, sechzehn Stunden pro Tag an der frischen Luft, umgeben von Fauna und Flora, stundenlang in einem Boot auf dem Meer oder Fluss treibend mit einer Angel in der Hand, den Regenwald durchquerend, am Lagerfeuer sitzend, die kalte, klare Luft einatmend, leidet er zunehmend unter dem Mangel der Elemente, es fehlen ihm Luft, Wasser, Erde und Feuer in seinem Leben. Anfangs prasselte so viel Neues auf ihn ein, dass es diese für ihn elementaren Bedürfnisse vielleicht ein Stück weit überdeckte. Er würde zu gern seinen Radius erweitern, der früher so geliebte Stadtgarten engt ihn ein, erinnert ihn an ein umzäuntes Freilaufgehege im Zoo.

Oft wirkt er nervös, hibbelig, unausgeglichen. Wenn ihm etwas nicht passt, klingt sein Ton schnell etwas rauer, lauter, fordernder als vielleicht gewollt. Er kann, im Gegensatz zu seinem mittleren Bruder, richtig explodieren und durchdrehen. Nicht selten wirkt er nach dem Wutausbruch selbst etwas überrascht über sein Temperament und unsere betretenen Gesichter. Dann folgt meist schnell ein schiefes, halb entschuldigendes, halb verschmitztes Lächeln.

Er bleibt eben ein Wildfang. Ein Kind, das Fallen stellen, Lachse jagen, durchs Dickicht schleichen, Speere schnitzen will.

»Ich muss in die Natur, mich bewegen, Mama, lass uns rausgehen!«, sagt er in fahrigen Momenten, fast flehend.

Was soll ich ihm antworten? Die Natur ist eben nicht um die Ecke, wenn man im Zentrum einer Millionenstadt wohnt. Alles geht eben nicht. Oder hat jemand schon von Wohnobjekten mit Highspeed-Internet-, Nahverkehrs-, Flughafen- und Autobahnanschluss mitten im Nationalpark, aber bitte ohne gefährliche Tiere, dafür fernab der Zivilisation inklusive guten Bildungseinrichtungen für die Kinder und beruflichen Entfaltungsmöglichkeiten gehört? Ich nicht.

Natürlich versuchen wir, dem Wunsch der Kinder nach Wald und Wiesen, wenn irgend möglich, gerecht zu werden, aber oft bleibt das Naturerlebnis einfach auf der Strecke – in den tagtäglichen Rhythmus ist es für uns schwer einzubauen. Zum siebten Geburtstag bekommt Joe das langersehnte Mountainbike.

»Endlich habe ich ein Rad mit vielen Gängen! Damit kann ich durchs Gebirge fahren! Irgendwann.«

Puh, denken wir, jedes Gebirge ist von hier ein ganzes Stück weg.

Auch Raupe hängt der gemeinsamen Zeit nach. Anders gelagert als bei seinem älteren Bruder und noch deutlicher erkennbar. Er bleibt weiterhin sozial verunsichert und verschüchtert, möchte nirgends ohne die Familie hin. Als ob er der Wir-Zeit nachtrauert. Ein Trauerprozess seit mehr als einem halben Jahr. Seit Monaten hat gerade er, der sonst offenste und fröhlichste kleine Kerl, den man sich vorstellen kann, einen Durchhänger. Nur selten fasst er Vertrauen zu Kindern und Menschen außerhalb der eigenen vier Wände. Er hat sich in sein Schneckenhaus verkrochen und gewährt bis auf wenige Ausnahmen lediglich Joe, den Großeltern, Lina und uns Einlass in seine eigene Welt. Die Kita akzeptiert er nur schweren Herzens, ringt mit sich, möchte es uns recht machen, stark sein und doch bricht er regelmäßig morgens ein, will lieber in Ruhe spielen, ohne in einen stringenten Zeitplan eingepfercht zu werden.

»Wann fahren wir wieder los?«, höre ich Raupes Stimmchen an manchem Abend aus der Stille, wenn ich ihn und Joe ins Bett gebracht habe und schweigend Händchen haltend bei ihnen sitze.

Denn darauf bestehen die beiden: Seit der Rückkehr schlafen sie unzertrennlich auf einer großen Matratze auf dem Fußboden – als ob sie nachts die Nähe zum anderen suchen, brauchen und nachholen könnten, die ihnen tagsüber nicht vergönnt ist.

So vieles wollten wir anders machen. Ich denke an unsere Liste, die wir akribisch über ein Jahr zusammengestellt haben und in den ersten Wochen hier motiviert umzusetzen begannen. Einiges davon ist in Vergessenheit geraten. Gemüseanbau, mehr Natur, Schrebergarten? Fehlanzeige. Gesund leben? Gute Ernährung? Joah, das gilt sicher für die Hauptmahlzeiten. Ich fühle mich dennoch aufgedunsen und platt. Aber es gibt auch neue Erfolge zu feiern. Die Reise hat Spuren hinterlassen. Chris hat nach sechs Monaten *back in business* den Job vorübergehend an den Nagel gehängt und ist stattdessen in Elternzeit gegangen. Die Tage im Büro wurden nach kurzer Eingewöhnung immer länger, hektischer und vor allem uninspiriert und stressig. Ja, er verdiente einen großen Teil unseres Lebensunterhalts damit. Aber bedeutete ihm diese Arbeit etwas?

»Such dir später einen Job aus, der dich erfüllt, Joe, der dir Freude bereitet«, sagte Chris letztens zu unserem ältesten Sohn, während er die Kinder bettfertig machte.

»So wie du?«

»Wie meinst du das?«

»Macht dir dein Job Spaß, Papa?«

»Nein.«

»Warum hast du ihn dir dann ausgesucht?«

Auf diese Frage hatte Chris keine gute Antwort. Und so kam er ins Grübeln. Hatte sein emsiges Tun auf der Arbeit etwas mit ihm als Mensch zu tun? Oft saß er in geschäftlichen Meetings mit zahlreichen Menschen im Raum, vielen bunten Post-its an der Wand und noch bunteren Slides auf dem Flatscreen, und doch flog alles an ihm vorbei. Es hatte alles seine Berechtigung. Aber für ihn persönlich war vieles davon belanglos. Und verbiegen konnte und wollte er sich ebenfalls nicht mehr. Weder für die Kollegen noch für die Kunden. Nicht einmal aus ökonomischem

Sicherheitsdenken heraus. Ausschlaggebend für seine Entscheidung, sich aus dem beruflichen Umfeld auf Zeit zurückzuziehen, war am Ende schlichtweg nur ein Grund: Ihm fehlten die Kinder. Während er seine Lebenszeit fernab der Familie im Büro absaß, sah er die Gefahr, dass sie ihm emotional entgleiten könnten. Es mangelte ihm an Nähe. Er war unglücklich.

Wenn jemand unglücklich ist, muss er sich bewegen. Dass wir überhaupt die Flexibilität an den Tag legten, uns trauten, Veränderungen durchzuziehen, das haben wir sicherlich von unserer Reise gelernt. Man muss neue Wege gehen, wenn die alten nicht mehr gangbar sind. Und so landete ich unverhofft und verfrüht nur knapp fünf Monate nach Peters Geburt wieder mit 50 Prozent in meinem alten Job, während nun Chris mit Peter die Zeit verbrachte. Ein Vater in Elternzeit, eine Mutter in Teilzeit – ein deutlich anderes Arbeitsleben als das, was wir vor der Reise für das Nonplusultra hielten!

Mit etwa 25 Stunden die Woche ging ich also wieder zur Arbeit. Finanziell haute das zusammen mit dem Elterngeld irgendwie hin. Vielleicht funktionierte dieses Modell ja für uns, zumindest für eine Weile.

Auch wenn ich grundsätzlich sehr gerne arbeite: Es war ein harter Schnitt. Eine Zäsur. Obwohl sich mein Chef alle Mühe gab, mich willkommen zu heißen und nicht mit Aufgaben zu überhäufen – weder er noch ich konnten den Job des Projektmanagers selbst in Teilzeit neu erfinden.

Es ruckelt im Getriebe. Chris taumelt derweil immer wieder zwischen dem alten Job und der Elternzeit hin und her, so ganz kann er den Beruf nicht loslassen, es ist doch seine Firma! Oft grübelt er, hängt am Telefon, bereitet eine Präsentation oder einen Kunden-Pitch vor.

Und ich zerreiße mich schon wieder zwischen Job und Familie, sause mit vollem Terminkalender und schlechtem Gewissen wahlweise durch das Büro oder das Kinderzimmer. Lernen wir nie dazu?

Doch. Veränderung ist ein Prozess. Ich bin nicht mehr bereit, Nacht- und Überschichten zu schieben, um das vermeintlich gewünschte Pensum zu erfüllen. Was ich in den offiziellen Arbeitsstunden nicht schaffe, bleibt liegen. Der berufliche Erfolg ist mir weiterhin wichtig. Aber er definiert mich nicht. Ich habe mich durch die Reise von der Anerkennung

Dritter emanzipiert. Es geht mir heute um eine Life-Work-Balance – nicht umgekehrt. In diesem Punkt hat sich meine Einstellung zu bezahltem Job und unbezahlter Familienarbeit, Freizeit und Freiheit über das letzte Jahr hinweg verschoben – trotz oder gerade wegen meines Selbstverständnisses als Feministin. Jedem Menschen sollten vorurteilsfrei alle Wege offenstehen – der Rückzug ins Private ist einer davon, auch wenn es nicht meiner ist. Ich bin toleranter geworden, gelassener, was die Entscheidungen anderer anbelangt, vielleicht auch, weil ich endlich für mich eine klarere Linie gefunden habe. Arbeit ist für mich immer noch essenziell, solange die Erwerbstätigkeit nicht zur psychischen und physischen Last wird – was heutzutage viel zu oft passiert. Arbeitswochen mit 60 Stunden sind unabhängig von Branche und Hierarchieebene gerade in der freien Wirtschaft nicht ungewöhnlich. Durchschnittlich starren wir zudem dreieinhalb Stunden pro Tag auf das Smartphone. Trauerfeiern scheinen mir mittlerweile das letzte soziale Ereignis zu sein, an dem nicht jeder wie selbstverständlich das Telefon auspackt, Textmessages tippt oder Schnappschüsse macht. Neben einem angenommenen Minimum von sieben Stunden Schlaf sowie arbeiten und daddeln, bleiben also genau 24 Stunden übrig für das restliche Leben – pro Woche! Durchschnittlich drei Stunden am Tag für Partnerschaft, Kinder, Selbstliebe, Selbstwahrnehmung und Reflexion, aber auch Essen, Hygiene, Haushalt. Wie viel Zeit bleibt da noch für Kreativität, gesellschaftliches Engagement, Zuhören, Nachdenken, Stehenbleiben, Zurückschauen? Wie viel Wir-Zeit bleibt der Familie?

Gerade bei unserer Reise durch fremde Länder habe ich realisiert, wie stark das Thema Arbeit in Deutschland quer durch alle Schichten priorisiert wird. Natürlich kann und soll die Arbeit Spaß machen, den Lebensunterhalt sichern und zur Selbstverwirklichung beitragen, aber dürfen deshalb andere Aspekte des Lebens wie Gesundheit, Familie, Pflege, Entspannung derart vernachlässigt werden? Den klebrigen Leitspruch »Wer nicht arbeitet, ist nichts wert« haben wir weiterentwickelt zu: »Wer mehr arbeitet, ist mehr wert.« Wo soll das aufhören? Ich sehe so viele Menschen mit Scheuklappen an ihrem Privatleben vorbeilaufen. Genauso ist es mir selbst ergangen. Und in zwanzig Jahren sitzt man am Abend bei einem Gläschen Sherry mit Freunden zusammen und pflichtet in der

Runde kopfnickend bei, wenn einer zum Besten gibt: »Wo sind nur all die Jahre hin?« Oder: »Wie schnell die Kinder doch groß geworden sind!«

Ein Teufelskreis. Dieser Gedanke macht mich traurig. Wie kommen wir da raus, jeder für sich, aber auch gesellschaftlich? Kann solch ein systemimmanenter Fehler individuell behoben oder zumindest gekittet werden? Oder müssen wir gemeinsam an einem größeren Rad drehen und die in Schieflage geratene Balance aus Arbeit und Privatleben wieder ins Gleichgewicht bringen? Vielleicht. Bis dahin steht für mich fest, dass mir der Preis zu hoch ist. Ich werde keine fünfzig oder sechzig Stunden pro Woche mehr arbeiten, nie wieder.

In dieser Hinsicht kann ich also durchaus stolz behaupten, dass sich unser Leben in der Jetzt-Zeit nach der Wir-Zeit zum Positiven verändert hat.

Aber ein entscheidendes Gefühl will sich einfach nicht einstellen: das Gefühl, glücklich zu sein. Was ist zwischen dem »Damals«, der Vor-Zeit, und dem »Heute«, der Jetzt-Zeit, verloren gegangen? Wo sind unser Mut, unsere Leichtigkeit, unsere Lebensfreude der Wir-Zeit geblieben?

Ich bleibe im Rahmen der Kinderzimmertür stehen und denke: Ich vermisse meine Familie. Ich weiß, sie kommt in wenigen Stunden zurück. Es ist ein anderes Vermissen. Es ist ein Vermissen des Familienlebens mit mehr Leichtigkeit und weniger Schwere. Eines, das ich kennenlernen, kosten durfte und das jetzt nicht mehr da ist. Ein schlechtes Gewissen habe ich auch. Meinen Eltern, meinen Freunden, der Gesellschaft gegenüber – was maße ich mir an, hier rumzujammern, privilegiert wie ich bin?

Nachdenklich setze ich mich im Kinderzimmer unserer beiden Großen auf die große Matratze und lasse den Blick schweifen. Kaum ein Fetzen Tapete oder Putz ist sichtbar, jede noch so kleine Ecke ist behangen mit Basteleien und Bildern von Walen und Adlern, Postern von Bären und Haien. Zwei Weißkopfadlerfedern stecken in der Erde einer vertrockneten Zimmerpalme auf dem roten Bücherregal. Relikte aus einer anderen Welt, die sich nicht so recht verpflanzen lassen wollen in dieses Leben. Wir haben es versucht. Und doch fehlt etwas. Ich stehe auf und gehe in unser Wohnzimmer nebenan, setze mich aufs Sofa und starre die Wand an. Wo einst der Großbildschirm-Fernseher als zentraler Bestandteil dieses Zimmers hing, klafft seit unserer Rückkehr eine Lücke. Nur ein hölzernes, plattentellergroßes rundes Bild hängt dort schief auf dem weißen Hintergrund: ein See, umringt von Bergen mit schneebedeckten Wipfeln. *Let's get lost* steht in großen Lettern darauf. Ich hatte das Bild Chris vor ein paar Jahren geschenkt. Komischerweise werde ich den Gedanken nicht los, dass wir gerade jetzt etwas *lost* sind. Ist das gut? Steht ein neuer Umbruch an?

Noch betrachte ich die auf Holz gemalte Landschaft und hänge meinen Gedanken nach. Da höre ich sie von Weitem. Selbst durch die geschlossenen, doppelt verglasten Fenster ist ihr Krächzen und Rufen zu vernehmen, als ob sie dem technischen Fortschritt und dem Lärmschutz trotzen wollten. Schnatternd. Schrill. Fast jauchzend. Ich springe von dem Wohnzimmersofa auf und renne über den langen Flur in die Küche hin zu den gläsernen Flügeltüren, reiße sie auf. Ich lege die Hände auf das Geländer vor dem bodentiefen Fenster, das als Absturzsicherung dient, und atme tief ein. In Anzeigen wird gerne von einem »französischen Balkon« gesprochen.

»Ein Balkon geht erst dann los, wenn ein Grill draufpasst«, sagt Joe. Recht hat er. De facto trifft es wahrscheinlich der nüchterne deutsche Ausdruck »Austritt« besser. Für einen Balkon hat es bei der Sanierung unseres Altbaus nach dem Zweiten Weltkrieg nicht gereicht.

»Vielleicht kommt der irgendwann noch, wenn mal wieder etwas Geld in der Kasse ist«, hatte uns der Hausverwalter bei der Wohnungsbesichtigung gesagt und gefeixt: »Immerhin ist die Tür schon mal da.« Ich verzog mein Gesicht zu einem Lächeln. Nun, immerhin, eine Tür. Der mangelnde Balkon störte uns damals nicht sonderlich; wir waren eh mehr die Indoor-Typen. Manchmal bin ich sogar mit dem Auto ins Büro gefahren, das Luftlinie vermutlich weniger als einen Kilometer entfernt liegt. Könnte ja schließlich regnen, wenn ich wieder nach Hause gehe. Und die hohen Schuhe. Und überhaupt. Heute habe ich meine hohen Schuhe alle ausgemistet. Der Balkon fehlt immer noch. Und wir sind immer noch hier. Oder vielmehr: wieder da. Passen wir noch hierhin?

Ich lausche. Aber der Himmel ist stumm. Nur die Geräuschkulisse der Großstadt ist laut. Ich will den Blick schweifen lassen. In jede Himmelsrichtung prallt er ab und wird stattdessen von hohen Steinmauern auf zumeist lieblose und kahle Hinterhöfe umgelenkt. Werde ich mich an diesen Anblick je wieder gewöhnen?

Der Ring, Kölns Verkehrsschlagader, blitzt durch zwei funktional aufgebaute und inzwischen abblätternde Nachkriegsbauten hindurch, am Horizont überragen die Spitzen des Domes die Gebäude. Gute Lage, würde man meinen.

Ich kann die Autos nicht sehen und doch ist ihr Getöse nicht zu überhören. Zwei Bäume entdecke ich, eine Linde und eine Buche, dazu ein wenig Efeu und einen Hauch von Grünfläche rund um einen aus Kostengründen abgestellten Brunnen in der Fußgängerzone. Nichts davon ist grün. Alle Farben erscheinen mir so, als ob jemand einen verstaubten und verschmutzten Filter darübergelegt hätte. Habe ich das früher wirklich nicht gesehen?

Da höre ich sie wieder! Wenn ich mich arg weit, ungelenk verrenkt aus dem Fenster lehne und den Blick an dem überhängenden Regendach vorbei zur mausgrauen Wolkendecke hinauf richte, dann kann ich sie hoch oben sehen, wie sie erhaben über unsere Hochhäuser und asphaltierten Straßen hinwegziehen: Wildgänse. Sie fliegen vermutlich zurück gen Norden. Immer gemeinsam, ohne auch nur eine zurückzulassen. Wie eine Speerspitze durchstechen sie den grauen Himmel in symmetrischer Choreografie.

Die zeigen wenigstens mal Kante, die Vögel, denke ich, während ich fasziniert diese fliegenden Linien im matschigen Frühjahr verfolge – wie mit dem Lineal gezeichnet. Schon als Kind haben mich Zugvögel begeistert. Manchen späten Oktobernachmittag wartete ich sehnsüchtig auf ihr Erscheinen, und mir klingt noch die Stimme meines Vaters im Ohr und das raschelnde Geräusch des Laubs, das er im Garten zusammenrechte, als er uns zurief:

»Kommt raus sie sind wieder da und fliegen gen Süden! Ein großer Schwarm fliegt gleich über unser Haus! Es sind die Kraniche!«

Meine Kindheit verbrachte ich im dörflichen Umland der Großstadt, mit Wiesen und Wäldern rund um das alleinstehende elterliche Hexenhäuschen mit üppigen roten Geranien in den Blumenkästen vor den Fenstern und tannengrünen hölzernen Fensterläden. Das Haus liegt im Schutze zweier hoher Tannen und einer wuchtigen Zeder, gut versteckt von der Straße und vor den neugierigen Blicken der Nachbarn. Meine Eltern sind Städter gewesen, haben im Herzen der Stadt den Großteil ihrer Kindheit, Jugend und Studienzeit verbracht. Für die Kinder sind sie rausgezogen, aufs Land. »So werde ich es auch mal machen, wenn ich Kinder habe«, dachte ich früher einmal, nachdem es mich zum Studium, zum Erwachsenwerden, zum Tanzen, Stolpern, Fallen und Wiederaufstehen in die Stadt zog. Den Ausgang aus der pulsierenden Stadtmitte Richtung Speckgürtel oder gar »Umland« hatten Chris und ich dann fünfzehn Jahre später trotz unserer Kinder und unserer positiven Kindheitserfahrungen auf dem Lande selbst nie gefunden – auf Kultur, Kulinarik und Konzert verzichten, um uns im Einfamilienhäuschen im Grünen anzuschweigen? Nein, danke! Wir klebten damals viel zu sehr an unserem flimmernden Stadtleben, an dem bunten Strauß von Optionen, der vermeintlichen Ubiquität der Ereignisse, der Möglichkeit, jederzeit etwas erleben zu *können;* wie eine Zeitmaschine – tagsüber sind wir zuverlässige Arbeitnehmer und verantwortungsvolle Eltern in unseren Dreißigern oder Vierzigern, und an den Wochenenden mutieren wir zu den ungebundenen Twens, die wir früher einmal waren, gastieren in den Szene-Clubs und In-Läden von damals, die mittlerweile, wenn man ehrlich ist, längst nicht mehr angesagt sind, und fühlen uns jung, schön, unabhängig und cool. Und selbst wenn wir das nicht mehr tun, wollten wir diesen welkenden Strauß nicht in die Mülltonne schmeißen und wahlweise gegen eine robuste Zimmerpflanze nebst IKEA-Einrichtung oder eben den hasenstallartigen, umzäunten Garten eintauschen.

Wie frei diese Zugvögel sind, wie autark, während sie mit schrillem Schrei über meinen verrenkten Kopf fliegen. Ich überlege, was sie wohl bei einem Blick nach unten denken, vermutlich so etwas wie: »Wer wohnt denn freiwillig in so einer hämmernden Beton-Wüste? So blöd können ja wohl nur Menschen sein!« – Richtig. Wir zum Beispiel.

Meine Gedanken werden durch ein neues Geräusch unterbrochen. Kinderlachen. Der schönste Soundtrack des Lebens. Ich schaue nach unten auf den Hinterhof unseres Hauses und sehe einige Kumpels und Freundinnen meiner Kinder Fangen spielen. Gleich unter uns befindet sich die Elterninitiativ-Kita, in der früher Joe und heute Frieder große Teile ihres Tages, ja, Lebens verbringen. Der Hinterhof wird von je zwei hohen Mauern und zwei Häusern umfasst und besteht aus einem Sand-kasten, einem kleinen gepflasterten Spielbereich und, immerhin, einem kleinen Beet. Wiese gibt es nicht. Diese Kita haben wir in Teilen mit auf-gebaut. Sie war immer wie ein zweites Wohnzimmer für uns. Wir fühlten uns mit ihr und den an ihr hängenden Personen eng verbunden. An Elternabenden hat man regelmäßig bis spät in die Nacht diskutiert und noch viel länger gemeinsam getrunken. Es war ein Haufen Gleichgesinn-ter, in die Jahre gekommene Querköpfe, die eine Mischung aus Janosch, Juul und Montessori für ihre Kinder aufbauen wollten und fast alle irgendwas mit Design oder Medien machten. Feste feierte man dort gemeinsam. Hinzu kamen Kitafahrten, Karnevalsfeiern, Sankt-Martin-Sausen und, und, und. Manchmal bin ich mir gar nicht mehr sicher, ob die meisten von uns wegen der Kinder oder wegen der Eltern Teil dieser Kita waren. Mittlerweile sucht man uns auf derlei Festen meist vergeblich. Die Dynamiken haben sich während unserer Abwesenheit verschoben, eine neue Elterngeneration hat das Ruder übernommen.

Im Sandhof unter mir feixen Jonte und Mara, spielen Fangen. Sie sehen mich nicht am Fenster stehen, hoch über ihnen. Fanny und Lau-renz sind ebenso mit von der Partie. Da kommen auch noch Bill und Arti.

Ein Kind steht teilnahmslos in der Mitte des Hofes. Es ist unser Sohn. Frieder. Wie zur Säule erstarrt bohrt er die Füße in den Steinboden und starrt ins Leere. Nein, auf eine der Wände. Oder darüber hinweg in den Himmel? Ein Vogel im Käfig. Selbstverständlich handelt es sich nur um eine Momentaufnahme, und doch lässt mich dieser Zufall nicht unbe-rührt. Seit über einem halben Jahr geht Frieder nun in die Kita. Bis heute erschließt sich ihm nicht der Sinn und Zweck dieser Einrichtung.

»Ich geh nicht in die Kita. Ich will lieber bei euch bleiben«, sagt unser Vierjähriger jeden Morgen.

Er sagt es nicht trotzig, nicht mehr, er sagt es leise, den Blick zu Boden gesenkt. Ich fühle mich schlecht, ihn dennoch abzugeben. Verstößt das nicht gegen meine neu errungenen Prinzipien? Mehr Autonomie und Mitsprache für das Kind? In unserem Alltag mit seinen ökonomischen Zwängen ist all das schwer integrierbar.

»Ach was, das geht fast allen Kindern so am Anfang«, versicherte mir eine der Erzieherinnen.

Sind denn fast alle Kinder gleich? In welcher Gesellschaft leben wir, in der wir die Sorgen der Kinder nicht ernst nehmen?

»Warum in aller Welt soll ich da hingehen?«, fragt Raupe immer wieder.

»Damit du deine Freunde siehst und Spaß hast, mein Schatz«, erwidere ich regelmäßig.

»Ich habe doch Joe. Und Wolfgang. Und euch. Ich habe auch so Spaß. Ich kann mich ja mit Freunden treffen, wenn ihr dabei seid, am Nachmittag, wenn ich mich danach fühle. Ansonsten möchte ich lieber meine Ruhe haben. Oder mit euch in den Wald gehen. Oder zum Rhein. Aber nicht da runter«, gibt er zurück.

Es ist ihm weiterhin oft zu laut in größeren Ansammlungen von Menschen, selbst von Kindern. Mir steigen die Tränen in die Augen, wenn ich diese zarte Seele da unten so hilflos im Kita-Sandhof stehen sehe. Er weiß, wer er ist und was er will, aber es ist nicht das, was wir ihm aktuell geben. Er will mit uns sein, mit seiner Familie. Wir fehlen ihm einfach, sobald er uns nicht mehr in seiner Nähe hat. Und gleichermaßen vermisst er das Freisein, ohne viele Anweisungen und Fremdbestimmung im Rahmen der Familie. Wir-Zeit.

Was wir zum Zeitpunkt unserer Rückkehr vollkommen unterschätzt hatten, war die Tatsache, dass man ein Wir-Zeit-Experiment nicht einfach terminieren und abbrechen kann, als ob man einen Schalter umlegt. Dass die Wir-Zeit mit der Landung in Frankfurt längst nicht beendet war. Dass derjenige, der eine Reise tut, auch das Risiko einkalkulieren muss, welches jede Reise mit sich bringt: eine unumkehrbare Veränderung im Denken, Handeln, Fühlen. Und damit das mögliche Scheitern einer Rückkehr.

Wir wollen unbedingt reinpassen, aber je mehr wir es versuchen, desto mehr ecken wir an; so richtig will uns die Assimilation einfach nicht gelingen. Als ob sich ein Schleier über unser Gemüt gelegt hätte. Der zwischen Chris und mir neu entflammte Kampf um Ich-Zeitfenster, die morgendliche Hektik, Joes wieder aufblühende Neurodermitis, der beruflich zunehmende Stress führen immer regelmäßiger zu einer Disharmonie längst vergangener Zeiten. Reibereien bahnen sich häufiger wieder ihren Weg in unsere Familie. Ständig kracht's.

Und die Angst kehrt schleichend zurück. Davor, den Mut zu verlieren, an große Träume zu glauben, davor, wieder vollends hineingesogen zu werden in die Sicherheitsblase, das Anspruchsdenken, den Leistungsdruck – denn was haben wir schon verändert, abgesehen von ein paar kosmetischen Korrekturen und ein paar schönen Erinnerungen an fremde Länder? Irgendwie ist ja doch fast alles wieder so wie vorher. Oder?

Nun sind die Vögel fast vorbeigeflogen in ihrer keilförmigen Formation. Und wenn ich tief in mich hineinhöre, dann schreit in mir eine laute Stimme: Nehmt mich mit! Ich will wieder weg. Ganz gleich, ob nach Süden, Norden, Westen oder Osten, ich will raus aus diesem großstädtischen und doch so kleinbürgerlichen Vor-sich-hin-Wurschteln und dem Vorgaukeln von Prestige, Wohlstand und Glück, dem hektischen Tun und Getue, diesem Am-ganz-großen-Ding-Drehen und nie den Pausenknopf drücken oder die gläserne Decke durchbrechen.

Ein paar Tage später beginnt der Karneval mit Bützje, Strüssje und Rumtata. Die Kinder haben Freude am Straßenkarneval, Chris dagegen taucht in dieser fünften Kölner Jahreszeit komplett ab, zieht sich ein paar Tage raus, nimmt sich das Wochenende frei. Er will nachdenken. Als er wiederkommt und die Kinder schlafen, setzen wir uns zusammen, wie wir es dieser Tage selten tun, und lassen unseren Gedanken freien Lauf.

»Sind wir gescheitert?«, frage ich ihn.

»Nein, wir sind nicht gescheitert«, sagt er, »Erkenntnis kann niemals Scheitern sein, immer nur Gewinn. Und niemand kann behaupten, wir hätten es nicht versucht. Aber wenn man aus seiner Umlaufbahn springt, dann läuft man einfach Gefahr, dass man in einer anderen weiterkreist.«

Das stimmt. Wir haben uns nach allen Kräften bemüht, wieder anzukommen, alles dafür gegeben, aber wir kommen nicht mehr mit. Die Heimat bleibt uns ein Stück weit fremd, entrückt. Alles ist zu schnell, zu laut, zu asphaltiert. Was nicht passt, kann eben nicht passend gemacht werden, sonst geht nämlich etwas kaputt. Wir passen hier nicht mehr rein. Und das Schlimmste: Wir sehen uns viel zu selten. Die Gefahr erscheint greifbar: Wir verlieren uns als Familie wieder aus den Augen. Wir können das Leben nicht zurückdrehen. Und genau das zermürbt uns. Die Wir-Zeit hat uns gestärkt, uns Kraft und Mut gegeben, auf unser Leben aus einem anderen Blickwinkel zu schauen und es dann zu verändern. Ich habe die

Sorge, dass wir jeden Tag ein Stückchen dieser Energie verlieren und uns irgendwann fragen: »Sind wir wirklich einmal weg gewesen?« Dann wären wir wieder da angekommen, wo wir gestartet sind, in der gleichen Umlaufbahn. Nein, wir müssen gar nicht ein zweites Mal die Reißleine ziehen. Wir müssen nur konsequent den Weg weitergehen, den wir vor fast zwei Jahren eingeschlagen haben. Auf einmal fällt uns dieser Schritt ganz leicht, denn: Wir alle haben doch nur dieses eine Leben.

Epilog

Sechs weitere Monate sind vergangen. Und so einiges ist passiert. Können wir das Hamsterrad noch einmal für eine Zeit anhalten? Nein. Das reicht uns nicht. Nicht mehr. Daher gibt es nur eine Alternative: das Hamsterrad nicht nur anzuhalten, sondern gleich den ganzen Käfig zu sprengen. Volle Fahrt voraus ins Ungewisse. Dieses Mal ohne Netz und doppelten Boden. Dafür aber mit allen Konsequenzen und vollem Risiko.

Wir entscheiden jeden Tag aufs Neue, wie wir dieses Leben leben wollen, welche Prioritäten wir setzen, wie wir unsere Lebenszeit nutzen. Jede Minute und Stunde davon, jeden Tag, jeden Monat und jedes Jahr. Es ist unsere freie Entscheidung, was wir aus dieser Lebenszeit machen, mit wem und mit welcher Tätigkeit wir sie verbringen wollen. Wir alle nehmen tagtäglich den imaginären Stift in die Hand und schreiben ein neues Kapitel im Drehbuch unseres Lebens.

Vor zwei Jahren sind wir aufgebrochen. Wir-Zeit. Noch heute sagen wir: Eine der besten Entscheidungen unseres Lebens. Bis jetzt. Wer hätte damals geahnt, dass das größte Abenteuer vielleicht noch vor uns iegt?

Als wir Joe und Frieder beim Abendbrot nervös von unseren Aufbruchsplänen erzählen, sind wir unendlich erleichtert: Ein breites Grinsen erhellt Joes Gesicht.

»Juhuuh! Endlich! Wann geht's los?«, schreit er.

Die unmittelbar zuvor in den Mund geschobenen Spirelli verteilen sich bei seinem Aufschrei auf dem Boden. Peter fällt vor Schreck die von Tomatensauce durchtränkte Pasta aus der Patschehand. Für eine Sekunde weiß er nicht, ob er lachen oder weinen soll. Dann sind die Würfel gefallen: Er lächelt. Alles gut! Flugs macht sich Wolfgang über das unverhoffte Festmahl am Boden her. Ich sag's ja immer, das Ding mit den Tischmanieren ist ein dickes Brett. Früher war mir das Brett wichtig. Heute ist es mir vollkommen egal. Ich bin so erleichtert und freue mich. Schnell brabbeln alle wild durcheinander. Ich höre Wortfetzen heraus wie »Bären!« und »Angeln!« und »Endlich wieder Surfen!«. Langsam fällt die Anspannung von mir ab, die mit der Entscheidungsfindung und -verkündung verbunden war, ich nippe an meinem warmen Tee, immer noch ein Restbestand von den Kräutern der Falken-Farm in Alberta. Hmm. Lecker. Ich schließe die Augen, denke an die grünen und orangen Felder voller Pfefferminze, Melisse, Kamille und Calendula, deren Duft mir gerade in aufgebrühter Form in die Nase steigt. Als ich die Augen öffne, streift mein Blick Raupes quietschgelben Kinderstuhl, der auf einmal verwaist ist. Moment, war Frieder nicht eben noch da? Hat er sich im toten Winkel aus dem Staub gemacht? Was hält er denn von den Neuigkeiten, dem Aufbruch, dem neuen Abenteuer, das uns gemeinsam bevorsteht? Wo steckt er überhaupt?

»Vor einer Minute saß er noch hier«, sagt Chris, »aber dann ist er wie von der Tarantel gestochen aufgesprungen und abgedampft.«

Oh je, anscheinend sind die Neuigkeiten für seine zarte Seele weniger bekömmlich als für seine Brüder.

»Frieder?«, rufe ich und bekomme keine Antwort.

Besorgt verlasse ich das bunte Treiben und Erzählen am Tisch, stehe auf und lausche in den Flur hinein. Da höre ich ein Geräusch. Klick, klack. Es kommt aus dem Kinderzimmer. Als ich hinübergehe und die Tür einen Spaltbreit aufmache, sehe ich Raupe. Den Rücken zu mir gewandt, sitzt er in der Mitte des Zimmers auf dem Teppich und »brasselt« vor sich hin. Was macht er da nur? Raupe ist geschäftig, hat anscheinend alle Hände voll zu tun.

Auf leisen Sohlen trete ich näher. Jetzt bin ich ihm ganz nah und sehe, wie er seine abgespielten Playmobil-Pferde in seinem alten, verstaubten Reiserucksack verschwinden lässt, gefolgt von ein paar Figuren, seinem Schnitzmesser, seinem Geißbock-Kuscheltier Bocki, einer Taschenlampe und einer langen Schnur – schließlich sagt Oma, man müsse immer eine Schnur dabeihaben. Erst jetzt höre ich ihn murmeln, während er vor sich hin wuselt, bald wird er lauter, fängt an zu singen. Es ist eins seiner Lieblingslieder.

»Ich hab' mal eine Maus gesehen, die wollte auf Weltreise gehen … sie packte in den Koffer ein, was braucht man so als Mäuselein …«

Vorsichtig schleiche ich mich rückwärts auf Zehenspitzen wieder aus dem Zimmer und lehne die Tür an. *Let's go. Slow.*

Dank

Für Rat und Anregung, Korrekturen und Kritik, Geduld und Ermunterung zur Weiterarbeit vielen Dank an Friederike Achilles, Lisa Volpp, Felix Rudloff, Jessica Hein, Angelika Winnen, Barbara und Peter Dyrchs, besonders meinem Mann und meinen Kindern.